执念一生

A LIFETIME OF OBSESSION

一部穿透岁月烟尘的
江城记忆与人性长卷；
这不仅仅是一本书，
更是一代人的记忆窖藏，
一座城的精神族谱。

守华 著

当短视频冲刷着阅读耐心，这部纸页间生长出的作品集，恰似一铫煨在煤炉上的排骨藕汤，透着特别的香气，需要你慢慢拨开上面一层方言的“幔子”，细品其中醇厚浓稠的滋味，在字句的文火慢炖中，尝到中国人共同的精神乡愁。

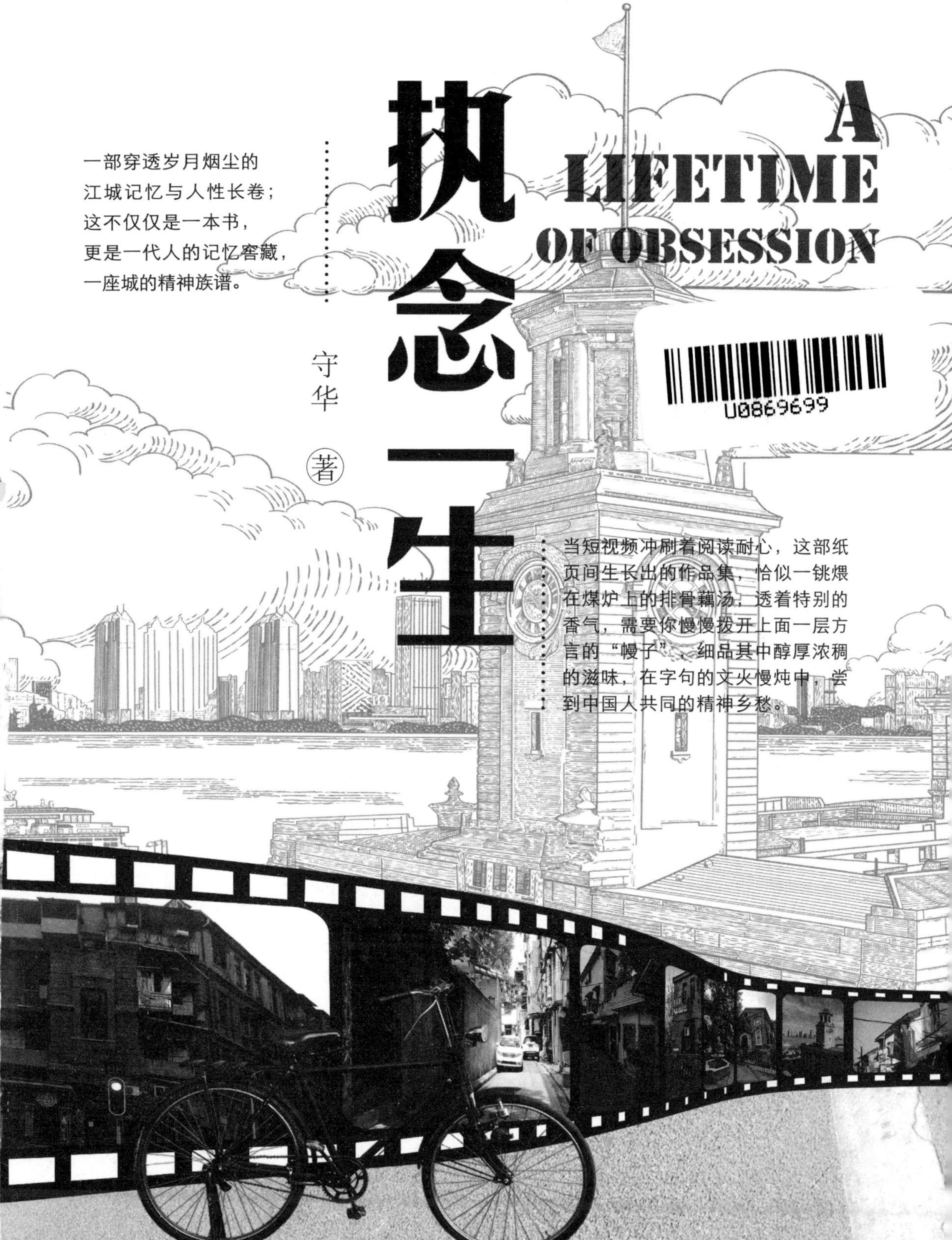

SPM 南方传媒 | 广东人民出版社
·广州·

图书在版编目(CIP)数据

执念一生 / 守华著. -- 广州： 广东人民出版社，2025. 4. -- ISBN 978-7-218-18510-1

Ⅰ. I 217.2

中国国家版本馆 CIP 数据核字第 2025Z9X797 号

ZHINIAN YISHENG

执念一生

守华 著

出 版 人：肖风华

责任编辑：周汉飞
责任技编：吴彦斌 唐于鹏
装帧设计：袁 野

出版发行：广东人民出版社
地　　址：广州市越秀区大沙头四马路 10 号（邮政编码:510199）
电　　话：（020）85716809 （总编室）
传　　真：（020）83289585
网　　址：http://www.gdpph.com
印　　刷：北京彩虹伟业印刷有限公司
开　　本：710mm×1000mm 1/16
印　　张：22.75 **字　数**：390 千
版　　次：2025 年 4 月第 1 版
印　　次：2025 年 4 月第 1 次印刷
定　　价：88 .00 元

如发现印装质量问题，影响阅读，请与出版社（020-85716849）联系调换。
售书热线：（020）87716172

自 序

珍爱生命　致敬文学

人生进入老年，对于时间、年龄等这些字眼可能都有点敏感了，尤其是每至年尾或自己生日，当那一张张花花绿绿、各式各样的明信片、贺岁卡，走马灯样从眼前晃过时，心头往往会不由自主地涌起几分触动、几分感慨，也有几分感伤——薄薄的“生命存折”上又少了一张！

的确，人的生命实在是太短暂了，短得甚至都来不及匆匆一瞥，哪能容你看到什么“白驹过隙”或“素月流天”？苏轼《赤壁赋》中云：“盖将自其变者而观之，则天地曾不能以一瞬。”无穷无尽的宇宙天地尚且如此，短短人生几十年又何能与之相提对比？世事无常，瞬息万变，回首转身已是千年万年。所以来到这个世界的芸芸众生，不管是圣贤伟人、达官大亨、成功人士，或是平民百姓、凡夫俗子、普通之人；或积极或消极，或现实或浪漫，或多或少，或早或迟，都会思考一下这个重大的命题，都会表现出自己对待生命的一种态度：何为人生？人生将何以为？

屈原希望祖国早日振兴，也希望自己在有生之年能对国家有所贡献，这位三闾大夫云“汩余若将不及兮，恐年岁之不吾与，朝搴阰之木兰兮，夕揽洲之宿莽”，他舆前马后奔走呼号，朝廷内外上下求索，不为自己生命太短暂，只恐为国效力之年不多，最后当理想破灭自投汨罗，以一死之举来劝谏国君，警示国人，将宝贵的生命与心中追求同归于尽，何其令人唏嘘与震撼！轻生乎？草率乎？显然不是。其实这正是将人生的使命致力于最大化，将生命珍爱到极致的一种表现。所谓“生命诚可贵，爱情价更高，若为自由故，两者皆可抛”；又所谓“人生，当生如夏花之绚烂，死如秋叶之静美”。这样的生命，虽短暂却能永恒，虽疼痛却很美丽。

所以生命不是简单的时间累积、岁月相加，更不是得过且过、醉生梦死；生命是上天赐给我们的一笔财富，是父母精心养育的一株幼苗，生命只有一次，不能虚掷。生命同时又是一个需要去精心呵护、慢慢品味的过程，不可“潦潦草草”。生命除需要有像阳光、空气、粮食和水等这些物质的东西滋养之外，还需要有精神的力量来支撑，尤其是需要有亲情、友情与爱情，以及像文学等这种特别的用心酿就的“琼浆”来浇灌滋润。生命之于文学，文学之于人生，从来都是骨肉相连、生死相依的。屈原那些生命写照之作就不说了，司马迁、史铁生虽都是躯残之人，但他们的书写，他们笔下的文字，诠释着生命的意义，追寻着生命的价值。

美国作家欧·亨利的小说《最后一片叶子》讲述了一位女大学生琼希身患重病后，每日对着窗外一棵树上的树叶发呆，树叶一天天凋零，眼看最后一片也将要落下，这对琼希的心理暗示那就是她生命的尽头，她对人生已然失去希望。然而这时，住在隔床身患绝症的老画家看到这些，用尽他生命中最后一丝力气，趁琼希睡着，艰难地爬上梯子在那棵树背后的墙上画上了一片硕大的郁郁葱葱永不凋零的绿叶，让年轻的大学生心头一亮，终于看到了生命的希望——文学艺术的力量如此给人以生活的勇气，何等地打动人心！

生活是文学的源泉，文学是生命忠实的伴侣。生活需要文学，文学把生活扮亮，对真善美热情讴歌的文学或可将人生推向一个灿烂的高峰。

对于那些经典的作家而言，他们的劳作给人类创造出了巨大的精神财富，而对于一个普普通通热爱生活、热爱文学的人来说，同样也需要将自己对生活的理解，对人生、对世相、对现实的思考与认识，时时予以记写。向文学致敬是一种姿势，也是对待生命的一种态度，不管如何地浅陋粗糙，写下去吧，让它与生命始终相伴。美国小说家杰克·伦敦在《热爱生命》的开头，写下这样的引言：

> 一切，总算剩下了这一点——
> 他们经历了生活的困苦颠连，
> 能做到这种地步也就是胜利。
> 尽管他们输掉了赌一下的本钱。

是的，人生至此，甚至早已连“这一点”和“赌一下”的本钱也没有了，但对于一个执拗的人来说，那些珍贵的生活回忆，那些切肤的人生体验与感受等，仍是一个生命所走过路程的记录，是一个灵魂寻找故乡、自我净化的见证。“平生虽无一所长，也学稼轩守执念。”让生命留下一点点痕迹，无论它曾经是否夺目或是光鲜过，故将这些数十年间断断续续写下的浅陋文字集结一起，取名《执念一生》，分享给大家。

谨此为序。

作　者

2024 年 1 月

目录

浪花与锚链

散文随笔篇

浪花与锚链

——散文随笔篇

汉口往事/荆楚风韵

沧桑过街楼

——“汉口往事”之一

一座过街小楼，观遍大汉口百年时代变迁，风云际会；

一户普通人家，历尽小市民种种生活况味，酸甜苦楚。

所叙往事，平常亦有传奇，所提旧闻，至今仍觉新鲜。此叙虽非正传，多源自街谈巷议，耳闻目睹，但亦能感触人情，佐证世事，品尝甘苦，所谓见此知彼，以小窥大。

在此闲聊几笔，凭君随意一阅，聊作观一街景。

汉口里份“过街楼”

过去汉口那些地段较好、环境整洁，里面的房子也显得齐整抻敨的住宅区，都叫“某某里”，即是所谓的“里份”。汉口的每个里份都有一座比较特别的建筑——“过街楼”。过街楼形状有点像个小型的古时候的城楼，盖在里份顶头的进出路口，也是里份的门面。里份都有名字，里份名大多是些吉祥喜庆、永久安康之类寓意，点明着此地此处的某种来历与过往，更寄寓着某种恪守与愿望；这里份名也如商家的招牌匾额样，或以手书拓印，或用木石雕刻，明示在这过街楼的门楣上，抬头就可看见。

里份里头的房子一般都不错，那“门面”自然更是讲究。不管是底下江岸租界一带一条挨一条鳞次栉比的俏皮里份，还是高头（武汉人把长江上下游包括与之平行的街道马路都叫“高头”和“底下”）硚口一带大量的民居小巷中鹤立鸡群零星点缀的差一点的里份，汉口里份的过街楼个个都是看得过去拿得出手的。首先是那样式讲究。过街楼大多是中西合璧的味道，下面走人的通道是空的，通道正前顶部砌成一半圆拱顶，两边各砌一堵柱子像那罗马柱的造型；当中主体部分是青、红砖或水泥抹面墙，中间嵌一百叶窗，有的还饰一洋铁花雕栏，颇似西式风格。上面屋顶却往往是中式的，马头山墙，砖檐斗拱，下西上中，倒也协调。有的过街楼前两边还蹲伏着一对石狮或一拴马桩，其严格讲究、威风凛凛的架势，让人到此自然都要想到“文官下轿，武官下马”的礼仪和谦恭来。

过街楼是里份的门户，自然也是里份里最热闹最活跃、“里情民意”反映最集中的地方，所谓“春江水暖鸭先知”“近水楼台先得月”。坐落在汉口中心的水塔隔壁、面对中山大道的永康里过街楼，可称得上是这方面代表。何以见得？这永康里是全汉口数一数二的大里份，这个“大里门面”的确是不同一般：它门楣上那深得“永字八法”的里份名“永康里”三字，虽说只是出自当年汉口一名刚刚显露头角的年轻书法家之手，但身为国民党元老的大书法家于右任先生见后也惊叹其为“大家手笔，难得上品”，而再三赞叹。

一九三八年，全国抗战进入高潮，武汉成为当时全国抗战中心，“中华全国文艺界抗敌协会”在武汉成立，总部设在它紧隔壁的汉口总商会，常务办公就在这永康里20号，门前所挂牌子由于右任亲笔所书，周恩来、宋庆龄、郭沫若、蔡元培、茅盾、田汉、巴金、老舍、罗曼·罗兰等一大批名人常从此进进出出。这年日本人在汉口丢炸弹，一颗炸弹正好丢到这永康里过街楼顶，却没炸响，让楼底下躲避的人都捡了一条命，一时远近传闻成为一个奇迹。

还有——这里不用多述，只说说住在这过街楼上的一户普通汉口人家几十年的悲欢离合，几代人与这座楼相濡以沫的共同遭际，鸡毛蒜皮点点滴滴，便足可瞥见大汉口这近百年风风雨雨几度兴衰的历史变迁，可品出普通老百姓数代人酸甜苦辣、祸祸福福的人生况味，这个“门面”它的确是看到了太多稀奇古怪翻天覆地的事情，见证了无数红男绿女平头百姓们的恩恩怨怨酸甜苦辣，所以说它是一代表一点都不过分。当然，这些零七碎八的前尘旧事大多都只是些茶余饭后的谈资，无足挂齿，但古人所说以史为镜能知兴替，这一座小楼在那风口前哨的位置上一站近百年，览尽了岁月的风霜雨雪，见足了世间的阴晴圆缺，真站成个“活档案”了，可否借此“温故而知新”？

辛酸往事难回首

住在这过街楼楼上的一户人家姓姚，户主叫姚宝生，汉阳蔡甸（今武汉市蔡甸区）人，16岁那年随亲戚来汉口，在亲戚所开的宜鑫百货店当店员。宜鑫百货店就在永康里对面，今天佳丽广场的旧址上，是块寸土寸金的风水宝地，宜鑫的生意自然也是做得风生水起，日进斗金，姚宝生算是谋得了一只金饭碗。

姚宝生刚来汉口租住在硚口辛家地，每天天不亮步行一两个钟头来上班，晚上打烊回到辛家地差不多都九十点了。那时人年轻不觉得什么，能够在大汉口落住脚那叫不简单，祖坟头上冒青烟了啊。一九三八年那年，日本人在汉口丢炸弹，天天空袭警报拉得吼，一搞大街小巷躲避的人像疯子一样跑，把人炸得血肉横飞，把房子炸得顶塌地陷，爆炸声哭喊声更是响作一团，四周围变成一片枪炮火海。亲戚骇不过，生意也顾不上了，把它交给另一股东处理，自己带着一家老小跑到四川去了。

亲戚了解姚宝生是一老实靠得住之人，临走把这永康里过街楼上的一套房子钥匙交给姚宝生：“帮我把这屋子好好看着，在里头住也行，只莫把东西弄坏了。”不想亲戚这一去就杳无音信，姚宝生反落得在这里份房子里住了几十年。

武汉有句俗话：“龟山高头看风景，黄鹤楼上看翻船。”住在这大汉口的闹市中心，那才叫“看稀奇看世界”呢。可姚宝生一个穷店员荷包里冇得两个钱，他去哪里看、有么事好看呢？他哪里都不去，每天下班就在这过街楼上待着。但任他足不出户也好，心如止水也罢，楼下那热热闹闹的人间世事，那纷纷攘攘的滚滚红尘，照样奔他眼底而来。

“什么叫灯红酒绿、纸醉金迷？旧社会那些大官僚大资本家有钱人过的日子，那才叫灯红酒绿、纸醉金迷。

“那一年汉口稽查处处长刘友才的公子做满月，就在前头扬子江大酒店包席，一顿饭就花去五千大洋！人称‘拦路虎’的大流氓黄联宾为小老婆做生，把旋宫饭店舞厅整整包了一星期！这永康里也是名不虚传，里头大亨比邻，豪门相倚，曾住过十好几个颇有影响的军政要人、富商巨贾及名媛才俊，如民国将领刘峙、湖北首富程沸等，个个都是有头有脸，光鲜亮丽，‘来头声势好生了得’。其中有些风花雪月的故事，那也是蛮‘叫人扼腕，令人唏嘘’的。大名鼎鼎的江浙富商、金祥公司老板顾金生的独生子顾永彰即‘永康里’三字的题写者，当年还只是金祥的小开。

“顾公子满腹才华，与同住永康里江浙茶商叶裕泰的女儿叶芝华相恋。叶芝华不仅长得漂亮，且兰心蕙质，琴棋书画样样俱佳，两人真是郎才女貌、天生一对，他们的订婚照被摆在对面品芳照相馆的橱窗里，不知迷倒了多少俊男靓女。可惜就在这婚前，叶芝华突然得了场急病，一下子撒手而去，香消玉殒！顾公子不胜伤悲，差点就要跟着去殉情，幸亏被人发现才拦住。从此郁郁寡欢，再不婚娶，一直孤身到老。

“永康里地处闹市中心，隔壁就是汉口总商会，那是真正的繁华洋场，花花世界。里头整日宾客满座，小包车开进开出，车子前头按喇叭，屁股后头冒烟子，不晓得几热闹；每到周末开酒会办舞会时，花灯璀璨，香气缭绕，欢歌笑语，乐声不绝，更像过年样。可转眼第二天一早，这过街楼底下说不定就有一两个饿死冻死的‘倒毙’者，真是‘朱门酒肉臭，路有冻死骨’啊！

“那时汉口里份的过街楼底下常有瞎子站在那里拉琴卖艺，有叫花子跪在地上叩头作揖，更有穷人蹲在那里卖儿卖女，呼天抢地！里份里头那两排房子里的富人却天天开流水席，往外倒吃不完的山珍海味，丢过了期的罐头奶粉。那种屋里光一房家具动不动都值几百上千块大洋，连养的狗猫都有人伺候，每天还要喂牛奶面包、洗热水澡，外面却有人在捡残菜剩饭，睡垃圾箱困老虎灶底。

“那时，汉口街头拆白党、站街妓女到处都是，永康里口间常成了卖狗皮膏药和拉皮条的地方，警察局、侦缉处每要出动清扫，这里是必去之地。一九三一年发大水，永康里门前的水淹到过街楼窗底下，窗子外时常可见到漂起的死人尸首。一九三八年日本人炸汉口，一拉起警报来，这过街楼底下挤满了躲炸弹的人，牵小的扶老的抱箱子的搂被窝的缩在一坨，抖抖索索，哭爹的喊娘的呼儿唤女的，乱成一团，像炸开了锅，活脱脱就是蒋兆和先生《流民图》的真实版——兵荒马乱，经济萧条，工人失业，商场倒闭，每天跟前跳楼的，前头江边跳江的早已不是什么稀奇事。

“说起来‘大汉口、大汉口’，一不小心掉进去就成了个‘大火坑、大虎口’，唉——莫谈，莫提！”

姚宝生说起这些几十年前的往事时，心里头还在怦怦跳，可跳归跳，他算是天照应，借住在老板的这屋里，虽说是心有忐忑，过意不去，但总的来说，还是有惊无险，平安无事，后来还稀里糊涂地成了这屋的新房主。

过街楼上观稀奇

一九四九年汉口解放了，永康里还叫永康里，“可里里外外却是天翻地覆，大不一样了”，经过新中国成立前后新旧两个社会、两个时代的姚宝生，对此是深有体会的。一九四八年年底宜鑫关门了，姚宝生也跟着失了业，一家人衣食无着。他就在这过街楼底下摆了个香烟摊，吃了上餐就愁下餐，四九年新中国成立后，他重回宜鑫，一家人生活才有了着落。一九五一年抗美援朝，永康里送走了上十个年轻伢去当志愿军，欢送会就在这过街楼底下，披红戴彩的一排年轻人当中，就有姚宝生读军医大的妹妹姚美芳在里头。一九五二年公私合营，隔壁总商会已改叫工商联，里头仍然天天像过年样，只不过现在已是另外一副新气象：工作人员戴着袖章踩着三轮，敲锣打鼓四处送喜报，宜鑫第一批就加入了公私合营，姚宝生一夜之间又多了一个“老板”，更多了一份依靠。一九五八年“大跃进”，永康里口间支起了个“小高炉”，今天张家送一口铁锅来，明天李家抱几根桌腿来，过街楼底下成了个炼铁厂，管它炼不炼得出东西来，敢想敢干就是好思想、好市民。

那个时候住在一起的居民都互相来往，少有设防。这过街楼底下冬暖夏凉，是避雨休闲的好地方，永康里的老少男女尤其是爹爹婆婆们总喜欢在这里聚集扎堆，打牌下棋，小伢们就睐在空里躲起猫猫玩游戏。居委会瞄准了这块位置，过街楼底下两面墙壁便成了两块宣传阵地，街里的干部、居委会的委员、里份的婆婆妈妈们常在上面写标语、画宣传画，十分卖力，且三天两头就更换一期。办得最精彩、给人印象最深的是一九五九年宣传“三面红旗”和八字宪法那一期。左边画的一幅是三面红旗底下一个工人一个农民，两人举起一本大厚书，书上有“宪法”两字。画的两侧有两行竖字：“‘三面红旗’迎风招展，八字宪法落地生根。”画上面还有一行横字：“总路线、‘大跃进’、人民公社万岁！”右边是一幅全景式的风光画：有冒烟的工厂厂房，有跑拖拉机的广阔田野，有学校，有医院，有敬老院，还有幼儿园。两边也是两行字：“共产主义是天堂，人民公社架桥梁。”上面一行横字：“社会主义好。”

那时的人虽都很幼稚，倒也单纯听话，人心齐整，其乐融融，其风淳淳。要命的是“文革”那几年，姚宝生这过街楼就冇安静消停过一天，一下子像是“四海翻腾云水怒”，过一下又是“五洲震荡风雷激”，他窗子外头正对着“看怼台”，搞得不好就“沾火星”。那一天，几个红卫兵搬着梯子跑到他楼底下，不由分说爬上去，抡起锤子就把门楣上那“永康里”三个字的石匾砸得稀巴烂，然后用红油漆歪歪扭扭地在上面写上“反修里”几个字；接着再把姚宝生家的百叶窗也下了，说那是资产阶级生活方式，姚宝生哭笑不得，只好弄了一块三夹板临时遮遮。那时永康里两边有五、六派组织在那里建“宣传联络指挥部”，安了十几个高音喇叭成天对着喊，屋顶上的传单往下拼命丢，红旗、战旗、军装、袖标满街飞。白天这一带是贴大字报、游行聚会的中心，晚上又成了大辩论、换纪念章的地方，一搞把这过街楼底下塞得满满的。

那年两派游行，一个乡里人到汉口办事情，心痒不过跑来看热闹，结果“沾火星”被一辆车子撞死了，尸体就丢在这过街楼的楼底下无人收。第二天死者妻子呼天抢地地找来了，抱着尸体放声大哭，那一段“鼻涕歌”真是唱得哀感顽艳，催人泪下，就如《窦娥冤》中窦娥唱的那段“滚绣球”样：

> 我的夫啊，你做么这个傻法这样憨？你跟着人嘎（人家）去“造反”，人嘎把你当苕盘；你打头里冲锋陷阵，人嘎在黄鹤楼上看翻船。刀子来了你躲不晓得躲，钻不晓得钻，人嘎一个个像兔子样往转跑得欢。管他就是流点血也罢了，你是白刀子进去红刀子出来，浑身戳得像个窟眼炭（蜂窝煤）！你是前世该人嘎的今生要还，还是他们心狠手辣、黑心烂肝？你走了丢下我们娘几个，哪个来问哪个来管？老天爷你是老糊涂了还是眼瞎枯了，这都看不见？呜……

直“唱”得全永康里的人和过路者摇头叹息；几个女的还跟着掩面抹泪，陪着伤心。姚宝生两夫妇则呆坐在楼上相视无语，此时更是万箭穿心痛不欲生，只能暗自啜泣——他们的大儿子复兴是市一中一九六六届高中生，“八一”那天参加“横渡长江”淹死了，今天恰好满“头七”。

捡的树苗发起蔸

当年兵荒马乱，姚宝生却因祸得福，成了这永康里过街楼的新房主。成这新房主不说，他还“得寸进尺，以歪就歪”，在这楼上娶了媳妇生了伢，牵枝连叶地发了好几蔸。

当时亲戚一去几年不回，姚宝生也老大不小，有好心人做媒，姚宝生就娶回了另一股东的女儿成了家，家就安在这过街楼上。成家不算太难，可过日子不那么简单，伢们一个接一个地出世，个个张着嘴要吃要喝；物价一天跟一天涨，你还冇跟赢它又跑老高。还有那新房主也不是白让你当的，亲戚临走只交了一年的房租，后面的自然该姚宝生出，否则请你搬家走人。姚宝生这时拖家带口要上班赚钱养家糊口，还要帮着照顾老的小的，他往哪里搬？只有永康里最方便。好在姚宝生这时已当上宜鑫的大管事，薪水分红好歹也加了一些，加上老婆娘屋那边“三不之”（偶尔）贴一点，咬着牙总算是能够齁住这一屋老小的吃喝拉撒，还能勉强应付这房租，于是就一心在这过街楼上扎下根来。

这过街楼莫看外头俏皮，其实也是一摆饰，里头就一个堂屋一间卧室，加起来顶多三十个平方。姚宝生这时把老头老娘也接来了，还有他妹妹姚美芳在前头圣约瑟女中（即现在的市十九中）读书，也住在他这里，一屋老小上上下下七八上十口人竖着堆着，又是搭暗楼、铺行李床，还要打地铺，塞得鼻青脸肿、拥挤不堪，有时连下脚的地方都冇得。你还以为蛮宽整？那年姚宝生的老亲娘（岳母）过来看她姑娘，一看这阵势，急催（挖苦）姚宝生，说他这屋里是“锅里盛饭撒到围桶（马桶）里去了”，说得姚宝生脸上挂不住，恨不得找个地缝钻进去！

也是，人多房小尴尬就多，姚宝生老头晚上起来解手，生怕不小心被儿媳妇撞到了连躲的位置都冇得。遇到好天气，一屋老小的衣服、被窝，几篙子晒出去，大补丁摞小补丁“万国旗”样，什么宝贝都见了光、显了形。

两个姑娘在楼上玩“跳房子”，房东就跑过来，“啪啪啪”地拍他屋里门；几个儿子更调皮，手总痒不过往窗子底下丢东西，照着人堆里射水枪，姚宝生两口子三天两头要跟楼底下的人说好话赔笑脸。不过那个时候的人都还好，顶多说说而已，姚宝生两口子也是讲道理之人，所以隔壁左右上上下下的都蛮和气，那些张家李屋的柴米油盐、好事赖事，真的是很有人情味、蛮接地气。那年小儿子国强在楼底下玩不见了，全里份的人敲着脸盆打着手电，前后扯起喉咙喊四处帮忙找：“拜托你家们哇，有个男伢不见了，三岁，扎个揪揪辫，穿个红兜兜，手上画了一块‘表’（当年的小孩们很流行的一种‘时髦’），哪个捡到了，麻烦送到永康里过街楼，好心一定有好报——

当——”一声“锣”响，果然，过一哈街对面就有人把伢给送来了。

最难熬是三年严重困难时期，一九六〇年小姑娘玉琴出世，粮食紧张，大人冇得奶，连奶粉也买不到，造孽把个伢饿得哭翻了天，永康里的人都晓得过街楼来了个“讨债的”，节骨眼上又多了张嘴，还要去买黑市奶粉，姚宝生急得团团转。他老娘顾不得那多，去找居委会申请救济，街里照顾他屋里，给了些剁莲子的加工活拿回来做，一屋老小全上阵，莲蓬、莲子一把抓。那过街楼上一天到晚就如对面民众乐园的戏舞台，板声点点如雨下，“渔阳鼙鼓动地来”，大刀小刀齐齐砍，“大莲小莲落菜盘”。

这一剁一响就持续了上十年，姚家的人个个满手都是疤，周围左右人的耳朵也都听出了茧。永康里的右手边是工商联，左手这边是家食品厂，那是汉口有名的老字号，新中国成立前叫香港食品厂，新中国成立后改成了“新香港”，“文革”期间又改成“反帝”。一九七三年“反帝”厂房维修，车间和仓库的东西堆得到处都是。

有天半夜，姚宝生睡不着，走到窗子跟前透透气，一下闻到隔壁一大股东西被烧着的味，再看那房顶上烟子直冒、火星乱蹿。“完了，那边失火了！”姚宝生急得大叫一声，转头把老婆推醒，然后冲下楼，跑到隔壁，大声拍门、喊人。可里头值班的人出去消夜还冇回，喊了半天无人应，姚宝生急得直跳脚，突然想起前面就是水塔消防队，二话不说，箭一样飞跑去。

得亏他报信及时，消防队的“救火龙”不到两分钟就开了过来，刚烧起的大火被扑灭了。要不然，“反帝”差点成“坟地”！

第二天，“反帝”的厂长引着二轻局的局长，上到这边过街楼来向姚宝生表示感谢。姚宝生不好意思地笑着道：“哎呀！你家们太客气了，这有么值得谢咧，国家财产随把哪个（搁谁身上）都会这样做的！”

姚宝生的大女儿姚玉华那年高中毕业，因高度近视办了病残，冇下放正在屋里待着，局长和厂长见了，两人当场拍板表态：“你小伢工作的事情，我们来帮忙解决！”

第二个星期，姚玉华欢天喜地、高高兴兴地到“反帝”去学会计了。

旧楼将去迎新楼

“忽如一夜春风来，千树万树梨花开。”仿佛一夜之间，这世道忽地又变了。转眼之间，历史的脚步已跳过二十世纪八十年代、九十年代，跨入了新世纪。永康里在一九七九年已恢复原名仍叫永康里，只是那前辈书法家书写的里名墨宝，早已湮没在历史的尘埃之中，被一块电脑设计的铁制铭牌所代替。姚宝生早已退休，两位老人也已作古，长子复兴去世已三四十年，这两页就算已翻过。另外的几个儿女都已长大成人、成家，他无须再提心吊胆、担惊受怕，只管安心颐养天年了。二儿子建国下放回城后，在一九七七年恢复高考后考上武汉大学，后分到银行，现在已当上处长，连他的伢都在去年进了大学。大姑娘玉华已退了休，由她的儿子顶职进了商业局。二姑娘玉芬，一九七五年下放到宜昌，后来调到葛洲坝，在那成了家，过得也不错。小姑娘玉琴赶上了好时候，读完大学又考上硕士，读完硕士后又去读博士，读完博士还冇完，又要去做个么“博士后”，前年跟同样是博士的女婿一起去了美国。只有小儿子国强稍微差点，前几年在长航轮船上跑上海还可以，这几年轮船不行了，就办了内退，跟幺媳妇一起在这永康里过街楼底下摆了个小百货摊，卖点袜子、胸罩么事的，一个月搞几百块钱。姑娘就丢在姚宝生这里，老两口要管她上学、管她饭，还要帮着订牛奶、交晚辅导钱。

“么办呢，他们两个单位都不行，想‘引水上山’是作不上指望的，我们两个老的还要帮他们，只有自己克到（节省）一点咧，水总是往下流的。”姚宝生无奈地说。

是啊，水往下流，岁月朝前。姚宝生这两年也望着老多了，头发已经全白了，腿也冇得劲走不动，平时很少下楼，买菜、拿牛奶、接送孙女都是他老伴，他每天只在屋里用个电饭煲弄一点饭，招呼孙女做做作业，冇得么事就在窗子跟前站一站。这两年中山大道天天在变：人变多了，都穿得漂亮了，洋气了；马路变干净了，抻敨了；房子变灵醒了，整齐了；商店一个比一个气派，营业员也一个比一个俏皮，满街的欢声、笑脸多多了！对面老宜鑫拆了，旧址上一下子竖了栋五十几层的佳丽广场，以前汉口最高的房子水塔和它一比简直被“比化了”。要说就这过街楼还没怎么大变，但那也是迟早的事。“这哪个想得到长了后眼睛呢？真的是天翻地覆了啊！”一直开着的电视里头正在播放电视剧《三国演义》，“滚滚长江东逝水，浪花淘尽英雄，是非成败转头空，青山依旧在，几度夕阳红……”杨洪基唱的主题曲勾起了姚宝生的思绪和感慨。

的确如此，江水依旧，时光轮回，改天换地，日新月异。他猛然想起，前天居委会来了通知：市里已经规划，永康里这一条边，除工商联那是历史保护建筑外，其他房子都要拆，要在这里盖一个超大型的百货商城，还有吃喝玩乐“老汉口风情”一条街，将来房子建好还新房还加面积，不想回的，可以拿钱走人。姚宝生当然还是想回到老位置，这是他几代人住了几十年的地方，他怎么舍得离开呢？可这寸土寸金的位置，房价不便宜，他原来那个面积折算下来，估计团不了圆，要赶紧跟伢们商量一下这买房的钱。还有……“唉，还不晓得活不活得到那天、看不看得到那新屋喔！”姚宝生现在变得有点多愁善感、心事重重了。

想到自己和老伴现在是身体越来越差，就跟这脚底下过街楼的楼板样，到处都有毛病，处处都是缝隙，已是过一天算一天了。人常说“人过留名，雁过留声”，他想起他这辈子，就是个穷命，什么东西都冇留下；但又一转念：儿女们都已长大，成家立业，成人成才，自己也算是功德圆满，对得住先人、祖宗了。说起先人、祖宗，姚宝生发现，打从他这代起，他这一家就像那种树样，都是从这过街楼的“树蔸”上生出根、开出花，发起来的。老话说“寻根知底，饮水思源”，那他姚家的“根”、姚家的“源”，包括姚宝生的这一房、这一脉、这一支，该从哪算起呢？是不是也包括这——老古话“金窝银窝不如自己的窝”，这过街楼和他姚家人，那是“几代修来的缘分、几代攒下的情”啊！他想起前两年总说要照一张全家福留个纪念，当年玉琴要去美国，走得匆忙没照成，这次和老伴一起过80岁生日，要她们回来一趟，一家人一起，最后再看看这永康里，看看这过街楼，再顺便把这张全家福——姚宝生忽发奇想：对，把对门品芳照相馆的头牌摄影师叶祥鼎老师傅请过来，这张“全家福”就以这过街楼为背景，就在它的楼底下照！

听楚戏

这些年，汉口的街街巷巷里已很难听到唱戏的声音了，尤其是楚戏。也难怪，现在是么年代了，连那些跳广场舞的婆婆大妈们放的都是《鸿雁》《天边》《小苹果》，哪个还想去听那个像寡妇死了男人样悲腔哭调的“鼻涕歌”吵，那不是划子（小木船）划到集家嘴（汉水入长江处）——要玩转去了（有回流）？

“就是，哪个还——”不过，话莫说绝，绿豆大米，各有所喜，还真有不少人对这种悲腔哭调“鼻涕歌”样的楚戏爱得不得了呢。尤其是那老城区和城中村地段的老居民，总有那么一批人喜好这一口，有的无的几个人坐在一起，你哼我哈他打板，堆齐哐齐地来上几段，老祖宗留下的这些几百年的老东西就是好你家，感觉就跟那喝了碗“小桃园”的土鸡汤再加二个油酥饼样，既解渴又解馋还饱肚子，不晓得几舒服几过瘾，连毛主席、周总理，还有董必武、李先念这样的大人物都夸它夸得不得了呢！这不，唐家墩街三眼桥社区，这阵子天天都有一台楚戏，在那里轮番上演，那架势简直像是在搞艺术节、街运会样，十几年都冇见过的你家，真是盛况空前，“机会”难得！每天下午社区文化室门口的小广场上，放电影样拉起一块大蓝布作为幕布，幕布上面贴着“繁荣文化生活，振兴荆楚戏曲”几个大毛笔字；幕布前头留一小块空地等哈作为舞台，最前面还摆了两排塑料椅子，那是留给社区书记、主任和一帮资深“票友”、铁杆戏迷的。晚饭一吃完，那些“迷子”“票友”们就张家李家王家地开始邀人了，大家一人拎一把小靠椅，有的还牵着伢抱着宠物，拖家带口，硬像是回娘屋过年样往那里赶。

时间还早，台下密密麻麻、熙熙攘攘早坐好、站满了人，前面的一个挨一个，后面的一直挤到马路边上，白天在这一带炸面窝、开餐馆、捡渣滓、收荒货、弹棉花的哈来了，还有踩麻木（踩三轮车拉客）的，也把个麻木停在路边，坐在上面候着、等着。一眼扫过去，白头发拄拐棍的占了一大半，红头发黄头发的小美女小帅哥也不少，有的伙计打个赤膊、靸双拖鞋，一头的灰尘、一身的油漆，那是在跟前做装修的刚收工，衣服都冇换，生怕来不及错过了，赶快跑来占位置，等一哈好过过瘾的。

一簇簇、一堆堆地围在那里，眉飞色舞地说长道短，吹牛闲咵（聊天）。几个常来捧场的内行戏迷坐在中间，众人听他们评头论足，“东款西搭”（瞎吹牛）；有的在前头带路，帮忙招呼，有的后头跟着，顺带打杂；一些不听话的大点的伢们却满场疯跑乱窜，大呼小叫，像羊圈一哈打开放了眨眼（失控了），大人也拿他们冇得法。

演出时间差不多要到了，社区的一个老委员先出来讲了两句：“啣嘎们（你们）把伢都招呼好咧，莫到处瞎跑，找个位置坐好，今天来的哈是名角咧，好不容易才请到的你家，人嘎还得到了那个‘废屋子’里头的文化遗产的。”

“轰——”众人一阵哄笑，“不是‘废屋子’你家，是‘非物质’！”

老委员白了他们一眼：“管它是‘飞屋子’还是‘跑屋子’，唱完了你们都捧个场你家，等哈子！”

“你家放心放心，我们都有数！”台下马上有人讨好地抢着回答。“有数”那两个字喊得特别响，老委员才放心地笑着进到里边去了。气氛这时渲染得差不多了，戏正式开演了。先唱了几段折子戏，像么事《双怕妻》《三世仇》《四下河南》《五子拜寿》等，都是几个新角，还嫩得一点，不过这都是些打头的暖场戏，是造气氛、做铺垫的无所谓。这就跟那去吃酒席样，大菜上来之前，可先只吃几颗花生米垫一哈，把那肚子蓄着一点，还能开开胃，等一哈才能尽兴尽肚开怀敞量，把那大菜吃好、把酒瘾过够，好好地“巴个足本”！

果然，戏过三曲，板叫五遍，最后压台的主戏上场了，报出的戏名是《翠花女检过》。翠花女的饰演者据说是一个来头不小的名角，台下便一阵喧哗啰唣，叽叽喳喳，人人心里都充满了期待，个个面上都喜形于色，那气氛顿时渲染得到了热点。终于，饰翠花女的名角出场了。名角个头不小，但见她着一脸厚厚的大红粉妆，穿一件翠绿的大花绣袍，头戴一只月牙形的翡翠发圈，黑白分明；两鬓插满金钗银钗，闪闪发亮。名角抖动水袖，移动莲步，伴着一阵“堆齐哐齐，哐齐堆齐”的锣鼓家业声，婷婷款款、紧紧慢慢地从台后走到台前，羞羞答答地道了一个“万福”，再来一个“亭亭玉立的亮相”。观众眼前一亮，显出一股欣喜；突然一阵惊呼：“我的个娘咧，‘翠花女’是个男的！”

“是啵？哎哟，真的是男的咧！”“她”那张无大八大（很大）的嘴上黑黢黢的胡子分明刚刚刮过，那个老粗八粗的脖子上的喉结，还在上下骨碌碌地滚动，一双手伸出来像一对芭扇，一双脚也像两个小划子样！观众一阵唏嘘，有的大声嗤笑。可名角到底是名角，一点都不惶场。

名角镇定自若地走上前一步，拿眼睛朝前头瞄了瞄，再朝四周一扫，乖乖，顿时像“放电”一样，众人一哈子搞惊到了。名角咂咂嘴巴、吞吞唾液，然后吸口气，再一张口，就叫人感觉不一样，一开腔就把众人给“镇”住了！名角声如裂帛地长喊了一声“我的娘啊——”只这一声，就叫人“魂飞魄散”，神情肃然。

原来，翠花女自幼丧母，父亲又娶，十岁就被贪心的后娘嫌弃，卖去别人家当童养媳。“丈夫”还未成年，比翠花女还小两岁，又得病夭亡。翠花女守着“活寡”，在婆家忍气吞声，当牛做马，这是受尽凌辱磨难后的翠花女一声血泪控诉啊！接下来的唱段那就是声声响遏行云，句句高亢激昂；但转而又柔肠百结，婉转抑扬。有悲腔，也有喜调，有行板，也有慢板；有伤心断肠的“上坟调”，更有百戏之中独一门的“哦呵腔”。那叫一个满腹冤屈，催人泪下，也如一阵莺啼燕啭，玉润珠圆：

> 想当初，娘狠心，抛下我，如弃草芥；刚十岁，才一“碟”，到婆家，受尽欺凌。踮起脚才够到灶锅底，几大盆衣服一人洗；烧火弄饭带下河（倒马桶），残汤剩饭也冇两坨。五更起床开始忙，累到转钟已熬付了急；伺候“公婆”早到晚，“男人”还在尿炕流鼻涕。翠花女我命好苦，翠花女我不甘心！我只愿，靠着双手能生活；我只盼，苦树开花头出地……

人心都是肉做，世人最恨狠心“娘”，这一开头便点燃了听众的情绪。唱着唱着，娘俩的命运来了个对调。新社会世道变了，翠花女的“婚约”已解除，勤劳善良的翠花女依靠自己双手，独立自强改变命运，又遇到一个真心疼她爱她的好男人，后来成为她丈夫，帮她扶她，终于苦尽甘来，日子大变样。好吃懒做的后娘，败光家业，还气死翠花女老子，乞讨来到翠花女屋前。翠花女不计前嫌，以德报怨，一面好生款待，一面也好好地“检”了后娘的一段过：

娘先前，住大屋，嫌床不好；到如今，困庙里，破瓦寒窑。娘先前，吃鱼肉，嫌味不好；到如今，锅巴粥，连喝几瓢。娘先前，穿绸缎，嫌料不好；看如今，破衣烂衫，稻草系腰。娘先前，享尽福，还嫌不好；看如今，百事败光，全靠讨要！往今后，嗯（你）只莫，挑三拣四，又嫌不好；来我这，照样伺候，养嗯（你）到老。翠花女我搭白算数，说到做到。这个“白”是铁板高头打铆钉，铆钉又回脚；鞋底子上踩了牛皮胶，想赖都赖不掉！

“轰——”台下的人，个个笑得前仰后合，像岔了气、闪了腰，咳嗽不停、喘气不止，却报以热烈的掌声：“好一个聪明能干，又有情有义的翠花女！”打板拉琴的师傅也像是受到鼓励，戏板打得更脆，胡琴拉得更响了，气氛顿时渲染到了最高潮。连那些猴子样，蹦上跳下淘气包的伢们，这时也都像被传染了样，一个个乖乖地坐在那里，不作声不作气，瞪大眼睛看得目瞪口呆、听得眨眉眨眼。众人正鼓掌，此时已是满头大汗的名角唱腔又一变，转而感叹世上还是好人多：

大哥二哥麻三哥，大嫂二嫂三嫂嫂，婆屋娘屋都是亲，孝老爱幼都是宝。为人要，知好识歹明事理；切莫可，差火缺德太刻薄。羔羊跪乳鸦反哺，畜生还晓把恩报，饮水思源莫忘本，好心修来样样好……

听戏人个个情绪似被他挑起，被他触动，也都如有同感，如有所悟。可听到有人连连啧啧，也可见有人连竖拇指，频频点头叫好。

叫声亲，街坊邻居众戏友，坐在一起是缘分，同船过渡百年修。你嫉我妒要不得，七拱八翘船翻兜；众人划桨力量大，你帮我扶把河渡。一颗露水一根草，一家一口养十人；一人带头众抬轿，一家有喜哈沾光……

内行人一听，就晓得正戏已经唱完，后头再唱的，就是另一本了，谓之

“讨彩头”，也是蛮精彩的，往往靠演唱者现场发挥，机智应对，既能讨得彩头，还能让人高兴，听戏就要有这气氛。

名角正唱着，突然水袖一抖，手上竟冒出个小红盘，观众这时已完全进入境界，还浑然不知。名角边唱边伸着盘走到台子最前面，向第一排观众颔首致意，点头讨好，那额头脸上的汗珠，便也跟着一颗颗往下直滴直掉。前排的戏迷立即往那盘里丢钱，后头的观众这才“懂板醒黄”，纷纷仿效，名角于是唱得更加声情并茂，“催人泪下”了：

> 感谢了，在座各位来捧场，水抬船高跟着涨，人抬人高无价宝。老虎进门大家赶，搭伙求财互依靠。我祝愿，各位顺心身体好，工作学习步步高。我感谢……

名角边唱边伸着盘子，也像现在的歌星样自然而然地走下台，走到第二排、第三排……前：

> 我感谢，这位嫂子心好人缘好，将来必定有好报。你的老公心疼你，你的伢们又行孝，一好百好事事顺，你负责早早把孙子抱……

“好心的嫂子”听得笑眯了眼，爽快地丢下一张大钱，众人一阵喝彩。名角又走唱到一个胖子面前：

> 我感谢，这位老板了不起，一看就是大哥大，你财大气粗一脸福，将来……

谁知刚唱不到两句，这位“财大气粗一脸福相的老板”却一脸僵硬，然后一个鲤鱼打挺跳将起来赶紧抽跳走人，旁边站的几个“麻木”“扁担”，更是吓得纷纷逃窜。

这时，前排一个豁嘴缺牙的婆婆忍不住站了起来，大声嚷道：“唧嘎们都是大男将，莫太小气了吵，将心比心，人嘎唱得咧好，随便意思一哈吵。就是不意思，也莫掉头就跑啊，学（说）几句感谢的话，抬个庄、鼓个掌也可以吵，嗯唧嘎们学，对不对？”

“对。对。我们多少意思一哈，人嘎也不容易，靠这吃饭，唱得这卖力，还作古正经化妆带彩的，对得起人啊！你们明天还想不想听的啊？”

“想。当然想！他你家唱得真是冇得话学，比那个姜翠兰（武汉楚戏名家）矮不到哪里去啊。明天再搞一场！”

“对，明天再搞一场！”

台下一片附和声。跟着，一张张花花绿绿的大票子小票子，纷纷放进了盘子中。

名角也有胃口，绝不多贪，见好就收。看那火候已到，便对着观众双手一抱拳，深深一鞠躬，然后返身舞台，退着身子谢幕，一直谢到幕后。

儿时回声/知青岁月

老桌子

还有几天就是父亲八十大寿，而距另一个日子，父亲和母亲结婚60周年的纪念日也不远，这是两件难得的大喜事，且齐齐而至，实属不易。母亲说要把几个老亲戚老街坊请一请，以示庆贺，且就在屋里办。这些年，我们家像这样的“重大聚会”已经很少在屋里举行了，一来麻烦，二来地方有限，可母亲非坚持这样，认为这种事只有在屋里办，才更像那回事。父亲一直没作声。征求他意见时，他沉吟了半晌，突然说，要在屋里办，就要把那张老桌子从武昌搬过来，否则就不要麻烦了。父亲这一要求，很出我们意外，但我们又不好违拗，于是只好过江过河，去武昌老五兄弟家，几个人气喘吁吁地，把那张老桌子盘到汉口来了。

那张老桌子是那年父亲祥和里房子拆迁时，放在老五兄弟家楼下的那间杂物间里的，还建时打了新家具就没再想到用它，不想这一放就放了好几年了。打开老五家那间几年都冇打开过的杂物间，我的老天，一道道蜘蛛网映入眼帘，一股霉味扑鼻而来，老桌子就在这一层层帐幔似的蜘蛛网下，默无声息地匍匐着，如动物园铁笼中一只行将入土的老兽，浑身委顿，有气无力，老桌子的确很“老”了。父亲说，这张桌子是奶奶当年和爷爷成亲时，奶奶娘家送的“陪嫁”，至今已快100年了。

奶奶的娘家是汉阳蔡甸镇上有名的木器铺，做出的家具在方圆几十里都是叫得响的，自家的小姐出嫁，那嫁妆自然做得更是不差。父亲说，当年这张桌子是我们家最值得炫耀的一样东西，奶奶娘家大概是想体现一种“民以食为天”思想和寄托一种希望儿孙子女丰衣足食的愿望吧，在所有家具当中，这张桌子是做得最考究、最过细、最下神的一件。全部采用上好的细柏木作材料，由铺里手艺最好的师傅掌墨，全部是扣榫，而且是采用最复杂的“粽子角”造型，整张桌子没用一颗钉子，打了三道国漆，通体显得富贵大方，稳稳笃笃，精致典雅，光可鉴人。其他所有家具后来都垮的垮了，烂的烂了，唯独这张桌子一直“活”到现在。到我们这一代小孩出世时，这张桌子依然是那么结实，那么完好。记忆中，我们小时天天在这桌子上做作业，常常在上面糊风筝、叠纸玩具、玩“抓子”等。逢年过节或是吃面食时，几个小孩就围在桌子四周擀面、包饺子、做翻馓，一边还捏小面人、小玩意儿，可以说，它身上的每一小块地方、每一道木纹、每一条漆痕，我们都了如指掌、烂熟于心，更不用说那些与它“息息相关”的事了。

记得我们当时都喜欢逗老五兄弟，每回在桌子上叠纸玩具或捏面人时，我们总忘不了就地取材，用纸和面团给他张罗个“媳妇”。老五却不领情，回回急得直拍桌子，大哭大吵，有回甚至坐到桌上，双脚乱踢不肯下来，以示抗议，结果被奶奶好打了一顿。奶奶说这是犯上（饭上）作乱的行为，将来要饿饭（饿肚子）的，“人在做，天在看，不管是对人还是对物，惜人惜物才会有人用，有饭吃，不恭不敬瞎糟蹋，就要遭雷打的，晓不晓得！”

难道真有这么邪乎？奶奶在我们家最有权威，我们常喊她“老神仙”，对她老人家的话深信不疑。那年发生的一件事，就真的有点巧合，甚至有些诡异：那个月月底，还没到发粮票的日子，正是快要断炊的时候，我去粮店买米，路上贪玩，把家里仅有的10斤粮票弄丢了，回家面临的后果，可想而知，我本想用那个“妈妈叫我去买盐，走到半路掉了钱，妈妈骂我没得用，我说妈妈不劳动”的儿歌来狡辩一下，结果还没等开口，就被五花大绑似的按住暴打了一顿，屁股被打肿得老高。

惩罚过后大人们唉声叹气，几个兄弟姐妹抱头痛哭，剩下的这几天怎么度过？大家围坐在桌子前个个相视发呆，黯然无语，那一刻真可比喻为“至暗时刻”。老五兄弟那时小，没心没肺，他无聊地拉开抽屉找他的珠子和洋画，不小心珠子滚落到斗里边去了，他拉出抽屉用手在桌斗里一阵狂扫，结果你猜怎么着？竟从里面摸索出了5斤粮票！大家一阵欢呼，欣喜若狂，立刻把另一个抽屉也拉出来，还打起手电，瞪起眼睛，探照灯般探向桌斗里，希望那桌斗现在就变成个聚宝盆，里面还有……结果搜遍所有角落，连一个小小的缝隙都没放过，除有几张废纸外，再无任何奇迹出现。但有那张 5 斤粮票，那个月我们家“最后的晚餐”总算是解决了。

这事现在想来，都还有些好笑，也对奶奶所说的那句，不能“饭上作乱”和要“惜人惜物”的箴言十分服膺。所以说，那张桌子不仅是我们当年活动最多的一个场所、一方乐土，也是大人为我们设置的一个“教育基地”，是一个藏有秘密和故事的地方。

然而，贫困年代百事哀，那些年毕竟多是些穷困不堪的光景，老桌子毫无疑问曾目睹了我们家几代人近百年当中，对那种真正的“丰衣足食”生活的强烈向往和实际上是“缺衣少食”的黯然心酸。如今生活比那时好多了，“桌子上的风景”也发生了巨大的变化，可当年发生在它周围的那些趣事、糗事、辛酸事，仍深深留在我们几个兄弟姊妹们的记忆当中，成为我们人生相册中最难忘、最珍贵的镜头之一。

毕竟已有这么多年，老桌子现已显得老迈不堪了，桌面上划痕累累，四条腿也摇摇晃晃，一根衬子，还脱出榫外。

“我看算了吧，这不叫人笑掉大牙。”老五的意见是跟父亲解释一下，把它扔了算了。可大姐坚决不同意。大姐说这张桌子是我们家以往岁月唯一的见证和纪念品，也是父亲他老人家的一个念想。

的确，在它身上积淀了我们家太多的酸甜苦辣，可称得上我们家族的一部历史、一面旗帜、一种召唤，我们没有理由随便处置它。于是老桌子被我们小心翼翼地“请”到了汉口。

把桌子抬过来的那天，父亲和母亲就像找回了自己失散多年的亲生孩子似的，围着桌子四周转了半天，摸了又摸，看了又看，不时发出几声唏嘘感叹。几个晚辈见到这稀奇古怪的“古董”，也兴奋得大呼小叫，手舞足蹈。二弟“文革”中当过木匠、油漆匠，他说由他亲自来修整这张桌子，再说现在外面都是用钉子钉木心板的木匠，还真找不到敢揽这种活的人呢。

二弟有了一次展现身手的机会，十分虔诚又细心地将它“整旧如旧”，恢复了原状。这样，“双庆”庆典时，老桌子又以当年的面目出现在了大家面前，受到众人一致的注目和赞赏。父亲和母亲脸上更是眉开眼笑，满面春风。

嬢嬢的“时间”

十岁那年，父母同时调去支援“三线”，只好把我送到嬢嬢和姑爹家去寄住。姑爹在火车站做接车兼押运工作，每天早出晚归，十分辛苦。嬢嬢没有工作，家里孩子又多，只好专职在家做家务，就姑爹一人上班，在我印象中，他们家比我们家还要困难。

嬢嬢和姑爹家房子也不大，就一间卧房，晚上我就跟表哥和两个表弟在暗楼上睡，下面摆张稍大点的床，是嬢嬢跟表姐和表妹三人睡，姑爹就搭个地铺，显得十分拥挤。每天半夜，总听到嬢嬢跟姑爹小声说话的声音，总是些什么柴米油盐又涨价了，乡里又来信了说——还有哪个哪个的学费，老师又在催了，等等之类的话题。

到了下半夜，就听姑爹不停地翻身嘴里啧啧地“吮着鱼刺”。嬢嬢说：“你睡吧，我听着在。”过不一会，就听嬢嬢窸窸窣窣穿衣下床靸上鞋，轻轻推开房门朝堂屋走去，大约是望了望厨房的炉子和外面的天气，又蹑手蹑脚地回房里来了。

躺不多大一阵，就听嬢嬢叫醒姑爹：“荣生，差不多要起来了吧，你听，对面厕所做清洁的来了。”我心里猛一惊，原来嬢嬢刚才是听马路对面公厕开始做清洁的声音来掌握时间喊姑爹上班的！我知道嬢嬢家没有钟，无法掌握时间，然而姑爹每天去车站接车是绝对不能迟到的！

有一天，我见嬢嬢喜滋滋地捧着个花纸盒回来，嘴里还自言自语小声地念叨着。一进屋，就被同屋的几个娘娘婶婶们发现了，立即围上来，抢着看是什么稀奇。嬢嬢得意地打开纸盒，笑着道：“你家们看看，这个闹钟像么样？”

“嗨呀，好清爽（漂亮）啊，还是上海货咧！”婶子们七嘴八舌地啧啧赞叹着，又互相传看，那一刻，嬢嬢脸上的那一圈喜悦的笑纹，就显得更加舒展了。却不料那天半夜，我听姑爹在床上低声叹道：“唉——凤芝，你这又是何苦呢？三百毫升血，你从哪里补得回？听人家说，那血抽多了会……”我不由又是一惊，早听说有人卖血的事，却不想嬢嬢原来就是卖了血才买回的钟！那一晚我再也睡不着了。

姑爹后来因一次车祸去世了，跟个天塌下来似的，嬢嬢哭得死去活来。车站上的领导都来了，看到这情况，就让大表哥提前顶职进了铁路，也做押运，只不过他是跑长途，几天一个来回；然后让嬢嬢到站里的食堂去做临时工，好歹也能开点工资。

大表哥这人从小就不大听话，有点好逸恶劳，吃喝穿戴总爱跟周围别人家孩子比。看到他是老大，嬢嬢总惯着他，现在他做事（工作）了，对他更是说一不二。可自打姑爹去世后，嬢嬢家的经济情况就更差了，下面还有几个小的，我总看到嬢嬢一个人中午偷偷去菜场捡菜，礼拜天去河边给纱厂洗纱线，晚上还接些加工活回来做，日子过得很辛苦。有天我听到大表哥跟嬢嬢在说什么，表哥声音像吵架似的：“哼，搞了半天是个‘半钢’的？我不要！”接着是嬢嬢低小的声音，像在哀求：“听点话，伢，这一样掌握时间，你先将就点戴上，等过几个月我再……”

我实在听不下去了，大表哥太不像话了！嬢嬢也太惯他了，谁知道这块“半钢表”是不是她又去卖了半缸子（大杯子）血才……

从此，嬢嬢的“时间”就更是安排得满满当当了。我看到嬢嬢在一张有一个钟的图案的月份牌上，歪歪扭扭地画上了各种各样的记号，把它就挂在那个闹钟的上方，常常对着看，不知那上面是些什么意思。嬢嬢不会写字，我想那些记号一定是些重要的日子或是重要事怕忘了，就用这个办法提醒。

慢慢我看出一些眉目来了。那是一些有关嬢嬢家“家计民生”的大事和她每日里每段时间，雷打不动要做的一些活计。譬如半夜三点，在“钟”上的这个位置画了一个圆圈，当中十二个黑点，代表蜂窝煤，意思是此时要续上一块了，不然接不上，熄了就去得更多；清早六点，则在旁边画了一只桶，说来不好意思，那是代表马桶，是要去前面街上，帮那些住里份的人家“下河”——倒、洗马桶；晚上九点，画了一个菜篮，那是去菜场帮忙卸菜，顺便再扫点“边角余料”回来。

那张月份牌每月的十五号上面，则画了一个“钱包”，这天是发钱的日子，要跟乡里的公公婆婆寄上一点，那两个老的境况更差，不能不管。冇得法，生活压力太大，嬢嬢只好以勤补拙，搞“多种经营”。可嬢嬢这时已开始有点健忘和恍惚了，“兼职”太多，怕疏忽遗漏了，就以画提示代言，按图作息，有点像《小兵张嘎》里面，嘎子刚养好伤急着要上前线，老乡不放他走，嘎子不识字，也是用画给老乡家留了封“信”，然后悄悄走了。嬢嬢走不脱，她要“守着这些日子和时间”。

有一次，一个住里份的女的，晚上拎着好多水果来到嬢嬢家，客客气气地说了一大堆感谢的好话，还硬是要把二十块钱（相当于当时一个工人半月多的工资）塞到嬢嬢手中。嬢嬢起先高低不要，那女子说，文嫂子，你一定要收下，不然我就更不好想了，你家这样重信用、讲仁义，说老实话，我真冇想到，就算我帮伢们交次学费吧。

原来，嬢嬢早晨帮她家下完“河”又出去帮倒垃圾时，一眼瞅到垃圾桶底有个黄亮的东西，定睛一看是块手表，嬢嬢二话不说，赶紧捡起来，转头回来就交还给主人家了。

女主人大感意外，那是她结婚时丈夫送的礼物，还是块英纳格的金表，那天不小心放丢了，把它随便拿哪去，都很值两个钱的！

后几年，生活好过多了，嬢嬢家的条件也改善了不少，大表哥又改跑广州深圳，更是鸟枪换炮，神气得不得了。

有天我正在房里写作业，见大表哥带着一个人，背一个大蛇皮袋回来，进屋后，就见他们把蛇皮袋倒着往竹床上一抽，只听“哗啦啦”的一阵响动，竹床上就红的绿的黑的白的，一块块亮闪闪的圆玻璃壳子铺满了，原来全是电子手表！大表哥和那人趴在上面，一边整理，一边压低着声音，兴奋地数着：“一五、一十、十五、二十……”这时只听到门“轰”地一下被撞开，嬢嬢突然出现在门口。大表哥愣了一下，又装着没事地继续数数。

“大毛，你这些表是从哪里弄来的？”嬢嬢厉声问。从来没见她对大表哥这样大声说过话。

“哎呀，你家不要管！”大表哥有点不耐烦了。

“那不行，我要管！”嬢嬢十分坚决地说。

突然只听“咚”的一声，嬢嬢竟跪在大表哥面前，声音里不无颤抖：“这种事做不得的，我跟你下跪了，你退还人家！”大表哥似犹豫了一下，但身子却一动不动。两人就这样僵持着。

接着是嬢嬢唰地一下站起身来，道：“好，你不去，我去。我找你们局领导！”说着转过身拉开房门就欲往外走。

我吓得躲在门后，不敢出声。终于，我看见大表哥无可奈何地将那堆手表装进蛇皮袋，背上肩，垂头丧气地奄拉着脑袋，跟那人一起下了楼。

再后来，我也参加工作成了家，加之越搬越远，就很少到嬢嬢家来了，但知道大表哥后来也转变了不少，还被提拔当了车间领导。

前天表妹突然来电说，她姆妈头天去世了。我一听不觉愣了半天，嬢嬢对我那好，早知我该常去看看她老人家啊！今天是嬢嬢火化的日子，我请假去殡仪馆看她老人家最后一眼。

只见表哥他们兄弟姐妹几个，一个个哭得泪人儿似的。嬢嬢静静地躺在灵车上，穿的还是生前常穿的那套衣服，只是洗得很干净，好像还特意熨了一下。嬢嬢这两年显得更老了，身子瘦成一束，一头白发也是稀稀疏疏，两只枯瘦的手臂紧贴着身体，但脸上看似还很安详。不知为什么我突然想起嬢嬢当年半夜“估时间”和“卖血买闹钟”的事情。她老人家这辈子太辛苦操劳，对自己太节俭苛刻了，到头连块手表都没戴过，更别说像她这年纪的女人，这些年个个都穿金戴银，俏皮得不得了。她老人家一样也没有，真的是有点寒酸。

这时，殡仪馆的人员来催促提醒，说亡人的“最后时间”到了，将要把灵车推走送入火化，瞻仰间里顿时一阵骚动。突然看见大表哥像触了电似的，一步抢到他姆妈面前，默默地取下自己的手表，神情庄重地戴在了他姆妈的手腕上，然后退后一步深深地鞠了个躬，嘴里还哽咽着，不知说着些什么。大家见此一片静默，表情更加肃然……

娃娃书

二十世纪五六十年代出生的伢们，可能都非常熟悉那种很特别的巴掌样大小的书籍——娃娃书。“娃娃书”顾名思义是专给小伢们看的书，那是小伢们公认的最爱之物，因小伢们喜欢的和渴望知道的所有东西，它上面几乎都有——虽然那都是画的，但它有如神奇的魔窗和百宝箱样，可让小伢们大开眼界、大饱眼福、大过其瘾。《西游记》《三毛流浪记》《王子与贫儿》《海底两万里》……这些故事在娃娃书里都画得活灵活现，跟真的一样，哪一个小伢不喜欢！还有就是那年月，小伢所喜欢的东西和玩具实在稀少，或说是高不可攀，唯独这娃娃书最便宜，总算还能“普及”，所以几乎无一例外地都喜欢上了此物。

娃娃书也几乎不约而同地都选择了一个相同的传播渠道——娃娃书摊。祥和里口间的过街楼底下就有一个，摊主是个五十多岁，瘦瘦干干，长一双三角眼、蓄两撇山羊胡的小老头，祥和里人称他“王胡子”。王胡子无儿无女独人一个，但他拥有数千本花花绿绿、各种各样的娃娃书，在我们看来，那些东西简直都是无价之宝。王胡子他是祥和里甚至“世界上最富有、最快活”的人！

每天一大早，祥和里上班的、上学的，一个个匆匆忙忙地都走了，王胡子刚好相反，他一个人，不作声不作气地躲在他栖身的、紧贴过街楼楼板下搭起的那间小阁楼上，做他的准备工作：清书、补书、包封面、盖章子（书摊标志印章）……忙到上十点钟，他从那阁楼上放下一只木梯，接着那梯子上，就响起了“吭哧、吭哧”的喘息和“咚、咚”的物体落地的响声，这是王胡子用纸箱往楼底下搬他那些宝贝的娃娃书了。

一排书架和几条歪歪倒倒的长板凳不用搬，每天就用铁链锁在过街楼下的墙角旮旯里，到时顺两边墙一摆，再把那几张贴满娃娃书封面、写有书编号的“招贴”，往那墙上一挂，就可开张“接待”读者了。

祥和里的伢们，包括一些大人，不晓得为么事，都跟王胡子的娃娃书那有缘，每天只要他开张，那书摊前一天到晚总坐满了人。那个时候的伢们遭罪得很，哪有现在这么多玩的名堂，单号板子房那边屋里的伢们，多半是打珠子、打撇撇、拍洋画、屙尿和泥、翻跟头，几乎全是些不要任何投入的玩意儿。双号这边的伢们，稍微奢侈一点，有个把集邮票、玩矿石收音机，还有几个玩乐器、做船模，但都是极少数。里份的“老保正”周爹爹周福祥动不动指着单号那些玩得黑汗流水的伢们骂道：“你们这些小狗日的啊，冇得一点出息，看人嘎那些伢们（双号的）几有出息，那才叫‘玩’吵。你们这叫么事啊？一个个像叫花子要饭、土匪打劫样！真是龙生龙、凤生凤，老鼠生儿打地洞啊！”

两边的伢们才不管这些，他嚼他的，该么样玩还么样玩。可一到王胡子这里就不一样了，如孔老夫子的“有教无类”样，这里全没有“好伢”与“坏伢”之分，亦不论好学与厌学之别，看娃娃书只要掏钱付账，一视同仁，皆大欢喜。大家一放学，特别是下午放学早，有的连屋都不回，直接都涌到这书摊前，大呼小叫，叽叽喳喳，你挤我搡，争先恐后地把平时攒的舍不得用的几分零花钱拿出来，你租一本，他租一本，一个个捧着津津有味、眉飞色舞地看将起来。

王胡子的娃娃书数量很多，内容品种也很齐全。我们跑去租书，他总问："要么书？神话还是打仗的？反特的也有。"这些都合我们胃口。还有"古书"更是让人神往：古人太厉害了，可以长一丈二尺高，一把刀八十二斤重！古书也长，可以连着看，《三国演义》一套六十本、《西游记》二十五本、《水浒传》二十三本、《岳飞传》十五本、《杨家将》……一套一套的，真是"连环画"呢——连起环来套起来画，够你看也够你掏钱花的！

然而，那个时候差不多每个屋里都穷，真能有"零花钱"的伢们不多，一般都是把大人给的过早（早餐）钱省下来拿去租书看。可很多的伢，根本就没有过早钱，"苕货"说，他有回向他老娘要钱过早，老娘不给，他把老娘撵着跑了好几条巷子，最后硬把老娘逼到一条死胡同中，才勉强搜到了三分钱！那时有的伢连上学、吃饭都是勉强，哪能充这大款把钱拿去"打水漂玩"？只好弓腰站在租书的伢们背后"看相因"（占便宜）。

王胡子这时就吹胡子瞪眼睛起来了，大声呵斥："哎哎，哪个答应你过来看相因的啊？一边去，一边去！"你要是还不知趣，赖着不走，王胡子就拿起一根竹篾片走过来，伢们见了，便纷纷作鸟兽散。有时，王胡子不先打招呼，而是突然袭击，你立在人家背后，正看得上劲，冷不防王胡子突然摸到你面前，扬起手狠狠给你一个"毛栗果"，直毛（铆）得你眼冒金星，眼泪鼻涕直流。被打的伢便跳着跑开，嘴里高声唱道："王胡子的爹——哎，王胡子的妈——他，王胡子的爸爸……"

王胡子气得直跺脚，上气不接下气，指着那些伢叫道："你、你个小杂种……"冇得法，王胡子不这样不行，他靠这吃饭，要都这样"看相因"，他去喝西北风？所以他只能"奸"。

王胡子是孤老，每天把摊子摆出去，就没办法弄饭了，还有上厕所解手更是一大难题，常常是一泡尿憋到收摊，他哪受得了。有回王胡子来不及，真搞到裤子里头去了，一个被他弹过"栗果"的小家伙，就幸灾乐祸地站在老远处，拍着手唱"王胡子，掉底子，屙了一裤子，臭了一巷子，洗了一盆子，晒了一篙子……"有几个同样被铆过的小家伙就跟着帮腔。可怜老头欲哭不得，如杜老夫子被那南村顽童欺他年老无力样，只能干跌足、空呼号，还是几个大人吼退了那帮淘气鬼。

后来，王胡子就在我们当中物色了两个心腹，遇到紧急和“关键”时刻，帮他顶一顶，回报是免费看一本书。有个叫毛毛的伢最得他信赖，甚至获得了“无限量免费看”的特权，我们简直嫉妒得要命。

总之，名正言顺地租看也好，偷偷摸摸地“看相因”也罢，你不得不说娃娃书那真是小伢们最早的“人生教父”与教科书，我们看它看多了之后，感觉自己那言谈语吐、行为举止和风格做派等各方面，似乎都跟以前大不一样，像是“显著提升”了。比如以前最头疼的做作文，完全不晓得么样下叉（动手），现在强多了，都会学那娃娃书上连编带蒙，添油加醋，还一搞像那裁缝发脾气样——会“丢尺”（用词）了！可大人却说我们一个个都有点“来神了”。比如周福祥的两个孙子，动不动就学那娃娃书上人物的语言动作，书云他云，亦步亦趋。俗话说“小伢不说假话”，他哥俩一套一套的，那完全是自自然然发自内心，一点都没带任何做作与表演。周福祥的老伴、他们的太（奶奶）喊他们：“大宝、二宝——”

“末将在！”两个小家伙齐齐地跳了出来，雄赳赳气昂昂地站在老太太面前，学那《三国演义》里面军前升帐点将的画面样，把双手一抱拳并和身子一起朝前拱了拱，然后抢着大声答应道。

周老太懵头懵脑地望着两个孙子，心想这两个伢么样了啊？“赶快去把渣滓（垃圾）倒了它，都放一整天了，你们两个哪个去？”老太太问。

“末将愿往！”两个小东西又是齐齐上前一步，双手再一抱拳，接着又抢着高声回答。老太太此时更惊愕了。

这时老爷子周福祥从屋里走出来一声断吼:“你们两个小狗日的发神经了吧？你们怕老子不晓得，你们都是看那个狗日的娃娃书看多了，看得走火入魔，中了邪对不对？我跟你们说清楚哇，以后再不许去看那些鬼玩意了，再去老子打断你们的胯子（腿）！”

转　糖

不知从什么时候起，祥和里口间来了个转糖的。糖老板五十来岁，蓬着个头，驼着个背，长得瘦瘦干干，皮肤乌漆麻黑的；一口牙齿却极白，据说是熬糖时，要时不时尝尝糖稀的成色，久而久之就尝成了这口“糯米牙”。糖老板一年四季差不多都是同一种装束打扮，穿一身黑色的土布长袍、土布裤子、土布鞋子，不过是随季节不同厚薄不一罢了，然后长袍外再围一条黑棉布围腰，没生意时，手往袖子里一笼，坐在那里如一堆黑煤炭样。

糖老板每日如闹钟样准时，挑一副转糖挑子，不紧不慢来到这里份口间，卸下挑子，扁担往两摞砖头上一横，即成了一张“长板凳”。挑子右边是一个案板样的支架，支架面上嵌一块大理石板，支架下放一只小炭火炉，炉子上坐一只小把锅，是用来熬糖稀，做糖龙、糖飞机用的。挑子左边是一张活动方桌样的糖转盘，转盘中央立着一根长铁钉，铁钉尖头朝上，取一中间有一圆孔的长竹片往铁钉上一套，用手一拨，竹片便可转动。竹片的一头垂下一根铁丝，谓之“指糖针”。转盘上沿圈画上飞机、花篮、大刀以及十二生肖等图案，来转糖的交上钱后，拨动竹片，竹片旋转起来，竹片上的指糖针便依次掠过那些板龙、飞机、花篮、大刀、八砣等区域，围观的众人也眼睛一起随着那指糖针转动，都不眨一下，最后，待那竹片停定下来，再看那指糖针指在什么图案上，便是他转得的结果了。

每天糖老板的转盘和熬糖锅刚一支好，里份的一帮小伢便如苍蝇样“蹦”了上来，糖老板立即抻了抻驼背，用一块抹布抹了抹桌面和台面，然后从小抽屉里拿出指糖针套在转盘的铁钉上，这样就可开张了。

“我先转。开张运气好，保准转个板龙！”

“凭么事啊，我先把的钱，先来后到，该我先转。”

“我先转！”“我先转！”

“屁屁掉到锅里——炒屎（吵死）了！”过街楼楼上的马二嫂昨晚摆了大半晚上的摊子，刚刚睡着一哈，被小家伙们吵醒，便极不耐烦地大声吼骂了句，像打了个响雷样，周围人一惊。小家伙们不管这些，仍我行我素，照样吵吵嚷嚷个不停。糖老板吓得赶紧“嘘”了一下，连连跟小家伙们递眼色，轻声轻语道：“都莫吵，都莫吵，不然哈裸了（全完了）”过一会儿又说：“楼上的要下来‘掀摊子’了。人人都有份，个个运气好。板龙呱呱叫，八砣（即空门奖励）也是宝。不信试试看，负责错不了。”

小家伙们一愣，似信非信，但真的都安静下来，不再争先恐后了，然后一个个顺着交钱“依次上台”。待那转子（指糖针）开始转动时，小家伙们又异口同声地压低嗓音大叫起来：“停下——停下；板龙——板龙；飞机——飞机；花篮——花……哎呀，又是个八砣，手真臭！”糖老板又是一阵“嘘——嘘”。

来转糖的，多半转的结果都是八砣，糖老板看在眼里喜在心头，脸上却不动声色，从从容容从锅里兜起一小勺糖稀，将勺子斜着往右边大理石板上，羊拉屎样滴下几粒糖稀，这就是所谓的八砣了。八砣在所有图案中居一半以上，且每个八砣区域无大八大，排在“榜首”的板龙位置最小。所有的八砣都是正三角，底部对指糖针，所以“命中率”高。板龙等“大牌”都是倒三角，尖头对指糖针，跟八砣一比，简直比化了，自然是“能及稀少”，想想你要“望针指龙”那该是多难！

难归难，毕竟，转到板龙的机会还是有的，前仆后继、百转千回终于转到了，伢们就像集体疯了样，欢呼雀跃起来。糖老板脸便如拉面样一下拉长了，显出副沮丧的神情——要知道一条板龙的用糖量相当于25个八砣，整整200砣差不多大半斤糖啊！但很快，糖老板又振作起来，手艺人毕竟爱自己手艺，那是祖上传下来吃饭的绝技，稀罕。再说做一次板龙，如通过一次大考，这也是糖摊上几个月难得一逢的盛事啊！糖老板要大显一次身手，出一次风头了，围观者里三层外三层，几十双眼睛都系于他那一手一腕一勺之间，那一勾一画，一点一顿，一皱一褶，可谓“勺走龙蛇”，板上生辉，该是何等的酣畅淋漓，何等的潇洒惬意，何等的风光玩味啊！

注意，汉口的糖摊上，做一般的糖图案，如双鹿、五鼠、金鸡等，俱是用糖勺画出的平面图案，单薄得很。图案画好后，用一根细竹签，趁糖稀未干时，粘在糖画下端，待干后即可取走。这些糖画简简单单，分量也轻，无甚吸引人处。而分布在转盘四个角上的板龙、飞机、花篮、大刀，则要求做成立体的雕塑样的造型，工艺极其复杂，效果非常逼真，且体积庞大、分量不轻，当然是众人喜爱追逐的目标。

糖老板这时直了下腰，转了转脖子，像是真要“甩开膀子大干一场”的样子。然后从抽屉中拿出一大包生糖（未融化的颗粒或块状糖）倒入锅中，将炭火拨了拨，动作有些夸张样，用糖勺在锅里使劲搅了搅，然后兜起满满一勺糖稀，双臂朝后伸展一下，开始“泼糖作画”了。

先在石板上画了些平面的“龙体”零件，龙角、龙脸、龙须、龙身、龙尾等——摆了满满大一台板面，待糖稀晾干后，一一揭起，开始“焊接拼装”。刚才龙头上的两片“脸”还是平面的，现在用几根“横梁”裹上糖稀，两边一粘，便成丰满的、立体的了，粘上一对龙角，配上一副龙须，安上一条龙舌，再装上两只龙眼，好家伙，一个威风凛凛、神气活现的龙头很快就做出来了，围观者齐声叫好：“嗯，好像啊，真一个活龙头啊！”

糖老板不慌不忙，他“胸有成龙”，只见他那一双被烟火长年熏烤的大手在石板上不停地翻飞着，石板上那些“龙身、龙爪、龙尾”则在不断地变化着，丰富着，成形着，一步一步，逐渐见山显水，露出峥嵘，不到半小时，这条糖龙就在他的手中差不多做好了，此时众人更是欢呼大叫起来：“好神哪，像变魔术样的！”

“他以前肯定是个画家，用勺子画画就能画这好，要用笔画，那肯定还要好！”

“你晓得个狗屁！这是画家？这是雕刻家！雕刻家比画家难多了，教我们图画课的董老师说的。”

“嘿，你们老师姓董？我看是你‘信咚’（像傻瓜受人愚弄怂恿）吧？哈哈……”几个站一旁看热闹的大人，被这几个自以为内行的小家伙们的“评论”给逗笑了，便反着逗笑小家伙们。四周一片笑声和嘈杂，沸沸扬扬，糖老板却如入定的老僧样，目不斜视，手不旁逸，似这周围的一切都如无物，都与他不相干，他唯有心无旁骛地完成手中这一杰作的最后一步。

“啊，做好了，做好了，板龙可升天了！”随着众人一阵喝彩，一条近50厘米长，黄灿灿、亮闪闪、沉甸甸，栩栩如生、活灵活现的糖龙，完完整整地出现在糖老板手掌之上，展现在众围观者眼前。糖龙用一根粗竹竿撑着，像那正月十五庙会上舞的灯笼一样，精神抖擞，威风凛凛，龙头下还安了根弹簧，可以晃动，眼细的人发现，那糖龙嘴里还含有一颗通红的“龙珠”呢！

那个幸运地转到板龙的小家伙，欢天喜地地从糖老板手中接过糖龙，然后在众孩子们的簇拥下，如一位打了胜仗的将军样，昂首挺胸、趾高气扬地离开糖摊，到里份里头炫耀去了。

刚才还里三层外三层围得水泄不通的糖摊，一下子又空空荡荡安静下来。糖老板又如一堆煤样，委顿在那里，双手笼起，两眼微闭，孤独冷清地坐在那里，边等待下一拨来客，边掺起瞌睡。不一会，一串糖丝样、清稀稀的液体，便从他那只被风吹得通红的鼻子和干枯得裂开的嘴唇中滴淌了下来。

里　谣

一方水土养一方人，一方人创造一方文化，所以每个地方都有自己的地方文化。尤其是当地的曲艺或是民谣，那是各个地方的主打文化品牌。各地的民谣，无疑都带有自己的特点，打上了自己独有的印记，是真正的“地方土特产品”。大汉口汉正街的祥和里也是这样，祥和里的一代代人也“创作”产生了只属于他们自己的“祥和里里谣”，那是他们里份的“宝贵遗产”：

> 祥和里，了不起，民国元年早建起，翰林学士题的名，金字里匾高挂起，里份头在汉正街，里尾直接通海里（通汉水边，等于就是直接通到长江和海里，夸其规模之长）。里民团结有祥和，互帮互助惠邻里。人人明理守礼仪，家家和睦万事兴……

这首歌谣，被祥和里人公认为是代表祥和里里份形象的“第一里谣”，它的作者，据说是祥和里的创始人、大名鼎鼎的清代翰林学士文瑞翔老先生最最信任的一位大管家。正如孔老夫子所言，诗可“兴、观、群、怨”，这里谣它显然也对人起到了潜移默化的影响和熏陶作用。这首祥和里“第一里谣”从它当年诞生之日起，也许就像现在的一些企业要求每个员工都会唱的“厂歌”那样，它大约也被作为祥和里人爱里与否的一个检验标准，而被写进了祥和里的“里规里制”，有意无意地对里民们进行着某种宣传与教化，并鼓励他们将其传播推广，要不何以全祥和里男男女女、老老少少、上上下下，几乎人人都会唱它？简直像被“集体培训”了一样。那么多代的祥和里人一辈辈都在传唱它，个个记得滚瓜烂熟，吟唱得声情并茂，连那些牙牙学语的毛头奶伢，在众多婆婆家家（奶奶外婆）、街坊邻居们你抱一下、我亲一下的逗唱中，也能囫囫囵囵，呷出其中的一两个字句来。紧接着：

祥和里，好祥和，爹爹婆婆打陀螺。陀螺打到巷子口，买个包包喂小狗。陀螺打到过街楼，买颗糖糖再上楼……

嘿，小毛头伢稍长大一点，刚会说全乎的完整话了，就会借着“唱里遥”来讲条件，讨要吃喝零食，你说神不神！

祥和里的里谣，内容丰富多彩，可以说包含了里民生活的方方面面，大到国家大事、世界形势，中到柴米油盐、衣食住行，小到喝茶解手、洗衣下河（倒马桶），无所不包，雅俗皆有。比如二十世纪五十年代，美国佬到处侵略别人，是世界人民的公敌，祥和里伢们就喜欢唱：

一二三四五，山上有老虎，老虎不吃人，独吃杜鲁门。杜鲁门，你莫神，叫你今天回不了门。

那时政治运动多，新鲜事、新名词不断出现，祥和里有几个大点的伢们嘴上就唱出了几句顺口溜：

猪油、麻油、政治思想教育；红灯、绿灯、爹爹婆婆下农村（指干部下放、无业居民下乡）。

他们的大人听到了，个个吓得面如土色：“这是哪个教的你们啊？以后再听到你唱，我就撕烂你的嘴！”正觉唱得蛮过瘾、蛮尽兴有味的小家伙们一听，搞得蒙头蒙脑，吓得目瞪口呆。最后从大人那惶恐紧张、惊魂甫定的神色中，觉察、领悟到了点什么，从此再不敢唱这种“要犯法”的歌了。

祥和里里谣的作者，一般无从考证，往往是小伢们你一句、我一句，无意识、好玩喊唱的“集体创作”，有时也有大人帮着参与，使其画龙点睛、锦上添花。比如小家伙们有时难得大方一回，把自己十分宝贵的零食慷慨地“分一噶噶”给别的伢，心中又斤斤计较，口中难免念念有词：

吃蚕豆，记得我，我五颗，你一颗。

大人便在一边笑接道：

以后吵架赔蚕豆。

这一段里谣就算完整了。但里谣多是些调皮捣蛋、屙尿和泥巴的内容，权当是种娱乐。如那些小儿子伢们“上茅室”（上公共厕所，那时少有私厕）也要约着一堆去，不仅可名正言顺地趁此出门去玩，还可在那躲猫猫做游戏，凑凑热闹发发“诗兴”：

茅室里，好风光，有肉有鱼有鸡汤，不要钱，不要票，只要草纸两三张。

“轰——”解手的人一阵猛笑。有的笑得连咳直咳（咳嗽不止）。哪晓得还冇完，他们又唱起来了：

先请坐，都莫慌，先打雷，后下雨，天上掉下个黄老鼠。

“嘣——”这回让那排队等位的个个笑得守不住气了，有的连嘣直嘣地差点笑尿了裤子。到厕所外头见到女人来倒马桶，也要逗唱几句：

王太婆，打（开）门下河（来收马桶）。

你正愣怔，他陡地一停，然后蹦出句：

莫慌莫慌，我是老张。

潜台词是“我是送报纸的，刚才喊错了，对不起你家啊，打扰了”。让女人们气得手上直筛（发抖），脸上哭笑不得。刚刚长到半人高了，这些小家伙们就喜欢“充老子”占便宜，祥和里口间有个公用电话传呼站，设在一爿杂货铺里，号码是“54188”（那时号码只有五位），有几个小淘气立刻在那上头做起文章来，站在门口扯起喉咙喊：

杂货架，有电话，54188——我是你爸爸；18845——你爸爸是我。

把个守电话的老太气得眼睛直鼓，踮起脚来就要追打。小家伙们咯咯笑着，边跑边唱：

老太婆，尖尖脚，汽车来了跑不脱。跑不脱，轧了脚，打电话，送协和（医院），协和不收老太婆，就着回去过了脚（死了）……

“个短阳寿的，触你的匣子！”不光老太太，街坊邻居们都要跟着骂，真是太“短阳寿”了。祥和里的姑娘伢就要纯善多了，没得一个唱这种“短阳寿”的歌，了不起嘲笑跟她们对立的小姐妹时，就用讥讽的口吻唱道：

好哭佬，卖灯草，卖到河里狗子咬，狗子一闻臭跑了。

大雪纷纷下，一个伢要出嫁，冇得么事送，送你两句话，祝你身体好，生个胖宝宝……

可能是这后面的一段有点出格，同样会遭到她们大人的一顿训斥和好骂。

祥和里伢们唱里谣时，你只要观察一下，就会发现他们分成了两派，对，又是单号和双号的伢们不和，在唱对台戏。平时玩的时候他们就常分成两大阵营，有点“势不两立”的味道。所以现在就用各自的舆论工具，作为武器攻击对方，以压倒对方气势，中伤对方要害为快事。

比如单号的伢，好多在民办学校读书，双号的伢瞧不起他们，就唱：

民办小学怀又怀（差的意思），棺材板子当黑牌（黑板）；怀货老师来教书，教的学生像头猪。哈哈哈……

单号伢们一听，恼羞成怒，立即还击。双号这边有个伢，小名叫“苕货”，其实贼得很，单号伢们不管这些，就唱：

苕货，苕货，买个摇窝，走到堤上，碰到姨娘，姨娘打个屁，苕货不过意。哈哈哈……

唱罢也是一阵爆笑。

双号伢们一听，这还不简单，单号那边有个光头，还长头疮，就唱：

癞痢癞成俏，抱着棵花树摇，心里想开花，头上冇得毛，挖几个洞，插几根毛，癞痢喜得满街跑。

嘿，这想象也太损了吧！单号伢们尤其是那小光头，气得直筛，就唱：

螃蟹螃蟹多又多，四个眼睛八只脚。

双号这边很多大人都是戴眼镜的，所以是“四个眼睛”。而单号那边蛮多大人是踩三轮、拉板车的，双号伢们就唱：

一个伢的爹，拉包车，拉到巷子口，解泡小手，警察看见了，三拳头。

唱完后轻蔑地望着那边，谅那边再词穷歌尽，没有还嘴的了。哪晓得那边的伢，如事先彩排过一般，领头站出一个伢，如舞台上的指挥，把手一举，猛地喊了声“预备——齐”：

双号伢的爹——哎，双号伢的妈——他，双号伢的爸爸，打条胯（光屁股）——

其声如排山倒海、天崩地裂，连祥和里的大人都被镇住了，双号那边的几个小书呆子，哪招架抵挡得住？任其如何组织反攻，也终只是如几只蚊蝇“嗡嗡”，完全不是对手。当然，这只是些插曲，过一会儿又玩到一堆去了。

小伢们一个个虽淘气不已，难以驯化，但通过这些生动朴素的里谣，尤其是大人有心向其灌输的那些“正面教材”，多少还是获得了一点点如何辨别是非曲直和做人做事的道理，可以说，那些里谣是他们最初的“人生老师”与教科书。譬如祥和里单号和双号的伢，虽总有点隔阂，但一旦遇到哪个屋里大人打小伢的时候，他们就不分单双，一起出来表示抗议和抵制了，因他们的“阶级地位”是一致的。如某个家长正凶神恶煞地对小伢“下毒手”时，小家伙们就围聚起来，“依法”跟他讲理（下面还要“依法量刑”，“依法”作“最后判决”呢）。

伢们中站出一个领头的瞪大眼睛大声喊问：

大人打小伢，对不对？——

众小家伙齐齐举手高声回答：

不对！不对！

领头喊：

先罚钱，后坐牢。

众小家伙喊：

十年！十年！

领头喊：

十年不改，怎么办？——

众小家伙喊：

枪背（毙）！枪背（毙）！（武汉话“枪毙”读“枪背”）

可说是每一字、每一句，都铿锵有力、掷地有声，简直要响彻云霄了！

“轰——”周围闻声赶来看热闹的街坊，一个个笑得捧腹打滚，扼止不住，都“普法”到这程度了，那“施暴”的家长哪还进行得下去？

尤其是遇到外头伢欺负祥和里的伢时，说来有点夸大，可当时的阵仗，确实如此，就像抗战期间“阶级矛盾下降，民族矛盾上升”一样，单双号的伢就完全忘记了以往隔阂，紧紧站到一起，恩仇全泯了。他们深知此时必须紧密团结，一致对外，齐心御敌，方能保住荣誉和尊严。

祥和里对门有个永宁巷，永宁巷的伢们跟祥和里的伢们“世有冤仇”，常常交战——也就是打打嘴巴仗。祥和里的伢平时看娃娃书《三国演义》就编了：

曹操的人马多又多，打起仗来抱脑壳。刘备的儿子是个苕，仗打输了不晓得跑（后被司马懿俘虏投降）。

这时就改成：

永宁巷的伢们多又多，打起仗来摸雀雀；祥和里的伢们闪又闪，个个都是英雄汉！

学那电影中的镜头样，肩并肩，手挽手，或是一起鼓掌，齐齐高喊着，词调一致，响声震天，令永宁巷的伢们“闻声丧胆，不寒而栗，不战而退”。

小家伙们便昂首挺胸，排成一排班师凯旋，这种团结勇敢的劲头何尝不是一种最初始最简单的“集体主义”呢？

祥和里的里谣，伴随着一代又一代的祥和里伢们，度过了那难忘的童年、少年和青年时代，他们又哼着它进入壮年、中年直至今天，当年的那些词句内容，早已深深地融入他们的血脉中、他们的灵魂深处了。

如今他们当中绝大多数人，早已是为人父、为人母，有的甚至已是蹒跚拄拐的爷爷奶奶了，可或是偶尔无心，或是“特意温习”，他们时不时总要再哼上几句当年那些独特的祥和里里谣，都仍觉得那往日的歌谣，依然是那样新鲜如昨、完好如初、亲切如故、熨帖无比。

含饴弄孙、享受膝下承欢之时，也免不了时不时要把往日的那“鼻涕歌”给那些新生代的“小祥和里”们教授传唱一下，此时此刻如丰子恺先生笔下的《芥子园画谱》，生生变成活的了。

总之，当年的祥和里伢们，无论他们现在在干些什么或是身在何处，只要哼唱起那些独特的斑斓五彩的祥和里里谣，就如列宁同志所说“无论是走到哪里，无论你是什么肤色，无论你是在异国他乡，你都可以凭《国际歌》熟悉的曲调，为自己找到同志和朋友”那样，他们也能找到此刻生活在他（她）们周围乃至地球各地的曾经的祥和里人，找回他们曾经的前天、昨天和祖辈、父辈、兄辈；尽管，那条熟悉的、色彩斑斓的、五味杂陈的祥和里，随着推土机、打桩机的掘进与轰鸣，早已不复存在了……

在那遥远的小山村

一

1968年冬天起，全国上下，风起云涌般卷起了一股应届毕业生上山下乡的潮流。第二年年底，刚满16岁的我适逢“初中毕业”——尽管那学校我一共也没去过几天，也理所当然奋不顾身地投入这一滚滚洪流之中。偷偷瞒着父母报名，到派出所下了户口，邀约几个“志同道合”的同学，搭伙结伴组成知青小组，自己动手钉箱子、缝被窝，准备行李——几件破烂而已。那段时间就如热血青年要报效国家，即将奔赴战场或走向边疆样，成天躁动不安，兴奋不已，想象着那个广阔天地的种种样子。

离城的日子到了，已是来年开春，仍寒意料峭，冷风刺骨。出发那天，学校门前敲锣打鼓、红旗招展，操场上停满扎着红花围着横幅的敞篷卡车，各毕业班学生按组成的知青小组和乘车编号先将行李搬上汽车，然后下来排队站好等开宣誓和欢送大会。

会场就设在操场上，台上两侧的标语口号是“艰苦磨壮志，山高炼红心”；正面的横幅上写的是“扎根农村干一辈子革命”。学校领导讲完话，下乡学生代表上台发言。

那位学哥风华正茂，意气风发，只见他一身军帽军装军球鞋，胸前红绸红花红像章，《红宝书》在手，军挎包在腰，声情并茂，慷慨激昂，句句铿锵有力，震撼人心，让人感到“热血沸腾，激情燃烧”！

大会结束马上出发，一时间却又如汉水决堤，哭声喊声叽喳声丁丁哐当声响成一片，盖过了锣鼓，那些标语横幅，此时也默然无语，显得静悄悄。送行的家长和亲友，紧拉着即将远行的学生的手，依依不舍，千叮万嘱，却又泪眼婆娑，声音哽咽，泣不成声，真个是：

> 车辚辚马萧萧，“宝书语录”各在腰，爹娘亲朋围相送，尘埃不见“汉水桥”，牵衣顿足拦道哭，哭声直上干云霄……

长龙般的车队驶出校门，驶上马路，很快驶出市区，把熟悉的生活了十几年的城市抛在身后，然后分道扬镳。眼前是一片陌生的田野、湖泊、荒地。再不久，是更加陌生的山重水复，荒坡野岭，一片光秃肃杀。

尽管三四年前“串联”，大家就到过更远的北京、上海等城市，也一点都不感到陌生和害怕，但此时完全是出乎意料，惊愕万分：那“马路”满眼不见一个人影，更不用说高楼大厦、车水马龙。路面上坑坑洼洼、凸凹不平，车轮下乱石翻滚、泥土四溅。马路两旁黄沙漫天，灰尘蔽日，一个接一个的陡坡扑面而来，一个又一个的急弯接踵而至。我们那车子忽上忽下，忽左忽右，车内的箱子等行李，长脚似的四处乱窜，东倒西歪。

迎着大风坐在箱子上浑身如筛糠样瑟瑟抖动的我们，感觉一会儿被高高抬起，一会儿又被重重摔下，只觉心惊肉跳、五脏出窍，时刻担心会被车子甩飞出去——何曾见过这样的架势，有过这样的体验？这就是要锤炼改造我们，让我们扎根一辈子的“广阔天地”？一车的同学完全傻了！几个女生早吐得一塌糊涂，几个更小一点的学弟学妹，哭得眼泪巴沙、鼻涕直流，一个刚满15岁的小学弟更是尿了一裤子……

经过整整一天的颠簸，终于在天黑前一刻到达位于鄂北与河南省交界的应山县郝店区吴店公社一个大山深处的生产大队，各生产小队队长又分别带着各自社员提着马灯、打着手电，帮我们挑着行李，把我们接到所在生产小队。

走了半天才到小队，整个村子一片漆黑，伸手不见五指，只听到一阵比一阵令人心悸的狗叫，再就是队长和那几名社员对狗的大声斥骂与驱赶。

我们双腿发软、懵懵懂懂，深一脚浅一脚地走进为我们安置的小屋，点上煤油灯，揉了揉眼睛，这才看清我们的“家”：几张铺着稻草的木板床，加一张没刷油漆的白坯木桌、几张凳子，除此，仅有茅草土坯的四壁和开关不严的破旧门窗……饿了一天早已饥肠辘辘疲惫不堪的我们，顾不上那么多，狼吞虎咽般吃下一位村妇为我们做的晚饭——南瓜米饭加青菜，再一拨拉，碗里竟还有几片难得一见的腊肉！吃完洗也懒得洗了，打开行李倒头就睡……

二

第二天一清早，刚起床不久，来了两个人，其中一个是昨夜接我们的小队长，还有一个是队里的会计。队长问我们昨晚睡得怎样，我们刚才还没起来，是好像听到有敲钟声，我们没在意还在继续睡懒觉，这一问就有点不好意思。队长和会计带我们绕着村子转了一圈，告诉我们哪里是水田，哪里是旱地，吃水的水井在哪里，哪块地是分给我们的菜园，还有打谷场、牛栏、仓库等等。一路上，看见已有不少社员正在低头忙碌干活。虽刚过完年才只正月初几，队长说要趁此时间抢修水利、修整田垄、积肥选种育秧备耕等，农村一年四季都没闲的。

我们突然发现，这里的农民清一色都是一团黢黑模糊的身影——这里的男人女人，包括小孩从上到下都是穿着那种自己织染——因棉花棉线是白色的，他们要染成黑色才耐脏——黑色的土布衣服和白底黑面的土布鞋。其时天正下着小雪，地上还结着冰，气候非常寒冷，他们每人头上都戴着一顶黑色的粗土线编织的帽子，奇特的是，这种帽子从上到下把脸、脖子蒙得严严实实，只露出两只眼睛，其他什么都看不到。一时间我们都蒙了：我们此刻是身在哪里？面对何人？来此何干？云里雾里，恍恍惚惚，感觉仿佛来到了另外一个星球，我们见到他们或他们看到我们，彼此都是“外星人”！

几个大方点的社员，走到近前揭起帽子，热情地和我们打招呼，再一看，其实都是些憨厚朴实、普普通通的样子，只是面庞大都显得较黑，有的稍有一点木讷，个子都不大，干瘦干瘦，牙齿普遍焦黄松歪，头发稀疏杂乱，大约是这里水土和营养原因所致。听他们讲话更是费劲吃力，完全听不懂，我们原来也见过或跟乡里人打过交道，许多同学家都有农村亲戚，但那都是离省城武汉较近的农村，他们的话音、用语、穿着和生活习惯等，虽和我们有区别，但差别并不太大，我们都能分辨出，有一个标准的模式印象，没想到眼前这些农民，方方面面和我们印象中的“乡里人”大不相同。他们的衣着、他们的样貌，尤其是他们说话的声音、内容等，远远超出我们的想象。

看过一圈，回去吃早饭。原来，这里作息时间是将一个出工日分作“五安”，清早到早饭前，干一阵子活，称作一安，妇女一般都不出早工，在屋里做饭；饭后立即出工，干到中午（妇女稍早几分钟回家做饭）算两个安；吃过中饭过不一会儿，又出工干，到天黑又算两个安，这一天五安做满，就算一个工。全队没有一座钟，更别说手表，全凭队长抬眼一望天、低头一看田，然后一句吆喝或一记钟声就是时间！

仍是昨日那村妇，已为我们做好早饭。吃过早饭，出工钟就响了，有社员喊我们快到打谷场，听队长派活。没想到这么快就“投入战斗”了，正待出门，似乎想起什么，咱们总不又是去视察当干部吧，空手摆手？遂学那社员样，抓过门背后队里为我们准备的锄头、钉耙等，扛在肩上出门了。

三

果然，给我们派活了，指定了一个“老把式”教我们。“老把式”是队里的贫协代表，旧社会“苦大仇深”，翻身后紧紧跟着党，为人忠诚正派，干活踏踏实实，我们来接受再教育，他大概“最靠得住”——其实与此无关。这里的农民，或说是当时的中国农民，绝大多数都是那种老实本分的庄稼人。他们就像那地里的老黄牛或犁铧样，一年四季就在那片土地上，勤勤恳恳地辛苦劳作和默默耕耘，尽管要承受各种各样的生活重压，所得回报少得可怜，过得极其艰难困苦，但他们仍是规规矩矩，老老实实，任劳任怨，负重前行。或者说是在那个年代，他们不敢有任何抱怨与不满，也不敢有任何奢望与梦想。

除“老把式”外，队上其他社员，不管男女包括大点的孩童，都很热心地帮助我们。他们教我们做各种农活和生活方面的技巧，手把手地传帮带，一样样地耐心教，在这些方面，他们毫不吝惜自己的力气与汗水，有时甚至因得到我们的感激与夸奖而更加卖力，他们的确就是这样的淳朴，这样的忠厚与友善。

时间久了，我们也慢慢摸到一些门道，较熟悉了当地的生活，感觉这里更像是遥远的北方，不像我们那附近南方农村——田畴平展，水道纵横，乡音、衣着、服饰、风俗习惯等与省城相差不大，或者说我们都还“看得懂”。这里的一切显得格外陌生。这里农民把父亲叫爹，母亲叫妈，女儿叫闺女，一听像是《红灯记》或是《平原枪声》等电影里面样。平常说话，他们把“行、可以、好”叫“中”，把“算了”或“就这样”叫“去球”，把“没办法”叫“没得门”或“么门呢”，尤其是遇到“糟糕、完了，不好”的事情，他们从来没这么叫过，而是用一句骂人的粗话来代替，并且那玩意能用到很多场合，可以表达很多意思，不假思索，脱口就出，极其自然，且非常生动形象，甚至觉得能用此语表达，才显得彼此亲切、近人……此等惊人之语，都是前所未见，闻所未闻！

久而久之，我们也“入乡随俗”了。和当地人对话，也是一口地道的当地方言，而且说得极溜。男知青嘴里，也时不时像当地男人那样，用那个脏话来取代许多内容，没办法，用他们当地的话来说，这也是“鸡棒棒掉到炸锅里——油里（由你）摆”了！

一方水土养一方人，环境改变人的力量真是了得。几个月之后，我们这些城里伢，这群所谓的“知识青年”真的就慢慢“和贫下中农们打成一片”了。各种各样的农活，我们都基本能拿起，男生差不多都是整劳力拿10分，女生也不差，跟妇女队长一样8分。生活上除种菜、喂猪是两个弱项之外，其他如打柴、做饭、洗衣缝补等，我们也样样都能对付了。这时的我们，一个个似个子都长高了，也长壮了一些，脸上和身上的皮肤晒得黝黑，手上结满老茧。女生们稍稍讲究爱美一点，男生们头发一天到晚杂乱耷拉，也懒得梳理，鞋子和衣服上，更是到处都沾满泥土和水渍，一搞还用纸烟跟农民们换烟袋抽，过过那种冲瘾。

大冬天上水利顶着刺骨寒风“战天斗地”时，也学当地农民样，腰上系根打背包的麻绳（当地农民用稻草绳）御寒，头上也不知从哪弄来顶跟当地农民一样从头顶蒙到下巴只露出两只眼睛，我们也叫它“狗钻洞”的黑线帽。别说还真管用，一看跟当地农民相差无几了。

只有两样一直没跟他们“同化”，一是我们睡觉必须穿衣服——当地人不穿，这是在水利工地上和他们一起睡通铺时发现的。他们认为睡觉还穿衣服简直太奢侈、太浪费，“白把衣服磨损糟蹋了，太可惜了！”二是解手必须用手纸，当地农民从来不用，也没有。他们事先准备一截稻草把子，完了一擦了事。除此，我们想要的那些东西，譬如读书、文艺、体育等等，总之，统统都没有。

眼下的每一天都是那样忙碌紧张抢火似的，有时连“手”都没时间解，且还要为柴米油盐蔬菜发愁，所以说老实话，在那样的环境、那样的状态下，也不去想那些遥远无边的事情了。“晨兴理荒秽，带月荷锄归”，哪有那浪漫？哪有那诗意？每天都是忙着出工收工，下田上渠，割谷插秧，种菜喂猪；还有五月双抢、八月抗旱、冬修水利、突击会战等，早麻木了。

日子就这样闷闷沉沉地，如村前的那条小河，一天天悄无声息地慢慢朝前流淌着。下乡之前看过一部阿尔巴尼亚的电影，名字叫《宁死不屈》，那部电影在当时来说，实在是太精彩了，里面既有惊心动魄的战斗，又有甜蜜浪漫的爱情。尤其那个叫米娜的阿尔巴尼亚姑娘，我们觉得她像女神、像天使一样的美丽可爱！她和她心爱的人依偎在一起，边弹着吉他，边款款深情低声吟唱那首歌的画面，简直让我们那颗年轻的心怦然跳跃，躁动不安；那歌词、那旋律也令我们陶醉半天，回味不已：

> 赶快上山吧，勇士们，我们在春天里参加游击队。敌人的末日即将来临，我们的祖国将要获得自由解放！

而我们现在呢？我们现身在何处？这种日子又要过到何时？一切都不知道。一切都令人沮丧而迷惘！我们现在借助那支歌的旋律把它改成了：

> 赶快上山吧，同学们，我们在春天里来到了应山。应山啊！应山，挨着了河南，我们从此再将难以回到武汉！

我们十分动情地唱着，常常是开始唱得嘻嘻哈哈，纵声大笑，后面又戛然止住，一个个黯然无音，泪流满面——那歌词让大家一下子想起……

村民们听得莫名其妙，看得面面相觑……

粮车失控险惊魂

1969年年底，刚过16岁身高还不到一米六的我，从三年中几乎未到过校、上过几天课的武汉市爱武中学“毕业”了。紧接着稀里糊涂地跟几个完全互不相识的“同学”组成一个小组，一人扛一床破絮、拎一只破箱，坐上一辆敞篷卡车，一路颠簸地奔赴“广阔天地”里去扎根闹革命，“接受贫下中农的再教育”。

果然是“很有必要”（毛主席语录）。至少是不无裨益，真的。尽管过早地离开了课堂，离开了书本。尽管农村——尤其是70年代初，地处偏远的山区，农村条件非常非常的艰苦，可我仍从心里说，那两年非同寻常的农村生活，对我来说非常重要，它在我整个的生命中都有一种特殊的，甚至是不可或缺的意义。它教给了我很多在城市、在学校、在父母身边学不到的东西，它让我对社会、对人生、对生命都有了一些全新的认知与领悟……

那是下乡第一年的夏收，第一次从地里收割起，包括我们自己亲手种下的麦子，然后把它打成麦粒，装入麻袋，装上板车，一人拉一辆，向着公社粮站进发——交公粮去。

夏日的乡村田野真可谓是蓬蓬勃勃，美不胜收：四处麦穗飘香，满眼一片金黄，村庄炊烟袅袅，田垄收割正忙……不过说实在的，此刻我们心里，断然是没有原来读书时，书本上所描绘的那种农民丰收后非常喜悦的心情（何况并未“丰收”），更没有笛子独奏曲《扬鞭催马运粮忙》那样的欢快与兴奋。

那个年代，农民们生活非常艰难，一年到头，脸朝黄土背朝天地死做，收下粮食后，公粮一交，便所剩无几了。“一年搞到头，分不到个球！”是农民们对自己一年生活的“年终总结”。即使是我们这些被特殊关照的知青，也强不到哪去，已经连续不分昼夜“双抢”了一个多月，且不说是没吃一餐好饭、睡一天好觉，就是那种无油无菜的光饭，也没吃过几餐饱的，半昏半醒的夹生觉，也没睡上几个完整的。

几个月下来，人早已瘦成一根芦柴棒了，此刻又拖着这山一般高满满的一车粮食，那吃力滑稽的样子想起来就让人心酸。

山区的公路十分陡峭，上坡时还算好的，无非是拼尽死力、不顾一切地朝上“拱”。下坡则简直就是要命了：常常是近30度的斜坡，满满一车上千斤粮食，形成一股巨大的惯力，如“督战队”样撵着人朝下坡猛冲。人必须下死力、拼命顶住车把，以控制住车速，否则……离公社粮站只剩最后一道，也是最长、最陡的一道坡了，喘着粗气站在坡顶朝下一望，不由倒抽一口冷气：我的天啦，就是这个“最长最陡”？也未免太那个了啊——改用当时领袖的一句诗来形容就是：“惊俯首，离地（狱）三尺三！”真是毫不夸张！当时那双腿完全软了，直打哆嗦，可仍得硬着头皮下，因此刻已“无路可退”了。

刚开始几步还好，但很快那车便如疯了般，风驰电掣地直朝下飞奔猛冲，越冲越快，越冲越猛，我即使是拿出拼命的劲，又如何抵挡得住那座“飞来峰”？此刻不是我在“跑”，而是飞奔的车在推着我、主宰着我，脚不点地地向下“飞”。我那一刻什么也看不清了，眼前只有一些模糊的东西和影子在飞速地跳跃掠闪，脑子里一个个巨大的恐惧念头径直逼来——其实那一刻我什么都来不及看也来不及想，早就吓蒙了，脑子里只有一丁点的下意识：今天必死无疑！从此我再也看不到武汉，看不到奶奶、爸爸、妈妈、哥哥、姐姐和弟弟、妹妹了！可偏偏那一刹那脑海里又蹦出一束十分执拗的火花：我不想死！我还要回武汉！我要当工人！我还有好多好多理想都没实现！我、我才刚刚17岁啊！

“哐”的一声巨响，我两眼一黑就什么都不知道了。等过了好半天，我迷迷糊糊醒来时，只感到身边是队上的几个农民正叽叽喳喳、七手八脚地在搬开压在我身上的粮包——原来是我大难不死，刚才粮车往下冲时，重心都移到车子前半部将车把手戳在地上，尽管如此车子仍继续朝前拖行没有停止，可那车把手刚好撞在路边的一棵树干上（路旁就是悬崖），最后车子停住。而我刚才在车把手戳地拖行时，从胸前到膝盖整个衣服都被地面磨破，皮肤好多地方被擦掉了一层，骨头露出了几处，可我到底活下来了！

这以后的几十年当中，我常常在想，人生是何等的坎坷多舛，又是何等的复杂变幻，就像当年那送粮的路上，既有收获与成就，也有责任与风险，还有意想不到的故事发生、生与死的体验，真是一脚朝天堂，一脚踩地狱！

人说：吉人自有天相！佛说：普通人也有造化。在我们这个世上，每个人都热爱自己的生命，都希望享受人生，然而生命又是多么奇特，多么复杂，多么难以预测，多么脆弱不堪啊！一个生命的形成与毁灭，生存与死亡，荣辱与悲欢……有时往往仅在一瞬间就彻底改变！

愿普天之下的每个平凡普通的生命，都能善始善终。

斗　嘴

我们知青到农村，对当地农民来说，多少有点影响，我们的到来占了他们有限的资源和那点薄底，说白了，一个萝卜占一个坑，多出张嘴就少一口粮是硬道理。加上我们下乡的那地方属山区，又穷又偏，我们的到来，使本来就很穷困的农民更加“雪上加霜”。说心里话，农民不愿要我们，但农民又是极朴实善良、老实听话的，“连毛主席他老人家都发了话，那俺们还有啥说的？光棍多媳妇少，办法自己找！”所以，尽管心里有所勉强，很是为难，但仍接受下来，而且把我们当“客”看待，拣其好的，甚至是倾其所有来满足我们。而我们这些不知天高地厚的“知识分子”，不知从哪儿生出那一身的优越感，总觉得自己智商比农民高出一篾片，仗着自己“有文化、有知识、有口才”，常用嘴巴跟农民“较劲”。

记得我们刚下到生产队的那天，正遇着一场大雪，天冷得要命，冻得人浑身直抖。晚上农民来看我们，只见每个农民手里都拎着一只土制的“烘笼”，烘笼里燃着些粗糠锯末之类的东西。烘笼那玩意的外观实在不好恭维，简直像把“尿壶”！

“来，给你们暖和暖和”，农民们见我们一个个定定地望着那烘笼，冷得直缩，以为我们想要烤火，便友好地把那烘笼递到我们面前。

“哎，不、不、不……”我们连忙推让着，生怕沾着那骚腥味。

“哎哟，我的个娘哎，这不掉底子（丢面子）！”一个个终于忍不住了，“扑哧”一声大笑起来，还互相递了个不屑的眼神。

“你们放心，这是咱们队里自己窑上烧的，结实得很呢，保证不掉底子！”农民们不知我们的不屑，还挺认真地说道。

“土客西（土包子）！”我们又小声地揶揄道。

“客气啥？你们都是听毛主席的话，才到咱这穷地方来吃苦的，要不是，请你们都不会来呢。”农民们竟把我们的不恭当作表扬，以为“客西”是“客气”而“礼貌谦虚”起来。

第一次和农民打交道，就真切地尝到了他们的“土气”。以后在一起同吃、同住、同劳动，接受他们“再教育”的日子里，就时时和他们“斗嘴”，以打发时间。比如，这里的农民都没到过武汉，没看过长江大桥，更不知道火车跑得有多快。我们就说武汉比北京还远、还大，“紧走慢走，10天出不了汉口”；说长江大桥一个桥墩，比他们打谷场还大几倍；长江大桥的“肚子”里可以跑火车；火车“睡着跑”都比他们的拖拉机（全县才一台）快十几倍，要是“站起来跑”哇，那起码要快一百倍！

“真的？”农民们半信半疑、眨眉眨眼地听着，他们哪出过门，见过什么大桥、火车（99%的人连县城也没去过）。有几个年轻人不信邪，想反驳我们，可一时也找不出证据，就绞尽脑汁和我们抬杠。久而久之，就有那么几个冲头冲脑的愣头青，跟我们成了在一起就要斗嘴的“论敌”。

时间长了，我们发现农民，不仅有憨厚、朴实的一面，同样有着幽默、智慧和才能，且很有“文采”。比如有时我们干活想偷点懒，几个愣头青看出了我们心思，就揶揄道：“老把式快给那牲口上点料，那畜生想挣套了。”气得我们不行。有时我们干活差点窍，爱出洋相，他们便嘲笑道：“瞧那几个科学家（我们带了不少关于农业和园艺方面的书，常照着书上讲的那些知识去‘实践’）种的那莴苣真高级，都可当鞭杆（长得太细太瘦了）用了。”

“哈哈……马吃石灰，一张白嘴。”众愣头青们笑着。我们此时也只有干瞪眼。

不过，农民们和我们斗嘴尽管有时有点粗俗，但绝大多数都是出于善意，包括那些后生仔、愣头青们。上水利时，晚上一起睡通铺，半夜他们起来解手时发现他们都是“打条胯”（光身子），就笑他们，说：“怎么啦，你们这是去演《半夜鸡叫》，怎么都变成了‘周扒皮’？”

原来他们睡觉舍不得穿衣，觉得那样白白磨坏了衣服太可惜。他们知道我们这话意思，感到多少有点难为情，但仍免不了还要干呲一下，就说小瞧了他们，他们是“诸葛亮演‘空城计’，是大格局”；是“许褚夜战马超，来硬的”——许褚当时战得兴起，嫌盔甲束缚，干脆打条胯，正是赤身裸衣！我们说：“还嘴硬，瞧你们现在的光景，都暴露无遗！”他们说：“你们那是脱裤子放屁，多此一举！”他们仗着人多，耍起赖皮。

第二天干活，男女混在一起，我一时内急，周围没茅房，正发愁，愣头青们便来调侃了：“怎么，你那小茶壶要胀破了？”我愠怒着正想发作，愣头青们用手指指那边：“转过身去，解手莫瞄人，瞄人搞不成。”感觉又像是好意，遂半信半疑照他们说的去做，果然就轻松地解决了。正准备说声“谢谢”，工地送开水来了，怕一下没了，便迫不及待抢先兜起一瓢，猛咕了一口，结果烫得直跳脚。愣头青们在一旁大笑：“开汤不冒气，烫死个苕女婿！”“哈哈哈”，周围跟着一阵哄笑，让我恨不得把头埋进裤裆里。不过最后两边终归还是相视一笑，知道都是在开玩笑，所以全无芥蒂。

那一年，一些单位在我们那招工，先来的“三届生”一个个陆续走得差不多了，最后只剩一个一九六六届高中生，因成分不好被卡住，小伙子几乎绝望了，终日发呆，如掉了魂样。一天，队上会计来看他，安慰说：“小林哪，眼光要放长远点，你还年轻，朝前看，螺丝弯弯蹴，总有出头路。你们不像我们是驼子的背心、乌龟的头，生就的骨头、长就的肉；你们是小伢的鸡娃子——现在包含着点，日后还有个翻头！”“轰——”把那知青说得捧腹大笑，眼泪都流出来了。

那知青后来考上了武汉大学，再后来成为了一名知名学者。一直到现在，他还和这会计的一家人在来往呢。

“精神食粮”

插队时，知青们的业余文化生活几乎等于零。那个年代，连城里也就是“八个样板戏”加一幅《毛主席去安源》，乡下就更不用说了。农民们对所谓的文化生活并不十分关心，嘴巴才是“刚需”——原来他们好歹还有点自留地，现在都当“尾巴”给割了，再无任何想头盼头。所以有时问得多了，他们便会怼你几句：“一年搞到头，分不到个球，连肚子都填不饱，还管它啥球‘文化武化’，都是屁话！”

就是，的确是有些“屁话”，那些文的武的玩意儿，真的是“一个屁的作用都不抵”！可我们这些“小知识分子”还是有些“忍无可忍”，没有精神追求地活着，等于是行尸走肉呀！酸劲一上来，就分别去找“精神食粮”。一个个钻墙打洞、没头苍蝇似的，上上下下折腾了好一阵，结果一无所获。最后从一个点传来喜讯：“×××屋里从武汉寄来宝书一本。”抢着打开一看，“我的个妈咧：《金训华日记》！”大家一个个便像麻雀掉到粗糠里——空喜一场，又像癞蛤蟆捡到个哑哨子吹——气得直鼓。

日子仍像村前那条干瘦的小河样，孱弱细小的水流，毫无声息地流淌着，没搅起任何浪花。一日上区里赶集，在镇街上碰到邻公社一熟识知青，问他们有什么好玩的或是有什么书可看，那知青说：“不瞒你们说，还真有。”我们问是啥，他说他们公社有一个被同学们称为“教授”的一九六六届高中生，此人的父亲就真是一教授，武大的，很有名，他本人也很爱学习：“他偷偷把他爸爸的书看了不少，肚子里装了很多东西，古今中外都有，像百科全书样，口才也好，所以我们经常请他来讲故事。”

听讲故事？嘿，这个事情有点意思，我们小时候就是最喜欢玩这个节目的，每回都跟吃到棒棒糖一样。

“他能讲很多非常精彩的故事啊，以前都是从没听说过的，《基督山恩仇记》《红与黑》《一双绣花鞋》《梅花党》，他一讲大半晚上，我们个个听得津津有味，要走都舍不得放他。跟他一起的还有一个六六届初中生，我们叫他‘音乐家’，这位老兄吹拉弹唱样样都行，尤其是歌唱得特别好，中外名歌、各种小调，比如像《夜半歌声》《梅娘曲》《红莓花儿开》《莫斯科郊外的晚上》《喀秋莎》《小路》以及《知青之歌》等，他都会唱，而且唱得非常好，完全像是武汉歌舞剧院搞专业的，真的。他唱的时候，‘教授’就在一旁用口琴给他伴奏、打拍子，两个人那真是一对天生的桥子（搭档），绝了！”

“是啵？啧啧，那肯定非常精彩过瘾啊！”我们如听到天方夜谭样，个个眨眉眨眼，连声啧啧，羡慕得不得了。

“哎呀，这么好的事情，我们怎么一点都不晓得啊？”我们中一个伙计望着大家问道，那样子明显是感到十分的惋惜。

“是啊，先不晓得，先晓得就好了。哎，你帮我们去请一哈，让我们也过过瘾，解解馋，伙计！”我们也一起恳求。

“可以是可以，不过你们还要等一等，后头还有好几个点都排着队等着呢，得一个一个顺着来啊，他们现在是跛子的屁股——翘得很呢！”

“是吗，那不像上回那个全县全区的‘学毛选’巡回演讲样？”一个伙计说。

“那算么事啊，我们全公社的知青都晓得他俩，比那个全区‘学毛选’的代表李大吹都还有名呢。我们叫他俩是二人台、哥俩好，‘巧巧的相好见巧巧’，喜欢得不得了。”啧啧，我们听得一愣一愣的。那知青又说道：“到时真要去，你们一定要准备点好菜，打点酒，买两盒好烟放着哇！”

“那冇得问题，我们一切照办，保证让他们两个人像小狗娃掉到茅缸里——猛嚓（埋头大吃）！”我们隔壁队那个我们喊他“岔巴子”的刘毛弟抢着答道。

“你小子说什么呢？怕是像你饿牢里放出的！”旁边另一知青吼住他，忙转向那知青解释：“伙计莫听他瞎讲，到时一定帮我们联系啊！”

“冇得事，冇得事，都是兄弟不见怪，这事包在我身上，放心。”那知青说。

于是回到队里，就开始做准备，备酒备菜，忙前忙后，非常全心积极，全小组的人，就像即将要回武汉过年样地兴奋。然而，那故事我们最终也没听成。

几个星期后，邻公社知青特意跑来报告，说非常抱歉！伙计们，“教授”被送进“六角亭”（那时武汉精神病医院的代称）去了，原因是他到处散布“封资修黑货”和反动思想，他父亲又是“反动权威”，他们公社开了他一整星期的批判会，加上女朋友最近也跟他分手了，他神经了。

“是吗？哎呀，这、这也太、太那个了呀！”我们个个惊得目瞪口呆。“那另外那个‘音乐家’呢？”大家仍不甘心，继续追问道。

那伙计回答说：“‘音乐家’的情况也不妙啊，他被吓得禁了声，现在连口都不敢随便开了，像吃了什么药似的，我们背后叫他‘哑巴’。”

“是吗？”大家一阵唏嘘，沮丧不已，这个故事看来是听不成了。但并未完全死心，仍在继续找寻着。恰在此时，公社接到上级指示，准备成立宣传队。

宣传队不干农活，还有补贴，这等好差谁不动心？许多人都跃跃欲试，当然也不能太滥竽充数，除少数几个当地骨干外，基本都是我们学校原来就有此履历的知青才能被吸收进去。

隔壁小队有个叫周家奎的男生，因一直想办病残未批，很晚才下到我们大队。谁知刚一到就被公社接走了，因这伙计会拉京胡。那可是当年最吃香的一门才艺，“样板戏”里面能派大用场，而有此特长的人才十分稀缺，所以这伙计一来就被盯上了，一天下田干农活的罪都没受，直接就登上“上层建筑”了。

他也成了好多知青的“样板”，有几个自认为有点文艺细胞的伙计不服气，都跑去公社毛遂自荐，表示自己会什么，还会什么，希望上头慧眼识珠将其发现，进而能脱颖而出。但不管想不想这事，凡演节目，知青们都是喜欢看的，宣传队不管在哪个队演出，大家都必赶去观看捧场。

宣传队当时演出的各种各样的节目，如歌舞、快板、小话剧等，既是“革命形势”的需要，也是贫下中农喜闻乐见的形式。但演员就那些，所以人人得练几手，正面人物、反面人物都得装，唱歌跳舞，说学逗唱，样样都能顶，至少能上去混两下。有个大队长的侄子，平常也喜欢哼哼唱唱，靠他叔叔关系进了宣传队，但实在是难得派上正场。领头的见他长得膀大腰圆，嗓门响亮，便发挥他特长，比如演那个《天上布满星》（《不忘阶级苦》）的节目，每进行到关键时，这老兄就如石破天惊般领头高喊起口号：“不忘阶级苦，牢记血泪仇！”“打倒恶霸地主！”“打倒——”别说，这伙计那嗓门真有威慑力，如武松打虎般，声震山岗，响遏行云，传遍四方，把气氛一下推向高潮。

宣传队也有对比，那时各宣传队不管大小，都“敢想敢干”去演样板戏，因那不仅时髦，而且也能体现一个宣传队的实力水平，所以都一哄而上。我们公社也不甘落后，书记亲自来动员鼓劲：“样板戏咱一定要上啊！同志们，这形势都跟那老光棍说上了媳妇样，等不及在催了！没演过，咱就人人试试，有困难，咱就斗它个球的，总之咱们一定要把样板戏搞上去！”研究讨论一番之后，决定排演《沙家浜》。伴奏的京胡这难题已经解决了，演员怎么办？好在那个年代收音机和广播里成天往人耳朵里灌这玩意，都背熟了，人人都会唱几句，管它唱得好不好，谁也不会那么较真，扮相动作上像那回事就行了。当然，还特意去原县剧团找了个专业人员来当导演，进行辅导。

我们大队有个小李，长得高高大大，一表人才，就选他来演郭建光。小伙子把“新四军军装”一穿，军帽一戴，手持一把飘着红绸子的“驳壳枪”，蹭、蹭、蹭地迈着碎步登场，走到台子当中一停步，一亮相，马灯一照，嘿，很有点那味道！

《智斗》那场戏，演阿庆嫂、胡传魁、刁德一的三人原本在学校时就是一“铁三角”搭档，一起演过小话剧，基础好得很，现在可说是顺水推舟、就汤下面，轻车熟路、手到擒来，所以表演得十分流畅。尤其是演胡传魁的那个胖子小王，本来样子就长得十分滑稽，肥头大耳、鼓眼睛，还是一罗圈腿，充满喜感。上台后横着一螃蟹步，挺着个大肚皮，在那台上踱着方步打转转；一边叉着腰，拍着肚皮大声吼唱：

想当初，老子的队伍才开张……

完全是一活脱脱的草包司令形象，台下便会哄堂大笑。有一回，“胡司令”又是往那一站，把腰一叉，肚皮一拍，谁知“嘭”的一声，腰上的那根军皮带扣子松了、绷不住了。军装底下，一下掉出个圆簸箕来，满台打滚，滚来滚去的，台下的观众一个个笑得前仰后合，停止不住——原来这小王的“大肚皮”每次都是用这玩意撑着的！穷困年代，他一年轻小伙正长身体，可是连饭都吃不饱，哪真有那“大肚皮”？就头大、脸大而已！

宣传队都是俊男靓女在一起，吹拉弹唱，关关雎鸠，窈窕淑女，难免“君子好逑”，是个很容易“动情”的地方。表演唱《老两口学毛选》是当时农村题材的经典节目，扮演老两口的两个男女知青配合得非常好，两人在台上“互相帮助互相学习，互相关心互相爱护”的，真叫“一对革命好伴侣”。台下也是如此，两人“公不离婆，秤不离砣，瞅个眼头，偷偷摸摸（谈恋爱）”……

谁知这女知青后来不小心怀孕了，这下闯出大祸，有此等“作风问题”那还得了，宣传队肯定是待不下去了，乖乖滚回生产队，然后悄悄溜回武汉去把孩子打掉。公社这点做得还算好，始终为他俩保密，总算没闹出大的风波。再演出时，有社员问怎不见那“学毛选”的“老两口”？知青们便回答：“他们俩学得好，所以派去省城做‘交流’去了。”社员便嘀咕：妈的，这好的节目怎不交流给咱们看看啊？真偏心！知青们便苦笑笑。中间有人突然就演绎了那首《远飞的大雁》来，唱起：

远飞的大雁，请你快快飞，捎封信儿到家乡，远方的儿女想念家乡的亲人们……

啊，多么优美的意境，多么动听的旋律，多么贴切的歌词，多么真挚的情感！真是让人触景生情，浮想联翩，心潮起伏，感慨万端！于是众知青们跟着一起哼唱了起来：

呜嘞嘞嘞嘞，叠格那麻，飞哎哎，哎哎哎哎哎……捎封信儿到武汉，江城的儿女想念三镇的亲人们……

对一头小猪的忏悔

1969年初中毕业后，我当了插队知青。刚去时，那真是四体不勤，五谷不分，但“既来之，则安之”，必须和贫下中农打成一片，和农村生活完全“接轨”，所以除和社员一样劳动之外，我们也种了自留菜地，还养了一头猪。可这两样都是捏着鼻子哄眼睛，“瞎子看报做摆饰，聋子听歌装样子”。那菜种得实在是不敢恭维倒也罢了，养的那头猪就简直养成了“精”，打个不恰当的比方，就像现在城里年轻夫妇养“特保儿”，劳神费力精心呵护，伢还养不好一样，我们那个家伙，也是磨死人，甚至比“特保儿”还难伺候！

当时知青条件相对比农民要好得多，有特许的猪粮供应，有精筛（农民都是粗筛）后，成色上好的谷糠、麦麸做猪饲料。但我们几个伙计，你指望我，我指望你，让那个“特保儿”饥一顿、饱一顿，几个月下来，可怜它不知是在故意减肥，还是它本来就是一头仅供观赏的“宠物猪”，除个子稍大点之外，它几乎一斤肉都没长！而社员家缺麸少糠喂起来的猪，却个个膘肥体壮、头大肚圆，茁壮成长、与时俱进，真是猪比猪气死人！

于是两个男生作了分工，另一个男生去种菜，我负责喂猪。从此每天早晚三餐像伺候少爷样伺候它，加大投入、加强护理，还打猪草、捡野菜，增加一些粗饲料，做到粗细搭配、营养结构合理。可一段时间下来仍不见成效，就开始着急了，但每天也不忘注意观察。

有天收工回来，照例先给“特保儿”安放好饲料，然后再去挑水洗米，做自己的饭。可挑水回来想了下，转身去猪棚看看，这一看不打紧，一看吃一惊：只见我们的那位“特保儿”根本没拢（靠，挨近）槽边。它只是远远站在一边，眼睁睁地望着槽，而槽前此刻有一位“仁兄”，正旁若无人、当仁不让地张开大嘴，在那里大快朵颐。

我们的那头猪，大概实在是饿得太难受了，就战战兢兢地，也想往那槽边凑，可那位“猪老兄”根本就不让它拢边，两爿肥屁股朝后，左一墩右一拱，如拳王泰森的两个大拳头，劈头盖脸地向它砸来，再加一条鞭子样的尾巴，金蛇狂舞般地抽向它的脸，它便吓得赶紧自觉后退。最刺激人的是，这头来吃白食的黑猪，正是和我们那头白猪同一天买回的，而这个家伙的块头，现在已起码是我们那个不争气的家伙的三倍！我当时那个气啊，那真是叫作怒从心头起，恶向胆边生！我想都没想，顺手操起刚刚放下的挑水扁担，狠狠朝那个家伙劈头盖脸地打将下去。

打了几下还不解恨，又随手抓过一把锄秧草的钉耙，用耙尖那一面照那家伙的背面狠狠挖去。“哇——”只听见那家伙像要杀它似的石破天惊般大叫了一声，整个湾子顿时像发生了地震样震动！我吓得魂飞魄散，不知所措。那头猪则疯狂拼命般地左冲右突，夺路而逃。我被它撞得东倒西歪，差点被掀翻在地。它则踉踉跄跄、弹弹跳跳、一瘸一拐地仓皇而去。门槛有几处被它踩塌踢破，地面上留下了一串串的血印。从此，我们那个湾里就出现了一头跛足烂背的“文身花猪”……

平心而论，我并不是那种心狠手辣的人，我甚至面对一个真正的坏蛋或小偷也难下重手。然而，那只是在对待人。而对人以外其他的生命呢？是否能具有同样的宽容、同样的怜惜、同样的爱心？

佛说：众生悉有佛性，人人当以慈悲为怀。孟子说：“老吾老以及人之老，幼吾幼以及人之幼。”自己与他人，人与畜生，都是由此及彼，互为转化，互相推及。地球上每一个生命，本质上都是平等的，是一个互相依存、互相依赖的“生存链”和“共同体”。那种残酷、野蛮地对待动物和其他生命，任意对其造成损害，将会如多米诺骨牌倒下样产生连锁反应，最终是要“遭到报应”的。还有，无论是对人还是对物，一个人的善举或恶念，往往会在方方面面自然而然地表现出来，一个小小的不经意的举动，也会暴露出你的内心世界和你的本性。我没想到我那天的举动，怎么那么粗俗、那么疯狂、那么残忍与不理智，现在想起都感到有点无地自容。那么今天，我们是否应该为过去的那种行为进行忏悔与反思，进而也去爱护和保护一切与人类有益的生物，与它们和平友好地相处，共同和谐地生活在这个地球上呢？

物随天存，各有其道，互相扶持，互相感恩，才是最根本的生存之道啊！

重回山村

少小离家老大回，
乡音无改鬓毛衰。
儿童相见不相识，
笑问客从何处来。

一千两百多年前，那位叫作贺知章的年过八旬老人，在暌违他出生之地半个多世纪后，首次重回故里，再度品尝乡音乡情，写下了这首《回乡偶书》。面对那一群陌生村童的围观和议论，老人那一刻油然而生的激动与感慨可想而知，往事历历在目，浮想联翩。此刻即便是垂髫小儿们的顽皮笑问，他也一定会是感到十分的亲切与温馨，因那正是数十年间，一直萦绕在他耳旁挥之不去的熟悉亲切的声音。还有那些翘起的屋檐与低矮的围墙、当年亲手植下的桃李与山竹等，此刻也都涌至眼前还依稀可辨，正是乡音未改、根脉犹在啊！故土的情结，故土的魅力，总是那样根深蒂固，难以撼动和改变。离家久的人，总是思着、想着，要回到故乡，如同有一种强大的吸力，在召唤、在牵引。然而未料到，在他写下《回乡偶书》的这一千多年之后，当我作为一名曾经的过客，同样也是回到五十余年前下乡的地方，心头却是另外的一种感触和滋味。

虽不至“千村薜荔人遗矢，万户萧疏鬼唱歌”，但也的确是感到了一种少有的寂寞与荒凉，更不由滋生出一股惊悚的陌生与寒意。

抬眼所望，哪有什么“榆柳荫后檐，桃李罗堂前”？更未见到那“开轩面场圃，把酒话桑麻”的温馨场景。虽大多泥屋已翻成新房，可少见有进出人影；鸡犬埋头行走，其状也似蔫蔫；乡音未闻，村湾静寂，仿佛来到一个“陌生的星球”。谁承想历史现又前进了一千多年，可本该早已繁盛的乡村，怎又变得如此地萧条冷清？

走过水井，转遍村巷，未见到一位当年熟悉之人。也难怪，岁月荏苒，一晃五十余年过去，早已物是人非。恍然间，终于看到一个熟悉的身影，正在屋前侍弄一件旧弃的农具。近前端详，果然正是当年我们眼中闰土一般灵光的长根，却发觉他现已是豁嘴缺牙、身形佝偻，有点“迷糊不清”了。问及长发、耀祖、长翠、祖英，这些当年和我们斗嘴较劲的愣头青、后生仔，还有帮我们缝过被子、洗过衣物的三嫂、大妮子，他努力地思想了半天，才磕磕卡卡告知：“他们大多已作古。他们的老人家有财、承和、承祖等更是早已驾鹤归西。”

“可他们的后生仔、后后生仔们怎一个都不见？”

答曰：“都去镇上、去县里、去省城，去讨营生、去安新家、去长住了。”

噫，怎那镇上、那城关、那省城，那般逼仄却非要挤去恁多的人？眼下熟稔的故土却“良畴不开桑不采”“田园将芜胡不归”？啊，多虑了、多余了，儿孙自有儿孙福，“新千年”自有新活法，不见今日种田、种地，处处都有机械化、有高科技……

哦，是的、是的，沧海桑田，历史向前，昨日的旧迹，理当换上新颜，过去的种种生产与生活落后方式，也应上升到一个新的文明。但亦不能让眼前这好端端的山山水水“不开将芜”，空着、废着，这样太浪费、太可惜！作为曾经的过客，作为今日的“新人”，愿我曾到过、待过的每个地方，一日比一日更和谐、更美好。

人生百味/坐井杂谈

海滩上的人生风景

《海的女儿》《海底两万里》《大海啊大海》……有关海洋的故事和传说、音乐与绘画，相信对每个人的孩童时期都曾产生过或大或小的影响。对一个成年但长期生活在内地从没有见过大海的人来说，海洋是一个令人神往、无限憧憬的世界。2000年夏天，正好遇上一个不容错过的机会，一路辗转不停，终于来到了向往已久的海滨城市——大连。

在著名的星海公园、老虎滩海洋公园以及被称为“东方夏威夷”的付家庄海滨公园，我一次又一次地被那湛蓝的天幕下，那一望无垠的海水和金黄色的、锦缎一般光滑柔软的沙滩所吸引，那种陶醉惊喜的感觉，远不是用“心旷神怡”和“流连忘返”等词语，所能形容和概括得了的。那是童年就开始了的希望与梦想、想象与向往，几十年之后，终于看到了这真正的大海，终于如愿以偿！

那天中午，正是北方少有的炎热的时候，我来到海边，火辣的太阳正照在海面上，海浪翻卷着白沫扑向沙滩，一群鸥鸟在水面上盘旋，许多身着五颜六色游泳衣裤的男男女女，在海水里扑腾，在沙滩上追逐嬉戏，一把把花花绿绿的遮阳伞，像一只只硕大无朋的彩色蘑菇，点缀在沙滩上，阳光、沙滩、海浪、游人——织成了一幅美丽的风景画。

这时，一些游累了的男男女女，挂着满身的水珠走上岸，来到遮阳伞下，他们中有人从地上拿起一听饮料，“啪”的一声潇洒地拉开铝盖，仰起脖子就痛饮起来。有的坐在塑料布上，一边喝着啤酒，吃着香肠、火腿、面包，一边听着音乐，翻着画报，有的则忙着拍照和挖沙、堆沙。他们显然都是来游玩的，很多还是自己开车来的——不远处停满了各种各样漂漂亮亮的小轿车、越野车、吉普车，大家玩得很开心、很惬意，朗朗欢快的笑声回荡在海滩上，只有我这个独行的观光过客，有点与众不同地在沙滩上转悠、徜徉着。

蓦地，我眼中出现了另一番风景：几个皮肤黝黑、衣衫破烂的老人和小孩，他们一个个手拎着蛇皮袋朝这边走来，他们不时弯腰将手伸进沙里，像是在沙里摸找什么，我想可能是在拾贝壳或是海螺什么的吧。太阳光直射在他们身上，他们一个个脸上的表情是那样的木然，似乎周围的喧闹与他们毫不相干，他们的肤色、他们的衣衫、他们的这种表情，与那些游泳玩乐者，恰好形成鲜明对比。接着，我又看到了一个意想不到的画面：几个显然还是少年的男孩，戴着防护眼罩，从海水中冒出，走上岸来到这些老人和小孩面前。少年们都只穿一条短三角裤，手上都攥着一些东西。他们走到那些老人和小孩面前时，纷纷将手中的东西放入老人和小孩的手提袋内，我看到那是一些海星、海蜇、蛤蜊之类的海产品。

少年们放完东西后，又迅速转身走向水边跃入大海。刹那间，我明白了这就是人们所说的，那种专在海里捞取海洋生物的“海碰子”。这是种很早就遗传下来的非常古老的活计：在海岬边的一些礁石上生长着一些很小的海洋生物，“海碰子”们全凭一身潜水的功夫潜到水底，在礁石的岩缝上去仔细地寻觅这些东西，寻到一点，需十分用力和小心，才能把它们抠下来，然后泅出海面，送到岸上去，一次过程往往需要好几分钟，有时一连几次都一无所获。不仅如此，有的海区甚至还常有鲨鱼出现，若是遇上，搞不好会葬身大海，成为鲨鱼的腹中之物！

在这群小“海碰子”中，有一个长得特别瘦小、皮肤特别黝黑的男孩，看上去顶多十三四岁，一双胳膊和两条腿，只有甘蔗那么粗，一双手和两只脚掌却显得出奇的大，这可能是长年在水里游泳和光着脚在沙滩上行走，骨骼发生变形的缘故吧。小男孩从我身边走过，我问他，为什么不去上学要来干这种危险辛苦的事。小男孩诧异地望了我一眼，似乎很不愿意回答这个“莫名其妙”的问题，转过头扭身就走了。旁边一个老妇人，拎着蛇皮袋走过来插嘴说，他爸前几年得病死了，他妈也是个半残废，他还有一个弟弟一个妹妹在上学，要靠他每天去赶海捞点海鲜，卖到餐馆换一点钱维持着过生活。

当地政府虽说有救助，可那哪够啊！

听着老妇人的讲述，我心里蓦地一动，半天不是滋味。我突然想起美国作家杰克·伦敦笔下，那个专在海边轮船的甲板上，给人表演跳入海中打捞金币的男孩，那个“美丽的、像少年神仙的、铜像一般的男孩”，为了那块金币，最后死于鲨鱼腹中。而这个男孩的经历与其何其相似！

杰克·伦敦写《在甲板的天篷下面》这篇小说，距今已有一百多年了，然而，他当年所描写的那种悲惨的人生，至今仍是世上一部分人的人生的活生生的写照。如今生活迫使许多像这样的老人和孩子，必须按照这样一种与这个世界极不谐调的方式生存着，除此以外似乎难有别的选择。

同样面对美丽的大海，有的人在此尽情享乐，挥洒时光，而有的人则必须以自己的生命作为赌注，在此换取“一点点最简单、最廉价的生活”。生活就是这样。在这个世界上，贫穷与富有、享受与折磨，永远是一对天然的矛盾体，永远是这样严酷地、难以改变地同时存在着，然而有许多人却对此不以为然，有人甚至认为是天经地义，理所当然。

我想，任何时代、任何时候，说破大天，物质世界中的自然资源和自然财富，包括像水、空气、阳光等，都是有一定限度的，如同“能量守恒定律”一样，消耗与补充、索取与再造，须“保持适度”才能“守恒”；同样，全体大众共同创造的社会财富也是有一定限度的，况且这财富的基础之一——自然资源也是全社会人共有的，一部分人要获取太多，另一部分人当然只好“舍不足以奉有余”了。如此一来，“合理、和谐、公平、公正”从何谈起？这反差巨大的风景又何谈“美好、迷人”？幸运的是，我们党和政府一直高度关注民生，大力推进助弱扶贫，然而要实现这个目标，还需要有更多的人一起坚持不懈地努力。

大海将陆地隔成了两半，同时也在此将世人的人生分成了两种截然不同的“风景”，这大概是造物主当初所没有想到的。实现世界大同是人类社会的共同追求和最高目标，但愿我们身边的每一个人，都能对此有所认识、有所反思，上下齐心，共同努力，争取早日消弭这些反差与反常的现象，缩小贫富差距，让全民都进步起来，富裕起来，进入一个全民幸福的社会。

九华山挑夫

蜿蜒陡峭的山道上，忽然传来一阵“嘿呦、嘿呦”的吆喝声，跟和着一串领头的号子，正在行走的一拨拨游人，不由纷纷驻足回首，继而让开道路，一群打着赤膊、披着坎肩、挑着担子的汉子，正由下向上急急而来；脚步声似打夯一般，喘息则像一只只鼓动的风箱，拼命张合又极力收缩，这就是九华山上的挑夫——一群以“挑山”为生的人。

处于皖南的九华山，山石异状，林泉深幽，峰峦险峻，景色奇秀，被称为“东南第一山”，“诗仙”李白早有诗赞曰：

昔在九江上，
遥望九华峰。
天河挂绿水，
秀出九芙蓉。

而山上那些四处点缀的寺庙，鼎盛不息的香火，连绵逶迤了差不多数百里，可称得上是“福音泽披四海，佛缘广结天下”，更是使其成为中国佛教四大名山之一。然而，你是否想到，九华山上这一座座气宇轩昂的庙宇寺院所用建筑材料——那一尊尊金碧辉煌、宏大无比的菩萨的金身和香炉宝鼎，还有那铺在游人脚下，足足有几十里九华山山道的台阶条石，以及各种各样、大大小小、零零碎碎的物品，一砖一木，一物一具，乃至一针一线，皆是由这些衣衫褴褛、皮肤黝黑的挑夫们胼手胝足，一步一步地从十几里远的山下挑上来的。这些人一代又一代，一年又一年，子子孙孙挑运不停，这才垒起了九华山的登山之路和庙宇寺院，装点起了九华山上的道道风景。

我曾在川中腹地的小镇上见过那种身背竹篓专门为别人背货的“脚

力”，也曾在鄂西神农溪上看到过躬身于岸边拉动“豌豆船”的纤夫。那种“负重而行”和“吴牛喘月时，拖船一何苦”的劳累与艰辛，给我留下了深刻印象。然而，比起眼前这些九华山的挑夫来，他们似乎要“轻松”多了。九华山山势险峻，山道崎岖，峰回路转，起伏不定，几乎每座山峰的垂直高度，都在几百米以上，一般人空手上山都觉疲惫，只好改坐索道（近年才有），要挑起上百斤的担子上山，难度可想而知。站在我面前的这位面黄肌瘦、个子小小的挑夫，正用一根木棍支起沉沉的砖石挑，狭窄的阶梯上无法搁下砖石挑，挑夫们一般在挑山的途中是无法坐下休息的，所以只能这样“戳”在那儿，暂缓一口劲。他瞪大眼珠，大口大口地喘着粗气，一道道污黑的汗水，如无数条小溪样，顺着他那黝黑的脸庞和敞开衣襟的胸脯，朝下流淌，那瘦骨嶙峋的胸脯上，可以清晰地看到，他皮肤下的血管在急速地跳动。

看他那面如死灰、浑身跟要散架似的样子，我脑子里蓦地闪出法国19世纪农村风俗画家米勒的一幅作品——《收割者的报酬》来。那幅画上那位为庄园主收割麦子的农民，累得“全身所有部件都已完全僵硬的‘造型’”，给我留下极为深刻的印象。

而眼前这位挑夫，我知道他也是刚从一场生死的搏斗中暂时缓过气来，但马上又要重新去投入那场“生死搏斗”。我仔细数了数他的砖挑，整整30块，至少有150斤！这重重的一挑砖，估计要挑到山顶才是终点，因为那里正在建造一座颇具规模的地藏王殿。

我问挑夫：“挑这么重的一担砖上山，得多少时间？”

“4个小时。”挑夫淡淡地回答。

“那一趟可得多少工钱？”

“8块。”同样是淡淡的语气，我心里不由一阵战栗：150斤重，4个小时，才8块钱?!这……这时，又有4名挑夫从我面前路过，黝黑沧桑的外表，枯瘦佝偻的身形，加上满脸的淋漓大汗，格外醒目。不过他们所“挑”的不是砖石、水泥，也不是香炉、宝鼎，而是一对坐在滑竿上的年轻男女。男的身体富态，气度不凡，俨然一大亨要人；女的浓妆艳抹，满身珠光宝气。两人那睥睨一切的神态，似整个九华山都是他们的一样。再看那抬滑竿的几名挑夫，个个神情漠然，仿佛这一切皆理所当然，天经地义。

目睹此一幕，不由让人颇感不适和诧异。作为“地藏王道场”的九华山，“大孝大愿”是其倡导的精髓与首义，而平等与感恩，应是人世间的最常情与最常态，可眼前这一幕与此要义、与此常情，却是如此地相悖，如此地远离。刚才在半山腰颇负盛名的慧云寺里看到的一副对联，分明写着：

人间常有不平事，地府天界亦如然。

我默然无语了。我还能问什么、说什么呢？……

天宇四合，暮色苍茫。九华山此时已沉浸在一片朦胧氤氲之中了。心绪不太轻松的我，缓缓从天顶金殿出来，走在下山的路上，耳畔还在回响着上山时听到的九华山挑夫们那一阵阵粗重的“嘿呦、嘿呦”呻吟般的呼号与喘息声，眼边不时闪出那一张张蓬首垢面、汗水涔涔的瘦削的脸庞，不知“大孝大愿”的地藏王看到了没有。

读山水巨书　写精彩人生

第一次外出旅游，是因历经两年的初恋失败了。那是22年前的初夏，27岁正是“多情应笑我”的青春季节，爱一个女孩，爱得刻骨铭心，怎奈缘分天注定，这只是我的一厢情愿，女孩并未与我的情感“同频共振”。她去意已决，遗憾我无力回天。

天意注定如此，徒呼奈何！四顾茫茫，一心空空，“脉脉此情谁诉？”那时才真正对“永失我爱”“痛不欲生”等这些字眼，有了切肤的体会。无奈中唯有“躲进小楼成一统”，伴着孤灯独影度过那一段凄苦的时光。旅游，正是那时如惊鸿一瞥，蓦然撞入我心中。

那天是在图书馆，看到一篇名为《恩格斯面对失恋》的文章。没想到一代伟人恩格斯年轻时，也经历过一场痛苦的失恋。重情笃义的恩格斯差点被这种打击击垮，然而，他终于找到一个治疗失恋痛苦的良方——外出旅游。

热爱大自然与艺术的恩格斯，那次去了白雪皑皑的阿尔卑斯山、清澈如镜的莱姆湖，莎士比亚、雪莱、勃拉姆斯、卓别林、李斯特等巨匠的故乡与长眠之处——奇山秀水尽是好“吐故纳新，脱胎换骨”的地方。流连忘情于大自然中的旅行，终于使恩格斯心胸开阔，眼前陡变，走出了失恋的阴影，进而迈上探索全人类命运的伟大道路，我不禁心为之一振。

拙劣效仿伟人的行径固然有些好笑，却是出自真情。于是独自一人，背上一个简单行囊，未对父母讲实情，也未细加考虑，选择的第一个目的地，竟是绍兴。不是因它是鲁迅的故乡，也非王羲之在此作了《兰亭集序》，乃是在那著名的沈园，诗人陆游与他深爱的表妹唐婉，在此结成连理，在此分手，十年后在此又相遇：

一怀愁绪，几年离索。错、错、错！

那断肠的文字，拳拳的情愫，何等感人！……罢，罢，罢，你分明是想斩断这恼人的情丝，怎又偏到这伤心之地盘桓，难道也想如那陆游一样，在这里“再遇”“邂逅”离你而去的人，倾诉你深深无尽的眷念与铭心刻骨的爱意？“莫、莫、莫”啊！

于是仓促逃离这太缠绵的江南，我果断“挥师北上”。我想那“夜阑卧听风吹雨，铁马冰河入梦来”，大气如虹的西北，那粗粝的塞外漠风，定能抚平我心灵的创痛；险峻的边关，定能使我坚挺起男人的自信。

掉头策马天山，直奔大漠戈壁。果然是天开地阔，胸生层云。想那司马迁、王昌龄、王维、徐霞客、张大千、常书鸿、王洛宾、王蒙等一位位大师，哪一个不是在边陲这种险恶的环境之中，边行走边体验边思考边领悟，让这奇崛的山水，荡涤了他们的胸襟，磨砺了他们的坚强性格？哪一位不是在这雄奇瑰丽的大自然中，边品读边吸取边吟唱边挥毫，让这独特的风景，润泽了他们的笔墨，擦亮了他们的音符，铸就了他们丰赡的艺术之魂？那一日，在被称为“奇险天下第一峰”的华山绝顶，见到一石碑上的题字，更让我如醍醐灌顶，块垒冰释。那题字是：

读山水巨书，写大写人生。

如今，早已是知天命之年，人生的旅程也如走过的山山水水、沟沟坎坎，曲折深浅大抵都经历过，一般都处变不惊了。然而当年那平生第一游，却是终生难忘，时时如昨，历历在目。当初若非“走出去”，以我之性格，恐怕会一蹶不振，至少还要多走许多弯路啊！所以我想，大自然既然孕育了万物，为人类之父母，那么天地日月之精华，必将能养人体魄、壮人筋骨、开人心智、慧人耳目。于是，自那以后，只要一有机会，我几乎都要想方设法，出去看看、出去走走，吸取吸取养分，感受体会一番人生的种种况味，不亦乐乎。

邂　逅

邂逅是偶然的相遇，不期而遇，纯属运气与巧合。而另有一种“邂逅”，是早有预谋，心存已久，蓄意地去策划、去设计，精心地去准备、去布置，制造出一个巧合，一个“邂逅”。偶然的邂逅，命运会时时青睐，常把它眷顾。预谋的“邂逅”，恰如董永在槐荫树下等七仙女，虽苦苦期盼，却总难如愿。想一个人的时候，就期待着那种偶然邂逅能“梦想成真”，在心里编织一个魂断蓝桥样的故事，自己是编剧，是导演，是演员，也是观众。只是，一直到这“电影”的最后，泰晤士河大桥上，那一对恋人重逢的那个经典镜头还没出现，不是因了战争把他们隔开，乃是那演员只有罗依一个，玛拉永远也难和他同时入镜。这时，便抱怨主宰命运的上帝，或是爱神丘比特，那么不谙世事，那么不解风情，让这一场邂逅成为旷世的期待，甚至永远。

那是在网上读到的一篇文章《情人约会，如回家过年》。一看到这文章题目，就有种怦然心动的感觉：春节是最让中国人牵起思念情结的时候，百年千年，千里万里的游子们都想着要“回家”去，走了那么远，眼都要望穿，仍义无反顾，执着向前。

《诗经》中就常有这样的句子，来描述回家的人此时的心境：

今我来思，雨雪霏霏。行道迟迟，载渴载饥。

路途辛苦，风餐露宿。虽如此，心中却充满暖意。那是为什么？那是因回家的人，心中始终有另一个人或好一些人，有一份牵挂、一份期盼：

采薇采薇，薇亦柔止。

昔我往矣，杨柳依依。

那么多美好的记忆与回想，那么深挚的牵挂与柔情，这就值得他千里万里、风风雨雨地赶回去了。可把那位回家的人，想象成是一位离家外出谋生或是充丁服役，甚至是羁押在案的人，此时获准可以回家了。很久未见父母和妻子儿女，知道他们天天都在倚门而望，自己也是日日期盼、夜夜祈祷，这无疑等于是获得一个大奖，甚或是一场大赦，这太幸运了。或者是一位情窦初开的少男少女，朝思暮想，寤寐思服，现在终于可以去赴那个期盼已久的情人的约会，去完成一场千载难逢的美丽邂逅了，何其地兴奋！即便是路途艰辛，即便载饥载渴，可终于离家近了，离他们所思念的人近了，所以他们心中仍是那么温馨、那么激动、那么充满着希冀和期待。于是再读《诗经》读到这篇《采薇》时，就有种千年一叹的感觉。

而唐代那个叫崔护的诗人，就没这么幸运了：

去年的春暖花开、桃红柳绿之时，在那个熟悉的故人的庄外，不经意地很容易地就“被邂逅”——遇上了一位面容姣好、举止端庄的年轻少女，书生显然已怦然心动，顿生爱慕。女子对这书生也似颇有好感，两人眉宇之间显然有种传情达意，内在更是芳心萌动。但仅仅才一年，今年依旧是这样和煦的春风，依旧是那些轻拂的桃枝，那曾触动心扉的人儿，却已不知去了何处——一说那女孩同样自那日之后，因太思念叩开其心扉的人，竟相思成疾，神医不治，最后撒手人寰，空剩下这灿烂的桃花——其实此时在诗人眼里，这桃花也已不是那么灿烂，甚至是早都黯淡萎谢了。黯淡的桃花，在和煦的春风中，苦涩地笑着，他没能再次拥有那美丽的邂逅——那个“人面”何处再能相见？那一“相映”打哪儿再度重现？

人面不知何处去，桃花依旧笑春风。

那一眼注目，竟成了此生中唯一的一张“绝版珍藏照片”！

回家团聚和赴情人约会的感觉，无疑都是幸福的。偶然的邂逅，似乎更能带给人欣喜。而那些预谋的蓄意制造的“邂逅”呢？却总难被他想邂逅到的人知道，更难以如愿以偿。

红尘滚滚，岁月悠悠；众生芸芸，来去匆匆。愿老天爷能常发慈悲，破破惯例，给那些怀揣美好善良愿望，希冀梦圆成真的人，捎上一点犒赏，送去些许安慰。诚如此，善莫大焉。

门的随想

每天忙忙碌碌地出门去谋取生活，忙完回家然后进门。从门里到门外，又从门外到门里，要与无数道门，打无数次交道，忽然想到，这个“门”与人类的关系实在是太多太微妙了，简直无处不是“门”。门，是隔断和打开内外间的设施。这无疑是人类创造门这种用具的最主要目的，也是“门”这个字的最初本义。在建筑非常发达的今天，房屋中各种各样的门，应有尽有、花样百出，自不必说，但在人类社会草创初始时，茹毛饮血，筑穴而居，洪水猛兽出没无常，各种灾害时时降临，先民们的栖身环境可想而知。试想，此时于那洞穴的出入口上，加上这么一个隔断、打开内外间的设施，即使是以柴草捆扎，或以荆棘编织那般简陋，但先民们居于洞内，也一定会倍感温馨亲切，觉得多少有些安全无虞了。用柴草编织捆扎就隔开了内外，筑起了温暖与安全，于是门从人的手中发明诞生了，劳动更是创造了世界。

随着社会进步和生产力不断发展，人类为自己生活的各种处所，所创造的这种设施越来越先进、安全、美观和实用了。从日常生活中经常使用的木门、铁门、纱门，到非同一般的保险门、防盗门、感应门等，“门上一百，形形色色”，这各种各样的门，各司其职、各显神通，忠实地为人类履行自己的职责。然而作为宇宙之精华、万物之灵长的人类，其想象力和创造力永远是无穷无尽、无所不及的，简简单单的一个“门”，除把持内外出入口的作用外，它又几乎是非常贴切、自然而然、顺理成章地被人们赋予了于门之外的其他许多种作用。譬如在非常讲究等级差别的封建社会，封建帝王为了维护和巩固自己的统治地位，总是千方百计地把自己和老百姓用一种东西“隔开”，造成一种上下有序，尊卑有别，君臣有礼的界限和差距，这自然少不了要在“门”上做文章。君主们的朝廷和后宫，不仅以占地广、房屋多，显出气派，还尤以一道道各种各样的“门”，来显示自己的地位和威严，端门午门、南门北门、东门西门、左门旁门、厥门偏门……仅一个故宫就有100多种门。而每一种门又有严格的规矩和讲究，不可随意僭越，否则恐会招来杀身之祸。“戊戌六君子”就是以“常私出入宫门教唆皇上”的罪名而被“推出午门”，斩首于前门外菜市口的。

皇宫后院乃“禁忌之门”，朝廷任何大臣都不可轻易而入，根基不稳、急于求成的改良维新者们忘乎所以，无视或说是忽视了这一道禁忌而轻举妄动，自然要被掌握实权的政敌们抓住把柄，欲加之罪，正好有“门”（门在方言里又意为“办法”），六君子们就很难幸免了。一个王朝内部的统治黑暗，血腥杀戮，门户森严，于此也可见一斑。无独有偶，向以民主自居的西方政客们，也总喜欢拿“门”来说事、做文章，盛传一时的白宫“水门、窃听门”等不一而足，那个臭名昭著的“拉链门”，更是成为一件西方政治丑剧和闹剧中的道具与笑柄。

门，不仅用作权力和威严的象征，为统治者们起到禁锢下民、巩固自己统治地位的作用。门，还是记录“功勋与荣耀”的载体。比如坐落在被称为“永恒之城”的意大利首都罗马的那座“君士坦丁凯旋门”，是公元315年为纪念君士坦丁大帝打败马克森提皇帝，统一罗马帝国而建，距今1700多年。当年世界最强大的帝国也不免几度兴衰起落，曾经君临天下、不可一世的神圣帝王，最后也丹陛倾倒，宫门灰飞烟灭，想必到此的游人在参观时，也一定会生出诸多的联想与感慨。

1806年，拿破仑在奥斯特里茨战役中打败奥俄联军，为庆祝这一胜利，法国修建了一座高约50米、宽约45米、厚约22米，堪称世界之最的“凯旋门”；著名的浪漫主义大师吕德的巨型浮雕《马赛曲》，成为这座“世界名门”的门面，同时也成为艺术史上的一座丰碑。而前后形成鲜明对比，极具讽刺意味的，是德国柏林那座由威廉二世为纪念“七年战争”取得胜利，下令建造的代表普鲁士王朝的勃兰登堡门。

1939年，作为纳粹德国元首的希特勒，在这座门楼上检阅军队，发动战争，之后纳粹的铁甲、铁骑，便从这门下隆隆驶过，踏向欧洲其他国家，给世界带来灾难。

而同样是这座勃兰登堡门，1945年，苏军大举反攻，4月27日，苏军正是从这座门下，攻进柏林，直捣希特勒老巢，曾经不可一世的纳粹统治，随之瓦解终结。当年就在这，纳粹党的旗帜、徽章，德军士兵的钢盔、袖标等被丢弃得满地都是，这座门无言地目睹了这一切。

门，是一种有形的设施，但这只是其中一种注释，恐怕更多时候它是一种无形的开关与阻隔的象征，“无形之门”可说是无处不在。譬如旧时的婚姻讲究“门当户对”，人才录用讲“出身门第”等。而有时，门的这种“有形”和“无形”，是很难分辨和分开的。譬如在金钱和权力至高无上的旧社会里，法律这个“政治之门”的概念就非常模糊、非常滑稽，中国旧时有“衙门朝南开，有理无钱莫进来”之说，旧的衙门对老百姓来说，简直就是形同虚设。

奥地利作家卡夫卡就曾写过一篇名为《在法律门前》的小说，讲一个告状的农民，在法院院墙外，四处摸索寻找了好几个小时，却苦苦无果，人家问他找什么，他说在找“为老百姓说话的那扇门”。这话说得让人——“好尴尬”！

故事是虚构的，反映的生活本质却是真实的。

而法国另一位雕塑家罗丹，根据意大利诗人但丁的《神曲》，创作的雕塑《地狱之门》，更是将人类的苦难与挣扎，刻在了这座“能够说话的石头门”之上，让世人目睹之后，久久陷于沉思。

同为一“门”，其功能作用、遭遇境况却各不相同。《红楼梦》中，贾雨村初上任时，遇到的那个“门子”（当官手下打杂传话之人），就颇懂封建社会中的“官场入门”，他为贾雨村提供的那个“护身符”，可令贾雨村之流官运亨通、铺好进身之阶，打开“成功之门”。看来，这简简单单的一个“门”字，寥寥三笔（仅指汉字），其中却大有文章，大有“窍门”。

“门”作为一种文化，是人类心灵需要沟通的一种心理反应和精神象征，也成为艺术创作的一种表现手法。日本电影导演黑泽明的《罗生门》，就是将人性在那种非常特别的“门里和门外”的复杂微妙的变化，表现得扑朔迷离，而又淋漓尽致，成为世界电影史上的一个经典、一个艺术流派。

浙江有位当代作家，有篇小说叫《永远的门》，讲述了一位落魄鳏居、性格颇为孤僻的画家，隔壁搬来一“出身亦有问题”的独身女子，这样一对孤男寡女在当时自然是不敢轻易往来的。画家后来死于贫病，人们在他卧室中，突然发现，那里面竟秘密地开有一扇通往隔壁那女子房间的门，众人愤怒了——婚外的男女之事，在那时是很罪恶忤逆不能容许的。

然而上前推那“门”时，却又都愣住了：那扇“门”不是真门，只是画家用笔画在墙上的一扇“美术门”！人们的心又为之一震！人与人之间需要沟通，孤独冷漠的“心之门”，尤其需要用温情、用善良，来开启、来抚慰啊！“永远的门”，读之令人潸然。

改革开放，国门打开，中国人民热情地张开臂膀，迎接四面八方的客人，一个崭新的中国正在崛起，一座巍巍壮观的“中华之门”，正昂然挺立——这已远不是100年前，那道被西方列强的洋枪洋炮一轰而开的百孔千疮的门了！

西西弗斯 蛸蝂 阿巴贡

古代希腊神话中，有个西西弗斯的故事：小神西西弗斯由于触怒了众神之神宙斯，被宙斯打入地狱接受惩罚。

每天清晨，西西弗斯都必须将一块沉重的巨石，从平地推到山顶上去。每当巨石刚刚被推到山顶，宙斯的力量又让巨石从山顶滚落下来，西西弗斯又得再次推起巨石。等再次将巨石推上山顶时，仍是如上次结局一样，无功而返，又得重新开始，于是这样日复一日，周而复始，永无终止……

西西弗斯的故事，无疑具有一种悲剧意义。他明明知道这种劳动毫无意义，但却仍然每天重复不止，就像《论语》中所说“知其不可而为之”，笑看任人笑看，我自照常推之。宙斯的苛刻要求与严厉惩罚固然是一方面，西西弗斯自己后来的行为，未必不已成为一种“本能”，甚或是一种“自觉的行动”。

试想想，作为众神之神的宙斯要管理那么多的神，他哪有那么多工夫一天到晚来监督你一个人，西方人不常说“上帝也有打盹的时候，何必那样死心眼儿”，这个西西弗斯难道不知？他也未免太死心眼、太冥顽不灵了吧。

然而，同是西方人的哲学家加缪却不这样认为，他认为西西弗斯此举是“自觉自愿”的，他是把这当成是自己的事业，他是这“事业的主人”，能“一心一意地做自己的事业，他是幸福的”。

呜呼，两种理解截然不同，谁说哲学只“形而上”啊！这里不去分辨谁对谁错，但西西弗斯那种日复一日、持之以恒的工作状态，乃至生命状态却耐人寻味。想必那种重复、那种坚持，是需要一种勇气、一种信念、一种执着的。其实，人的生命、人的命运是种非常复杂神秘的现象，往往有许多东西说不清楚，解释不明白，生命有时往往就是靠一种信念，甚至是一种幻觉，在支撑、在维系。也许西西弗斯他正是在那每天重复推石的过程中，获得了一次又一次的成就感和快乐感，所以他要那样“乐此不疲”。也许他正期待着一种完美的结局出现：他相信冥冥中有一种公正的裁决，付出总有回报，但必须做完这个过程，所以那么执着地坚持着。

蝜蝂，是柳宗元笔下一种十分贪婪、但性格却十分执着的小虫子，这种小虫子喜好攀高，且喜欢主动接受重负，每遇垂立物，它便“极其力不已”向上攀爬，一遇到物品便立即抓住背在背上。但由于不堪重负又向上攀爬，最后总“至坠地死”。

蝜蝂明知似那般负重攀爬的结果肯定不妙，却仍要以生命作赌注去试之，结局肯定可悲。但蝜蝂的行为，恐怕不能简单归于一味贪婪，这也许是它生命的一种很好或必需的状态，否则若不是这样，那对它来说，恐怕更是一种悲剧了，所以它只能忍耐负重而行。柳宗元借此喻指贪婪之人，予以批判鄙弃，其用意不难理解。但从蝜蝂自身的生命意义角度来看，则又不尽然了。

莫里哀笔下的阿巴贡也是个贪婪、吝啬的商人，除了金钱之外，他对于世间的一切，甚至包括他的儿女，都可毫不关心、麻木不仁，只知道一心一意、处心积虑地搜刮金钱、积攒财富，金钱的不断增多，是他最大的快乐。他最经典的生活习惯，就是每天一个人，悄悄来到自己埋藏钱袋的后花园中（他怕放在房子里面会被他家里的人发现），从树下挖出那一袋袋沉甸甸的金币和珠宝，然后认认真真、一五一十地仔细数将起来。嘴里还不停地念叨：

"我的心肝、我的宝贝，一样都没少吧？一五、一十、十五……"一个人财迷心窍到如此地步，着实让人感到好笑和看不起。但从积累财富这点来看，他的确又是很有毅力的。他虽拥有巨大的财富，却舍不得花一个子儿，这点一般人很难做到。这与那些家底不大和虽有家底却一掷千金、挥金如土、暴殄天物，最后很快坐吃山空的做派，显然是不能相提并论的。

这里并非赞同西西弗斯、蝜蝂、阿巴贡这些"另类分子"那种种极致、极端、乖戾乃至荒诞的行为，但从另一个角度去看，却能给人以某种启示：就是像西西弗斯那样的执迷不悟、蝜蝂的贪得无厌、阿巴贡的吝啬小气，对于一个企业，尤其是一个正处在创业阶段的企业来说，可供借鉴。因为企业的财富、企业的发展、企业的明天，它包括市场、客户、业务收入、资源环境、可持续发展等等，点点滴滴，方方面面，百事待举，任重而道远，所以有时就需要像西西弗斯那样自始至终"顽固执着"地去默默耕耘，像蝜蝂那样一刻不息"贪得无厌"地去争创，像阿巴贡那样"吝啬小气"地去积攒守护。

呜呼！西西弗斯、蝜蝂、阿巴贡这三位究竟是悲剧与负面的典型，还是"积极、正面"的形象，或是可借鉴的对象？答案凭君自己选取。

距离与希望

早在三十多年前，诗人郭小川的一首《厦门风姿》，就把我那颗年轻的不安分的心，给撩拨得荡漾不已，加上后来又听到了一首极具魅力、极富想象力的《绿岛小夜曲》，还有钢琴家殷承宗也诞生于此等原因，所以极欲一往那个美妙迷人的地方。

但那显然只是一个梦想，因那时还正在当知青，绝不可能实现这奢望。后来参加工作，有几次经过厦门却阴差阳错，都给错过。于是对这一座"梦中的绿岛"，一直是萦萦入怀，念念不忘，以致那天又接到去武夷山培训的通知时，脑子里一刹那就掠过了这一道闪电：顺便到厦门去，这次“绝不腿软”！

然而，当主持人宣布会议期间一律不许离开，必须老老实实就地学习时，才意识到这次仍然是一个美丽而又遥远的梦。早过了喜欢幻想和浪漫的年龄，照说不应该再那样容易激动和失望，可那一刻还是如年轻人似的感到无比沮丧，甚至在底下“小声抗议”！

人生有许多失去让人挂怀不已：千金散尽，功名丢弃，爱而不能得，拼搏后功亏一篑……凡此种种，不一而足。但有一点是相同的——那所失的定是种至爱之物、至深之情；而爱之愈深，失之则愈痛，爱与失是相向同步的。一座尚未去过的城市，之所以能在一个人心中占据如许重要的位置，除那确是一处人间胜境，或与你平生际遇，有着某种特殊关系之外，想必更主要的原因，恐怕是它在你心中盘踞已久，常使你心驰神往。但它恰恰又多次与你擦肩而过，与你失之交臂，让你能想而不可得，可望而不可即，所以你才更加耿耿于怀，记挂于心。数次“望厦门而不能入”，正是有这样一种与心之所仪失之交臂的缺憾与惋惜。

大千世界，芸芸众生，人们追求的往往是完美圆满与愿望的实现，而舍弃残缺、遗憾、夭折与失望。但生活内涵纷繁复杂，人生的经历与体验，更是多种多样，目标与答案，未必只有成功这一种。圆满实现愿望固然是美好，反之，残缺与遗憾，未尝就不独具风姿。断臂的维纳斯，千百年来正是以那种残缺之美，征服了全人类成为艺术瑰宝，《富春山居图》恐怕也是因“身首两段”，隔海相盼而更显弥足珍贵，诚如老子所言：“大成若缺。”

当年曹孟德发明“望梅止渴”，曾给人以智慧的启迪，妙就妙在一个“望”字上，望而未即，才使人顿生走下去的愿望与信心。倘无这“希望之梅”在召唤，倘那梅就近在眼前，唾手可得，想必当时曹公和他麾下那群败军的结局，一定会是更糟。生活中也常见“九九”比十足满，“微醺”比沉醉香的例子，缺憾无处不体现出它独有的魅力。总之，莫太追求完美，太奢望圆满。接受残缺，接受遗憾，将欲得之，必先失之，将欲近之，必先远之等就是这个道理。常听有人说“一旦拥有，别无所求”，然而人真要是一旦拥有，就小富即安别无所求了，岂不因此而失去更多的美好吗？所以那些还未曾被拥有，可望而还未即的东西才是更宝贵也更具魅力的。它不但引起人们更大的兴趣和向往，也激发人们更加倍地追求与努力。

人生也是这样，它是一条充满艰辛曲折、追求永无止境的道路，因此切不可轻易将达到某一点作为追求的终极目标，不要像游泳运动员比赛时那样，急于将手触到终点。从某种意义上说，有意识地与目标拉开距离，和不断地确立新的更高的目标，才会给自己留下更大的“发展空间”和更能实现愿望的“不竭动力”。

美国作家杰克·伦敦，在写出自传体小说《马丁·伊登》从而“彻底地改变了自己的命运”之后，却突然自杀，结束了自己的艺术和生命。资本主义世界的种种丑恶，固然是杰克·伦敦思想走向绝望崩溃的重要原因，但他本人将功成名就和达于某一点作为人生的终极目标和生命的极致，一旦达到，便再无追求，感觉前途渺茫，人生无望，恐怕也起到了不可忽视的作用。

物极则必反，不达则欲趋。大仲马在《基督山伯爵》一书中的最后一句话是：

> 人类的一切智慧是包含在这四个字里面的：“等待”与“希望”。

同样，让希望有一定距离，这种希望或许更具魅力更值得期待。

宠辱不惊，肝木自宁，让我们平心静气地等待那个所期望的美好愿景实现吧！

书山拾零/闲情偶寄

放眼世界一奇书

——重读《萍踪寄语》

51年前——这一说已是半个世纪前，那还是“文革”高潮刚过，上山下乡运动接踵又起，我们积极响应这一号召，奔赴到了“广阔天地”。

在鄂北一个偏远的小山村，我们每日里，除不停地忙着埋头“修理地球”，以及为米粮等发愁之外，再无任何别的生活内容与理想追求，与“行尸走肉的简单动物”实在没什么区别。日子就在这样的日复一日的打发与煎熬中度过，没想到在那种极度的身体饥饿与精神空虚之中，却偶然读到了一本书——一本至今我仍认为，那是一部难得少有的、可令人称奇叫绝的“旷世奇书”，那本书的名字叫《萍踪寄语》。作者是20世纪30年代进步文化名人、《生活》周刊主笔、三联书店创始人邹韬奋。

邹韬奋早年即受新民主主义思想影响，因不满国民党统治，常以笔作枪，揭露当时中国社会种种黑暗及抗战期间国民党不抵抗政策，而遭当局迫害通缉，出走海外。从1932至1935年共历时3年，他考察域外社会万象，横跨欧、美、非、亚四洲，足迹遍及数十个国家与地区。他每到一国一地，便将沿途所见所闻、所思所感写成文字，用信件邮回国内，在《生活》周刊上以“萍踪寄语”专栏发表，一时引起轰动。

试想在当时那样一个封闭落后的年代，有几人能走出国门，更遑论遍游世界。即便是30多年后，在这“文革”时期，谁又敢轻易“里通海外”，与洋字挂钩？所以邹先生当时此举无异于“惊世骇俗，举国罕见”！当年近水楼台最先目睹到这些新奇文字与内容的“三联”读者们，个个兴奋不已，奔走相告，以致当时沪上乃至全国各地“三联”读者中，出现一股“追逐萍踪”的热潮。据报载，“三联”《生活》周刊每每新刊待出期间，常见热心读者“着急询问邹先生萍踪现已漂往何处，‘寄语’何时可再能读到”之翘盼，由此可见一斑。

而我等这后来的捡漏者，在这“文革”加知青下乡之时，作为一群懵懵懂懂，仅才十几岁的毛头小伙，见到这般“惊奇之书”，更是该有何等的震惊、何等的兴奋与紧张？这明明是在“偷读禁书”啊！所以当时大家如购买走私品一般偷偷地传递，悄悄地阅读。但说老实话，那时也不过是看看稀奇而已，哪还能有几多的联想与思考。

然而，书之于人的作用，往往是不知不觉、潜移默化的，尤其是人类自古就有了解外面世界的欲望，书籍正是这放眼看世界的“窗口”与“望远镜”，而《萍踪寄语》完全可堪当此任。林则徐的《四洲志》让传统中国人第一次“开眼看世界”。该书内容所涉多为欧美各国历史地理、科技发明等方面实况展示，作者秉持“师夷长技以制夷”这一思想，以翔实细致的笔墨，卷帙浩繁，介绍了大量此前被国人视作“奇技淫巧”的西方世界的科技成果与制造技术，对中国人打开眼界，观察了解、学习借鉴西方先进科学与技术，起到了“开眼拓目，功不可抵”的作用。但该书乃作者集各类资料史籍，包括转引外人著述等编撰而成，并非作者亲眼所见、亲身所历。

而《萍踪寄语》一书所描述内容，均为来自描述现场，第一线作者的亲眼所见、亲耳所闻、亲身所历与亲身感受，且内容广及各国政治治理制度、经济生产建设、人民生活水平、思想意识形态、文化教育出版等诸多领域，尤其是作者直接接触认识了那里各种各样的人们，观察了解到了他们日常生活中，最真实、最普遍、最有代表的一面。近距离最直接地反映现实，使得该书又具有一种“更翔实、更生动、更亲近”的感觉，所以更为难得。那时读此书懵懵懂懂，现再次重读，再与别的此类书多加比较，遂更加信然。

人类社会不断发展，各国都在寻求进步的出路，在这点上西方的确是走在了我们的前面，这点需要学习，但怎样学习外国先进经验、找到本国的出路，见仁见智，各有不同。继林则徐以及“洋务派”等人之后，康有为、梁启超等人的著述中，大力宣传鼓吹变法维新与启蒙运动，不仅倡导向西方学习，提倡科学文化，改革政治、教育制度，发展农工商等主张，且将它们付诸实践，使这场革新运动对促进当时中国人的思想解放，对思想文化的发展和中国近代社会的进步，起到了重要的推动作用，比起林则徐等明显进了一步。但其立足出发点，是站在资产阶级的改良主义立场上，本质上仍是维护封建统治，并未想到要从根本上去改变这种社会制度。而《萍踪寄语》所表达的思想，则是立足中华全民族的解放和民生社会福祉的改善，期望“建立一个新的社会、一个真正的民主主义的国家”，在这一点上可以说又进了一大步。

早在1926年，接手《生活》周刊之时，邹韬奋便提出办刊宗旨，是“暗示人生修养，唤起服务精神，力谋社会改造”。自改刊以来，《生活》周刊始终秉持这一理念，一直坚定笃行。《萍踪寄语》则更是将这种锲而不舍的探索精神进一步发扬光大，将关注重点放在寻求中国未来的出路之上。当时各国的政治治理、经济社会、生产方式和民生民权等问题是其报道的主要内容。而另一方面，他又从思想上理论上对这些问题，做了进一步的分析与研究，探讨与论证。他很清楚，他的这些努力，虽不能起到很大的作用，但他希望借此向人们提供一些认识当今中国和世界的参考，“力求做一点对中国社会得以改进，对读者大众有所裨益的事情”。

纵观20世纪二三十年代，俄国十月革命刚刚取得胜利，第一次世界大战结束不久，世界正处在经济大萧条时期，帝国主义急于重新瓜分世界，法西斯主义蠢蠢欲动，殖民地及封建制国家，更是处在风雨飘摇与土崩瓦解之中，中国社会向何处去？

这是中国面临的首要问题，也是邹韬奋最最关心的问题。此次出国考察前，他便做了大量充分的思想准备，包括对欧美各国的政治历史乃至现状，进行认真的研究，他期望如普罗米修斯一样，“于炽烈的太阳车中取得一星半点火光出来照亮我们自己”。他在《萍踪寄语》初集和第三集序言中写道：

> 记者此时心目中常常涌现着两个问题：一是世界的大势怎样？二是中华民族的出路怎样？

他深知：

> 我们的民族是受帝国主义压迫和剥削的民族，所以我们的出路最重要的是努力于民族解放的斗争，除此，中国前途再无他路。

在邹韬奋看来，当时世界最举足轻重、最具代表性和最有影响的国家有三个：苏联、美国和中国。中国是世界人口最多的大国，但中国在世界的地位自不必说，他对半殖民地半封建社会状态下的中国现状，自然是有深切的认识、切身的体会与切肤的感受，那是一个“令人伤心失望的话题”，是“由于自己不争气而酿成的眼下可怜的现状”。苏联是世界上诞生的第一个社会主义国家，“如一个初生的婴儿样，浑身散发着勃勃的生机与活力”，他对此感到无比新鲜，充满着热切的期待与向往。美国则是一个“一切离不开权力与资本控制的‘金元帝国’，浑身透着金钱与野心的味道”。

一个是一种新兴社会力量的代表，一个是一种社会矛盾日益突出，走向重重困境的社会制度的缩影，所以他将考察的重点，放在这两个政治制度和社会现状完全不同，价值体系与思想文化几乎迥异的国家中，在这两国所待时间最长，接触的社会层面和了解到的生活内容最多、最广泛、最深入。他将美、英、法、德等国与苏联，将资本主义和社会主义的种种现状和优劣，进行认真研究与对比，毫不掩饰地表露出了他的思想观点和政治倾向。

作为一位受到俄国十月革命和社会主义乃至共产主义思想影响的知识分子和一位有良知有正义感的新闻记者，邹韬奋始终把这个社会是为大多数人谋福利，还是只为少数人或只为金钱所利用所服务，作为衡量一个社会好坏的标准。他认为国家和政府的职责，就是要让大多数人能过得更好，享受到更多的自由民主与安康幸福，在苏联他看到了这些并深有体会。他对苏维埃政权下的苏联，从城市到乡村，从国有工厂到集体农庄，从那些共产党员、共青团青年突击队员们的模范带头作用，到广大苏维埃公民们对热火朝天的社会主义建设，所涌现出的极大的热情和创造精神，对政府颁布的法令，以及大量的保护劳动者利益和身心健康的各项政策，对各地保护妇女儿童们的各种机构与设施等进行了详尽的报道，肯定与褒奖之情溢于言表。毫无疑问，他倾向代表大多数人利益的社会主义，或者说，他希望走苏联的道路。

他的这些看法和观念，在今天看来固然有所片面和理想化，但那种种欣欣向荣的景象，在当时的确是这个世界前所未有的。它充满着希望与魅力，让人们热切向往，并愿意为之去追求去努力——事实上，这不也正是我们今天正在坚持，在继续去为之努力奋斗的方向和目标吗——“走中国特色社会主义道路”。而在西方美、英等国，那些所谓的民主自由等往往徒有虚名，资产阶级的议会、各大政党集团和金融寡头们操控着国家，金钱势力主宰垄断着一切，从而导致社会各种矛盾日益突出、更加尖锐，贫富两极分化，底层人民生活与权益得不到保障，工人严重失业，妇女儿童受到伤害，种族歧视四处泛滥等不合理现象层出不穷，这一切刺激着人们的神经，也拷问着一个新闻记者的良心，邹韬奋对此显然是持坚决否定的态度的。

地球虽是圆的，世界却是不公平的。“落后者必将挨打，落后的民族注定受人欺负。”帝国主义者们把弱小的民族和国家当作羔羊，随时准备宰割。处在半殖民地半封建社会积弱积贫的中国，即使是大国也是“弱大”，中国人甚至被人称作“东亚病夫”，从一离开祖国大陆踏上赴欧的途中，邹韬奋便更是处处感受到了这种被歧视的压抑，他时时不忘这种弱国下弱民的屈辱。如凡提到“九一八”事变后，日本对中国的觊觎与掠夺的侵略行径时，那些西方人士往往都是一边倒，向着日本，甚至连一些不明真相的外国朋友，也有这样那样的疑问，让他这个“来自大国的名记者”时时感到尴尬。“幸亏在此时，从国内传来十九路军奋勇抵抗的消息”，他便将十九路军在淞沪抗击日军的情形告诉对方，以此来化解眼前的尴尬。“但以偌大的中国，只有这昙花一现的十九路军，这面孔实在是遮掩不住了”，想想这是种何等悲愤与沉痛的心情！

对于帝国主义的侵略本性与强盗行径，邹韬奋毫不畏惧，表现出一个来自半殖民地半封建国家人民不甘屈服统治和一个有良心的新闻记者鲜明正直的态度立场。

1933至1935年，希特勒上台不久，正是纳粹党气焰嚣张之时，他们大力推行迫害其他民族的政策，短短几年之内，屠杀了数以百万计的犹太人，其以民族问题为借口，欲吞霸世界的野心昭然若揭。邹韬奋不惧危险与压力，坚决反对这种法西斯主义，他常常是毫不客气、勇敢地站出来，对纳粹的暴行予以揭露和批判。

在《种族的成见和梦想》一文中，他愤怒地写道：排斥其他民族的态度，完全是别有用心的成见，必将不得人心。

在《英伦休战纪念日》一文中，他提醒人们：

> 这几年来，各帝国主义国家对于杀人和侵略有着“更异常的进步”，现在各国帝国主义正准备着再来一次更残酷的战争，这是显然的趋势。

果不其然，不到几年的时间，德国入侵波兰，日本对中国进一步入侵；

紧接着东西半球的军国主义者们结成同盟，大举入侵别国，第二次世界大战全面爆发，他的分析与担忧不幸被言中。

侵略者们杀气腾腾，穷凶极恶，但邹韬奋坚信，帝国主义的这种野心是不会得逞的：

> 如纳粹或其他帝国主义者想征服一切其他民族的念头，都是梦想！

数年后，世界人民终于取得反法西斯战争的伟大胜利，回头来看，你不得不佩服邹韬奋这种敏锐的政治眼光和准确的预言判断力，更会由衷钦佩他的这种正义与勇气！正是始终秉持这种爱国主义精神与追求正义的勇气和决心，使得他在回国后，继续站在祖国和人民的立场上，反对日本帝国主义的侵略与国民党的独裁统治，而成为著名的“爱国七君子”之一。

《萍踪寄语》大多为通讯体裁，写法上本就有辗转腾挪的空间，邹韬奋又是才情过人的名记者、编辑家和出版家，他学识丰富，才思敏捷，文笔过人。除此，他性格开朗，广交、善交朋友，因而总能获得大量鲜活生动的第一手资料，然后将此形诸文字，使得该书不仅具有重大的社会、新闻与史料价值，同时还具有非常强的文学性和可读性。《萍踪寄语》中，有着大量生动的事件报道、现场描写，亦有许多栩栩如生的各种人物的描摹刻画与个性展示，不仅思想深刻，言辞犀利，还文笔流畅自如，书写生动灵活，表达极为丰富，这为《萍踪寄语》赢得广大读者打下了坚实的基础，也为后世的新闻工作者树立了典范。

如今，“韬奋新闻奖”已成为中国新闻界的一个重要奖项，是对其为中国新闻事业所作出的重大贡献的充分肯定。而“韬奋精神”（毛泽东语）更是成为我们民族的一笔宝贵的精神财富，被不断传承。

初读《萍踪寄语》感到稀奇，复读仍觉震惊，重读深深信然。历史往往惊人相似，但却始终不断发展，向前向上迈进。从《四洲志》问世、邹韬奋登上邮轮“出走”、《萍踪寄语》自海外飞来，到今日“一带一路”倡议实施、“人类命运共同体”得到响应，历经近200年。这近200年里，中国人民经历了种种曲折坎坷，从遭受列强侵略欺侮，丧权辱国，到奋起抵抗，赢得胜利，不断崛起；从最初朦朦胧胧看世界，到新时期进行改革开放，扩大对外交流，赢得世界广泛认同与信赖，一步步走向发展走向成熟，中国也一步步走向强大走向自信。正如孙中山先生所言：“世界潮流，浩浩荡荡，顺之则昌，逆之则亡。”也如毛泽东所云：“我们中华民族有同自己的敌人血战到底的气概，有在自力更生的基础上光复旧物的决心，有自立于世界民族之林的能力。”我们坚信，只要坚持不断努力，再接再厉，实现我们中华民族伟大复兴的目标就一定能够达到。我们的理想也一定能够实现！

书的读与写

书籍是人类进步的阶梯。读书是获得知识的主要途径之一，读书人希望能读到慧人耳目，开启心智的好书。写书人亦应让笔下的文字肩负起这“经国之大业，不朽之盛事”的重任。然而真要做到这两好合一的境地却是很难很难，尤其是当时的时局动态与舆论环境缺乏民主与自由。

> 廿年居上海，每日见中华。有病不求药，无聊才读书。一阔脸就变，所砍头渐多。忽而又下野，南无阿弥陀。

鲁迅先生这首颇带了些戏谑语气的《赠邬其山》，除对老友内山先生所谈他来中国生活二十年的所见所闻、种种体会，有同感之外，同时也不无流露出彼时他自己，对于身处那种“禁锢得比罐头还要严密”的文化孤岛环境中的一种自嘲与无奈。

纵观20世纪30年代，国民政府专制统治，一手遮天，那些军阀政客、帮闲文人等惯会见风使舵，阳奉阴违。在朝时专权弄术，指鹿为马，下野便无病装病，躺倒呻吟。除此，他们偶尔也会装作读读书，附庸附庸风雅，那其实皆是因无聊——“穷极无聊”或“无耻有闲”所致。而更为可怕的是这些变色龙们委身蛰伏起来，“人一阔，脸就变”，转而满脸狰狞，杀人如麻—自然也包括对进步文化和文人的“封杀”，这显然是一种障人耳目的两面派手法和捣鬼术。而先生所自嘲的“无聊才读书”，那是苦于无书可读，或是“无合适书”可读，甚或是“无许可让读书”，是真正的无助、无语加无奈！

据记载，仅1934年一年当中，光上海就查禁社科与文艺类书籍149种，多为“左联”书籍。随便检视一下公布的那一大摞一长串禁书名单，便可想象国民党当时那种对异己文化用大棒“剿灭”杀伐的力度和手段是何等威猛，真如“所过之处，寸草不生”，文坛与思想界怕是只有噤声一片，嘻嘻哈哈你好我好的“插科打诨”了，除此你还能读到什么、看到什么、听到什么？所以内山先生居上海二十年“所见之怪相”毫不足怪，与清时吴趼人《二十年目睹之怪现状》中所述以及两千年前的“焚书”如出一辙，历来倒行逆施或独裁专断的统治者们，是不愿也更不会让人看到，写出时代与社会真相的好书的。

然而树欲静而风不止，像鲁迅先生这样的斗士肯定是不甘寂寞、不愿沉默，虽“惯于长夜过春时”，苦于“吟罢低眉无写处”，但先生选择的是“在沉默中爆发”，而不是“在沉默中灭亡”。一边“才从字缝里看出字”来，一边“怒向刀丛觅小诗”，“敢有歌吟动地哀”！一旦瞅准战机，便将匕首投枪掷向漫漫长夜，将那漆黑的天幕撕开一道裂缝，使其漏出一片光亮，让人们看到这世界的真相和未来。和所有勇猛的思想斗士们一样，鲁迅及其志同道合者们，他们用那种饱蘸着奋斗者的热血、泪水与汗水的笔写出的文字集成的书籍，才是真正的能让人们读后挺起脊梁的药石与养料。

戏剧大师梅兰芳也是一读书爱书之人，只是他所读所爱之书，主要是在舞台之上，那是另一种形式的书。梅先生能取得卓越成就，无不与他苦读中华文化与京剧国粹这部“大书”有关。

梅先生一生刻苦学习，遍访名师，如他向国画大师齐白石求教绘画艺术为京剧所用便是一例。他博采众长，大胆创新，首创“梅派艺术”，将青衣、花旦、刀马旦行当熔为一炉，发展出了独立一派的表演形式和唱腔，对将中国京剧推向曲艺顶峰和世界艺术舞台，使之成为一本“传世之书”功不可没。

同样，但凡好书，往往为贼人所惦记，不免要历经坎坷，渡尽劫难。抗战期间，沪、港两地日军“仰慕”梅先生艺术，多次登门“盛情相邀梅大师”登台出演，梅先生坚辞此邀，拒绝为日本人服务。身为京剧名旦的他竟蓄须八年，闭门不出，以志宁愿贫困，也决不侍奉倭寇。再苦再艰难，也要将这本好书“好好雪藏”，留之于后人发扬光大，其民族气节可敬可钦！志同道合之人往往都是肝胆相照、惺惺相惜，与梅先生同为艺坛巨擘的画家齐白石敬佩梅先生气节为人，特为梅兰芳制印一枚，所刻“与有肝胆人共事，从无字句处读书”句，正是取自周恩来早年在南开中学读书时所作一联。

“在齐太史简，在晋董狐笔。”作为史书记写，尤应尊重历史、尊重事实、尊重人物的内心。近日读得一部人物传记《黄埔名将傅正模将军传》。傅正模为原国民党第一兵团中将副司令兼第十四军军长，1949年8月与程潜、陈明仁等一起发起起义，促使湖南和平解放。书中所记抗战期间，1939 至 1941 年，发生在湖北宜昌的保卫战役中，傅所率国民革命军预四师，是此战役主力部队之一，其麾下八千余将士逾三千牺牲于战场，其英烈壮举可歌可泣。这段民族抗争的光荣历史，无疑应大书特书，但在极左年代，却因种种原因，鲜有人知，直到2010年，修筑沪蓉高速，挖掘出大量先烈遗骸，引起省市地方及中央高度重视。时任中共中央总书记胡锦涛亲自做出批示，短短一年之内，便修建起大型烈士墓地，并大力挖掘背后历史，以祭奠追思民族先烈，启迪后辈新人，才使这段凿凿血史大昭于天下。窃以为“史书”正当如此书写，对那些不该被遗忘的东西，应据史实录，秉笔直书，而不能着意隐瞒，肆意扭曲。诚如作家席慕蓉女士所云：

> 湖北宜昌“记忆抢救”是一段佳话。这一代人不让上一代人消失于黑洞里，那么下代人才不会把这一代人视为尘土。

呜呼！乃振聋发聩之音！

行路 读书 识人

行万里路，读万卷书。不愧是司马迁用一生心血和实践，总结出来的箴言。读书与行路，行路与写作，无疑如科学与实践，理论和行动等，有着互为因果、相辅相成，不可或缺的密切关系。如神农氏踏遍三湘、遍尝百草，而有《神农本草经》；牛顿在苹果树下苦苦思索，而发现万有引力；门捷列夫发明化学元素周期表、爱因斯坦发明相对论等，都是他们苦苦行读，“终生劳动”的结果，有部纪录片名干脆就叫《门捷列夫很忙》。事实证明，所有的成功，包括那些好的书籍，都是来自天才（长处）加汗水，来自读书与行路，来自理论与实践。

的确，人类的文化文明史上，大凡好书、传世之书，无不都与“行读”有关，无不都是“辛劳”而写成。这里行万里路不是走马观花，而是走心走脑，用心用情；读万卷书是不光读有字之书，还须读“无字之书”。只有经过这样千回百转，反反复复，充分实践，才能最终写成好书，经得起历史的检验。

书籍说到底，是要给人看、为人服务的，所以首先得看清服务对象，尤其是文学类的书籍，文学即“人学”，因此那瞄准的对象务必是“人”。鲁迅主张要和人物保持一定距离，这样“便于仔细观察所描写对象”，从而将他们准确刻画；陈忠实强调，“作品要贴着人物写”。可怎么个“贴”法，每个作家的感受、体会与习惯又不尽相同。柳青、路遥等主张和他们一同生活，一道劳动，得到共同的体验与感受；刘庆邦则指出，紧贴人物不是贴近人物的身体，而是人物的心灵……

总之，无论哪样，写作者眼中和心里都必须有“人”，时时想着人，处处表现人，用心塑造人，努力影响人，方是文学的正道。李修文是一位独行特立的作家，数年间，他把眼光放置在普通民众间，深入社会，行走于万里山河与大地之上，与那些最普通的农民、打工者、手艺人、小商小贩、流浪汉与卖艺者等为伍，与他们同吃同住，一个碗里喝酒，一个炕上聊天，从而写出《山河袈裟》《致江东父老》等这样接地气、察民情、懂民意的作品，引起文坛关注。《诗来见我》则以一种思接千载，浮想万里，跨越历史，跨越时空，“设身处地，亲身涉足，亲自参与，亲近体会”的手法，将古典诗词与现实生活，古代诗人与自身际遇结合在一起，写出一种全新的感悟与体会，创造出一种别开生面的审美意境，令人读来耳目一新。

然而时下也有不少宣讲传统文化的书籍或讲座，但其中很多作者或演讲者并未把自己放置进去，更未与这些优秀文化遗产的创造者们同呼吸、共感受；有的无非是坐在电脑或摄像机前对着文本加以解读演绎，坦率讲，有些浮皮潦草、隔靴搔痒，是不可以叫作“宣讲”的。而像李修文这样，真正是用虔诚、用汗水去研读古诗词，用笃行、用实践去感受其精华养料，用心血、用智慧、用生命去挖掘其精髓去传递其正能量的作者，真的是很难能可贵。

2015年度诺贝尔文学奖得主阿列克谢耶维奇，她的创作领域主要是非虚构和纪实作品，尤其是战争和灾难题材，这更考验作家的勇气、耐心、毅力，包括体力。为获得第一手最真实的信息，她常常辗转奔波于世界各地，像马克·吐温所说，“我像一条老狗，嗅遍了我生活中的每一个角落”那样，她深入无数的城市和乡村、工厂与战场、居住区与难民营，包括像阿富汗、切尔诺贝利等这样“非常危险、极其敏感”的国家和地区，认真走访那些“受创的个体和群体”，关注他们的生存状况与环境，了解他们内心的真实情感与精神世界，从而使得她笔下的人物和事件具有“广泛影响世界”的意义。正如诺奖的颁奖词所言：

> 她通过记录采访对象的创伤经历及创伤体验，完成对创伤历史的真实见证，并以此留住历史与记忆，这是一位令人钦敬的、有良知负责任的作家。

书是为人服务的，人在此显得尤其重要，这点无疑。可究竟何以为“人”，人到底是什么，怎样去“识人”，又颇耐人寻味。“一千个人眼中有一千个哈姆雷特”，人是世上最复杂的动物；人的思想、性格等，肯定都不是一眼就能看出、一笔就能准确描绘的，“画皮画骨易，画心画魂难”。如何做到写得更深、画得更像、识得更准，恐怕仍离不开行与读。

行者，需深入到人群中，尤其是人心里面；读者，读人、观察人、研究人也，所谓“路遥知马力，日久见人心”“世事洞明皆学问，人情练达即文章”，好文章、好作品，包括识人的好眼力，很可能就都出在这两点上面。当年，作为下乡知青，对所经历的那种种艰难困苦和孤独彷徨深有体会。当时周围农民对我们有各种不同的态度，何以如此，现在看来，并非是他们的“成分”不同所致——那时将人划成不同的“阶级”、不同的“成分”，很多观点和认识都是从“阶级”和“成分”的角度来判断识别的；那种“不同”，实则是出于不同的文化教育与生活经历的影响，出于不同的人性使然，而非“成分”的关系；更何况那时所划的各种“成分”，是人为贴上的标签。

卢梭在《爱弥儿》中说：

> 凡那些善良的有大爱之心、怜悯为怀的人，即便自己也是处在最艰难的境地，也仍然会想到他人，会有帮助他人的愿望和举动。

深以为然，这恰恰是人性的耐人寻味之处。

所以行路也好，写书读书也罢，最终是为去表现人、了解人与认识人，对于每个作者、读者和普通人来说，都是如此。

三峡石

在我书房写字桌前的窗台上，摆放着一枚状如鹅卵样的石头，这石头通体圆润光滑，质地坚硬细腻，纹理清晰绵密，呈藕红色，远看无甚特别地方，然而你若是走到它近前仔细观看，便会发现这石头上的一些不同寻常处来。这枚石头周身分布着许多或粗或细，或长或短的条纹，那些条纹蜿蜒逶迤，起起伏伏，流畅自如，极像画家们笔下潇洒流利的线条笔画；石头上的色泽也因上下左右位置不同而显得深浅不一，有的地方淡如青烟，有的地方浓似泼墨，条块相谐，浓淡相宜，总之，这些条纹与色泽的组合，天衣无缝，恰到好处地形成了一幅惟妙惟肖浑然天成的山水风景画，这画极像长江三峡。瞧，两道连绵起伏的“山脉”，夹峙着中间一条细长如带的“长江”：“江面”波涛滚滚，“山峦”奇峰耸峙，远近高低，各不相同，俯仰之间，又错落有致，层次分明，最上面还飘浮着几朵“蘑菇样的白云”。你若是再展开想象的翅膀，你还可以看到那“峡江”上“漂流的木排”、那“岸”上“爬满青藤的小屋和冒着青烟的人家”；“青山”脚下，有“犁地的耕牛、耕作的老农、吃草的山羊、放牧的孩童”——好一幅活脱脱、形神俱佳的“长江三峡图”！好一枚通天彻地、富有灵性的三峡化身石！

不错，这石头正是出自三峡。

那一年竞聘落榜，精神颓靡，被几个朋友邀请一同前去游三峡，于夔门长江边嶙峋的乱石中拾得这枚石头。当时只觉得它光滑可爱，适合把玩，不想带回武汉后，偶然发现其有些异样，待仔细“寻丝觅迹”，竟从上面读到了如此之多的“信息”，不禁令人惊喜不已！

每当夜阑人静，风清月白之时，妻儿已睡，一人独坐书桌前，铺开一沓稿纸，欲在上面做着“作家”的梦时，一抬头，便看到窗台上这枚现已熟识透了的石头。朦胧恍惚之际，眼前又浮现出那雄踞险要、气势恢宏的夔门，那重岩叠嶂、水流湍急、壮丽无比的三峡。它们此刻“波涛”齐齐而至，滔滔不绝；“崖壁”赫然而立，虎虎生风，让人顿觉神清气爽，心旷神怡，生出一股“灵感和豪情”来。

睹物思昔，浮想联翩，三峡在我心中久久萦绕，挥之不去。这石头它亦常令我心胸舒展，茅塞顿开，故我谓这“相濡以沫”给我以慰藉的石头，为“落难之交”，并常常与它“对话交流”，相看两悦，如知音知己。后来，调新岗位，成天忙于琐事，无暇他顾。再后来，房屋拆迁，搬家临时过渡，更陷忙乱，那三峡石自然是不好再朝夕相见，只好将它包好，锁在箱中。不想这一锁就是好几年，以致将它慢慢淡忘，直到后来境况改善，搬进大房，才又记起，将它从箱中取出，放于窗台之前。

一日，有昔日同在高校进修的同学来家中看望。数年未见，甚是高兴，带同学到新书房大窗台前看那石头，随后问同学从那石头上看到了什么。同学看过后怔怔不解地望我半天，回答说除几道条纹之外，什么也没看到，和普通石头并无二样。

我不禁纳闷：同学是艺术学院的老师，照说他比我更有“形象思维”，他却说什么也没看到，是我醉眼昏花、一厢情愿产生幻觉，还是同学故意骗我假装说没看到？

待同学走后，我又仔细看了看那石头，不由大吃一惊，的确如同学所言，那石头上除了几道毫无生气的条纹和色块之外，实在想象不出这上面还有什么“尺幅千里”“景象万千”……我不禁连连顿足，大呼后悔起来：我太忘形了，莫不是这石头只能与我一人心心相印，我不该将它示之于人，到处炫耀，以致使它身上的灵性没有了、失却了？或是时移世易，时过境迁，物随境变？总之，天意如此，它与我之间那种“相濡以沫”之情、之缘，已经消失殆尽。要不，明明石头还是那块石头，条纹还是那些条纹，色泽还是那样色泽，为什么那些当初让我魂牵梦萦、心旷神怡的景致，全都看不见、看不出来了呢？人们常说思接千载，心骛八极，景是“由心而生”，物是“随心所变”的。这枚三峡石当初被蒙蔽于乱石之中，被偶尔拾得，继而现出其光彩，显出其灵性，人、石两两相悦。如今那景象已失之东隅，那奇迹、那神效已荡然无存，恐怕首先是我自己眼被什么东西蒙蔽，心性变得麻木了，是我自己失信于自己，自己被自己所弃。

世上的许多事物，的确就是如此，心诚则灵，心伪则顽。我突然想起庄子和惠子在水边的那段对话：“子非我，安知我不知鱼之乐？”是啊，人的心灵有时能突破藩篱，超越现实，达到一种很微妙的境界；这种境界往往能变平淡为神奇，化丑陋为美丽，自由自在，无所不及——但是，这得有个前提，就是首先心中必须要有美，心中有美，方能发现美、认识美，进而“获得”美。反之，心中无美亦很难发现美，心中有恶则处处见恶，断无美所至焉。所以，任何时候一定要善待、爱护心中之美，努力去挖掘、去传播世间之美。若能将一种很美好的情感和心境，始终完好地保持一生，那该有多美好，又是多么难以做到啊！

那枚三峡石终于又被我从窗台上锁回到书桌的抽屉中去了，我不想让自己一看到它，就涌起一种失落、遗憾、伤感与后悔。

在成都吃小吃

早听说过著名的成都小吃红遍全国，印象颇深，记得那年中央电视台还专门为此拍摄了一部专题片，特意认真地看了下，果然是“食食在在”，名不虚传，有图为证，“秀色可餐”，只可惜无法当场亲身体验，亲口享受。所以彼时当那一盅盅、一笼笼、一碗碗，热气腾腾、珠圆玉润、色泽绚烂的吃食，进入眼帘时，那真叫一个让人目不转睛、眼不斜视、垂涎欲滴、望眼欲穿，恨不得当即就“破屏而入”，然后抢过那些盅笼碗碟，大快朵颐起来，似唯有如此，方能一解馋劲，一慰我念！

今年国庆终于邀了几位老友去了趟成都。在游览了武侯祠、杜甫草堂、薛涛井等之后，没忘记专程去品尝了一次享有盛誉的成都小吃。

吃什么？上哪吃？资深驴友老周有经验：“旅游图上肯定有介绍。”打开一看，果然上面标得一清二楚。春熙路有步行小吃一条街，美食榜上赫然有名的美食一长溜：“李鸭子”“赖汤圆”“麻婆豆腐”“担担面”……

“嘿，瞧这名字真逗，‘麻婆豆腐’，难道老板娘脸上有么亮点？还有，先听说重庆‘凌汤圆’老板是一光头，那成都这‘赖汤圆’未必是……”

“傻帽！你就这样理解啊？那这‘夫妻肺片’难不成是两口子的心肝五脏？”

“切，就你聪明？你刚还以为那‘担担面’是猪身上那‘蛋蛋’呢！”

瞧这对活宝！笑声中，我们开始沿街扫荡，对号入座，“按图索吃”了。

第一个目标是一家叫作“麻辣烫”的川味面馆，心想这“麻辣烫”三昧是最能代表川味特色的，就是它了。进得馆来，看一眼牌子上的面谱，乖乖，名堂还真不少：牛肉面、三鲜面、炸酱面、红油素面、虾仁炒面……还真有一样“担担面”。

何谓“担担”？就来这个。待服务员端上面来，但见一层红红的汤汁浮在碗面，碗中从容不迫、一根不乱地卧躺着几层白如银丝的挂面，面上铺以细细的葱花、鲜嫩的冬菇与黑木耳等之类佐料。那面汤汁味颇像番茄酱，微甜中又有辣味。慢慢品来，只觉辣而不燥，麻而爽口，果然其鲜无比。只可惜，在痛快淋漓、连声叫好之际，竟忘了问那“担担”二字当作何解。

出了“麻辣烫”，继续东行。至一十字路口，见一铺面前挑出一幌子，上书“龙抄手”三字。“抄手”在武汉似叫“水饺”，也有地方叫“馄饨”和“云吞”的，总之，名字不同，内容大同小异。这“龙抄手”乃成都名小吃店，汇集了多种名小吃，精工细作，每样都可点买较小的分量，让你能在此“一站式搞定”。其主打品种抄手，皮薄、馅嫩、汤鲜，堪称一绝。抄手又分红油（辣椒油）、白油（鸡汤）两类，川鄂一带顾客多爱前者，江浙一带顾客则偏嗜后者。我们几个为表示无地域局限之开放观念和大肚能容之大家气度，一人分别来了红白两大碗，只“抄”得肚囊中如哪吒闹海一般……

吃过抄手，许是因为辣的缘故，都觉喉咙里有点不舒服，想吃点甜点润润，正好前面有家名叫“三合泥”的甜食馆。嘿，这“四川佬”真是“贼精”，能摆“龙门阵”，我们已经想象出来了，这“三合泥”可能就是类似芝麻糊之类的甜点。走近一看，果然就是黑芝麻、糯米粉、黄豆粉拌以猪油、桂花、果仁等物烹调而成，闻之香气扑鼻，尝之则温甜可口，真是如那满街叫卖麻辣卤鸡蛋的四川小贩们吆喝的：“味道——好得很！”不过，在此之前，听到“三合泥”这个名字，谁不会把它与平日建筑工地中的水泥、沙子与碎石搅拌成的“三合泥”连在一起产生联想呢？四川人真的就是这样，会撩人、会哄人、会制造玄机，然后变成商机，还把人哄得“甜蜜了笑眯了”的，巴适得很！

脚不停步，口不停吃，一路上又硬撑了几个“赖汤圆”，尝了几块“夫妻肺片”，吃了几只“芙蓉汤包”，最后在一“耗子洞”前徘徊犹豫，猜测了半天——这“耗子洞”究竟是何“耗子”？是何“洞”？走近仔细一端详，原来乃一家烤鸭专卖店。嘿，这比方还是挺形象的，其独特的香味，更是老远便扑面而来，此等“耗子洞”，真让人“心动”啊！可最终大家还是没敢再钻进这“洞”中去，不为别的，那肚皮实在是受不了啦，留着下餐吧！

此心安处是吾乡

元丰六年（公元1083年），因受苏轼“乌台诗案”牵连，被贬谪到岭南的苏轼老友、画家王巩获诏北归。王被贬时，周围人悉数散尽，唯歌伎柔奴（寓娘）一人毅然跟随前往。其间柔奴对王巩多有照顾，与其患难与共，甚是知音，此行一道北归，与谪居黄州的苏轼相遇。王请出柔奴为苏轼劝酒吟唱，苏轼问及岭南风土，柔奴答以“此心安处，便是吾乡”。苏听后大为感动：一柔弱位卑的歌伎，竟如此重情大义，淡定旷达，且冰雪聪明，才艺绝佳，遂作词以赞：

常羡人间琢玉郎，天应乞与点酥娘。尽道清歌传皓齿，风起，雪飞炎海变清凉。

万里归来年愈少，微笑，笑时犹带岭梅香。试问岭南应不好，却道：此心安处是吾乡。

苏轼的这首《定风波·南海归赠王定国侍人寓娘》，不仅赞美柔奴美好纯洁的人品才艺，亦十分欣赏她那豁然旷达的性格与淡泊宁静的处世态度。其实这最后二句，也正是苏轼自己当时的内心写照。当时他虽遭这几乎杀头的无妄之灾，却终于抱定一种泰然处之的心境：

莫听穿林打叶声，何妨吟啸且徐行。

这是他写于黄州的另一首《定风波》中的诗句。其中写道：

竹杖芒鞋轻胜马，谁怕？一蓑烟雨任平生。

正是，无妄之灾袭来，一贬再贬，仅凭竹杖芒鞋、一蓑雨衣，如何能抵挡招架得住？但在苏轼看来，只要心有山海，乾坤自大。即，不管面对如何逆境，只要处变不惊，退而不废，静而不怠，抱定宗旨，此心即能安。对，此心能安，谁怕？就如这两首词的牌名“定风波”一样。

古往今来，梦寐以求的心安是绝大多数人向往的愿景。但此心究竟何以能安，此安究竟适在何处，每个人追求的理想目标不同，遭逢的际遇不一样，体会感受也各不相同。有的人仕途多蹇，一生追求功名却苦于不得；有的人功名顺遂，身在官场却不去“珍惜”，譬如东晋的那位陶潜（陶渊明），数次出仕，并每有擢升，却发出这样的慨叹：

少无适俗韵，性本爱丘山。
误入尘网中，一去三十年。

这位五柳先生把官场视作“尘网”，把入世看成“误入”，放着县令不做，一而再、再而三地要辞去官职，归守田园，40岁时在彭泽县令任上仅83天，竟借其妹病亡、前往奔丧之名，趁机交出令印，再不复出，看来是真“吃了秤砣铁了心”！清醒认世，看透官场，不为五斗米折腰，不愿混迹那种蝇利蜗名的热闹喧哗，乃至与那些蝇营狗苟为伍固然是一重要原因，但融入自然，乐于躬耕，亦是他平生的一大心愿。在他眼里：

方宅十余亩，草屋八九间。
榆柳荫后檐，桃李罗堂前。
暧暧远人村，依依墟里烟。

守居田园才是真正的人间静好，亦是此生理想的归宿，此心安放的最佳去处。

其实像陶渊明、苏轼这样无欲无奢、守正不阿、淡泊旷达的文人，还大有人在。不管什么时候，总有这样一些生性桀骜、不合时宜之人，他们往往坚守自己的本性而轻看功名利禄、荣华富贵，一心只追求心中的理想和自由。有人虽已在显位，但若是觉得自己正在“误入”，那一定不愿久耽于此，便想方设法急流勇退——当然有时也往往是“以退为进”；并且几乎不约而同地都想到了要去那山水田园之地“蛰伏隐居”。且不论这种处世态度是否积极，也不管它是否带有批判现实的意义或是在矫情作秀，在这种远离喧嚣的地方，到底能随心自由一些，那是因为大自然最能抚慰、安放人心。岂不闻心与自然相通融洽，才是人生最佳境地，仍是陶翁归去来兮的心得体会：

羁鸟恋旧林，池鱼思故渊。

久在樊笼里，复得返自然。

此中有真意，欲辨已忘言。

那姑且就不去多言多辨，只去找寻便是。但天地俯仰之间，山川大地，河谷平原，湖畔森林，远村近岭，飞禽走兽，花鸟虫鱼等风物，谁最受人青睐，谁为最佳去处？依我看来，河泽湖畔应是为先，所谓“厚德载物，上善若水”。此种地方天生静好，少有那种喧闹搅扰与诱惑来袭。这里水天相接，澄澈透明，不仅悦人耳目，更可养人心气。能让人们在这里静静地思考，细细地体悟，品味纷繁复杂的社会和各种各样的人生，创造出千姿百态的美的形象与深邃意境。如屈原、陶潜、苏轼、朱熹、王冕、毛泽东、鲁迅、徐志摩、朱自清；远在欧陆和大洋彼岸的黑格尔、马克思、梭罗、莫奈、瓦格纳、海德格尔、柴可夫斯基等这些启蒙先哲、时代伟人、革命家、思想家、文学与艺术家还有诗人，均是喜欢这水，酷爱这湖，都不约而同地来到这里。他们或上下求索，沉静思考；或埋头创作，勤奋耕耘，在此找到与心灵对应、引起共鸣的艺术灵感，得到开启人类思想之锁的密钥与真谛。

十月革命前夕，被资产阶级临时政府通缉，躲藏在彼得堡附近的列宁，在拉兹里夫湖畔继续领导着革命，在湖畔一个隐蔽而简陋的窝棚中，写下了影响世界的《国家与革命》。毛泽东一生钟爱湖北武汉的东湖，他称其为“白云黄鹤的地方”，从 1953 到 1974 年共在此下榻 48 次，是除中南海外，居住次数最多时间最长（有时达半年）的地方，在此酝酿、提出了修筑三峡大坝、南水北调等伟大构想。“湖畔诗人”华尔华兹甚至把湖畔比作是思想产生的最好源泉；浪漫主义诗人济慈死前嘱咐人们，不要把他的名字刻在墓碑上，只需写上“此地长眠者，声名水上书”。的确，个体的生命是短暂的，而伟大的思想则可如那水一样，流传至永恒。

虽有这么多的共识与践行，却也有人为此徘徊而纠结：鱼与熊掌可否兼得？即既要有湖光环绕，赏心悦目，亦能安身立命，贴靠魏阙，“近水楼台先得月”。如那位“自幼曾攻经史，长成亦有权谋”的宋江宋押司，本也是恪守诗书礼仪之人，经世致用、博取功名，是他的人生理想与追求，却又被一个“义”字拴在了这水泊梁山。尽管这里水天相接，湖光山色，风景旖旎，还可大块吃肉、大碗喝酒，好不快活自在；可他深谙效忠朝廷，建功立业那才是他心目中能“封妻荫子”的正道，亦是富贵功名的寄托之地，岂不见这“聚义厅”现已被他改叫“忠义堂”，“义”字在后，“忠”字在先？所以即便已坐上梁山第一把交椅，但他并不甘心，或说是心不安在此。他一面借这山寨水泊“暂作权宜”，一面遥望朝廷，指望“来日再作他图”。他心中时时念叨，每每惦记的，是圣上那一纸招安敕封的诏书快快飞来。且看他这首《念奴娇·天南地北》是如何曲抒胸臆的：

天南地北，问乾坤，何处可容狂客？借得山东烟水寨，来买凤城春色。翠袖围香，绛绡笼雪，一笑千金值。神仙体态，薄幸如何消得？

想芦叶滩头，蓼花汀畔，皓月空凝碧。六六雁行连八九，只等金鸡消息。义胆包天，忠肝盖地，四海无人识，离愁万种，醉乡一夜头白。

看这滩头汀畔，皓月雁阵，何等的绝佳景色；义胆包天，忠肝盖地，何等的赤胆忠心。真是“其景可餐、其情可察、其忠可鉴”！可惜大宋皇帝不是你宋公明的亲哥，能让你鱼与熊掌都得？那最后结局可想而知。比起宋江，柳亚子算是一率直，但也是一任性之人，遇到一点不如己意的事便发起牢骚，他那首《感事呈毛主席》的诗分明是在表达心中的一种委屈与不满：

夺席谈经非五鹿，无车弹铗怨冯驩。
头颅早悔平生贱，肝胆宁忘一寸丹！
安得南征驰捷报，分湖便是子陵滩。

以毛泽东为代表的中国共产党人当然是胸怀大度，从来是团结一切进步力量，以服务广大人民为己任，对柳先生的这种牢骚虽有批评，却终是好言相劝，并极力挽留，那是真诚希望其再为新中国建设做贡献。

牢骚太盛防肠断，风物长宜放眼量。
莫道昆明池水浅，观鱼胜过富春江。

同样是以湖起兴，托湖言志，境界却大有区别。毛泽东在《七律·和柳亚子先生》诗句中的昆明湖，虽没有分湖能划分出江浙两省的面积之大，风光之绝，然而共产党的心胸格局、眼界境界，却是更为宽广、更为深远。

“胜日寻芳泗水滨，无边光景一时新。”如此看来，湖畔最是能安抚人心，最宜居之处。好在眼下这座城市湖泊众多，超逾百个，被人称作“百湖之市”，有好几个风景绝美、人文荟萃的湖泊，在全国乃至世界都闻名遐迩，然欲往者也趋之若鹜，如此一来，岂不又是喧闹不堪了？我当然不想去凑那热闹，也承受不起这种“春色”。也是“心诚则灵”，终于发现一名不见经传，且远在城市三环外的小湖——翡翠湖。此湖虽小，却是极为特别，堪称是上天垂怜，造化独钟，诸美备具，别有风韵，让人一眼钟情、一见倾心。

且看，每日清晨一觉醒来，还未起床，已先闻到各种鸟类鸣叫，莺啼燕啭，清脆婉转，此起彼伏，让人心情大好。所在楼栋正临湖畔，窗户和阳台正对湖面，放眼望去，晨雾袅袅，湖水静谧，水草摇曳，岸柳依依，犹如西子晨妆和仙女下凡。朦胧中，一叶小舟轻轻划来，徐徐撒开捞网，那是园林工人在清洁湖面，另有勤快的钓者已捷足先登，早在那“枕杆待旦”了。

欸乃的桨声和着鸟叫，园林工人劳作的画面映着湖景，一切充满生机，一切仿如天籁。稍倾，太阳悄悄渐出，湖面泛起一层金光，把四周房舍、屋顶、树梢染得一片金黄；更映衬得湖水清且涟漪，景物澄澈清新。此刻鱼游船行，鸟飞杆舞，耳边似乎响起那些熟悉的在心中萦绕了大半辈子的歌曲：

一条大河波浪宽……

清早船儿去撒网……

朝霞映在……

夫人笑我简直有些走火入魔了，可这一切真的是发乎真性，出自真情。想想这么一个美丽的地方，我何德何能，竟能拥它入怀，与它朝夕相处，承接这般人间至好的温存与体贴，享受这种难得的雅趣与滋润！

“潦水尽而寒潭清，烟光凝而暮山紫。”居于湖畔之侧，还有许多的意趣与惊喜，是远离它的人们，所享受体会不到的。尤其是在早晚不同的时刻，在远近不同的地点，在风雪雨晴的不断变幻，在春夏秋冬的轮回交替，在无数个美妙瞬间的闪现和期待中，时时与它做伴，时时与它相依，时时关注它的变化，时时享用它的馈赠，真有点“惊喜不断，美不胜收”，又有些“景不厌精，美不厌细”了！

譬如仲秋傍晚，一轮明月挂上中天，银光皎皎铺泄大地，在湖边杉树林中的绿道上漫步，此情此景绝对胜似朱自清看到的荷塘月色；夏日的阵雨中，站立在阳台上远望湖面，则如同看到北戴河海上的洪波涌起，亦听到大雨落幽燕的白浪滔天声；冬日的凛冽中，仍有痴迷的钓者在那独钓寒江雪；春和景明之时，又能见到范希文笔下的“沙鸥翔集，锦鳞游泳”，还可闻到那“岸芷汀兰，郁郁青青”的阵阵馨香……真是“披绣闼，俯‘翡翠’，四美具，二难并”，就环境条件、自然风光而言，远胜林语堂先生的那方“雅舍”啊！

一切“得湖”独厚，一切拜它所赐，有此绝佳栖身之处，还有何不满足、不称心、不如意的？所谓人生得一知己足矣，吾有“一湖”亦足矣！所以看到伊湖，眼前顿时明朗，心胸顿觉开阔，一切抵牾与不快都可放下，一切遗憾和亏欠皆可看轻，真可做到“宠辱不惊，云淡风轻”了。但有两点须臾不能忽略与忘记，那就是要感谢自然、感谢时代、感谢那些创造美景的人们，人生要学会“感恩”；再一点就是要学会知足、学会取舍，并非是自我陶醉，自我满足，实则已是受益匪浅，获利多多。噫吁嚱，于此心安，正是吾乡。如此一想，“夫复何求”？

神州览胜/域外掠影

周庄印象（二题）

梦里周庄

周庄如一座世外桃源，早在你梦中蛰伏已久，只是那世俗的忙碌，让你总也无暇顾及它。不想有一日，突然就得到一个可去那里的机会，于是迫不及待，步履匆匆地赶去。这次终于可了却这一心愿，能让那梦境变成真实的了！

一刻不停，脚不止步，左顾右盼，眼搜目巡之际，突然间，迎面就撞上了一幅清新脱俗、雅致不凡的水墨写意画：一道绿水曲曲折折，几座石桥横卧其上，河中有数只白鹅，几条小船；两岸绿柳如烟，一片黛瓦粉墙，正是文人笔下“杏花春雨江南”“小桥流水人家”的意境，想必这就是——

对，让你猜中了，它正是周庄！哦，这才让你真正走进那“梦中”了。

“江南好，风景旧曾谙。”古人一语中的，但那是笼统概括，还未突出个性，更未道出周庄的特别之处。比起一般江南水乡，这里又有所不同，又是一番特别的景致。

周庄的桥更多，形更美，制更精，名更大：贞丰桥、富安桥、保平桥、方圆孔双桥，数丈之内，三步一桥，五步又一桥，真正是水之乡、桥之乡。都说苏州小桥流水多，人家尽枕河，不如用在周庄更确切一些。周庄两岸的街道，也是那种青石板铺路，街两边小商店林立，里面卖些工艺品、旅游品之类的。但边走边瞧，仔细观察，就可看出，那些房子、那些庭院，终是有些不同。

何以不同？最主要的怕是那些房子，几乎个个都名头不小，个个都颇有来历：江南之首富乃至富甲天下“足可敌国”的沈万三旧宅“沈园”就是一例。沈氏曾向朱元璋自荐请代为朝廷修城墙、慰三军。沈氏的田宅产业成林成片，商贸一直做到海外，想想那是何等的派头，何等的风光了得，连朱皇帝都有些嫉妒他了！那宅邸就不用赘述了。而主人官至三品的“张厅”又是一例，其宅邸有着六进之深，“门前可行船，门里可落轿，后园直可走马”，让你不由发出“侯门深深深几许”的感慨。

周庄有一处别有韵致的“逸飞之家”则似更叫人注目、让人唏嘘、让人感慨：1984年，著名旅美油画家陈逸飞逸居周庄在此写生，以一幅《故乡的回忆》聚焦苏富比拍卖会，轰动世界画坛，后该画被世界著名的石油大王哈默重金收购珍藏，继而作为珍贵礼品回赠中国领导人邓小平，从而更让周庄名声大振。陈逸飞后又在周庄拍摄以抗战为背景的电影《理发师》，可惜未及影片拍完却身先猝死留下巨大遗憾，也令世人扼腕叹息！此是题外话。画家当年的逸居处，则成为今天著名的网红景点。他那些唯美的氤氲着江南水乡古风古韵的油画，已成为今日周庄的一张名片。

周庄的白天煞是热闹。来周庄旅游的人如过江之鲫，似要把那些石板小路给踩塌踩垮。脚板鞋底的杂沓声、南腔北调的叽喳声、小贩的吆喝声、导游的喇叭声此起彼伏，一阵一阵，喧闹沸腾的情景，一点不亚于邻近的大上海。

周庄的清晨，却出奇的宁静。周庄人似没其他地方的人那么紧张劳碌，天刚一亮，就早早爬起，开始了一天的营生。周庄人一个个都似特别悠闲懒散，赛似神仙。其实是这地域的特点所致，反正家家都是做旅游生意，游客这时都还没起来呢，最好不要去惊动他们，还可再睡个舒服的回笼觉。你若是早已醒来，躺在小旅店的木板床上，听着窗外树枝上清脆的鸟鸣声，闻着从河边飘过来的，一丝丝、一缕缕的栀子花和柳树叶的香味，想想昨夜的心思与今日的行程，你会更加体会陆放翁笔下那种“小楼一夜听春雨，深巷明朝卖杏花”和杜甫的“好雨知时节，当春乃发生。随风潜入夜，润物细无声”的意境。当然，这时你也许会悄悄起床，穿好衣服信步走到那还未完全醒过来的镇街上，顺着河边的小路，在小镇转上一圈。

朦胧的晨雾轻绕着你，满眼的青黛簇拥着你，桥下的流水不疾不徐，慢慢悠悠地流淌，院墙里枝头上的鸟儿，或高声或低声地唧唧叫唤，给你一种大家闺秀的感觉。一转身，在小巷口或里弄间，也许你会听到一两声“阿婆，侬今个好早哇！”“阿囡，快起来咧，吃馄饨过早勿过？”

轻轻的吴侬软语，温馨的柴米油盐，又是那小家碧玉。但冷不丁斜刺里会跳出一只大花狗或黄狗，冲你吠叫两声，让你吓一大跳：如此娇小玲珑斯斯文文的地方也会出现这样的“狼奔豕突”？开玩笑、开玩笑，周庄的模样是斯文俊秀的，周庄的性情也一定是柔软温顺的，就像江南大多的女子那样温婉可人，看那一街精瘦小巧、满脸带笑的男子女子，听那唱越剧评弹一般的说话声和招呼语，就可深切感受到。

其实大多周庄人过的也是江南普通人家的寻常生活，做点小买卖，赚点活钱。白天男人们大多在庄外的湖汊中打鱼捕虾，女子则在庄中的河上载客送人，只是都离不开水和船。留在岸上的，大都是那上了年纪的老人和还在读书的小孩，年轻姑娘和后生们，大多都到外边的大城市去谋生打拼，创业闯天下了。那些年迈的阿婆阿伯们，除偶尔打打纸牌、听听评弹外，多半时间也闲不住，在门口摆个小摊，卖点当地土特产；或是带带还未上幼儿园的小囡奶娃，侍弄侍弄院中的盆景花草。有的干脆就拎一只竹篮，装上些葵花籽、阿婆茶、五香豆之类的吃食，或是栀子花、茉莉花，到那双桥上去叫卖。头上的尖顶斗笠、身上阴丹士林的老蓝布长褂，混迹在那些外来游客新潮光鲜的服装丛中，又是周庄一景。

周庄的白天柳浪闻莺，花树杂陈，欢声笑语，游人如织，晚上则又是另一番韵致。你怎么也不会想到，一个小小的乡镇也会搞起如此规模的“灯光亮化工程”：瞧，此时月上柳梢，鸟歇枝头，刚一入夜，周庄五光十色的夜生活就开始上演了。一眼望去，两岸的红灯绿树，倒映河中；四周水波潋滟，亮如白昼。七彩的夜色中，沿河的茶楼馆肆曲音缭绕，酒轩画舫客声喧哗，似一幅“烟笼寒水月笼沙，夜泊秦淮近酒家”的真实即景，让你不由不连声赞叹，暗暗称奇。

“几巡”过后，夜已渐深，热闹了一天的周庄，终于安静下来，这江南小镇复又回到她昨日养在深闺人未识的静谧之中，显得愈加温婉可人。可她如今毕竟已“一朝选在君王侧”，令“六宫粉黛无颜色”，甚至已蜚声海外，令天下人人皆识伊了。

周庄已非昨日周庄，红尘已非往日红尘，难有真正的返璞归真了。好在此时还算静好，所以无数人还在往周庄赶，周庄正进入千万人梦中。

周庄船娘

水是周庄的灵魂与精髓，船则是穿行在周庄这片水上世界中的“信者”与“使徒”。

一条小船穿水巷，两岸人家绕河浜。
埠头捣衣曲声起，系舟归来鱼飘香。

撑船行水，系缆上岸，是周庄日常生活最典型的写照。来周庄，必坐一坐游船，听一段唱曲，方更能领略周庄那河成阡陌、桥连街巷的水乡韵味，感受一下江南那缱绻如梦、柔情如丝的情怀。

周庄游船同一般江南常见的小船别无二致，照例是那种船身细小狭窄，两头翘起，船身上搭着为游客遮阴的凉棚，船后尾绑一只大挖耳一样的摇橹的造型。但再看，便会发现船上摇船的当地称作“船娘”的摇船女人，端的是有些与众不同：船娘们身上一色地着一件蜡染印花蓝布衣褂，头戴一块同样质地的蓝花布头巾，下身穿一条八分长深蓝布裤，脚上则是一双现在不常见的那种中间有道鞋襻、青面白底的布鞋。这身装束，使人一下子回想起影视剧中常见的20世纪二三十年代的中国江南乡村，又有点像现在很多餐饮行业的职业装，这阵势着实让人觉得新鲜。尤其是以这河浜和摇船为背景，更是一种特别的印记，比起那些千篇一律的“员工装”，更具有一种历史的积淀感和地域文化的韵味。

周庄船娘们摇船时，也处处展现出江南女子那种温婉柔顺的性格。说话慢声细语，待人接物满脸带笑，船启摇橹、拢岸系缆时，举手投足，眉目传情间，都显出一种妩媚姣好、轻盈利索来，似舞台上唱戏一般的好看。这情景又使人想起旧时的江南，每逢端午、中秋或其他节日之时，年轻的女子划动小船，一边采莲一边唱出“江南可采莲，莲叶何田田”的那种盛况。

这绝非随意乱想，牵强附会，周庄的船娘们，绝大多数确实都唱得一口很好听的江南小调，是一种自然而然的生活习惯与代代继承的传统风俗。像什么《茉莉花》《采茶调》《四季歌》《孟姜女》等，只要游客们有兴趣，点什么都能唱得出，且唱得相当有味，堪称一绝。

游客们游河时，船娘们一边摇橹，一边轻唱，河上一时“咿咿呀呀”的歌声此起彼伏，如莺啼鸟啭般，河中似一下子涌出无数个“金嗓子”周旋。

我们这条船上的年轻船娘，是当地有名的歌手，从小在周庄长大，娘家婆家都在周庄。也不知从什么时候开始，她就喜欢上了做这样在河上一边摇船一边唱歌的船娘。有一年，中央电视台来采访，还拍了她好多镜头，“我这不等于天天登舞台上春晚么？”年轻船娘笑着说道。

每日里，船娘们在周庄的河中不停地忙碌穿梭，迎客载客，收入还是蛮可观的。可到底是水上漂泊的营生，也是十分辛苦。早出晚归，终日被绑在水上船上，想是和岸上生活的人还是大不相同，“纵然摇得满船金，雨打风吹似浮萍”。当然，这是对旧时的描写和比喻，再说过去哪有“满船金”可赚？

“现在做这船娘还是蛮好的，赶上了这盛世的好年代，旅游业兴旺，周庄有这样大名气，游客源源不断，我现在靠这样劳动也能致富呢！”周庄船娘们说出这些话的时候，脸上露出的，是一种由衷的幸福、骄傲与满足。

千里来寻故地

一

朝辞白帝彩云间，千里江陵一日还。
两岸猿声啼不住，轻舟已过万重山。

衣上征尘杂酒痕，远游无处不消魂。
此身合是诗人未？细雨骑驴入剑门。

文人都好游历，喜欢怀旧，且大多文人的经历都比较坎坷复杂，情感丰富易于外泄，所以往往一有时机，便驾舟驭马，或细雨骑驴，寄心于尘世之外，忘情于山水之间。尤其是有些曾经到过之地，千里迢迢，不惜远道再次乃至多次前往，更是见出其真性、本性，亦显出那地方在其心头的重要位置与特别因缘。那一定是情有所衷，欲相寄托，或是心有款曲，不愿随便与人道出。而那个地方，正好与自己心灵相通、气息相合、肝胆相映，可向其倾吐表白，可引起共鸣，所谓“相看两不厌，只有敬亭山”，所以一触即发、一拍即合、一往而去。

譬如南京，那历来是兵家常年争夺的战场，亦是文人舞文弄墨，尽显才情之地。

王濬楼船下益州，金陵王气黯然收。

六代豪华，春去也、更无消息。

一个前朝旧都、过气之城，之所以能引得无数文人再三造访，反复吟咏而百书不厌，那是因为多个朝代的帝王、多位豪杰枭雄，都曾来到这“虎踞龙盘”之地建都立国，奠定基业，期望一统江山，称霸天下。它身上曾发生过太多太多“惊天动地”的大事、盛事，自然要以文铭之、记之，让其“岁在千秋，彪炳史籍”。而文人的人生抱负，个人际遇等，亦与之有着千丝万缕的联系，想必此地作为几朝几世的都城，肯定会是繁华鼎盛，风云际会，人物咸集，各种雅事、趣事、风流伤心事多多；它也一定是文人们心头所系、桌上所谈、杯中所议，因之成了太多人心中的“故地”。故易触动心思，引发感慨，浮想联翩而大书特书。不独此一处，华夏千年历史风云变幻，神州大地群雄逐鹿、你落我起，丰功伟绩、遗憾叹息、兴衰荣辱沉渣泛起，太多太多的过往，太多太多的印记。

然而放眼四顾，处处多是惆怅，满眼皆是感伤，纵是当年如何的盛景繁华，万千气象，眼前也往往是时过境迁，鼎盛不再。威名赫赫的明太祖朱元璋在开国之初，就欲在这金陵城扬子江边的狮子山上，建一“定鼎于兹，始足当之”的“阅江楼”，却始终未让他遂愿，仅留有一篇《阅江楼记》和一座楼基，荒芜在那而已。200多年后的清初文人顾湄，游此故地即有一番“碧草自生宫寝路，青山仍绕帝王州。凭君莫问当年事，禾黍同归六代愁”的感慨，很是慨叹自古帝王的基业，并非所谓千秋永在，万世不朽，实则是“禾黍同归六代愁”。而唐人陈子昂那首《登幽州台歌》中，则更是早已写尽文人们的那种“前不见古人，后不见来者。念天地之悠悠，独怆然而涕下”，多愁善感的思古之幽情。

读此类笔墨足可见封建帝王们“朕即天下”，皇权至上的思想，以及文人士大夫们伤时忧国、怀才不遇的失落情绪，亦可见那些历史圣地的山川风物、陈年旧迹的耐人寻味之处。中国共产党人胸怀天下，代表着中国最广大人民的根本利益，20 世纪 40 年代末，风雨苍黄，翻天覆地，中国开启新篇章。同样于此“多事之秋多舛之地”，共产党人的领袖毛泽东写下那首著名的《七律 · 人民解放军占领南京》：

钟山风雨起苍黄，百万雄师过大江。
虎踞龙盘今胜昔，天翻地覆慨而慷。
宜将剩勇追穷寇，不可沽名学霸王。
天若有情天亦老，人间正道是沧桑。

此诗别开生面，独具机杼，一扫封建旧制的阴霾与六朝以来文风的萎靡，令人赞叹击节，耳目一新。毛泽东一生戎马倥偬，南征北战，走遍神州大地；尤其是他曾多次到过和战斗过的地方和那里的人民，更让他百般感念，百般牵挂。每每心潮涌起，浮想联翩，诗情难抑，写下许多脍炙人口的诗词佳句：

别梦依稀咒逝川，故园三十二年前。

才饮长沙水，又食武昌鱼。
万里长江横渡，极目楚天舒。

久有凌云志，重上井冈山。
千里来寻故地，旧貌变新颜。

——这些诗句都彰显了何等开阔的胸襟，豪迈的气势；又蕴含了何等真挚的情感，深刻的寓意！诚如一首歌中所唱：

毛主席走遍祖国大地，和革命人民永远在一起，永远在一起……

二

一代伟人包括那些文人，胸中固然有这样的壮志豪情，斐然文采，普通人心中其实亦常有此种感触、此种情愫。那是因山川大地，不仅养育了你，还会浸润、培养、影响着你的性格、习惯与秉性，见证、记录下你生命的一段历程与时光，赋予你一种特殊的感触、特有的情怀、特别的眷念，这就是人与自然、与名胜、与某个地方，息息相依、休戚与共的关系。这是一种“神奇的文化魔力”。

1966年深秋，刚满13岁的我，进入初中，适逢“大串联”。从小一直在武汉生活，还未走出过这座城市的我，有幸一步到位来到首都北京，继而南京、上海、苏州、杭州……一路下来转了一大圈，实乃碰巧走运。北京在我心中很神圣很伟大，但感觉北京并不大，还很“土”——那时全国都很“土”，“全国山河一片红”。那时游京城、逛首都，除瞻仰天安门广场人民英雄纪念碑，参观人民大会堂、军事博物馆等之外，再无别处可去。

可偶然扎进一条胡同小巷，见到一座座四合小院，一处处灰瓦白墙，闻着烤白薯的香味，听到老幼男女的“儿化音”和一阵阵清脆的鸽哨，颇觉新奇有趣。此大概就是老舍先生笔下的那个北京，亦如郁达夫时时怀想中的古城故都吧。虽感觉十分特别，但那时太年少，对此懵懵懂懂，一无所知，故未加细品，现在想来那也许正是“原汁原味的老北京”。

再次去北京已是多年之后，前后已然大不相同。记得当年住在北京氧气厂，即现在东直门外不远的大郊亭，当时还算郊区，现在不用介绍，那里早成为北京城最最繁华的CBD附近炙手可热的商圈，高楼林立，霓虹闪烁，那叫一个高端大气上档次，“天翻地覆慨而慷”。

首都发生如此巨变，是时代，亦是社会的进步使然，潮流所趋，皆为可喜之事，只是往日那些印象，再难看到和忆起。假若今日你也是睽违多年再去北京，也欲想“千里来寻故地”，那恐怕会让你有所失望。因首都现在是“太新太洋”且“面目全非”了，往日的那种原汁原韵的“土”味、本味，早已淹没在一派新潮洋味之中，有许多地方、许多味道、许多感觉已再难找到，更不用说像梁思成、林徽因们曾经顿足呼吁过的那种“原模样的老北京”。那些让你怦然心动的某些物件、某些细节，可能早已荡然无存，真正是“空怅望，山川形胜，已非畴昔”，不免又会让你生出许多的失落和唏嘘。

和北京相比，上海的历史根基、文化底蕴，显然远不如前者，但上海的老格局、老味道，却保留得相当完好，“旧上海”和“新上海”分派得很用心很得当。比如，尽管大名鼎鼎的浦东，今日已是高楼入云、天翻地覆，恍如进入一个神话世界，但那是一个新区，隔着黄浦江过去的老外滩，以及那些老城区中的老租界、老马路，依然故我，过去的那种老模样、老味道、老派头，随处可见，可让你前后比较，对号入座，细细品味，旧梦重温。

譬如江海关、汇丰银行、沙逊大厦这些老房子，仍是当年的样子、当年的格局、当年的风姿。黄浦公园、外白渡桥、百老汇大厦这些老景观、老地标仍在那往常位置，风流倜傥、优雅旖旎，一如当年。走在南京东路、中山一路、衡山路、思南路、武康路等当年那些大名鼎鼎、洋味十足的马路上时，那种欧风海韵的“老克勒”“老上海”之风，便会不由自主扑面而来，令你觉得熟稔，感到亲切，生出唏嘘与感慨：是啊！半个世纪上海梦，一段红尘伴此生，“魔都”上海正是你童年及少年时，最感神秘、最最向往的地方，走过一次便牢牢铭记，终生难忘了。喏，亭子间还是那亭子间，弹子房还是那弹子房，教堂、钟楼等还在那老地方，弄堂口照例有个杂货铺，石库门仍是两扇对开门的老模样，几乎“一点都没变”。

人说建筑是凝固的历史，是文化传承的载体，具有“立体教科书”的作用。不信再往前走，会看到路两旁，一株株高大的法国梧桐，遮天蔽日，一幢幢精巧别致的小洋楼，掩映其间，看看清爽啦，“老克勒”的爵士乐《夜上海》《夜来香》，正是从那一幢幢小洋楼中飘出，朋街、培罗蒙、七重天、大世界等老字号、老招牌，依次从眼边掠过。再细心些打量，橱窗中周璇、秦怡、张瑞芳等，曾经喜欢过的那种款式的旗袍、高跟鞋，阿丹、陈叙、孙道临们，当年热捧过的西装、领带、留声机、老唱片，依然那样“赞”。那些老物件、老疙瘩仍然那样清爽与抢眼！哦，哦，真是没想到，真的是好眼热！

对啦，你勿有忘记老上海，阿拉老上海到底也勿有辜负侬哦！

走在昨日的老马路上，行人虽比过去多了一点，但肯定不会像新区或其他大都市那样，一大片一大片，乌泱泱、密麻麻的人群和超市中让人感到水泄不通、密不透气般的压抑。这里没有那种高音喇叭的喧嚣浮躁，也没有霓虹灯广告的那种闪烁刺目，有的只是树叶落在马路上的沙沙声响和围墙内玉兰树上的蝉鸣或鸟叫，空气中弥漫的仍是那种氤氲的“洋味”和熟悉的气息。若是走累了，随便找一家咖啡厅或茶室坐下，伴着午后的阳光和茶匙的搅动，闻着杯盏中飘出的下午茶和咖啡的浓浓香味，恍惚中仿佛来到一处风情别样的异国城市，又或是重回到半世纪前的上海，重温着当年青葱少年时的奇想与幻梦——当然，那时没有这般小资，“十里洋场”的表面早被蒙上一片“红色”。但骨子里，上海一直就是这样一座风情万种的城市，在她的血液中，总有一种执拗的东西，总是流淌着一种别具一格的优雅与高贵。她完全不需要借助《上海滩》那样的影视剧的刻意炒作来再现，也不用田子坊、新天地等项目的改造和复制来展示、来“证实”。大上海就是大上海，“老克勒”就是“老克勒”，她的精气神始终就摆在那里。无论何时，她总是那样风姿卓立，别具一格，芳华尽显。无论兴衰，她总是那样雍容大气，宠辱不惊，高贵难掩。说到“人文”，这就是她的“人文”；说到“特质与精髓”，这就是她的“特质与精髓”。千里来寻故地，重回当年梦境，要的就是这种气质与感觉，要的就是这份原汁与原味！

星移斗转，时光轮回，风物变幻，时过境迁，世间的沧桑变化，大都是如此。人生也是这样，如白驹过隙、步履匆匆，一晃半个世纪，一个世纪。从“青葱嫩少”到迟暮老年，“高堂明镜悲白发，朝如青丝暮成雪”，一切皆已成昨，一切都已过去，唯有岁月不老，宇宙不变。仍是如萨都剌那首《满江红·金陵怀古》：

到如今、只有蒋山青，秦淮碧。

所以千万别在那滚滚的红尘之中，耽得太久、迷得太深、走得太远而忘记一切。一定要记得，于那追逐蝇利蜗名的忙碌之中，抽出片刻时间，去寻寻故地，因那些故地、那种乡愁，越来越朦胧、越来越模糊，正在远离我们。而我们必须去问问“我们的出处和来时”，才知道“我们的未来与去处”。

但愿我们能在那些仅存的历史缝隙中，找到往日的岁月，重温……

教堂与博物馆

我一直认为，教堂与博物馆画廊是欧洲最突出的两大特点，世界各地无论景色如何相像，气候如何相似，人们的肤色如何接近，语言如何相同，但只需凭此两点，即可将欧洲与其他各洲区别开来。

先说教堂。世界上教堂最多的地方无疑在欧洲。欧洲人的生活中处处有着教堂的身影，在欧洲人心目中，教堂的地位和作用，永远都是至高无上、神圣无比和无可替代的，他们生命里早已离不开教堂。无论你来到哪一个国家，哪一个城市，抑或是你乘坐在车上、船上，途经那一个个偏远的小镇或村庄，你随时都能看到，一个个尖尖的桅杆或是半圆的如铁锅倒扣，或是像洋葱头样的房顶，房顶下面是高耸的楼体、拱形的券门、彩绘的玻璃窗等，那很可能就是一座教堂。因教堂在周围的那一群建筑物中，总会显得特别的出众和打眼，因为那里是信徒“拜见上帝”的地方，也是他们的灵魂与精神的寄放之处，所以一定是修建得更高大、更漂亮、更完美的。

欧洲人修建教堂，绝对是虔诚至极。举凡建一座大教堂或主教堂，必汇集当时最杰出的艺术大师担任设计，如达·芬奇、米开朗琪罗、乔托、贝尼尼等这些如雷贯耳的艺术天才，同时也是一些世界著名的大教堂的设计者。教堂建造时，一定要挑选最优秀的建筑工匠承建制作，往往是几代人先后接棒，共同努力，呕心沥血，精益求精，在这点上几乎是心有灵犀，不谋而合。

欧洲人建一座教堂，往往要花几十上百年，乃至好几百年。例如德国的科隆大教堂，前后修建时间长达 632 年！其他修建时间为一两百年的大有例证。并非因为他们拖沓成习，战乱等原因也是其次，欧洲人实在是把修建教堂看得太重要、太神圣了，绝不会掉以轻心，马虎从事，否则有亵渎神明之嫌。所以都是倾心尽力地投入其中，力求达到“最最完美”境地，“堂不惊人死不休”！

如德国科隆大教堂、意大利米兰大教堂和圣母百花大教堂、西班牙巴塞罗那圣家族大教堂等，都是先后经过了几代大师与工匠们反反复复的设计，反反复复的修改完善，反反复复的建造加工与制作，才最终得以建设完成。其巍巍的高度、优雅的造型、宏大的体积、震撼的规模、精美华丽的壁画彩绘、浩繁复杂的雕刻等，可以说是至臻至善，登峰造极，堪称完美，无可挑剔！

因为教堂是要迎接上帝降临、聆听上帝声音的地方，而上帝高高在上，所以教堂的高度一定要高，一则显示上帝至高无上，同时也想让人尽量离上帝“更近一些”。而教堂的空间、规模也一定要大，这样既体现了上帝的伟大、人的渺小，同时也能容纳更多的信徒来聆听上帝的教诲，接受圣者的施洗，让上帝的福祉遍布人间。

世界上规模最大的教堂为梵蒂冈的圣彼得大教堂，据说能同时容纳6万人祈祷，想想那是一种什么样的震撼程度！其他如米兰大教堂、科隆大教堂等，也动不动能容纳三五万人，也足以将人雷倒。我不知道这些数据，是怎样统计出来的，可不可靠，但当我真的站在梵蒂冈圣彼得大教堂，那个宏大得无可比拟的殿堂之中，仰望着它高高的穹顶和贝尼尼设计的那张巨大的绝无仅有、精美绝伦、华丽无双的“上帝的座椅与华盖”时，我真的感到自己就如一只蚂蚁一样微弱渺小，寒酸简陋，简直“微不足道”。而“上帝”真的是太神奇、太伟大、太不可思议了，不愧是“主宰一切的主”！

欧洲教堂历史悠久，教堂中收藏的各种圣物圣器等也是争奇斗艳，层出不穷，令人大开眼界，叹为观止。而对这些圣物圣器的争夺角逐，尤其是在有些教堂本身的修建和使用过程中，那更是充斥种种惊险曲折，惊心动魄，甚至充满刀光剑影和腥风血雨。如意大利的都灵大教堂，自中世纪始，数百年来，全世界各地的基督信徒们围绕着一块据说是耶稣死时用过的裹尸布，展开了激烈的争夺，他们互不相让，你死我活，可以说前赴后继，百折不挠，最终那块布永久落入此处。而莫斯科的圣瓦西里大教堂，据说因建造得太过完美，残暴自私的沙皇，为了不让设计师再为别人建造出比这更好的教堂，竟下令将设计师的两眼挖掉！还有圣彼得堡的喋血大教堂，之所以如此命名，正是由于它身上曾发生过非常惊悚的流血事件，有着非常恐怖的经历，让人听来不寒而栗。而雨果的名著《巴黎圣母院》，则以巴黎圣母院这座教堂作为舞台，让巴黎社会的各色人等在此登台亮相，展示出各种不同的人性，上演出一幕幕惊心动魄、扣人心弦、发人深思、感人肺腑的故事，更是让人们对这座教堂魂牵梦萦，敬畏不已，成为世界教堂中的经典代表，也成为璀璨的文学画廊中的一处亮点。正像薄伽丘所说：

> 如《圣经》里面的内容一样，教堂里所装的东西实在是太多了，多得连上帝都记不住。

教堂就像一部历史与人生的教科书样，很多人都离不开它了。的确，教堂承载了欧洲人太多的希望与梦想，寄托着他们的精神与灵魂，教堂已成为他们生命中不可分割的一部分。

博物馆也是欧洲形象最突出，人们最热衷前往的地方之一。画廊则往往是博物馆中最主要的组成部分。绘画艺术在欧洲风行数百年经久不衰，从达·芬奇到毕加索、从古典主义到后现代主义，欧洲一代代的艺术大师层出不穷，经典作品数不胜数，欧洲可以说是世界上艺术氛围最为浓厚的一个地区。欧洲人普遍都热爱艺术，喜好欣赏与收藏绘画。欧洲的绘画与博物馆画廊数量绝对占据世界首位，尤其是欧洲许多帝王与政要、名流与富商，都是艺术特别是绘画的疯狂爱好者与收藏者。他们广泛收集世界各国的绘画精品，乃至通过各种手段，物色一些著名的画家为其服务，他们的举动对欧洲乃至世界艺术的繁荣，都起到了巨大的影响和推动作用。试想，当年如果不是弗朗索瓦一世、叶卡捷琳娜女王、美第奇家族、特列季亚科夫兄弟等人的偏好与力创、慷慨与扶持，世界上能涌现出那么多优秀的艺术大师与杰出的艺术作品？尤其是那些经典的世界名作，能有幸地保存至今吗？今日的世界四大艺术博物馆，其中三座在欧洲绝非偶然，这块美丽的土地似乎天生就是为表现美的艺术家们准备的。

到欧洲旅游的第二站，即是文艺复兴的发源地，被诗人徐志摩称为“翡冷翠”的佛罗伦萨。游览的项目之一，就是参观世界著名的坐落在该市市中心的乌菲齐美术馆。也不知是导游疏忽大意，不负责，还是老天爷故意开玩笑，大家每人十好几欧元的参观与讲解费用都已交齐（这已是额外所交），到馆前却发现大门紧闭，牌子上贴出“告示”，里头正在拍摄电视专题片暂停开放。天啦，你说这是不是在“开国际玩笑”？咱们不远万里，来到这里，却吃一闭门羹，那扫兴沮丧的劲头，可想而知！

谁承想欧洲的画廊，似乎都有点“踟”，在其后的巴黎蓬皮杜艺术中心、莫斯科特列季亚科夫画廊，竟也是遭到同样待遇，令我们怅惘不已！幸好，在卢浮宫、冬宫等都还比较顺利，使那几次的遗憾，在这两大世界博物馆中，终于得到一些补偿——其实刚才有些误会，那些画廊并不是“跩”，是因欧洲人非常注重保护这些珍贵的文化遗产，所以经常要闭馆做维护与修复工作，这才使其保存完好，成色如初，并让我们在数百年之后，还能清晰地看到那些当年的杰作。

回国不久，突然看到一则报道，吃惊不已。报道称，意大利文化部与美国加州大学、美国国家地理学会等组织，近期联合在世界著名的乌菲齐美术馆进行科研考察，发现已遗失 500 年的达 · 芬奇所创作的壁画《安吉里之战》，现在找到重要线索，正在继续发掘，或许在不久的将来，将可揭开这一世界之谜。报道中提到的科考时间，正是我们去参观该馆的那段日子，难怪当时要闭馆，原来如此！

在世人的眼中，达 · 芬奇不仅是一位天才，他简直就是一个神！早听说《安吉里之战》一直以来是世界美术史上的一大悬案：1503 年，早已蜚声欧洲画坛的 51 岁的达 · 芬奇，接受佛罗伦萨著名的美第奇家族邀请，为佛罗伦萨市政厅（美第奇家族有好几个世纪掌控着佛罗伦萨，其家族府邸碧提宫亦是当时的市政厅，其址即现乌菲齐美术馆）中的“500 人大厅”，绘制一幅壁画纪念佛罗伦萨与米兰之间的一场战役。达 · 芬奇精心创作了这一巨制，然而作品还未全部完成，即发现由于该厅墙体原因，该画油彩出现脱落。55 年之后，美第奇家族委托另一艺术家、达 · 芬奇的崇拜者瓦萨里，对“500 人大厅”进行翻修改造，那幅残缺的《安吉里之战》随之失踪，原址上绘制上了瓦萨里的《卡辛那之战》，即现在所看到的一幅壁画。当时，人们对达 · 芬奇的那幅《安吉里之战》突然失踪，始终心存疑窦，究竟是什么原因让这幅作品神秘消失？人们认为那很可能是达 · 芬奇最伟大的作品，因达 · 芬奇对制作此画做了精心的准备，光是购买颜料画具等工作都有详细的记录，各种素描草图等画了几十张，那一定是大师的呕心沥血之作，价值一定不会低于《最后的晚餐》，可惜它竟然下落不明，这让任何一个热爱艺术的人都难以接受难以释怀啊！ 500 年来，人们一直对此进行着种种的分析、猜测，也一直不断地在寻找它的下落，没想到现在——现在就真能够揭开这笼罩了 500 年迷雾的谜底吗？

半年之后，我又一次在凤凰卫视纪实频道的《最纪实》栏目中看到有关《安吉里之战》的报道，这已是一部非常详尽细致的电视专题片，拍摄时间仍然是我们那次去参观的时间，想必现在已制作完毕。上次报道说已找到有关线索，那么现在已有结果了吗？随着此专题片的一步步展开与讲述，《安吉里之战》的失踪之谜终于渐渐解开——不，应该说如今更是扑朔迷离！

原来，数月前，就是我们即将前去参观的时候，科考团队的主力人物，数十年来一直致力于意大利文艺复兴发展史研究的塞拉西尼博士，在瓦萨里的《卡辛那之战》壁画上的一个角落里发现了一行小字：

找下去吧，一定会找到的。

这实在是太诡异了，塞拉西尼认为这一神秘信息，一定是一种提示，它是有人揭发瓦萨里将《安吉里之战》盗走，窃为己有，还是瓦萨里当时有其难言苦衷，自己特地给后世的人留下这句提示箴言？总之，这句话表明《安吉里之战》还在世上，并很可能就在这堵墙壁内！他们“按字索图”，小心在此钻了一个孔，采用当今最先进的电子扫描与雷达成像技术，对墙壁里层的信息进行采集，并提取了孔下的一些粉末样品。通过分析，这些影像信息与壁画特征非常接近，而那些粉末恰好就是油画颜料——正是16世纪时的油画颜料！

这太令科考团队兴奋了！他们激动不已，迫不及待地马上召开新闻发布会公布这一重大发现，就是前面所说的那则报道。并立即专程赶去法国巴黎的卢浮宫，对收藏在那里的部分《安吉里之战》的素描草图，以及达·芬奇的有关日记手稿等，进行拍摄取证，以作为依据。只想再接再厉，乘胜扩大成果，没想一夜之间情况陡变，那则报道出来后，立即引起了震动。佛罗伦萨的数千市民，包括部分议员，纷纷来到市政厅抗议抵制。他们认为如此钻孔打洞、光影扫描等统属荒唐行为，岂不是在毁损文物国宝、糟蹋大师的心血？他们绝不答应！以前关于在此寻找《安吉里之战》已屡有争论，双方一直僵持不下，现在又搅起如此轩然大波，惊动整个意大利乃至欧洲，兹事体大，谁都不敢轻易造次。于是此次“科考”只得再次停摆搁浅，何时能揭开谜底，仍然是一个谜……

唉……我不禁重重地长叹了一口气：这神秘的“达·芬奇之谜”果然神秘！难怪有那么多的小说与故事、电影与电视剧等瞄准了他，对这位世界少有的天才的艺术大师的生平及其作品进行种种演绎，真真假假、扑朔迷离，实在难以说清。我无资格对此予以评论，然而对于我来说，有一点却是一丝小小的安慰与补偿——当时万里迢迢前去瞻仰这座艺术的殿堂，也未得以一观它的内部真相，不想今日在这电视里头，却隐隐约约地目睹了她的芳容，依稀看到了几幅心仪已久的世界名画的“原作”。呜呼，天可怜见！

巴黎观画记

平素喜欢美术，但凡有自认是好的画展，必想方设法赶往，一睹为快。然余仅一工薪阶层，条件很有限，参与此活动自然亦有限；特别是那些世界知名作品，多远在海外，更是只能隔远观看画册，而无缘前往实地，目睹其真实原作，不免常感遗憾。

早年读薛福成先生《观巴黎油画记》一文时，甚是羡慕。薛福成乃晚清思想家、外交家，又是散文名家，1889 年他代表清政府出使英国、法国、意大利、比利时四国，历时 5 年，遍游欧陆西洋，可说是阅人阅艺阅景无数，眼光敏锐独到，品味不凡。以上四国，尤其意大利、法国，是西欧乃至世界美术史之并立双峰；乌菲齐、布雷拉、卢浮宫、蓬皮杜、奥赛等诸多世界著名博物馆、画廊，如一座座璀璨发光的艺术宝库而连缀相望，无不令人心驰神往。薛福成此文中所描绘的西洋油画，五彩缤纷，千姿百态，美轮美奂，巅峰尽显，极具震撼效果，当时即令人陡生一种想立即前往一看的强烈欲望。没料到这一梦想直至进入老年之后才得以实现，真正是翘首以盼了40年，一晃将近半世纪！

然而毕竟是“赶上了”！

更多的不谈。余以为观看绘画，尤其是对那些艺术大师创作的或有重大世界影响的作品，其中高超的技巧、丰富的内涵、深刻的思想、感人的细节等，肯定不是能“一目了然”的。观画之前，最好先做做功课“预览”一下，以免在这千载难逢且绝对是匆匆而过、转瞬即逝的机遇面前，留下不该有的遗憾。如巴黎卢浮宫，堂堂世界第一艺术宝库，藏品数十万件，规定只有不超过30分钟观看时间，想想是个什么概念！在此观看达维特的《贺拉斯兄弟之誓》便是一例。

这是一幅表现出征场面的世界著名的作品，之前曾看过该画——肯定只是小幅的印刷品——也略知道一点点此画的大概情景，但并未太注意。当我驻足在这幅330cm×425cm的画作前，立刻被那种巨大的无与伦比的、悲壮与紧张的气氛所感染；被那种浓烈到极致、具有强烈的戏剧性的场面震慑住。作者以罗马最古老家族贺拉斯家族的三兄弟，伸出右手接受父亲授予武器时，对着宝剑庄严宣誓的那一刹那，为作品中心内容，展现一种为保卫家园勇赴战场，不惧牺牲的伟大精神。画中的人物表情神圣刚毅，动作铿锵有力，这是代表家族乃至国家出征，可谓“风萧萧兮易水寒，壮士一去兮不复还”，但可看出勇士们此时心中充满必胜信念和做好随时牺牲的准备！

这幅画，父亲与三兄弟占据了大部分醒目突出的位置，夺人眼球，然而，如果不是遇到一位有良心、负责任的讲解师，认真讲解和及时提醒，你很可能会忽略另外一个细节，从而“损失巨大”。在这幅画的右下部不太起眼的地方，是另外一幅景象，另外一种气氛和感受：三位勇士的母亲、妻儿和姊妹正相拥而泣。

该画题材取自古罗马传说：古罗马人与比邻的古利茨亚人长期作战，双方都疲惫不堪，后经长老们议定进行最后决战，双方各选三名勇士进行格斗，以胜败来判定罗马城与阿尔贝城的最高统治权属谁。

贺拉斯是当时古罗马的一个荣耀家族，他们的三个儿子被选上，但不幸的是，双方的人民却有着长期通婚结亲的关系，决斗双方也许就是通家之好或是彼此姻亲，此次决斗正是如此！此时，母亲担心这次出征凶多吉少，哀痛得心如刀绞；一个女人搂着自己的孩子泣不成声，那是由于丈夫马上吉凶难卜；而勇士的那个姊妹此时的心情更为复杂，她已经许嫁给对方参加决斗的三名古利茨亚人中的一人——双方的厮杀将对自己的命运产生巨大的影响，何方死伤，都将是自己与亲人的不幸！这是一个何等悲壮、惨烈、柔情和残酷的场面，也是一组何等感动人又何等虐人心的细节！

再次仰头望了一眼，我不禁深为画家这精准的选材和独到的表达而惊叹，也暗自庆幸并感谢身旁这位毕业于中国中央美院来此读博的讲解师，因她的敬业与体恤，她“争分夺秒”恰到好处、画龙点睛的提醒，让我多看了一眼，使得自己得到了那样“极大的收获与回报”。而听说有的讲解师完全是在敷衍应付，根本就没讲这个细节，让跟团者压根没享受到这一“待遇”！

据导游介绍，在卢浮宫担任专业讲解，是一个非常难得的机会，卢浮宫要求从业者必须是美术专业博士研究生学历，且还要经过法兰西艺术委员会多次严格的考试方可入职。窃以为，对此神圣的艺术殿堂来讲，从业者对艺术的虔诚与敬畏，尽心与尽责，可能是更更重要的用人基准，所谓刀刃上要用好钢，因好的东西给你欣赏的机会太少，往往只有那么匆匆一瞬间！果然，观看大名鼎鼎的达·芬奇《岩间圣母》，规定只能停留半分钟，而稀世珍宝《蒙娜丽莎》更不用说，估计不超过20秒！转眼立即有人来劝退清场。唉，如此“争分夺秒”，想必薛福成先生当年在此观画不会这样匆忙吧！

参观完卢浮宫，又回到刚才“进宫”的地方——卢浮宫地下广场，导游宣布下个景点“巴黎春天”——实则仍是在地下前面不远处的一购物商城，以现场制作“提拉米苏”全法闻名。

“提拉米苏”，听这名字极富诱惑，导游要带大家去，自有他的目的，团员中有好美食者立即响应。我对此不感兴趣，主要是打起了“小算盘”：刚才旅游大巴是从前面街区绕过广场直接驶进卢浮宫地下广场的，然后下车争分夺秒地“参观”，等会儿无疑又会从此地原路返回，卢浮宫地上的景致估计是没一点机会观赏了。那座世界著名的前法国王宫与广场及其喷泉、雕塑等，还有咱们中国人设计的“玻璃金字塔”也闪耀其间，想是何等的难得一遇，“提拉米苏”哪能与之相比？想起前日在地中海海边的法国小镇，也是有一购买香水的“自愿项目”，我给了导游100欧，请他帮忙代购以“换取自由”，然后独自攀上那座美丽的海边小山，好好地俯瞰了一下山下地中海海水的景色，还在山顶的一座教堂，目击到了一场地道的法国人的婚礼，想想也算不虚此行了。我于是称头昏牙痛，就不去看“提拉米苏”了，导游诧异地望我一眼，叮嘱“就在这里等着，千万别离开”，我还想再说点什么，他已匆匆带队去“春天”了。

但在那个有如迷宫样的地下广场，举目搜寻，全是陌生之人、陌生之处，从哪上去，怎么转来，完全无从知晓。我急得团团打转、抓耳挠腮，明明想去的地方就在上头，却无法前往，举着示意图，对着来来往往的人比比画画，全都摇头，爱莫能助。前日在法国小镇下山时也是如此，我迷路了，幸亏遇到两个好心的懂华语的游客，要不然真麻烦。而刚才那一番折腾，已耽误不少时间，再一看表，也不知他们要去多久，怕万一……再不敢随便乱动了，只好乖乖地待在原处，画地为牢，临渊羡鱼。唉，没办法，谁叫我是这“法盲”！

这一遗憾总算在塞纳河的左岸得到补偿。一座美轮美奂的巴洛克式建筑令人眼前一亮，尤其是建筑物上方那口巨大的金色大钟，堪称精美绝伦，举世少有，那阵势一望便将人镇住！此建筑前身是为迎接1900年巴黎世博会，专门修造的巴黎最大的奥赛火车站，1986年被改造成全球印象派藏品最多的美术馆——奥赛博物馆。马奈、莫奈、德加、塞尚、高更、凡·高、雷诺阿、毕沙罗等一大批印象派大师的代表作，如《红磨坊的舞会》（雷诺阿）、《草地上的午餐》（马奈）、《芭蕾舞女》（德加）、《大溪地》（高更）、《自画像》（凡·高）、《拾穗者》（米勒）等皆聚集在此，那都是世界美术史上的经典，可谓精彩纷呈，争奇斗艳，令人目不暇接，“印象”深刻。此馆还不限时，今日终可在此“一览无余”，一饱眼福了。而在毗邻的奥赛分馆“橘园”里面，则看到了印象派最具代表性人物莫奈的那组令千千万万人在此“如着了魔怔一样痴痴发呆”的《睡莲》，更是得偿夙愿，三生有幸！

莫奈一生酷爱画莲。1883年，43岁的他在朋友资助下，买下吉维尼的一处农庄作为画室，他在里面挖了一个水塘专门栽种睡莲。自那时起，大师20多年几乎足不出这画室，也极少画其他题材，专门潜心于此莲池里面，共创作了250多幅各种各样不同尺寸、不同效果的睡莲。我曾在武汉，甚至专程去上海，看过来华展出的其中数幅，但都是小尺寸。此展厅中的《睡莲》完全是史诗级的，每幅高2米，共长90米！为莫奈自60岁后开始创作至临终前完成的数十幅总长170米的组画《睡莲》中的8幅。那绝对是大师对自然、对艺术、对生命领悟得最最透彻的时期，也是画家艺术手法，最炉火纯青、最巅峰，表达得最完美极致的绝笔。莫奈将这批《睡莲》赠送给巴黎市政府，法国为此专门在橘园中，建起一座椭圆形展厅放置此“睡莲”。1927年，大师逝世第二年，组画《睡莲》在此正式对外展出。

那是一幅怎样“接天莲叶无穷碧，映日荷花别样红”的至臻美景啊！一个幽静的池塘中，一片片暗绿的莲叶，若紧若松、错落有致地相挨着、相望着，一朵朵粉红的睡莲似睡非睡、似醒非醒，静静悄悄地开放着、等待着。清风仿佛拂来，池面泛起涟漪，莲香好似扑鼻，她们仿佛遗世而独立，又仿佛专为安抚人间而来，一切恍如天籁。

睡莲从来就是生命美好的象征，她清纯绝美，隽永悠长，给人以宁静与恬然的印象。对于宁静美好的事物，古今中外、东西方文化莫不都有相同的认知：生命需要呵护，人类的精神世界同样也是需要有一种高尚、洁净而美好的东西，来填充、来培养、来修复的。在莫奈的《睡莲》面前，无论外面的世界是如何的喧嚣，也无论你此时的心绪有多么的浮躁复杂，但只要看到这《睡莲》，相信你定会感觉得到了一种平复，一种抚慰，一种纯净的洗涤与升华。正如画家自己所说：

> 让疲乏的神经在寂静的水面上休息片刻，得到舒展；在开满鲜花的房间中央，为浮动的思绪提供一个休息的场所是《睡莲》最想说的话语。

这是对自然之中美的事物的高度概括，亦是画家的艺术感悟与心灵之语，读罢发人深省。有人这样评论《睡莲》，说：

> 看到此画的人们，往往会深深地沉入那片暗绿的池塘中，静静地屏息，默默地思想，点头、摇头，啧啧、轻叹，悄悄走过，再频频回头，目光是那流动的水，自己已成那梦中的花。那“最是一低头的温柔”，那些“睡着又醒着”的花，烙印般烙在你的脑中心中，久久地开着……

啊，如此虔诚地观赏《睡莲》，如此生动地与莲共语，我觉得真可说是看到了点睛，悟到了精髓，得到了真传，让我深深服膺！

巴黎这座艺术之都就是这样，总能给人以特别的惊喜，得到意外的收获。坐落于巴黎北部的蒙马特高地，与巴黎市中心略有不同，这里有风景秀丽的蜿蜒小径，有高高在上的小丘广场，有熙来攘往满脸兴奋的游人。在高大神圣的圣心大教堂旁边，一座座露天咖啡屋，日日坐满游客；著名的红磨坊里，早晚歌舞不断；独特的“巴黎爱墙”上写满了爱情的誓语与箴言——这里早成巴黎的一处游览名胜。然而这里更是一处艺术的圣地，蒙马特聚集了数十家著名的画室、画廊、酒吧与咖啡屋，当年凡·高、德加、雷诺阿、劳特累克、莫迪利亚尼、毕加索、马蒂斯等一大批如雷贯耳的大艺术家都曾在这里盘桓流连，创作绘画，切磋艺术，共享好物。特别是毕加索，正是从这里起步，日渐走向成熟，步入他艺术生涯中最得意的“蓝色时期”和“玫瑰色时期”。在一间不甚宽敞的屋子的门厅里，看到一些似曾相识的油画与雕塑作品，还有一些画架、写生道具及咖啡壶、烟斗、鲜花等物品。导游介绍，这个屋子以前毕加索曾经长期租住过，就在里面作画，许多著名的作品就产生于此，现在人们把它改作了纪念馆，放置了一些毕加索的作品，不过很多都是复制品。

徜徉在这座纪念馆中，在一处醒目的地方，我看到了那幅《拿烟斗的男孩》——当然，仍是复制品。当年那幅神秘的原作，自2004年在伦敦的苏富比拍卖会上以当时世界第一——1.04亿美元的天价，被它曾经的主人格奥尔格家族再次购得，此后就再也没出现过——艺术中的珍品往往都是这样：神秘莫测，扑朔迷离。但此刻依然能让我激动不已起来：这幅“感动了世界上无数人”的作品就是从这里诞生，被人发现、被人收购，然后和它的收藏主人及家族一起历经百年坎坷的岁月，包括战争、离别、生死未卜，物是主换，前后几易其手，辗转世界各地等，庆幸一直保持完好，神采一点没变，最后再次“物归原主”，将静静地陪伴它的主人直至最后。而眼前这件复制品、这个屋子、这个叫作蒙马特的地方，正是跟当年作此画爱此画的人们有着千丝万缕的关系啊！画上那个叫路易的男孩满脸忧郁的神色，手握烟斗永远如一的姿势，旁边的花瓶，还有那热烈的赭红的底色、玫瑰编成的花环、一圈淡绿的橄榄叶等，此刻仿佛都在诉说那段传奇的历史，这一切都无不深深地打动着我的心。你如果也偶尔来到这里，尤其是了解到收藏这幅画的那一对男女主人公之间从少年时起就是在这幅画背后互相留言开始的友谊，到青春萌动时这幅画又见证过他们的热烈相恋；后来因战争爆发，两人走失分开，天涯两端，这幅画也下落不明，他们的家族一直辗转寻找，他们也互相思念对方，直至战争结束。也是因这幅画拍卖的信息使得两人在分手28年后再次重逢，但彼此却都已是人过中年且分别都有了自己的“另一半”！此后他们一直保持着友谊，直至先后离世，将此画再传给他们的后人——那些跨过半个多世纪岁月凄美无比的故事，至今依然那样感人肺腑，相信你读到这样的故事也一定会被深深打动……

是的，艺术的魅力是无限的，它神奇、浪漫且经久永恒。艺术不仅可以表现生活，展示人性，照亮人生，同样也见证着人类最纯真、最伟大、最美好的友谊与爱情。无论是这幅画上的模特小男孩路易，还是画框背后史蒂夫与贝蒂的故事；无论是在蒙马特，还是任何其他位置，在一切有人类的地方，从来都是如此！我用相机虔诚地拍下了这幅画，然后小心翼翼地把它珍藏在电脑里面。

圆梦之旅　朝圣之行

对于20世纪50年代初前后出生的人来说，几乎都有着一种非常浓厚的“中苏友好”情结：莫斯科红场、克里姆林宫、列宁、斯大林、卓娅、舒拉和保尔·柯察金，以及奥斯特洛夫斯基那段关于怎样度过人生的名言……都曾经是那样频繁地出现在我们的日常生活中，以致深深地影响着我们今后很长一段的人生。

几十年后的今天，当你真的踏上这片“心中早已熟悉”的土地，置身在那些“似曾到过”的城市和乡村，看到那一个个黄头发白皮肤的俄罗斯男女，听到那一声声“得……得”的弹舌音俄语和《莫斯科郊外的晚上》《喀秋莎》等苏联歌曲时，你一定会有一种梦幻般的感觉，一种久违的亲切与温馨，甚至是一种抑制不住的激动和颤抖。是啊！俄罗斯——过去苏联的主体，我来了！我们终于走进了你的怀抱，触摸到了你的心脏；我们是为“圆梦”而来，为“还愿”而来。我们是在进行一次心灵的洗礼和朝圣之旅。而这一“走进”，这一“触摸”，几乎等了六十年！

回想几十年前那个时候，我们都还是刚刚踏入小学或是初中的少年。我们懵懵懂懂，心智初开，在我们的课堂上、我们的书本里，有许多关于我们北方那个神秘而伟大的国家的图画与故事，我们都曾对此好奇不已，都表现出一种少年特有的痴迷与向往；我们中甚至有些稍大的同学，可以在老师的指导下和那里一个叫作谢廖沙或瓦佳，或是娜塔莎什么的苏联小朋友开始通信往来。他们互相交换邮票和书包，学习对方的母语，建立起青少年那种纯真的情感与友谊——一切都是那么自然而然，纯洁天真。

然而，时光荏苒，岁月如梭，一晃差不多六十年过去，人生已有过太多的经历，世界也发生着巨大的变化，中苏（俄）曾经历过兄弟般的友好，也曾走过一段曲折的弯路。如今，中俄两国人民早已重续旧好，又开启了友谊新篇章，这就是历史，这就是现实，这也是两国人民共同的期盼与心愿。

因同是“圆梦之旅”，同行几乎全是六十岁以上老人。虽然是一群满头白发、满脸沧桑的老头老太，但丝毫也不亚于年轻人的浪漫，更表现出一种少有的激情火热与“痴迷疯狂”。因大家都曾共同经历过那段难忘的岁月，都曾有过那种深切的体会与感受，在那些珍贵发黄的时光影册中，早已深深地烙上了我们稚嫩的手印、足迹和青春的梦想与印记。所以，无论是在莫斯科还是在圣彼得堡，无论是在红场的列宁墓碑前，还是在涅瓦河畔的阿芙乐尔号巡洋舰上，每当看到那些绘有镰刀、锤子与五角星的图案，看到那些为纪念卫国战争中牺牲的苏联英雄儿女所塑的雕像，听到《喀秋莎》等之类的歌曲时，大家都会肃然起敬，热血沸腾；同时也静心凝神，洗耳恭听。让思绪再回到当年，让《列宁在十月》《保卫察里津》《青年近卫军》等这些影片、图书中的画面与文字，此时此刻再次在此呈现。于是，文字、影像与眼前的实物实现了对接，过去的历史与今天的现实展开了对话，斯时斯景便会让人激动不已，感慨万千！

俄罗斯是一个热爱文学与崇尚艺术的国度，在普希金、托尔斯泰、车尔尼雪夫斯基、高尔基等人的故居，在冬宫、夏宫、叶卡捷琳娜宫，在著名的特列季亚科夫博物馆、列宾美术学院，在那一个个雕花廊柱与洋葱头样尖顶的教堂门前，在那些金碧辉煌、满眼灿烂的剧院和展览大厅中，大家都会仔细观看，反复端详，啧啧赞叹，依依不舍，那都是一座座文学艺术的宝库和圣殿啊！俄罗斯人曾经创造了那么多辉煌的文学与艺术的杰作，也精心地保存与呵护着他们民族的优秀文化遗产，让这些瑰宝永世长留人间。

譬如在那个被称作雕塑艺术之宫的新圣女公墓里，即便是墓葬之地，俄罗斯人也会倾其心血，标新立异，尽显出他们丰富的情感与才艺。你若徜徉其间，会感到大吃一惊，甚至是“流连忘返”：赫鲁晓夫、图波列夫、契科夫、果戈理、乌兰诺娃等一代政治家、军事家、科学家、文学艺术大师们安卧在那里，人们为他们“量身定做”了他们最后的住所，巧妙地将逝者的身份职业、容貌外表、生平事迹，尤其是性格特点、内心世界画龙点睛、恰到好处地凸显出来，使其得到彰显。一块块别致的墓碑与一尊尊传神的雕像，往往既是墓碑主人生前的生动写照，亦是历史对其公正的评价。

赫鲁晓夫的墓碑与雕像，采用黑白两色花岗岩交错组成，以喻其历史功过；卓娅墓碑前的雕像是她临刑前，面对法西斯的残暴英勇不屈的形象；奥斯特洛夫斯基的墓碑，其雕像下，整齐地摆放着他笔下的人物保尔的“军帽和军刀”，一切都竟然是那样“栩栩如生”。目触“英雄遗物”的那一瞬，你耳畔似乎还能听到英雄当年手中军刀的砍杀声和他身下战马的嘶嘶声——你不由得深深地感叹：原来墓碑还可以这样的形式竖立！俄罗斯人就是这样把生活与艺术、历史与文化、光荣与梦想，时时联系在一起，凝聚成一面面民族精神与灵魂的大旗，正像诗人叶赛宁所说：

要让阳光下的人们更加珍惜光明，让黑暗中的人能更勇敢地去迎向阴霾——

无独有偶，我们下榻的酒店正好位于斯莫尔尼宫——就是原来小学语文课本上那篇《列宁和卫兵》中所说的那座宫殿的对面。每天进出，同伴们都要戏谑地用当年所学的两句俄语提示一下大家：

“同志，请出示您的通行证。”

下车时，又会有人忍不住要模仿苏联电影《列宁在十月》中的那句台词，高喊一声：

“让列宁同志先走！”

大家便会会心地一笑。每天在返回酒店的大巴上，大家往往还沉浸在当天的游览项目中，还在对今天的行程内容进行点评，将自己的收获拿出来给大家分享——譬如一段视频、一幅照片、一件工艺品等；人人都收获满满，惊喜连连，个个是兴致盎然，意趣正浓，而转眼间珍贵的圆梦之旅已行程过大半。暮色中，莫斯科的天空飘起了雪花，车窗外阿尔巴特大街上霓虹闪烁，人来车往，有人情不自禁地用随身自带的口琴吹起了《三套车》，众人听到便一起跟着大声合唱，还请司机放上一段原版俄语的《莫斯科郊外的晚上》《喀秋莎》，歌声琴声顷刻间便响彻了整个车厢……

离开莫斯科回国的头一天去参观莫斯科大学，当年毛泽东曾在此对中国留学生作了那段著名的“世界是你们的，也是我们的”演讲，今天这声音再次在耳边回荡。和我们中华民族一样，俄罗斯同样是一个古老又伟大的民族。愿我们两国人民都能互相吸取彼此文化的精华，并加以不断地创新和光大。更愿我们两国的这一代、下一代、下下一代乃至世世代代都能友好往来，代代相传。

情感天地/心灵私语

勿忘初心　永以为好

一

整整33年*，12045天，不，12053天——其中有几个“闰年”还要加上8天！每一天雷打不动，周而复始地都要做着同样一件必不可少的事情——吃药。吃大把大把，各种各样、五花八门、莫名其妙，甚至“来路不明”的药，这对于一个人来说，意味着什么？想必那绝不是一件什么轻松享受，或是很容易的事；岂止不容易，简直就是一种如凌迟般的虐杀、准时固定的折磨！俗话说“是药三分毒”，况且是连续上万天的比照重复，从不间断，还要“层层加码”，其痛苦加难受可想而知。可老天爷偏要把这一切加于她——一个曾经风华无限、美丽动人，满脸都写着阳光和微笑的善良的女人头上。

也不知是老天嫉妒，还是命当如此。她36岁“本命年”那年，本来是青春正好，芳华愈浓，夫妻恩爱，女儿懂事，且工作走上基层领导岗位，一切堪称完美。不料突然间厄运降临：先是感觉浑身不适，随之各大关节锥心般疼痛，行动十分艰难，连拧个毛巾都不能“心想事成”。医院一查，称其“类风湿关节炎”。告知此病不同于普通风湿关节炎，不知其病因起源，不明其病理结构，甚至不好归类定性，故称“类风湿”，亦称“不死之癌症”，是当时世界难题，无对症药物可根治，只能用“类似药物”试着控制……

如晴天一声霹雳，让人措手不及，直感不寒而栗，怎就偏偏撞上这个“灭顶灾星”！连周围人都为之难过与惋惜：她是何等的兰心蕙质，品貌优秀，众里挑一，却要遭此劫难，真是可惜！此时的她本是灾难的首当其冲者，反倒劝导众人：“天无绝人之路，相信不会有那可怕，总会有峰回路转，云开日出一天……”

那显然是在安慰自己，更是在宽慰别人。知道她总是替人着想，成人之美，宁肯委屈自己；还有她的性格开朗，意志坚强，总希望自己一个人去抵挡那厄运的摧残，而绝不愿麻烦累及周围别人，尤其是亲人。

与她相识相知，正是缘于她这种坚强镇定、活泼开朗的性格，通情达理、热情善良的为人，以及对于情侣选择标准的相同理解和对文学艺术的共同爱好，这一切使我们相互理解，相知相惜，敬如知音、知己。

当初初恋离我而去，身心俱碎，痛不欲生，长长一段时间颓靡委顿，一蹶不振。终于有她款款走来，乃是我之福音；尤其是她对我的理解与另眼相看，如春风送暖，让冰雪消融，块垒消失。随后交往更加频繁，身心愈加靠拢，感觉彼此有缘，如一首歌中所唱：

> 谢谢你，给我的温柔，帮我度过那些……

“濒死之人”终于复苏，心思不禁再次萌动，开口表白竟然成功被应允，直至牵手走进婚姻殿堂，羡煞周围众人！想我一普通工人，无钱无权又无文凭，何德何能娶到这般优秀出色的她，岂不是三生有幸！当初发誓要“执子之手，与子偕老”，而今她成这样，怎能忘记承诺，放手不管、无动于衷？夫妻本是同林鸟，大难来时更应相扶相携，休戚与共。遂辗转各大医院，求诊中医西医、专家教授，乃至江湖郎中、街头游医，只想“逢凶化吉，旋乾转坤”。

看着她吃下那一板又一板、一瓶又一瓶、一罐又一罐的药物汤剂、苦水苦汁；还有千轮百回的打吊针、拔火罐、扎针灸、熏艾灸，甚至服用“蝎子粉”“花蛇液”，以及……真可谓病急乱投医。可惜有心杀魔，无力回天，此疾太顽固、太诡异，千人之中几乎难有一例痊愈者，她亦莫能例外！她身边最亲最近的人，亦只能两眼干瞪，束手无策，无能为力！

二

果如别人所言，此病乃“不死之癌症”。随着病情一步步加深，各关节一日日肿胀变形，直至行动几乎完全受阻；最严重时四肢僵死，难以站立，只好卧床不起。去医院只能坐上轮椅，但逢步梯（那时多半是）需背上背下，“翻山越岭”，一切极简之事，往往要十倍难于常人。而每当此时，大剂量抗生素加激素，是唯一稍缓解的权宜之计，除此毫无良策、他计，想纵是华佗再世，恐也神医无力！

那些年里，去的最多的地方是医院，最最关注的焦点是偏方秘诀、治愈案例，一听说哪哪有某治愈此病的高人，或是谁谁获得神奇的疗效，就风风火火、满怀希望赶赴而去。

那年在某偏僻乡镇中医院住院，其实并无病房，因该药毒性风险巨大，需试服观察两周，便租住在附近一私人的小旅店中。4对夫妻、8个成年人挤在一间10多平米的统仓里，吃喝拉撒，全无法避讳，那场景完全如夏衍先生笔下的“包身工宿舍”，想想该有几多尴尬？好在大家同病相怜，彼此理解，相互照顾，可怜相逢在病榻，同是天涯不幸人！

还有一次赴京求医，明明挂着京医牌子，医院则在京郊外120里，出火车站推着轮椅，转地铁、公交，再转三轮摩的，单边一趟路程，就用了近4小时，来回几趟上千公里……

苦战10年又一轮回，病情却终是不减。哪知病魔继续施虐，又起另一新疾。一专家言，此病最大伤害是攻击免疫系统，必然侵蚀肺部，将使整个呼吸器官衰竭，最后将……果然厄运难逃，一语成谶！肺结核、肺气肿、支气管扩张、慢阻肺、带状疱疹，一个一个接踵而来，且又添一个更加难缠的“类似病”——非结核杆菌。

如果说，前面类风湿破坏关节，让人行动受阻，但借助外力帮扶，尚可勉强对付，后者造成肺毁损，呼吸困难，气力衰竭，则任何旁人爱莫能助！从此隔三岔五就要因感染住进医院，家用制氧机、氧气瓶、雾化器等五花八门，一应俱全，往往轮番而上却并不顶事。常常是，还没起身，即上气不接下气，刚要躺下，呼吸上不来复又撑起。每日里雷打不动，均有十数次死去活来、天崩地裂般的剧烈咳嗽，吐痰如“泼”，乃至咯血不止，还有那心慌胸闷、气上不来，招手求救却无法张口，凡此种种，让人看着似遭凌迟，听着心惊肉跳，想着如万箭穿心！

那一日，几经辗转，好不容易挂到专家号，赶到医院，可大厅里人头攒动，“空气稀薄”——对于她们这样的病者来说便是如此，实在承受不了。眼看其面色惨白，张大着嘴、喘着粗气，难受至极，遂赶紧将轮椅推至人少偏僻处，然后折返大厅，盯住显示屏上叫号，待差不多时，再火速将其推回；但此时人已几近休克，根本无法再进行后面查血、取样、做 CT 等折腾，只能做罢……

如此艰辛经历，乃家常便饭、司空见惯；使用的各种招数、奇术，亦是层出不穷、举不胜举。苦剧中第一主角的她，如何承受这一切的一切？余华那部《活着》读来让人感到沉重压抑，可真正经历着这种坎坷灾难的人生，却是更加倍的难受、加倍的遭罪，有时真只想早点解脱！可恶魔并不放过，像是要将人彻底熬干：2018 年到 2023 年，短短 5 年，体重从 98 斤降到 61 斤，暴瘦 37 斤！仅剩副骨架。形销骨立，生命力却还在继续“消逝”，难怪又有位作家把一本书的名字取为《最慢的是活着》！

三

虽不能给她最好的，但一定要尽最大的努力。

这是当初“定情之时”我心底的默默宣誓，亦是一直在努力与争取，虽未完全做到，也算在尽心尽力。然而正如别人所说，爱是双向对等的，并非单向一方行为，更不是某种施舍与怜悯。在这双向的给予中，多半处于“接受地位”的她，尽管早已是身不由己，仍在尽着自己最大努力，要给对方一种回报，一丝温暖，一点慰藉；甚至，她以自己一贯活泼开朗的性格，通情达理的为人，踏实朴素的作风，不仅隐忍着自身的艰难与痛苦，还要努力带给周围人一种特别的鼓舞与信念、快乐与惊喜。她从不在别人面前抱怨命运的无情，更无久病之人常见的那种烦乱暴躁，百般挑剔。常常是，只要稍稍能动，她一定主动帮忙，只要力所能及，哪怕一动气喘，亦要勉力而为。她或许是想表示，疾病可摧毁身体，但精神不能垮下；虽不能给他以物力之实，但爱心一定不能或缺！当你遇到困难与挫折，她总是出主意、想办法，帮着解决；或在你心灰意冷，士气衰落时，她会恰到好处给予你安慰与鼓励。而当你取得某种成绩与成功，她又会向你表示祝贺，帮你分享，使快乐加倍。

总之，她是如此贤惠温良，如此善解人意，如此凝心聚气，如此始终如一，使你得到一种男人的自信与尊严，使家这个小小的港湾，虽处处散发着药味，却总是那样充满快乐甜蜜，感到温馨无比，这种精神的给予与回报，不也正是一种“互相对等的爱”么？

是的，这绝对是一种“互相对等”的爱；甚至，从她身上你得到的“更多更高质”，因她总是在思着想着，怎么去回报对方，给对方更好、更多，只是表面不动声色。虽不张不扬，不疾不徐，宠辱不惊，但其言谈语吐、宽容的待人处世，其胼手胝足、久久为功所做的一切，完全具有一种超强的魅力，超高的感染力，超长的效应。这种超强、超高、超长，一定是发自一颗强大、善良、聪慧的内心，一定是源自一个大写的厚厚的“爱”字！对，一定是！

爱是崇高的。爱是幸福的。爱……

每念至此，李斯特那首《爱之梦》便在耳边响起，我便倍感可心、温馨而甜蜜，这亦正是在最初相识、相处、相恋时的感觉啊！

四

诚如契诃夫说：

人应当一切都美，外貌、衣着、灵魂、思想。

爱美，人之天性；尤其对于一个容貌美丽、身材姣好、特别善舞，曾被市级专业歌舞剧院相中，并数次想招入的女孩来说，曾是何等的骄傲，何等让人艳羡！虽最终主动放弃，但始终注重学习与修养，尤其是文化品位的提升，以保持内在的气质不减。可天妒红颜，降此劫难于她，风刀霜剑严相逼，明媚鲜妍能几时？白发早早爬到头上，皮肤渐渐枯干，身体日渐变形，对比往日，完全两人——她或许暗自伤悲，悄悄垂泪过；也一定时常痛惜，喟然长叹过。但在表面，她尽量做到云淡风轻，波澜不惊，“若无其事”，不以为意。只是为他——那个最爱自己的人感到有些“歉疚”，有些“愧对”——窈窕淑女，君子好逑，哪个男人不希望自己的另一半，能青春长驻，美颜常在？可自己只能展示这样的一种遗憾给他！人皆有美，我美早逝；自病之后，

“首如飞蓬”，身为女人，该是何等的唏嘘！何等的伤心痛楚！

其实，她不必太在意，也不要太难过、太伤心。真的，人无千日好，花无百日红，世间万事万物，皆是如此。总有不足，常有缺憾，这才是真实的事物常态与世间常情，是人生真正的写照与留影。况且，她曾经是那样光彩照人，那样令人仰慕，那样“百里挑一”，一生有此足矣、够矣！我亦足矣、够矣！

是的，我们都要“想开”，都要“知足”。我不用掩饰小小的遗憾，也不用背诵“爱你的青春美丽，也爱你白发佝偻”——那太虚伪，太矫情；但我明白一点，她现在即使不是同龄人中最美的，但对我而言，一定是最亲最亲的亲人，最好最好的伴侣。尤其在这向晚之时，健康越来越成为奢望，尾声越来越临近，能够相濡以沫，相扶相携，更是此生难得，更要弥足珍惜！

知道她一直喜爱旅游，那时我们刚结婚，还年轻，无灾无病，去了那么多地方，还总感不足，期望将来能走遍全国，走遍世界。如今这奢望变得渺茫，但只要有一丁点机会，便想方设法去看一眼、光顾一下那些地方。无论市区或是近郊，只要能行，便“偷闲摸空”，顺道弯道，辗转前往。东湖、博物馆、琴台、园博园——一个推着轮椅，一个“乘香车玉辇”；背影佝偻，蹇足前行，那也是自己最好的风景。59岁那年，病魔还未到最顶峰，还能小走几步，竟“抢抓机会”，带着药物、推着轮椅，去了趟欧洲和俄罗斯。一路移车换景，一路开心无比！这些年，周围的人渐行渐远，孩子不在身边，日显孤寂，她是一个活泼快乐、不甘寂寞的人，便常给她编排节目、给她讲演、给她解闷。讲一些陈年往事，讲小外孙成长趣闻，讲所谓的阳春白雪，更讲柴米油盐，日常琐碎。没想到老了变得如此贫嘴、如此爱“吹”，但她愿意倾听、愿意交流、愿意“应和共鸣”。那好，那咱们就天天举办“知音茶座”与“自家讲坛”，天天娓娓而谈，天天“卿卿我我”。

唠唠叨叨，尤其喜欢一起回忆当初的相识、相知与相恋，常笑说第一次约会的慌乱与尴尬，总想起月光下，第一次牵手的怦然心动，最是难忘第一次亲吻的稚拙与甜蜜……讲着讲着，听着听着，转眼倏忽又数载，携手走过一路路。途中有过苦涩，有过艰难，有过曲折，有过坎坷；也有过温馨，有过甜蜜，有过浪漫——酸甜苦辣咸五味都有，味味具体、道道真实。不说“爱情”二字，那太奢侈，也很矫情，但人之常情，男女真情，人间的大爱至情，必铭记于心，绝不能除却抛弃。古人说“死生契阔，与子成说。执子之手，与子偕老”，相信只要初心仍在，定能顶风挡雨，砥砺前行。庆幸能常怀感念，保存初心，因而总能一路转晴，总能见到彩虹，见到生机，想来这便是“初心”的回报。愿世上所有有情人都能互敬互爱，安好无恙；愿认定的人生伴侣能永远相扶相携，白头到老……

（*：此文写于爱妻娟69岁生日，距她生病已整整33年。）

岁月的界碑

——小说篇

创作“机遇”

一

看到省局发来的传真时，李文很是愣了一下，他有点不相信这事是真的。可那传真上写得清清楚楚，省局要拍一部电视剧，从各地市局挑选了几名业余创作骨干，组成剧本写作班子，李文是其中一个。

传真是作为省局党组的文件下发的，正文上还加了“红头”，看来这事的来头架势还不小。县局长让李文顺便带一样东西去省局，李文来到局长办公室门口时，心里头还在打鼓，心想这种好事怎么会落到我头上来了呢？在全省邮电系统的业余作者当中，他是离省局最远的一个县局的作者，平常连去省局看一下的机会都很少有；再说他这个人性格内向，这些年虽说也发表了一些作品，但他很不善于替自己宣传，不像其他市县局中有些在县报上登了个“豆腐块”也要捧着到处展示的伙计们，一个个“知名度”都高得很，他就是个“闷鸡子”，撵着赶着也打不出半个响屁来，这样子怎么能冒头？

俗话说，会哭的伢有奶吃，会长的草才有太阳照、有露水接，现如今干什么事情，不都讲个宣传效应和抢抓机遇？就是创作这玩意也不例外，像他这样，只知道一声不吭闷着头写，不经常出去“活动”的作者，常常是竹篮打水——一场空；尤其写电视剧剧本这种名利双收的好事，不知名的业余作者，更是癞蛤蟆想吃天鹅肉——想得美！所以像这次上面点名指派的“创作机遇”，真的是十年难得、半辈子一遇，也不知是绊动了哪路“神仙”，一下就落到他头上了。

局长见李文走进他办公室，笑呵呵地从圈椅中站起身，走到李文面前，握住李文手说道：“哎呀！不简单哪，小李子，你这次可是给咱们局挣了面子啊！听说写那电视剧都是有两下子的专业作家，咱别说一个县局的业余作者，就是全省局，又能找几个能揽这号活的？蝎子拉屎——毒粪（独份）啊！你这个笔杆子，这回可是要露大脸了呀！”

李文腼腆得涨红了脸，结结巴巴地说：“局长，我怕完成不了这个任务。”

“哎，有啥完成不了的？”局长拍拍李文肩，拉他到沙发上坐下，又给他倒了杯水，李文还从来没有享受过这样的待遇，这下更是受宠若惊样地坐立不安。

局长捧了个茶杯，也挨在他身边坐下。局长和颜悦色地望着李文，说道：“你笔头那功夫我清楚，没问题，你只管放心去写，这可是难得的机会，搞不好被省局看中了，说不定一下就调到省局去了，全省局的笔杆子都在争这事。我告诉你，要不是我那小舅子在省局领导面前极力推荐，这事恐怕还难得落到你头上呢。”

局长说这话可能是无心，李文听了，心里却不由一阵感激，他想难怪的，都说朝里有人好做官，这写文章也要“上头有人，里头还要有人”呀！可不是么，出门时，局长很认真地拉着他手说道：“好好搞，小李子，到时咱们局有些事情，说不定还得指望着你呢。”

不至于吧，我能有这么“重要”？李文心想，可心里头，止不住又“咚咚”地跳起来，他这人就这样，对人对事总这么认真。

第二天一早，李文坐上局长的“切诺基”，司机把他送到市里，吃过早点又一直把他送到火车站。

李文很是感激，跑到售货亭，给司机买了两包好烟，司机头连摇道：“小李子啊，你可真是个书呆子！你现在是省局的大作家，是咱们局有头有脸的人物了，连局长都对你那客气，你这坐一下车算啥？这烟你自己带上吧，到省局也许还用得着。”

司机把车开走了，李文还愣愣地站在那里痴痴地朝车屁股后面望着。

二

李文一下车，赶紧赶到省局。李文到省局只来过一次，他当时只觉得省局机关好气派，那大一间办公室，只坐两三个人，屋子里窗明几净，办公桌、沙发、书柜，摆放得整整齐齐，连走廊和楼梯间，四处都是宽宽敞敞、干干净净的。

“要是在这里上班多好啊！可以安安静静地写东西。”李文想。

那天中午，他还特意去机关的图书室看了一下，好家伙，那规模绝不亚于他们县市的正规图书馆，各种书籍应有尽有；尤其是文学刊物，他们整个县局也没订上一本，这里却是琳琅满目，多得不得了。可他看了半天，也没见有个人进来借书看书，真是太可惜了！他当时连连在心里惋惜着。

李文来到宣传处办公室，宣传处于处长他们几个人已经在等着他了。

于处长大概有50岁，但说话声音很洪亮。

于处长高兴地和他握手，说："就等你一个了，知道你是从远处赶来的，也是这次唱主角的。"

于处长给他介绍那几个人。一个是省电视台文艺部的杨导演。杨导演胖胖的，蓄一把大胡子，一套牛仔服很随便地穿在身上，一双大眼睛显得炯炯有神，样子有点像那位指导过几次春晚的中央电视台大胡子导演。另一个白白净净穿戴整齐，戴副眼镜的年轻小伙子，是宣传处去年调进来的马干事。马干事原先在下面市局政工科当干事，后来借调到省局帮了几个月忙，领导发现他还不错，就把他留在了宣传处。还有一个坐在于处长旁边的年轻女孩，姓王，是去年刚毕业的大专生。照说大专生进省局机关，资历还差了点，可听说，她是省计委某个领导介绍来的，学的又是新闻专业，宣传处正好差一个报道干事，于处长就去把她给要过来了。

开始开会了，于处长说省局领导十分重视这件事，刘局长亲自作了批示，说要把它作为全省局精神文明建设"五个一"工程之一来抓，要不惜投入做好这件事，并说这次一定要搞出个精品和样板来，在全国系统内打一个响炮。

"所以我们这次一定要竭尽全力圆满完成省局领导所交代的任务。"于处长说。接着他对任务进行了详细交代和具体分工：按照省局党组决定，这次是要拍摄一部反映本省邮电职工，为发展社会主义市场经济，抢抓机遇，奋力拼搏，为广大人民群众，尤其是为贫困山区人民提供优质服务的10集电视剧。剧中主要人物原型，选自省局的一面旗帜——省劳模、全国"十佳"乡邮员之一的上溪县乡邮员刘新国。

创作小组由杨导演、马干事、李文组成，于处长任组长。剧本执笔主要由李文担任，因杨导演和马干事还分别有自己的事情，小王则负责联络后勤及财务方面事情。为搞好这次创作，省局已先期拨了10万元，创作地点就安排在距刘新国所在上溪县局不远的国家级风景区——龙虎峡，省局在那里盖了个绿野山庄，对外叫培训中心，全部按四星级标准装修，据说还设有一套

“准总统”包房，可李文从来也没有听说省局还有这么一个“培训中心”。

吃过中饭后便出发了，于处长这次也陪他们一起去，因一共有5个人，于处长的小车坐不下，就另外要了个面包车。一路上大家说说笑笑很是热闹，杨导演和小王的话最多，马干事和李文很少开口。听杨导演的口气，他跟于处长他们很熟，好像是多年的朋友和合作关系。

杨导演笑着说：“于处长，恭喜你啊！我听省里和部里说，你们省局下半年要进行班子调整，民意测评，你的得票最高咧，到时有好事别忘了请客哟！”

于处长听了哈哈大笑，说：“你小子一下成了‘省委组织部部长’了，你说提哪个就提哪个？我这个‘当事人’怎么就一点影都不知道呢？”

杨导演说：“哎，这不怕你是大处长，有好多的消息，杨某人不比你知道晚咧！”杨导演说的这话不假，他虽只是一个普通导演，可他父亲是省委某部门的重要人物，再说他在电视台这样的部门，接触的各类领导不少，有时还真像他所说的，他那机子往肩上一扛，无论什么人物，都立马对他“毕恭毕敬”呢。

于处长没顺着杨导演这话往下说，大概是觉得这话不宜在自己下属面前议论，他把话岔开了。他说：“你这尊菩萨，我哪敢马虎！你哪次到我这里来，我不是像接待省委常委似的，没听人讲，政绩有没有，看‘吹鼓手’，媒体要排队，电视台最金贵。你们新闻单位中，我们宣传处最重视的是电视台，你心里难道没数？”

杨导演听到这话，是满脸的高兴，赶紧连声道：“那是，那是，于处长对咱没说的，咱们就是要紧跟于处长，紧密地团结在于处长周围，把全省邮电的宣传工作，推上一个新的台阶。”

于处长听了又是一阵大笑，说：“你小子是狐狸给乌鸦唱赞歌，不安好心。”于处长像想起什么似的，对杨导演道：“哎，你跟大家讲个笑话吧，走这远长途不提提神？”

都知道杨导演是个“笑话篓子”，每回帮宣传处拍片子时，他总要带几个新段子来，赚去大家几包好烟。他老兄也不知从哪里搜集了那多“花边新闻”，段子笑话，再加上是导演出身，本来就会做戏，荤的素的，张口就来，虚的实的，真假难辨，让人如临其境，如见其人，惟妙惟肖，捧腹不已。

杨导演说：“好啊，今天给大家讲个稍微带点把荤的吧！有点好佐料才能调味提神啊！”李文一听吓一怔，心顿时像要做小偷样跳起来，他想到小王还坐在旁边，怎么能讲“荤段子”呢。再看于处长他们，却都没什么大惊小怪。于处长还笑着说：“你小子不要瞎‘放毒、贩黄’哇，咱们都是搞精神文明的。”

杨导演说：“处长，您放心，您把我觉悟说哪去了，这可是“报纸”上登出来的“正能量”，标题是《改善投资环境》。说，有一著名外商要到某市投资，市招商办十分重视，派出最精干的班子接待。接风宴上，外商一眼发现接待人员中有位非常漂亮、打眼的年轻女士，便非要拉她坐到自己身边。女士穿一件低胸的连衣裙，脖戴一条带吊坠的项链，粉肩微露，峰峦若显，整个人看上去顾盼生姿，光彩照人！外商紧盯着女士胸前那个小巧精致的飞机吊坠，看得两眼发直。负责接待的主任笑着道，黄董，您这是看中了咱们小乔脖子上的这个飞机吊坠？旁边一工作人员道，董事长啥没见过，哪会在意一个小小的飞机吊坠？他是看中了这飞机下面的‘停机坪’。

“哦——明白了，明白了！主任意味深长地‘哦’了一声，笑着道，黄董您真有眼光，一眼就看到了我们这里的精华！别看我们这小小的县级市，为了改善投资环境，我们不惜加大投入。我们这儿的机场，那是打造得相当有特色、相当有味道，从外到里，从硬件到软件，从配套到服务，统统一流！

“是吗？外商听得两眼放光，喜形于色地对主任道，那我太想进到里面去参观参观，见识见识了！

“主任道：没问题啊，等明天咱们把正事办完了，我立即就去安排。我保证，那里面的风光，绝对是精彩无限，高端大气；黄董，您要是进到里面去了啊，一定会感到大开眼界，大声叫好，不虚此行，乐不思蜀的！

“是吗？黄董把大手一挥，那我们还磨球个啥，等啥明天，时间就是金钱，效率就是生命，咱们要争分夺秒，抢抓机遇，现在就赶紧把这酒给喝了它，把那协议给签球了，好早点去看那机场啊，你们说对不对？

“对，对，赶紧把这酒喝了它，把那协议签球了，好快去机场啊！一桌的人跟着齐声叫好。一个个欢呼雀跃，兴奋不已，甚至都要摩拳擦掌，跃跃欲试了……”

“哈哈哈，好你个杨大胡子，尽在这‘贩黄、放毒’瞎忽悠！”一车人笑得前仰后合。

小王更是嗲声嗲气地，笑得花枝乱颤，说杨导演肯定是个专拍三级片的导演，拍片时一定占了不少女演员的便宜。

杨导演说：“那是的，不瞒你说，这算什么，有些想让我占便宜的，还找不着机会呢。”

小王说：“哟，想不到咱们杨大导演还这有魅力，是不是都酷毙了啊！那咱们以后要是有事，想请杨导演帮忙，不还要在外面排好半天队？”

杨导演连忙道：“哎哎，开玩笑的，开玩笑的，你王小姐要是来找我，我跑都跑不赢呢。”

小王说：“是吗？那我真是太荣幸了！”

杨导演说：“好啊！你这句话，我听着舒服，总算是遇到知音了！”

于处长这时开口了，说：“你们别让师傅把车开到沟里去了哇！”

李文感觉到于处长话音里面，好像有股酸酸的味道。他刚才听小王与杨导演的一段对话，也很是吃惊。他惊异小王刚才何以能如此镇静地，听杨导演讲那个“笑话”，而且还与杨导演“深入探讨”，没想到小王这么开放大方。杨导演的那个笑话，虽说不上特别荤，但毕竟不是适合她这种还没结婚的年轻女孩子们听的呀？

一行人边说边笑，天渐渐有些暗了。丰田面包车在高速公路上疾驶着，车厢里慢慢安静了下来。马干事坐在前面司机右边的副驾上，在听随身听，坐在第二排右边单座上的杨导演，打起了瞌睡，没一会儿就起了呼噜，呼噜声如音响样，满车厢环绕着，动静还真不小。小王挨着于处长坐在第二排左边靠窗的位子上，正在和于处长小声地说话。

于处长一根接一根地抽着香烟，一边在听小王说话，一双眼睛半睁半闭地眯看着小王。

李文一个人单独坐在于处长和小王后面一排。李文被于处长吐出的一口口香烟呛得难受，他站起身想把车窗玻璃开大一点，蓦地他手和身子僵住似的不动了——他看见于处长的一只手，正悄悄地在小王的腰上和身上来回磨蹭，小王则完全像是一副浑然不知的样子，还在和于处长有说有笑，保持互动。李文顿时脸涨得通红，赶紧悄悄地又坐了下来。

天快黑的时候，绿野山庄到了。面包车在一幢小楼门前停了下来，早立于门口的一个矮矮胖胖、嘴里镶了两颗金牙，旁边人喊他“王所长”的中年男人立即跑下台阶迎了上来。

王所长拉开车门，躬身对车里坐着的于处长说道：“哎呀！于处长，总算把您给盼来了！刚才我跟省局打了三次电话，办公室说你们这个时候应该快到了，怎么样，路上还好吧？前面正在修路，我担心路不好走，正准备去接一接。”

于处长笑着道：“算了，算了，你小子雨过才送伞，尽做摆饰，告诉你，我们这次来是要长住的，你可要用点真心哦！”

王所长道：“哎呀！我的于处长，那不正好，这任务多光荣啊！我争取都难得争取到的呀！再说，您这是来关心咱们，给咱们重点‘扶贫’哪，我高兴都还来不及呢！”

于处长道：“哎，给你说清楚，我可不是‘肥羊子’啊，你给我按着一点。”

王所长道：“于处长，瞧您这说哪去了，您老人家来，我就是一分钱不赚，心里也是舒服的，何况于处长哪会真亏待我们不是？您老人家放心，这回我包您住得舒服、吃得满意、玩得痛快！”

于处长说：“别光说得好听，你小子一张白嘴，上次一盘驴鞭，你收我500，还说是特价优惠，你那玩意，就那值钱？”

“轰——”大伙一听，猛笑起来。王所长一脸委屈道：“哎哟！于处长，这您就冤枉我了，这驴鞭乃鞭中之王，稀罕至极，人说外行吃味道，内行才吃门道，吃对路了，吃啥补啥，这不叫‘同位素效应’不是。而这驴鞭的‘同位素功效’，那可是非同寻常、不同凡响，完全不可同日而语啊，连虎鞭都不及它三分之一！哎，您没看那电视上养生专家介绍的？”

王所长望了眼于处长，竟真学那古装片中那些酸溜溜的秀才样，摇头晃脑抑扬顿挫地吟诵起来：“力拔山兮气盖世，不食驴鞭兮无济事，无济事兮可奈何？雄风起兮情飞扬，威加海内兮温柔乡，幸得驴鞭兮真良方！”

“好了，好了。”于处长连忙摆手拦住他，“你小子尽琢磨这些乱七八糟的玩意儿，当心把这弄成个什么地方了！”

“轰——”大家跟着又是一阵好笑。李文知道王所长刚才说的那两段“养生之道”，是把楚霸王项羽的那个《垓下歌》和汉高祖刘邦的那首《大风歌》给改用上了，前后正好形成鲜明对比。可见驴鞭那玩意的功效真是“怎生神奇了得”！唉，这些个商家和文人哪，真是想象丰富，无孔不入，挖空了心思啊！李文心想。

王所长道：“哎哟，于处长，我哪敢忘了自己的职责啊！我是真心想打造山庄的一块品牌呀！对了，我给领导们介绍一下，”王所长绕开刚才话题，打起精神又像是煞有介事似的大声说道，“这回咱们景区，又新添了几个亮点，特别值得一看，真的，我没吹牛，那可真的是‘士别三日，当刮目相看’，一月不来，焕然一新啊！”

接着，他把那些“亮点”是如何如何的亮，怎么怎么的奇，说得活灵活现，天花乱坠，又是在满嘴跑火车。于处长听得直摇头，也不拦他了，任他去吹。王所长这时也像意识到了点什么，就止住话头，在那积极表现，屁颠屁颠地拎着于处长的包，在前面给大家带路，边安排房间，边仔细交代，其间还把一盒“精装的茶叶”，送到于处长房间，用手指指，还做了个眼神。

李文看到刚才马干事手里提的一个长长的包，原来是一套钓具，马干事把它送到于处长房间后，就出来跟李文一起，走到走廊最外边的一个房间，他跟李文二人的房间门对着。

不一会儿，王所长来请于处长去餐厅用餐，问今晚要不要组织什么活动，他去安排。于处长说：“格老子，你以为我们真的是来玩的？紧张得很，今晚就要连夜开会讨论，哪还有工夫唱歌跳舞，你倒是要去跟餐厅里讲一声，晚上留个人准备点消夜，我怕他们讨论晚了会觉得饿，知道吗？”

王所长连忙点头：“没问题，没问题。请放心，随时保障。于处长，你们工作抓得好紧哪，跟去捉‘打皮袢’样的，一哈都不松着眼。”李文听得心里“扑哧”一笑，那是他们老家的一个比方，比喻去捉偷情的男女时，要仔仔细细，不放过一丁点的空隙。

三

按照昨晚的讨论安排，今天要去上溪县局采访刘新国。早上一吃罢早餐，马干事便给上溪县局挂了个电话，说省局于处长已经到了，等会儿就过来，要县局组织几个人开个座谈会，请刘新国也参加，提供一些材料。于处长在一旁听到了连忙拦住他：“哎，不搞座谈会，不搞座谈会，搞那些形式干吗，刘新国是省局的老劳模了，那些基本事迹谁不知道？座谈起来又是老一套，对我们没多大用处。我们这次来是搞电视剧剧本的，主要是艺术创作，不是整理劳模材料、搞评比。跟他们说一声，安排老刘按平日的邮路跑一班，我们都跟着去现场体验感受一下，尤其是小李、老杨还有小王，都没经历尝试过的。”

“于处长，您……能行吗”？马干事吃惊地望着于处长，他担心于处长吃不消，山区跑乡邮，可不是闹着玩的，他在下面基层的时候，知道这里面的辛苦。那些乡邮员成天背着几十斤的邮包，吭哧吭哧挨村挨组地跑，还要翻山越岭，蹚沟过河，中途想喝个水、解个手，都远非正常生活情况下那样

“自在方便”；而遇到刮风下雨落雪的天气，更是叫苦不迭，连个躲的地方都不好找。听一个县的乡邮员说，他有回在一个山沟沟里遇上了泥石流，几丈高的山包，转眼一下变成糖稀似的直往下垮，幸亏他发觉早跑得快，要不裹进去鬼都不知道，所以有些乡邮员们说，他们长年就是在这种“屁股眼上面烫刀——撬屎（翘死）”。

于处长说：“去！人家天天跑，还背着驮着东西，咱们空着手跑一趟，那能比吗？再说咱们这一趟来主要是干啥的，连最主要的场景都不去看一下感受一下，拿什么编戏拍戏？”

于是便准备路上的东西。王所长把一个十八九岁、眼睛大大的女孩叫了过来，让她去餐厅给于处长他们准备几瓶矿泉水和几袋面包、火腿肠、卤鸡蛋。

“哎，知道了，我这就去。”女孩脆脆地答应了一声，像只鸟儿样飞去了。李文突然一下觉得刚才那女孩好面熟，那双大大的眼睛和那甜甜脆脆的说话声都非常像——对了，他想起来了，是他们县局原来和他同一个机务室，也是邻居林工的女儿。林工因脑溢血去世了，留下两个孩子，那时都还很小，后来她们搬家走了，想不到他女儿现在都长成这样一位楚楚动人的大姑娘了。

一会儿上溪县局到了，书记、局长、刘新国等人已经在操场里等着了。

局长说：“哎呀，还要于处长亲自跑这老远来帮咱们宣传劳模，这对咱们局的工作，可是个难得的机遇和不小的促进啊！”书记也说：“是啊！刘新国的这种不计个人利益，无私奉献的精神，的确值得大力提倡，大加宣传，这对咱们局精神文明建设，也是个有力的推动。走，楼上去坐，茶都泡好了。”于处长说：“算了，不用了，咱们来主要是想以老刘为原型，收集点素材，感受一下现场，体验体验生活，就不上去打搅了，你们忙。”

局长和书记两人见于处长不愿上去，不禁隐隐露出一丝失望。于处长说：“对不起！耽误你们工作了。”又对刘新国说：“老刘啊！你不管我们怎样跟着，你只管像平时样，该怎样做就怎样做，知道吗？”

刘新国怯怯地问：“那不让你们……”

于处长道：“没事，没事，有困难我们带着手机沿路可和司机联系。”

于处长又转对李文、杨导演、小王三个人道：“再就看你们的表现了哇，下面虽是假戏但要真做，先真做了才能编好戏啊，所以在这点上，咱们就来点真的，不到长城非好汉哦！”

杨导演、王小姐、李文三个齐声回答道：“于处长，请放心！”

离开县局开始上路了，刘新国在前面带路。刘新国是一小个子，顶多只一米六，干瘦干瘦的，脸上的皮肤晒得黝黑黝黑，一件洗得有些发白的绿标志服松垮地穿在身上，右肩上有一条被邮包勒出的深深的毛印，十分打眼。他看上去很老相，足有50多岁，其实只40多一点。都以为乡邮员一定要五大三粗、孔武有力，可刘新国那瘦不拉叽的模样，哪像是干这号活的，再加上那一只鼓鼓囊囊，足有四五十斤重的邮包背在肩上，跟一蚂蚁拖着块大骨头样，让人真不敢相信，他居然能背着它，在两天内从近30公里长的邮路上，硬走上一个来回！

可刘新国的确有这个本事，你看他像只松鼠样，背着邮包蹦蹦跳跳地走在最前面，却并不显吃力，还不时回头招呼一声于处长等人。等后面的人都跟上了，一个个气喘吁吁地望着他，都露出种佩服的神情时，他也情不自禁地有点得意了。他嘿嘿地笑着，跑得更带劲了，沿路碰到许多认识的村民，他大声地跟他们打着招呼，问一两句家常，又不时给于处长他们介绍一些当地的特产、掌故，还帮小王把包接过来背在左肩上，他此时显得很轻松。

李文便有意向他靠近，和他拉起呱来，可拉着拉着，刘新国突然像想到什么似的，转过头有些“警觉”地望着李文。李文一下有点懵了，他怎么啦？难道是我……？两人对望了几秒钟，然后他竟再也没什么“可说的话”了，像有什么需要“保密”似的。

李文也似意识到了点什么，可他到底嫩了点，一时也想不出该从哪下叉问话了，两人这时都像是有点心照不宣似的，就走得有点闷、有点累。

于处长这时还好，只稍微有点喘气，仍紧跟着刘新国后面，没掉多远。马干事则一直忽左忽右、时前时后，紧跟着于处长，马干事挎个照相机，一路上不断地回头，给于处长和刘新国拍照，估计这时已经拍了一卷多了。

杨导演和小王两个人则远远地落在了大伙后面，别看杨导年龄不大，可他太胖了，腆着个大肚子，加上路又不好走，稍不小心就崴脚。他每走一步，都直喘粗气，那件牛仔服早脱了拎在手上，可里面的衬衣，还是给汗透了，紧贴在身上，皮带把腰间的那一团肥肉，勒得鼓鼓凸凸的，像被麻绳绑着的一头待宰的肥猪身上的某个部位，小王笑他像个猪八戒，可自己此刻也是娇喘吁吁，香汗淋漓的。

到了前面一个湾子，这是一个大村，刘新国要先把村支书、各组组长家订的报纸等清理出来，等会儿好先送过去。于处长说大家先歇歇吧，走累了。杨导一听这话，马上一屁股在块大石头上坐了下来，嘴里直嚷：“我操，这比长征都还累呢！”于处长说：“怎么样，这下知道跑乡邮的辛苦了吧。我跟你说，现在咱们走的这一段还算强的，等下午你再看，那才叫爬雪山过草地，够你喝两壶的。”

“是吗？哎哟，我的于处长，您这是成心整我啊！”杨导哭丧着脸，没一点装的样子。

“活该！谁叫你平时缺德，占了那多便宜。”小王嗔了他一眼，大伙一起哈哈大笑起来。于处长低下头，笑着对杨导道：“你这当导演的，可要好好体验一下生活啊！要你发扬点长征精神是没错的。好，说个段子你听听，放松放松，听了要打起精神哦！”

一听说于处长要讲段子，杨导倏地一下，像真来了精神，坐直身子，伸长脖子，等着听于处长的段子。

于处长清了清嗓子，像在台上说评书似的讲道：“话说唐僧师徒四人，前往西天取经，一路上风餐露宿，十分辛苦。这一日来到火焰山下，酷热难当，众人走得大汗淋漓，又累又渴，八戒说什么都不想走了，赖在一块大石头上躺着。唐僧看看天色已晚，不由皱了皱眉；悟空见此摇身一变，一位飘飘如仙的美女出现在八戒面前，八戒一见，眼前顿时一亮，两眼放光。美女说道：‘哟，这位帅哥怎么躺在这个破地方发呆啊，走，小妹带你去一个又舒服又凉快，绝对有情趣的地方，保你流连忘返，终生难忘！’‘是吗？’八戒一听，更是来了精神，一下跳起来，欲跟那美女去那‘有情趣的地方’。美女拦住他道：‘帅哥，先别慌，你总不能空手去吧，怎么也得带上点见面礼啊！这样，你把这担子挑着，里面的东西，好歹也是个意思。’八戒想了想，顾不上那许多了，挑起平常一直是沙和尚一人承担、他从未分担过一下的担子，大步流星地就跟在那美女后面，屁颠屁颠地跑得飞快……”

“哈哈……”众人一起大笑。

杨导一脸通红：“好你个于处长！您这是在……”

“对，就是在批评你这个懒猪！”小王指着杨导的那一身肥肉，咯咯地笑着道。

李文和马干事一旁听得也暗暗吃惊，心想看不出于处长也有这一套，真是让人佩服。

果然，杨导腾地一下从石头上跃起身，拍拍身上的尘土，一下子像完全没有了刚才的那种疲劳。

“怎么样，我的宣传起作用了吧？”于处长得意地笑着问道。

杨导苦着脸道："我真服您了，于处长！"

"还是咱们处长会做思想工作，领导就是领导！"小王在一旁道。

几个人就轻松地笑起来，跟在刘新国后面，朝村里走去。

李文一直紧跟着刘新国。他看见刘新国来到一间极破的泥土屋门口，那两扇破木门，紧闭着。刘新国没去敲门，却从兜里拿出把小刀来，去拨那门缝中的插栓。

李文觉得很好奇，便赶紧跟了上去。门"吱"的一声开了，门里传来一声暗哑的、像是从墓穴中发出的声音："是新国来了吧？"

李文吓了一大跳，屋里光线极暗，除黑乎乎的几堵墙和门口的几张蜘蛛网外，他什么也没看清。

他听刘新国答应了一声："是我，有财叔。"

李文懵懵懂懂地跟着刘新国，往前摸了两步，这才看清楚，屋角里有一张旧竹床，竹床上一床脏兮兮的破棉被，里面躺着一个瘦得皮包骨头样的老人。老人的一双眼已看不清东西了，浑浊的眼眶里尽是一层白幔，正摸摸索索、咳咳喘喘地找衣服要坐起来。刘新国忙上前扶住他，说："不用起来了，有财叔，上次说的眼药水，我给您买来了，县民政局给您今年的'五保困难补助'也给您领来了，您老在这盖个章按个手印就行。还有这包草药，您老把它煎了当茶喝，止咳挺有效的。"

叫有财的老人，声音哆哆嗦嗦地道："哎呀！新国，这你又要多弯好大一截子路啊！"

刘新国说："没啥，您老不要客气了。"他起身走到灶塘旁边，揭开米缸和水缸看了看，又把柴垛翻了翻，道："好，有财叔，我走了，下一趟您还要带些啥？"

"没啥要的了，没啥要的了，你这娃太过细了！"有财老人忙不迭地答道。

从有财老人家出来，李文心里不知是个啥滋味，他把刚才看到的情形跟于处长说了。于处长感叹地道："这是一个沉重的话题啊！当地都解放这多年了，有些地方还是这样穷，我以前下基层时是这个样，现在还是这个样，真不知是怎么搞的！"

刘新国这时过来对于处长说："于处长，时候不早了，书记和主任要我们就在这里吃中饭。"

于处长说："不麻烦了，咱们带着干粮。"

刘新国显得有些为难地道："于处长，他们……他们已经准备了。"

原来，刘新国刚进村给村部送报纸时，村里就知道有省局的领导一起来了，说一定要请省局领导吃个便饭，难得遇到。

"于处长，您就给咱们村一个面子吧，耽误不了一会儿。"站在刘新国旁边一个上身穿件脏兮兮的西服，下身穿条牛仔裤，脚上穿一双旅游鞋，头发梳得油光的年轻人跟着说道。

刘新国向于处长介绍，说："这是民兵连刘连长，专门来接于处长的。"民兵连长连忙上前，伸出一只指头被烟头熏得焦黄的手，来跟于处长握手。

于处长想了想说："那好吧，客随主便，就听村里安排，不过，你们搞简单一点啊！"

民兵连长忙说："没啥没啥，都是些乡下小菜。"

在去村部的路上，于处长跟李文说，他20年前大学毕业刚参加工作时，就是分到下面县局，他对农村的这些生活非常熟悉。他在大学学的是中文，那时也想当作家，并且也写了不少东西。他觉得当作家还是挺有意思的，虽不能改变什么，但多少能起一些呐喊鼓动的作用。80年代中期，他的一篇批评形式主义的杂文，还上了《人民日报》，这对他来说是个不小的鼓励。可后来走上了领导岗位后，他就再也没时间创作了，他对这一点很是觉得遗憾。

李文听了于处长说的这些话，不觉心里一动，他想于处长也应该算个才子，这在政工干部里面不是很多的。于处长说李文发表的那几篇小说他都看过了，写得很有才气，将来是可成点气候的。

李文听于处长这么说，心里非常感激，同时也更是对于处长有了种知遇之恩的感觉。

来到村部，村里的一群干部，早已毕恭毕敬地在等候了。书记和村主任带头迎上来，像盼来了亲人样地紧握着于处长手说："哎呀！于处长大驾光临，咱们真是难得接到您这样的稀客、贵客啊！快请坐，快请坐。"两个村干部又是倒茶，又是敬烟，比着赛似的热情，李文搞不懂这些村干部，怎么对省局的领导这般客气。

坐下吃饭时，村干部往每个桌上放了两瓶白酒，李文一见，不觉一阵紧张，他最怕喝酒了。再看那酒的档次也不低，一色的本省名酒，书记、主任和村干部抽的烟，都是高档烟。书记亲自倒酒，那酒杯不小，一杯足有8钱。

满上后，书记先敬酒，说：“咱们村今早喜鹊叫，知道就是有大贵人来了，果不其然，于处长在百忙之中，还不远千里，来到乡里，亲临咱们村视察，检查指导咱们村的‘两个文明’建设，这是对咱们村的亲切关怀和巨大鼓舞，我代表全村党员干部和村民敬于处长和各位省局领导一杯，咱先干为敬！”

说完“滋溜”一声，那杯酒便干下去了，大家一阵鼓掌。

于处长不好说什么，就把那杯酒也干了。主任接着就来了。

主任举着酒杯道：“于处长看得起咱们村，是咱们全村人的福气。于处长虽是第一次到咱们村，可对咱们村却是一次极好的机遇，咱们要‘抢抓机遇’，请于处长给咱们村的工作，多提宝贵意见。也希望于处长和各位省局领导，今后给咱们村多多支持、多多扶持、多多关心、多多费心，我在这里代表全村表示感谢了！”说罢一杯酒也是一饮而尽。

于处长没法，只好又干了第二杯，众人又是一片掌声。

接下来那些副书记、副主任、妇女主任、会计、出纳一个个轮番上。都是先给于处长敬酒，然后是杨导演、马干事、李文、小王，对每个人都是“省局领导、省局领导”地喊得十分亲热，却似乎都像把刘新国给忘了似的，也许是和他熟，都没把他当客看。

刘新国显得很拘谨，坐在那里缩手缩肩的，一双手一双筷子，不知道该往哪里放才好。

大家不停地给于处长敬酒，于处长有些招架不住了。可那些村干部们仍不肯罢休，还在一个劲地跑来敬，说什么“领导对咱要一碗酒端平，咱们才跟领导心连心”“领导喝了咱们的酒，咱们信心干劲全都有”等等，一套一套的，看样子都是平时经常操习演练，久经此局，已成习惯常态的结果。最后那年轻的民兵连长拎着大半瓶酒，捏着个酒杯从另一张桌子，摇摇晃晃、歪歪倒倒地来到于处长面前。他说话都有点含糊不清了，嘴里像含了口糯米似的，舌头打着卷。

他拿起于处长的杯子，倒了满满一杯酒，然后举起酒杯说道：“激动的心，颤抖的手，我给领导敬杯酒，领导三杯我五杯，领导不喝我不走。”

于处长露出很为难的脸色，说：“我已经喝了不少了，再喝……”

民兵连长道：“再喝五杯没问题，领导的酒量我有底。”于处长有点哭笑不得了。

村支书、村主任便在一边劝解。

村支书说："好，于处长喝一小口好了，是个意思，刘连长你一满杯表示尊重，这是最后一杯。"

村主任说："于处长，先吃点菜，这甲鱼、刺猬都挺新鲜的！"

李文听得一惊，这村宴上还有甲鱼、刺猬？他此刻舌头都已给酒精烧麻了，全然不知那桌上所有菜的味道了。

再看坐在旁边的刘新国，他碗里却似乎是干干净净，李文怀疑，他就没动筷子夹菜。于处长喝下那杯酒后，这顿饭才算吃完了。

几个人已喝得歪歪倒倒，除刘新国要送信没喝酒以外，于处长喝得最多。幸亏他平常酒量就不小，加上刚才劝酒时，马干事趁混乱之机，偷偷用饮料跟于处长换了几杯白酒，要不怕是早醉了。

"我真是把他们没办法，都是冲我这狗屁的所谓'领导'来的，难怪说人在官场，身不由己啊！"于处长说。

李文则在想，刚才的酒席宴上，村干部们根本就没怎么招呼刘新国，照说他才是和村里最有关系，对村里贡献最大的人。还有那酒桌上的好酒、好烟、好菜，以及那躺在床上的"五保户"有财老人，怎么也难想象，这都是在一个村里所看到的情形。

于处长告诉大家，说这个县是省局的扶贫对口单位，省局机关就包这个乡，十几个村都想让省局多帮一点，刚才村支书、村主任两个人，还在向于处长开口，说宣传处能不能支援他们两台彩电，几部电脑、手机和卡拉 OK 什么的，说是丰富村民的文化生活，于处长只好答应了。

李文心想，见鬼，他沿路看到好多村民家，连间像样的泥土屋都没有，大冷天许多孩子还光着脚，穿条单裤在地上跑，这个鬼样子还 O 什么 K 啊？怕是他们想拿回自己家去 O 去 K 吧，难怪刚才都将于处长捧着围着，他突然想到了一句很粗野的歇后语"屁眼门前吊芭扇——闹眼子"。

这时，于处长看几个人都是歪歪倒倒的，想到下午的那段路更不好走，再拖下去，就要耽误刘新国的邮班了，便对马干事说："你去给司机打个电话，要他在前面一个点的公路上等我们，今天就只走这一段了，明天一早坐车直接去杨镇支局和刘新国碰头一起回来。"

四

回到山庄，马干事立刻去给于处长泡茶，找解酒的东西。

李文拖着两条酸痛发胀的腿，走回自己房间，推开房门，见有一个女孩正坐在自己的书桌前看东西，李文愣了一下。

女孩听见有人进门，立即回头，站了起来，原来是服务员小林。小林正在给李文整理打扫房间，地毯上还放着吸尘器等清洁用具。

小林红着脸说："对不起，我看到你写的小说放在桌上，就拿起来看了一下。"

李文说："没关系，都是习作，写得不好。"

小林说："我觉得写得很美，跟你其他那些作品一样，我都是一下子被吸引住，一口气读完的。"

李文吃惊地道："是吗，你在哪里看到那些东西的？"

小林说："真要想看就好办，我就不会去找么？"

"你去找过？"李文更是一惊。

小林说："对啊！我每次到市里去，都要去邮局和书店买点书和杂志。"

小林还告诉李文，说她早就注意到他的一些作品，因李文的许多作品都是以邮电作为题材。小林对这个行业的故事是特别关心的，因她从小就生活在这个圈子里面。再说她知道李文是她小时的邻居大哥，所以对李文的作品更有一种特殊的感情。

李文听此，心里不由就有点小小的感动。

小林说："你把那个女孩写得太美好善良了，在这样纯洁得像天使样的人面前，那些人的心，怎么还会那么冷漠，那么肮脏啊！"

李文道："是吗？"

小林说："是啊！路见不平，才让人心生愤懑与恻隐呀！"

"哎，你这个小说的名字叫《红蜡烛》，是有所象征的吧？"小林接着说。

李文问："象征什么？"

小林想了想道："这名字虽热烈喜庆，但更让人感到有种很浓厚的悲剧色彩。"

"是吗？"李文吃惊地望了她一眼。

"当然是这样啊！"小林认真地答道，"蜡烛的火光虽热烈鲜艳，但蜡烛是越烧越短。蜡烛燃烧时，蜡烛油像是在流泪，泪一流干，蜡烛的生命也就结束了，李商隐的诗中不有'蜡炬成灰泪始干'的句子么，这显然是个悲剧的意象。而你这篇小说的高潮部分，果然就让人感到是那么压抑、那么悲恸、那么感伤，让人想起‘悲剧就是把美好的东西撕破给人看’那句话。”

李文听后默默地点了下头，他想不到这个女孩看东西这样仔细，并且还能说到点上，他在写这篇作品时正有此意。

小林接着又说：“这个叫虹的女孩，有点像雨果笔下的芳汀，但她的性格似乎更让人肃然起敬。结尾时她那种不屈从邪恶，始终坚持自己独立的人格，宁可玉碎，不求瓦全的精神非常难得，比起有些硬生生造出来的所谓的‘积极正面’的形象，要有意义得多。”

李文很有点惊异了，这个看似还像个小孩的女孩子，看样子还读了不少书，谈吐方面也很有点文学素养，并且很有思想，不像一般普通打工的女孩，不由就更加另眼相看了。

小林说：“你是来这里体验生活的作家吧？看着就和那些当领导的人不一样。”

李文问：“怎么个不一样？”

小林说：“那些当领导的，大多都是前呼后拥，习惯指手画脚，很快成为一个焦点。你却总喜欢独行特立，处处低调，静处一隅。”

李文一听，哈哈大笑，说：“你倒成了个看相算命的小神仙了，你怎么断定我是作家？其实我只是个业余作者，你怎么觉得我这人独行特立？我自己一点都没有这种感觉，我很随和的。”

小林说：“是王所长这样介绍和吩咐过了的，你们这几人谁是干什么的，要怎么接待，注意些什么，交代得清清楚楚。至于后一点，这两天我悄悄地观察过，感觉就是这样。”

小林说这句话时，不知为什么脸突然红了一下。李文也突然觉得一阵羞涩，他觉得小林很像……很像……那是他心中的一段隐痛：读邮电中专时，他爱上一位女孩，那是一种至真至纯，令他刻骨铭心的爱。却不料，女孩在毕业分配时，因遇到难题去找一位领导，结果被那家伙趁机……女孩那如花的季节和诗一般的梦幻，便随此早早地彻底破灭了。女孩申请去了一个偏远的小县局，她没有告诉任何人，包括李文，便一声不响地离开了……

李文说：“哦，是这样呀，你们的王所长真是个人才！”想了想又说：“哎，你刚才对我是妄加猜测是吧，可我对你的情况，还是比较了解的喔，你读小学五年级，就敢跟老师辩论，还差点把老师辩输了，对吧？”

小林吃惊地望着李文，她没想到李文还记得这事。

李文小声地问道："你妈和你妹妹，现在生活得怎样？你怎么……"

李文没有说下去，他本来是想问小林，怎么没读书了。他记得原来林工的两个女儿，书都读得挺好的，那时他们住在一个院子里，两姐妹还常常缠着李文给她们讲故事，指导她们写作文呢。

小林低下头道："我妈，她……她又结婚了。我……我不想和那个继父住在一起，我就……"她眼眶突然一红，里面似储满了泪水，赶紧把头埋得低低的，不再作声了，屋子里顿时是一片漆黑般的沉静。

晚上吃过饭，王所长来请省局一行人去唱歌，于处长推辞了两句，最后喊大家一起去了。

先是唱歌，王所长给大家作了介绍，说于处长他们是"两个文明"一起抓，两种唱法一样佳，通俗、美声、西洋、民族，点什么唱什么，唱什么就能唱红什么。

"不过，于处长最拿手的歌还是《纤夫的爱》和《心语》。现在我给于处长推荐一位小姐，帮助陪唱，请于处长多多给予指导。"王所长最后说出了重点。

"哗……"众人便一起鼓掌。被推荐的小姐，起身走到于处长面前，请于处长登台演唱。

李文定睛一看，那女孩是小林。没想到小林唱得真是好，圆润的嗓音如同她那姣好的面容、美丽的身材和青春的气息一样，让人一听就感到舒服。那优美的歌声，如同一道清澈的山泉，幽静、甜美，滋润着每一个人。她很注意和于处长的配合，于处长也唱得相当不错，两人的二重唱，声情并茂，赢得众人一阵阵掌声，一开始就出现不小的高潮。

几圈唱过之后，开始跳起舞来。一群女孩来到于处长他们坐的这边，又是小林走到于处长面前，请于处长跳舞，于处长欣然地站起来，挽着她步入舞池。王所长则毕恭毕敬地来到小王面前，做了个非常标准的"欧洲宫廷舞会"的邀请姿势，也挽着小王走下了舞池。可小王只和他跳了一圈，之后就再不和他跳了。她说王所长长得太矮了，又胖，转都转不动，和他跳舞完全没一点感觉，"他还有口臭！"小王颇有点愤然地道。

李文在一边听得十分紧张，生怕这话被王所长听见了，但小王却是一副满不在乎的样子。小王和杨导倒是珠联璧合，跳得摇曳多姿，两个人搂在一起，跳了一曲又一曲，山庄有几个年轻小伙子，看样子是想和小王跳，但哪里插得上去，一个个只好偃旗息鼓，缩了回去。

李文对跳舞不感兴趣，再说他一般只和认识的熟人跳，这里他除了只认识小王和小林两个女孩外，其余一个都不认识——他和小王其实也没说过几句话。小林这一晚也没空下来，她一直陪着于处长跳。有时于处长跳累了坐下来歇一会儿，王所长便连忙趁机跑上来请她，李文坐在后面靠墙的一张圈椅上，心不在焉地看了十几分钟以后，便悄悄起身，回到了自己房间。

李文一觉睡得迷迷糊糊的，半夜起来上厕所，听到前面走廊尽头于处长的房间里面，传出一阵阵异样的声音。李文不放心地走近一听，原来是小王娇滴滴的叫声。

李文突然感到浑身一臊，脸也发烫，他一下想起白天在车上看到的那一幕，心里头顿时有股说不出的滋味，赶紧转身走开了。

第二天一清早，李文起床后，来到山庄后面的树林里，正准备活动活动做做操，听见小河那边传来马干事高兴的喊叫："钓到了，钓到了，快起钩！"

李文来到河边一看，原来是于处长正在钓鱼。鱼已上钩了，于处长不慌不忙地举起鱼竿，身子朝后微微一仰，然后双手配合，轻拢慢捻，收回钓线，放下鱼钩，那条被钓上来的鱼便在岸边的草地上咬着鱼钩扑腾乱跳。马干事则像个孩子似的欢呼雀跃着，一边嚷着，一边手脚不住地忙个不停。他把鱼取下，赶紧装进鱼篓里，给鱼篓盖上盖，放在靠岸的浅水中，又给鱼钩放上鱼食，然后小心地把鱼钩送到于处长手上。

于处长得意地对他道："怎么样，我这水平不是吹牛吧，说十分钟一条大的就一条大的，这叫水平高超，技压全场，掌握得好，嘿，连个人都钓得起来呢！"说罢意味深长地朝马干事望望，扬起手将钓钩再次往河心轻轻一甩，那鱼钩划了个美丽的弧线落入水中，整个水面却波澜不兴。

于处长甩鱼钩的这个动作非常漂亮，干净利落潇洒，一气呵成，简直像一位手持乐棒的音乐家，在乐池里优雅地指挥乐团演奏似的，十分有风度。李文看了一惊，心想于处长这人，看来平时是很会享受生活，很注重讲究品位的。

刚吃罢早饭，省局办来了电话，让于处长赶紧赶回省局，说有重要会议。正在给于处长准备鱼食的马干事只好放下手中的活计，过来问道："于处长，是都回去还是就您一人回去？"

于处长说：“当然是我一个人回去，你们前天刚来还没正式开始干活呢，有事我再通知你。”

马干事便低下头不作声了。李文这时看到杨导和小王两人互相递了个眼色，露出一种掩饰不住的高兴来。

于处长跟每个人作了一番交代后，便上了车。李文不用于处长多嘱咐，他从昨天晚上起，便已开始琢磨整个剧的主要剧情，如人物、故事、台词等。杨导则立即说，他要和小王去找找外景，以便将来拍摄，顺便把马干事的相机也要去带走了。

这一来，马干事倒显得无事可干了，他对李文说：“我们先分别构思一下这部剧的主题思想和人物的闪光点吧，然后再一起碰碰。”李文一时听不懂他说的什么意思，又不好多问，只好点点头。

杨导和小王来到风景区旁边的森林公园里面，这是昨天下午，大家一起来散过步的地方。这地方有点像19世纪俄国画家列维坦、希施金笔下的风景油画。此刻满眼都是绚丽的色彩和氤氲的气息，前面那条小河静静地流淌着，一缕缕阳光照进树林，众多的树梢上、叶尖上，反射着耀眼的金光，树林里面静悄悄的，鸟儿也停止了歌唱，只有他们两人的脚踩在地上的树叶上面发出的沙沙的声响，空气中像是弥漫着一种暧昧的味道。

“你把我带到这地方来，该不会有什么企图吧？”小王笑着对杨导说道。

杨导笑眯眯地盯着小王的脸道：“我可什么都不敢啊，我是个老实人，别冤枉我了！”一边却把小王的腰给搂得更紧了。

小王把杨导的手推了推说：“你当心把我的腰给掐断了呵！”

杨导说：“我哪舍得呢，再说我也不敢啊！于处长知道了，会找我算账的。”他把“于处长”三个字说得特别重。

小王听了，瞪了他一眼，用手指着他鼻尖道：“你个没良心的，还想着吃醋啊？”

杨导做出一副可怜的样子，说：“可不是吗？咱只有这个命，想说爱却不是很容易的啊！‘这就是爱，说也说不清楚’……”他突然学那电视剧《过把瘾》中的王志文唱的那首《糊涂的爱》样，沮丧地唱起来。

“噗……”小王被他逗得掩嘴大笑起来，说：“好啊！你打着帮咱们拍电视的幌子，却尽打别人的坏主意！”

杨导道：“谁叫你让我动心呢？我的意志本来就很薄弱，见了你就想犯一下罪。”

小王道：“你的意志虽很薄弱，可你的脸皮却很厚。”

杨导道：“那可是男人的优点，男人脸不厚，女人嫌他味不够，你说是吗？”

小王道：“你个油歪嘴，总不说点正经的。”

杨导说：“你要我说正经的吗？那好，我跟你说个绝对正经的，你站近点。”边说着边凑上来，要说那“绝对正经的”。

小王使劲捶打他的肩膀：“你个大流氓！色狼！”

五

李文总觉得，上次和于处长他们一起采访刘新国时，并没得到多大实质性的收获，他以前在县局也常去采写本局的劳模、先进什么的。他发现，只要说是“采访”，这些劳模、先进们回答的，往往都像是一个模子里倒出的东西，很难听到他们真实的想法，看到他们的内心世界。就说刘新国吧，他身上肯定还有很多他所不了解的地方，仅凭上次那样走马观花，看到点浮光掠影，就去写他，或说是写一个“劳模”，肯定是不够的。

李文决定再到刘新国那去，看看他到底是个什么样的性格，什么样的思想，还有他工作生活上的一些细节。他想自己这次是写电视剧，是艺术创作，是写“人”，可不是光写什么“先进材料、先进事迹”。

李文来到刘新国所在的杨镇支局，刘新国刚好出班去了，李文便想向支局长收集一些素材。

李文满指望支局长会对这件事很感兴趣，因前天在县局时，从局长、局支部书记当时的态度上，看得出他们对这件事十分重视。可没想到支局长一听李文的介绍，却皱了一下眉头，跟着重重地叹了口气。

李文紧张地问道：“怎么啦？局长。”

支局长说：“见到鬼了喔，真搞不懂，为啥非得这样没完没了的，再像这样宣传几次，咱支局这一年的收入，恐怕就完球了！”李文听罢不由一惊。

支局长说：“我看你是个老实人，也不是外人，实话对你说吧，咱们支局自从出了刘新国这个劳模以后，就没消停过。不是今天有人来采访，就是明天要请他去做报告、拍电视、上报纸，入选画报、编进书刊……五花八门，啥名堂都有。总之一句话，就是最后都想要找你要两个，我这小小的支局，能经得起几搞？今年上半年，这种采访光吃喝的招待费就花去5000，还不谈手机、传呼机、纪念品什么的。都以为邮电是大哥大、财神爷，只管张口，说起来他们是来宣传先进人物，搞精神文明建设的，再加上都是上面安排的，你能拒绝？只能乖乖照办，你说这叫啥球事！”

李文这时也听出了点支局长的难处和不满，他想支局长可能正在个什么气头上，便换了个话题，说：“你们这些困难，可以跟省局反映一下啊！这两年省局不正在抓支局建设吗？”

支局长说：“见裸甩（活见鬼）哦，你们在省局机关，未必真不晓得下面的一些弯弯筋？现在每一级都在哄上一级，都把自己的工作吹得不知道多好，什么‘两个文明’一起建，‘两个效益’一起抓：解放思想，真抓实干，奋力开拓，勇于创新；上等级，跃台阶，一年一小步，三年一大步，再创辉煌兴邮电，跑步奔向新世纪……一套一套，像打‘莲花落’的，这样好听的话，谁不想听，谁爱去听那些倒霉丧气的话？所以现在只要你一讲真话，说有困难要提意见，就说你思想落后，没开拓精神，没全局观念，谁还敢再开这口？倒是那些说假话、唱赞歌、会来事的，总能得到表扬和关照，什么好事情都能落到头上，唉……”

支局长又重重地叹了口气，抬起头望了李文一眼，又说道：“要说刘新国，的确是个好人，一老一实的，不会去说那些假话，做那些假事。可现在把那劳模、先进的帽子，往他头上一戴，那情况就不一样了，有些话，他只能这样说，不能那样讲；有些事，他想做也得做，不想做也得做。就说他帮别人贴钱买邮票，给希望小学捐款，有几回把一个月的工资，全部寄给了受灾地区，他还吃不吃饭了？还有，他那邮路延长了一次又一次，邮包的重量加了一斤又一斤，现在他又有了个‘新的奋斗目标’，他要把他的邮背包，变成村民的‘活动小邮局’，可向村民提供代取包裹、代寄邮件，总之，他一下成了个万金油，比活菩萨、活雷锋还管用，你想想，他真有那大本事，真愿意那样做？要真是那样，他怎么受得了？这是再明显不过的事情啊！可有些人，就是不实事求是，完全不负责任地去策划、宣传，炒作劳模，说树英雄、树典型、树劳模，是要‘树’要‘立’的，你说这是不是有点无聊？最可气的是那些嘴上唱高调，要别人向劳模学习的人，自己却想方设法，趁机捞国家的油水，往自己脸上贴金，这要下面职工，心里怎么想？……”

支局长越说越激动，李文想他刚才说的这些话，大概在他心里憋了很久，想找个人发泄一下。可支局长这些话，虽说是有些偏颇，但它还是有一定原因和代表性的。从那天在邮路上的一些观察中，李文就感到刘新国心理压力很大，说话很谨慎，口口声声是领导培养教育的结果，自己离组织上的要求还相差很大距离，还要不断努力，像小学生背书似的，生怕有哪些地方“背错了”。李文想，那其实已经不是“真正的刘新国”了。

“唉，”支局长这回还是叹了口气，“现在上面要求向劳模学习，可支局的职工，现在都不愿跟刘新国讲话了，说咱们的思想境界，哪能和他相比，那是天壤之别啊，咱怎么好意思跟他在一起呢？老刘是有苦说不出，我也拿这事没办法，人家谁愿听你那些空空的大道理啊！咱们山区经济落后，支局职工的收入远不如其他平原局，甚至比一些农户都差，这连着几个月，县局定的指标没有完成，连工资都发不全，更别说奖金了，没办法，老刘只好和我一样拿得最少。他是个‘半边户’，老婆还是农村户口，三个娃都在读书，伸出手都要钱……”

李文这时心里已不知是个什么滋味了，虽然他也只是在一个县局当技术员，但那里条件比起杨镇支局，不知要好多少倍。也许是和爸妈在一起生活的缘故，他什么都不操心，他没想到有的同事，还生活得这样艰难，社会上和单位里，还有这么复杂的情况。

李文心情颇为沉重地向支局长辞别，提出想到刘新国家去看看。支局长让个人带着李文，家属区就在支局院子后面。

刘新国的妻子叫刘翠兰，和刘新国同一个村，从小在一起长大。刘翠兰长得牛高马大，壮壮实实，说话高声大气，嗓门像敲钟似的。和刘新国一比，她倒像个男人样。

刘翠兰正在给自家菜园锄草、浇水、施肥。

“别人家这都是男人干的活、可咱那口子，都卖到邮局去了，你不弄咋办，几个娃还要吃饭呀！”刘翠兰边引李文进屋，边不停地对李文说。

刘翠兰是属于那种快人快语、风风火火的性格，她不等李文开口，自己就叮叮哐哐，竹筒倒豆子似的说起来了。她说，咱老刘生来就是操劳命，他只晓得老老实实做他的事，就是怕出这种名，现在当这个劳模，倒成了他一块“心病”了，一天到晚操心着急，生怕有哪地方没做好，对不起那块牌牌。

“他以前可不是这样的啊！以前有说有笑，很消停的一个人。现在倒好，跟变了个人似的。要说呢，省市县局，包括支局，都对劳模有些照顾和奖励，可有些要求，也很难做到的，比如他现在出门，就不敢随便开口了，随便干啥，都要想想领导是怎么交代的，怎么要求的。一天到晚都是‘离领导的要求、离群众的希望，还有很大差距、很大距离’那两句话，我看他，现在就再不会说别的话了，我怕他老这样下去，会弄出毛病来啊！前两天……前两天，支局还有人叫他‘二百……五……’”刘翠兰突然鼻子一酸，“呜……呜……呜”地轻声啜泣起来。

李文见此情景，一下也茫然不知所措起来。

正在这时，外面院门“吱溜”一声，轻轻推开了，是刘新国回来了。

刘新国苦着个脸，满身一副疲惫不堪的样子，进到院中，就瘫坐在一张椅子上，有气无力地从肩上卸下邮包，长吐了一口气。一抬头，蓦地看见妻子刘翠兰，他赶紧站起来，迎上一个笑脸。再一看，李文也在这里，更是愣了一下，连忙也跟李文热情地打招呼，又是让座，又是递烟、点火。

刘翠兰抹抹眼角的泪问刘新国：“事情办得怎么样？”

刘新国一听，愣怔了一下，然后连忙说：“办好了，办好了。”

刘翠兰说：“办好了，快拿出来啊！娃儿们吵半天了。”

李文问，是啥，刘新国忙向刘翠兰使眼色，示意她别讲了。刘翠兰不管这些，她告诉李文，支局这个月任务完成不好，都只领到一半工资。支局有个职工，母亲瘫痪了需要住院，钱不够，老刘就把自己那点工资借给他了。可自己家那两个孩子，这个月都要交学费和教育集资费，不交就不让上学。没办法，只好叫他到一个亲戚家去借一点，下个月还，他还死要面子不肯去。

李文听了，心里头不知是个什么滋味。刘新国从里面衣兜里，搜出几张汗渍透了的票子，递给刘翠兰。

刘翠兰接过说：“这哪够啊！交一个娃的学费，都还不够呢。”

李文说：“不能想想其他法子吗？”

刘新国说：“没啥，我再去想办法。过日子，不都是这样，你扯我的，我扯你的，棒子换玉米，换手挠痒痒。”

刘翠兰说：“换个鬼，挠个锤，你想得美！你10个坛子只6个盖，我看你怎么换，怎么盖得过来？”

刘新国说：“算了，莫说了，有啥紧要的，县局来电话跟你说了啥？”

刘翠兰说：“说啥？还不是说，要你说话注意点，把省局领导招呼好，别出岔子！”

李文见刘新国一听这话，蓦地一下，就像茄子被霜打蔫了样，低头不语。

正在这时，支局长“咚咚咚”地跑进来，将一张单据样的纸，扔在刘新国面前，气呼呼地道：“新国，你搞的啥名堂啊？”

李文和刘翠兰见此都愣住了，刘新国则是脸“唰”地一下变得煞白，几个人抢到近前一看，原来那是张到医院卖血的化验单。

“你把这些东西忘在医院，人家还怕你来路不明有啥怪病，又怕你路上出事，你前脚走，后脚就派人找来了。老刘，你怎么这样，这样不爱惜自己啊！”支局长声音打着战，再也说不下去了。

李文和支局长一阵沉默，刘翠兰却“哇”的一声号啕大哭起来。这女人哭得好伤心，让人听得心颤颤的！

李文一语不发，他把两张百元的钞票，悄悄压在刘新国家桌子上的热水瓶下面，走出门来，心事重重地回到山庄。吃晚饭时，小王来叫他两次，他都没起来，他说自己头疼得要命，不想吃，说你们去吧。

李文一个人躺在床上，脑子里尽是到刘新国所在的支局和去他家，听到的那些事在打转。他想起自己已经起草的人物大纲和一些故事情节，不由自言自语地说，你他妈那些“光辉照人”的形象，那些“感人肺腑”的故事，是打哪找、打哪编出来的呀？那还是“艺术创作”吗？简直是一……他想起刘新国老婆说的“刘新国现在只会讲……别人说他是‘二百五’”的话来。

李文现在感到这个东西不太好写了，虽然在来这之前，已经说了是写电视剧剧本，属于创作，可又特别交代，一定要围绕先进人物，从正面去塑造、去反映，不要“跑偏了方向，脱离了主题”。可到这之后，他所看到的真实的刘新国，和原来在省市县局听到的先进人物刘新国，可以说是两回事，或者说有很大不同。他又想起杨镇支局局长吐露的那一番话，觉得自己现在再按原来那个思路去写，简直是——可是……可是不按原来的，那又该怎样去下手呢？这“生活与艺术的关系”究竟该怎样处理，才是恰当的呀？

正在苦伤脑筋时，门“噗”的一声开了：“李老师，你怎么没开灯啊？”

是服务员小林的声音，跟着“噔”的一声，屋里灯就亮了。

小林端着一碗热汤面，急急忙忙地走了进来。

李文一下弄得不好意思起来，赶紧起身坐起来。

小林说：“你别动，我给你拿个高枕头把头垫着。”

李文这下更不好意思了，说：“我没什么，就是不想动。”

小林说："不想动就别动，听王姐说你病了，我就，就……"不知为什么，小林的脸，一下子变红了。

见到小林，李文不知为什么，心情一下又好了起来。他下床穿好衣服，走到小林面前，接过小林盘中的面条，像个孩子似的连声道："哇，榨菜肉丝面，太好了，太好了！我正不想到餐厅去，又想吃到这好的东西，真有口福！"说罢端起面条就大口大口地吃起来。

小林坐着没有走，只在一旁定定地望着李文，脸上露出微笑，时而泛起一层少女特有的羞涩与光晕。

李文抬起头，见小林手上还有一大卷稿纸，便问道："你这是……？"

小林这下才像想起什么似的，连忙笑着将手上一摞抄写得工工整整的稿子，双手放到李文手旁边，说："李老师，不好意思，这是我写的几篇习作，想请你看看。前天跳舞时我就带着，想给你，还准备请你跳舞的，可转眼你就不见了。"

"是吗？"李文愣了一下，他没想到小林那天也在找他，心里竟有些暗暗高兴。他还是第一次听到有人喊他老师，觉得有些不好意思。

吃完面，他拿过小林的习作，仔细看了看，不由大为惊异。他没想到这个早早就离开学校出来打工的女孩，骨子里竟还潜藏着这样好的文学素质。上次听她谈话，还只是有那么一点点印象，这次直接读到她写的东西，他对眼前这个非同一般的女孩更是有了深一步的了解。

小林的习作是一组随笔式的散文，这是些没经过任何雕琢和修饰的文字，却处处散发着一种纯朴真挚的情感，透着一股对艺术领悟的敏锐，尤其是她那种对于生命和自然的歌颂与热爱，对人类真诚与良知的呼唤和赞美之情，深深地打动了他。他从与小林的接触和小林的作品中，看出这个女孩真诚纯洁善良的一面，以及一般同龄人中很难得的才华。在这个太注重功利，看重名头与效应的社会中，这种出自真情的真实自然的文字，真的不是很多，而这种坚守传统美德，不忘本真初心的女孩，更是少之又少，难以寻觅了啊！

六

李文和马干事把他们这几天分别思考的剧本提纲，在一起交流了一下，他没想到，他和马干事的思路，竟有这么大的差异，两人互不相让，谁也说服不了谁，最后马干事说，干脆等于处长来拍板。李文说，你等吧，我先按我的思路写下去，结果两人搞得不欢而散。

杨导和小王两人那边，这两天却是如鱼得水，融洽得不得了。也是，有如此的天赐良机，加上好山好水相伴，好茶好酒伺候，真是“四美具，二难并”，这叫天作之合、天赐之美啊！两人每天都是出双入对、形影不离的，碰到山庄的人时，他们都说是在策划剧本讨论创作，当然，谁也不会无事找事去多问多管闲事。杨导演已和小王说好，剧本开拍时，让小王在里面担任个女二号，出演一位记者去采访劳模。小王早就想过过这演电视当明星的瘾了，这下一来，梦想即将成真，因而成天激动无比。为使自己能尽快地“进入角色”，便当真在杨导演的辅导之下，认真地“排练”起戏来。

山庄的王所长看到了，说“杨导演你真是有眼光啊，一下子就发现了我们王小姐这个人才，王小姐这次说不定真能一炮打响一夜走红的，到时你们这一对大导演大明星可别忘了这绿野山庄喔，咱们这里可是个‘培养艺术人才的摇篮’啊！哈……”

说罢不无深意地望着他们两人一笑。小王听到这话后，狠狠地瞪了王所长一眼，那眼神里有种凶狠与愠怒的味道，脸上却已是一片通红了。

绿野山庄是一片依山势而建的欧式别墅建筑群，从高处俯瞰，它宛如一座欧洲中世纪的城堡，被掩映在一片绿荫丛中，一幢幢精巧别致的小洋楼沿着山势逶迤铺开，错落有致，若隐若现，显得各具风姿，各有韵味，山庄还有一个名字叫“绿野仙踪”。

嘿，这名字取得真好，跟那个美丽的童话故事的名字一模一样，灵巧生动，准确传神，又富有诗意。李文写累了时，便想到四处走走，来山庄这长时间了，他还没好好看看这座山庄的全貌。

山庄的房子除了编号之外，每座楼房还取了一些十分典雅别致的名字，李文他们住的那座楼叫“听风楼”，编号为 7 号。他听说这里数 3 号楼档次最高，装饰最豪华了，此刻他就走到了 3 号楼的楼前。

果然，3 号楼与其他别墅相比，又明显地高出一个档次。楼房外面院子里有一个不小的花园，里面栽满各种名贵的花草，还有一个精巧别致、水光潋滟的泳池；楼内所有的装饰摆设，还有那些家具和用品一望而知都是十分高档考究的。楼房周围有一道高高的围墙，围墙上有一道铁丝网，大门口门楼上镌刻着几个鎏金大字“中天楼”，李文一眼认出这是省局刘局长的手书，那几个字虽说还缺点力度，可仍显得龙飞凤舞，飘逸潇洒。

李文正在张望，“嗨——”背后有个女孩的声音在叫他，李文回过头，是小林，还有王所长和另外几个员工捧着几盒香水、毛毯和毛巾被，还有两个吸尘器等东西从石阶上走了过来。

“李作家在这里观景啦？”王所长十分亲热地和李文打招呼。李文缓过神来：“嗯、嗯。”他连忙回答王所长。

“进来参观参观吧，咱们的大作家。”小林笑着请李文一起到里边看看。

李文跟着他们往里走。“你们今天要接待什么贵客，这么兴师动众的？”李文悄悄问小林。

“嘘——”小林对他做了个手势，轻声道，“省局刘局长后天要来。”

“刘局长后天来，今天就要这样如……”他本来想说“这样如临大敌似的”。

“你不知道吧？”小林小声地对他说道，“这栋楼是专门留给刘局长的，刘局长每回来山庄都住这里，行政处胡处长每回都要提前好几天打招呼，叫做好准备；省局办郑主任每次都要在电话里亲自布置，交代细节；胡处长在这里安排督阵，现场指挥，这已经成了一套标准程序。”

李文一愣。小林又补充道：“刘局长有哮喘，不能走远，胡处长说，今天一定要抢着把暖气装起来。另外还要把汽车路往山上延伸一点，胡处长上次数了的，从山庄公路边到3号楼前那段石阶路太长了，共有150多步，并且还有点陡，怕刘局长走长了吃不消，上次刘局长在这里就搞病了，胡处长把王所长狠狠搞了一顿的。”

“我的天啦！……”李文听到这里简直不敢相信，他此时有一种不寒而栗的感觉。趁王所长带领一帮人打扫整理房间的时候，李文赶紧逃也似的离开了这座显得有点阴森的小楼。

当天中午，于处长、胡处长等一行先来到了山庄，刘局长是后天来，他要在这里住两天，顺便听听创作组创作的情况。

于处长说：“你们几个人，先把这几天考虑的创作思路、准备的剧情大纲和脉络梗概谈一谈，然后再集中一下，后天好向刘局长汇报。”

吃过午饭，便由于处长牵头召集大家开会。

于处长对李文他们说：“你们谁先谈？”

马干事马上说：“李老师先说。”

李文听得一惊，他怎么突然对自己这样尊敬，喊起“老师”来了？但也顾不得多想，就把这些天整理起草好的提纲和故事梗概说了一遍，包括这几天他听到看到的一些东西，尤其是基层邮电部门所面临的“上面要浮夸，下面弄虚作假”的种种矛盾，以及基层邮电职工工作、生活上的各种困难等等，都揉了一些到里面。对于剧中主人公和劳模形象如何塑造，李文有些想法，也是引而后发，慢慢托出，似不吐不快。

于处长听着听着，两道眉毛不由拧在了一起，不等李文汇报完，于处长打断他说：“不行，不行，你这个思路有问题，你设计的这几个人物的性格虽然都比较突出，脉络也清晰，可咱们拍的这个电视剧，是要进行正面的宣传，要反映咱们邮电干部职工敢于吃苦、乐于奉献的精神，要让干部职工收看了以后，能从中得到启发，受到教育和鼓舞。可你在这里面披露了这么多落后面，把咱们基层干部，甚至是领导干部，都说得这么官僚，这么没有水平，这怎么能起到宣传教育的作用？你要好好纠正一下思路，多想想这部剧作的主题思想和积极正面的内容，下面小马接着说。”

李文听后，如当头挨了一棒，他没想到自业余创作以来，最投入、最倾心的一次写作，会被全盘否定，他一下搞懵了。

接着由马干事汇报。马干事显然是做了充分的准备，加上到底是搞了多年政工，讲话很有条理，有感染力，而且前面还有李文给探了路，他更是心里有底了。他说这部剧，关键是要反映出全省邮电系统的干部员工，在省局党组的正确领导下，通过解放思想、抢抓机遇、真抓实干所取得的重大发展和辉煌成就；表现像刘新国这样牢记“人民邮电”的宗旨，想群众之所想，急群众之所急，甘当党和人民群众的“绿衣使者”的奉献精神；通过一系列感人的故事和场景，来歌颂改革开放的伟大成就，塑造出一个90年代新劳模的形象……

马干事一口气说了一二十分钟，关于这部戏的主题、思想，以及人物成长的动力等等，令于处长、胡处长，还有一起来的省局工会主席、团委书记等一帮人，像是心里的一块石头落了地，脸上纷纷阴转晴了。

“不过，”于处长说，“这毕竟是个艺术作品，不是光靠思想就撑得起来的，还要靠个性鲜明的人物形象、典型生动的细节来表现，你这里面缺乏的就是这些东西，这一点你要向李文学习。我看你们两个人要综合一下，取长补短，揉成一个既有思想性，又具观赏性的作品。你们现在就去把情况碰一碰，明天中午之前，再拿个新提纲出来，我们讨论一下，后天好向刘局长汇报。”

听于处长这么一说，李文感到心凉了半截，他知道这部作品是不可能再照他原来的思路去写了，按自己所想的那样写，只能是死路一条。可要按于处长刚才说的那样写，他又觉得那实在是言不由衷，别扭难受。怎么办？没想到这个“千载难逢的机遇”竟叫他进退两难。

散会后，李文如一只被霜打蔫的茄子，闷闷不乐地回到房间。马干事主动来找他，说：“李老师，我们再碰一碰吧，刚才于处长说……”

马干事显得很着急，像被人追债似的。又说：“刘局长后天就要来，今天咱们无论如何要……”

李文此刻心里像吃了只苍蝇，很不舒服，但又不好发作，只好硬着头皮打起精神，按照于处长刚才的要求和马干事的发言，把它们综合了一下。晚上，于处长、杨导演、小王三个人打牌，差个角，李文便把马干事支去了，自己一个人关在房里，整整熬了一晚上，拟了一个新的剧情大纲。

“我就当他一回‘柳三变’吧。”李文苦笑着自嘲道。

第二天一早，两人一起把提纲拿去给于处长看。

于处长看了看，说：“嗯，这还差不多，要学会领会领导的意图，要不然咱们工作都白做了。”

于处长他们今天要和杨导演商量拍摄地点的事情，李文昨天熬了一晚上，现在要睡了。吃饭时，马干事来叫他，说：“告诉你一个好消息，于处长那里通过了。”

李文鼻子里轻轻“哼”了一声，心想：“好你个头啊！”

他没起床，说知道了，我太困，不去吃了。

下午，李文起来后，一个人到后山散步，王所长正带着招待所的人员，在加紧整理到3号楼去的那段汽车路。

见大家干得热火朝天的样子，李文觉得索然无味，正要转头，身后一个女孩子，小声地在叫他，不用猜，他知道是小林。

小林好像犹豫了一下，有些红着脸地说：“李老师，我要到库房去拿个水桶，我们一起走，可以吗？”

李文一下觉得有些突兀，还有点不大习惯，木木地跟在小林后面往回走。刚走出几步，小林小声问道：“剧本写出来了吧，是个什么样子，可以讲给我听听吗？”

“还是不讲吧，”李文轻轻叹了口气，“我都不知从何说起。”

“你怎么写的，就怎么说呀！”小林望着李文不解道。

“可你怎么不问问我，是怎么‘想’的？”李文声音里有点烦躁的味道。

小林有些吃惊地望着他，她没想到，李文怎么对这个话题，这样不感兴趣。

“我们讲点别的东西吧！”李文说道。

“讲什么呢？”小林问。

“你想听什么？”李文反问她。

“听什么都行，你只别跟我讲那些国贼禄鬼、世卿世禄的混账话！”

李文听此也不由一惊，他也没想到眼前这个秀气文静的女孩，竟说出这般叫他“耳颤心惊”的话来。他知道那句话是《红楼梦》中，林黛玉在贾宝玉面前，对那个蝇营狗苟的官场的一种不满和发泄。

“你怎么啦？”李文大惑不解地问道。

“你也还是不要问了吧！”小林学李文刚才的样子，赌气地望着李文。

“你呀！……”李文无可奈何地叹了口气。

“我们讲点高兴的事情，好吗？”小林说道，语气又换过来了。

“当然好！”李文也像个孩子样，真的“高兴”了起来。

“什么事情最让人高兴呢？”李文问。

“当然是爱情啊！哎，李大哥，讲讲你的爱情吧！”小林显然是真的很高兴，像只调皮的兔子样，蹦到李文面前，拦住他说道。

李文听她改口没叫他“李老师”叫他“李大哥”了，心里涌出种说不出的亲切和温暖的感觉，可一听她要他讲自己的爱情，他又沉默了，那是他最难言的隐衷。

“对不起！李大哥，我是不是触到了你的伤处？”小林问。

李文没直接回答她，他木然地望着远处，只幽幽地说了句：“那个《红蜡烛》的故事是真实的。”

“是……吗？啊，对，对不起李大哥，我不知道。我真，真的不是故意的。”小林抱歉地慌忙说道，脸上写满了不安。

李文只觉心里涌出一种感动，他没想到，站在他面前的，是这样一位温柔善良、聪明颖悟的女孩，她总是那样心细如发，善解人意。他低下头，目光一下又变得柔和起来。

他突然一眼瞥见小林的脖子上，戴着一串像是用一种很奇怪的石子穿起的项链，那串“项链”非常别致，那些石子的形状，并非普通项链那样的光滑圆溜，色泽看着也有些暗哑，但却丝毫掩藏不住它内在的，那种不同于一般石子的质地和闪光，给人一种少有的，不可轻慢更不可亵玩的感觉。

“这串项链是用什么石头做的？”李文轻声问了句。

“这是我们家乡山上的一种矿石，叫乌金石。这种石头极有个性特点，你别看它外表无华，却非常经久耐看；它其实温润无比，但质地又非常坚硬，不会轻易屈服变形，因此具有很高的工艺价值。前年国家派来地质和医疗专家检测，说它含有多种对人体有益的微量元素和活性物质，对人体健康很有帮助作用。”

“是吗？”李文似有点不大相信。

“真的是这样。”小林认真地回答道。

李文还是有点不相信似的，怔怔地望着这串与众不同的“项链”。

“李大哥，我……我能亲你一下吗？”李文突然听到小林在他耳边这么说了一句，不禁吃了一惊。他抬起头，看到眼前是一双含情脉脉，却又充满怨艾和凄楚的眼睛，那里面仿佛写满了少女羞涩的期待和一种痛苦难受的表情。没等他反应过来，只感到那张樱桃般的小嘴，在他脸上轻轻地亲了一下，如一位天使在亲吻一个忠实的信徒样。等他再缓过神来，那个美丽娇小的身影，早已不见了，唯有留在他脸颊上的一层薄薄的冰凉的泪水，还有一丝淡淡的女孩身上独有的馨香，李文不由感到大为惊异。

“小林，美丽的女孩！你也一定有什么难言的心事，我能……我能帮帮你吗？你难道不愿把我当作一个最亲近、最信赖的大哥和朋友吗？”李文站在那里大声地自问，他那迷茫的声音，如一阵无影无形的风，在空旷的山林间回荡。

七

晚上，杨导又来喊于处长他们打牌，昨天晚上杨导演输了，他说今天说什么也要让他赶一赶，于处长被他缠得没办法，只好去陪他打。

走时，于处长来到李文房间，李文正一个人在房里痴痴地发呆，他还在想着下午碰到小林的事情。

于处长走到李文身边，在一张椅子上坐下来。于处长望着李文，用一种十分亲切的语气对李文说道："小李，你把那提纲再斟酌、细化一下，有几个地方还要再完善修改一下，特别是在人物的思想挖掘上，还要再下点功夫。这种创作不同于一般创作，多少得讲点目的性和功利性，省局这次下这么大本钱，是要达到一定目的的，刘局长对这个事情非常重视，要争取刘局长明天来了，一次通过。"说罢他站起来，拍拍李文肩膀，道："有些事不能太认真，水至清则无鱼，人至清则无朋，太认真了，反倒做不好事情啊，我上次说的，我写的那篇杂文，后来得罪了不少人，搞得差点下不了地，幸亏……我只跟你说到这里吧。"于处长戛然止住话题。

末了却又加上一句："这次写作，对你也是个很好的机遇，省局机关最近要充实一批……"于处长这时真的打住了。

于处长脚步轻轻地离去了。李文似乎只感到于处长此刻的背影，如一只年深日久，早已用变了形的弓弩样，显得十分地松弛，以致有些"衰颓与老朽"了，他心里此刻不知为什么也突然悸动了一下。

李文脑子里此时已是一片空白，于处长的话，说得他心里七上八下的，不知是些啥滋味，他此刻心里，只在挂记着小林。他也不知道，他为什么老在想着她，是从来山庄一开始，就感觉到她的与众不同，还是今天下午，她对他的那种亲密的举动，或是她后来那种幽怨凄楚，似有难言之隐的表情？反正，这个女孩子身上的许多东西，都已令他怦然心动了，他觉得，他此刻应该去看看她，找她谈一谈，他太想知道她的一些情况了。

他把那个所谓的提纲又修改了一遍之后，就再也坐不住了。匆匆冲了个澡，换上一身干净衣服，拿上一本刚刚发表了自己的一篇散文新作的杂志，出了门，来到小林住的员工宿舍。

见到李文出现在自己房间中，小林竟没有表现出太多的惊喜。脸上的表情，似乎比中午见到他时的那种惆怅，还要低沉而复杂，她将小书桌上的一叠信纸，匆匆塞进抽屉，然后起身给李文倒了一杯水。李文放下杂志，接过水杯，抬起头，惊讶地望着小林，只见她眼眶又红又肿的，显然，她刚刚哭过。

"你……你怎么啦？"李文惊异地不知说什么好了。小林一直把头低着，不说话，李文一下更显得手足无措。李文又问了几次，不知为什么小林还是不作声，两个人就这么默默地坐了半天，都没开口，屋里的气氛显得很沉闷。

"那你早点休息吧。"李文叹了口气，只好轻轻地走出了小林的房间。

下弦的月亮，静静地照着山庄的每一个地方，乳白的光影流泻着，四周一片静谧，如同天籁。李文再也睡不着了，悄悄地披了件衣服，起身下床来到外面走廊上，鬼使神差又像上次那样，走到了走廊的那边。

于处长房间还亮着灯，于处长大概也还没有睡，还在跟谁在说话，像是杨导的声音。

李文听他们两人似在争吵，那声音不大，也不算小。

李文忍不住走近听了一下，不禁吃了一惊：两人好像为一些什么"分成"在争吵。于处长对杨导发火："姓杨的，你他妈这是像人做的事吗？我才走几天你就……"

杨导似在嬉笑着："对不起！对不起！我的于处，我真的不知道您也……喜欢她。"

于处长制止他道："行了，你他妈的别说了！"

杨导低声道："那您说，怎么办吧？我知道，都是我的错。"

于处长口气不容商量："怎么办？按我上次说的比例提，否则你远处发财，走人！人家那么多台都在等着，我给了你这么大便宜，你却一点都不知好歹，你还……！"

"知道，知道。"杨导仍在嬉笑着，"这您放心，于处长，就按您说的，我保证，你们前期款一到，我就给您全部提出来，另外再给您打个策划上去，到时再加1万稿费怎么样？"

于处长淡淡地道："你看着办吧。"

杨导又嬉笑着："嘿嘿，于处长，您就把那总款，再加一点吧，现在啥都涨了啊！那些演员的……"

于处长又火了："你他妈的，还没完没了啦！"

杨导不愠不火地说："别这样，我的于处，又不要您掏一分出来，您那里有的是钱，您一年宣传费上千万，拍这个剧少说也要再拨上百万，加一点算什么呀，我还要招呼那几个大爷。还有您下半年那个事，我要老爷子去活动活动，怎么也得……真的，我绝没忽悠您。没听说一个段子吗？于处。"

杨导演像是想起什么似的，也用起一种"说书"样的腔调朗诵道："'老子来做官，为的是吃穿，眼下这文钱，该捡就得捡'，说穿了不就是这回事吗，我的好处长！"

李文知道杨导演说的那段“老子来做官”是个官场笑话中的一段打油诗，没想到杨导此刻一字不改地把它用在了一个真实的场景中，不觉有种世间事事如故事的滑稽感。

“行了行了，我他妈算是服了你！”于处长此时的声音已是一种无奈了。

李文此刻在门外听得已是有种“惊心动魄”的感觉了，他紧张得心都差不多要跳出来了，仿佛是又做了次小偷样，赶紧悄悄地蹑手蹑脚地转身离开了。

八

李文今天中午没午睡，他心里有事，在房里待不住。走出房门时，隔壁几个房间都还紧关着，李文没像往常样，出门后就去后面小山上散步，他鬼使神差地来到山庄服务人员住的那栋宿舍楼前。他在楼下走廊里徘徊了半天，不敢上楼，早过1点钟了，却一眼看到王所长还正一个人在楼下的窗前闷闷地喝酒。

王所长此刻已喝得半醉了，他两只眼睛如被血抹过一样通红，却还在不停地自斟自饮。这个王所长平常总衣冠楚楚，假模假式，油腔滑调，一脸谄媚的，李文很有些瞧不起他，甚至对他有点厌恶。可此刻看他却是一脸的伤悲、失魂落魄样，李文觉得很是蹊跷。

看到李文站在门前，王所长放下手中酒杯，露出一脸的惊讶：“怎，怎么啦！小李，你都……都知道啦？”

李文一头雾水道：“我知道什么啦？”

王所长忽地一下站起来，又颓然地坐下：“你还不知道？唉，是我……是我把小林害了啊！”

“你说什么？”李文惊愕地瞪大眼睛。

“你……看看这封信吧，是小林刚才吃中饭前，跑来要我交……交给你的。”王所长从抽屉中拿出一个厚厚的沉甸甸的白色信封，交到李文手上。

李文接过那信封迫不及待地将它拆开，一串石子穿起的项链滑落出来，正是他昨天看到的小林戴的那串乌金石项链，还有一封信，打开信笺，小林那熟悉的笔迹跳入他眼帘：

李大哥：

你好！我让王所长把这封信转交给你，请原谅我就这样不辞而别，也请原谅昨晚你来时我对你的冷淡无礼，因为……因为我实在没这个勇气，当面向你解释，向你说清。

自从你来到山庄以后，我发现你身上有着的许多东西，正是我所十分欣赏和喜爱的——虽然，我没资格这样说，我顶多只能算作你的学生，但学生与老师之间，永远是没有距离和顾忌的，你说是吗？

我曾经对你说过，你跟“那些人”很不一样，你太不出众，太不大方，甚至显得有点畏缩。可我很欣赏你的这种“畏缩”，它其实是一种真诚与纯净，就像小时候，你还记得吗？我和妹妹总缠着你，让你讲故事，你总给我们打开那样一个个美好的世界，那是我一生当中最美好的一些回忆。我现在才明白你的那篇《红蜡烛》为什么写得那样感人，那是因你心中始终有着善良和美好，如果我没猜错的话，作品里面那个纯真而善良的雨，在他身上也有着你的影子。

而有个影子，早已深深地印在了一个女孩的心中！这些天来，她常常站在她们宿舍的屋顶上朝远处眺望。眺望迷茫的天空，眺望前面的那一幢小楼，她是在等待那个江南四月温润潮湿的早晨，等待那缕如泣如诉的清风和那阵如丁香花开一样的“小雨”吗？她的等待只是一种……一种奢望啊！对不起！李大哥，我太冒昧唐突了，我知道你心里只有一道唯一的美丽的彩虹，那是你心中永不消失的风景。我，我真诚地祝福你，你会见到那道彩虹的。

我走了，最主要有一个原因我就不说了。我没想到这个世界上还有这么多丑恶的东西，而美好的东西总那样艰难，那样难于被容！也许今后再难见到你，你是我认识的人当中最好、最有才华的，我希望你的将来更好，我会永远珍藏这段日子的。现在我要离开这里，到一个也许可真的称得上是山庄的地方去——我在北方老家的一个极偏僻的小山村。当那么多的人们，都跑到南方，跑到大都市来时，这种封闭偏僻的小山村，不正像一种“真正的山庄”么？我在几年前曾回过一次老家，我感到那里的老乡们都非常质朴、非常善良且都待我不错。我相信我能暂时在那里安妥一下我疲惫的身心。你放心！李大哥，我会善待自己，珍爱这最美好的生命的，我会在那里找一份适合我的事情去做。至于将来，我也说不清楚，但我相信这世上好的东西，终归是不会绝迹，并一定会占据绝大部分地方的。也希望你珍视自己的才华和机遇，好好保重，好好生活。

最后我只想问你一句：将来，在很远很远的将来，你还能记得我这个喜欢在你面前班门弄斧，傻里傻气的小妹妹吗？李大哥，我把这串石头项链送给你，做个纪念，就让它代表我，常常陪伴在你身边吧……

李文只觉自己双眼这时早已是泪雨蒙蒙，潮湿一片了。他没想到小林这个女孩子的心中对自己还有一份这样深的美好情感，她以为他……其实他心中的昨天的那道彩虹，早已不在，早就消失了——那个女孩到了那座小城市以后，很快就草草地跟当地的一个男的结了婚，生子了啊！

“那小林她……她此刻又去了哪里呢？”他把征询的目光转向王所长。

王所长此时也正一直怯怯地眼巴巴地望着他，脸上的表情显得很复杂。

“快告诉我，小林她现在去了哪里？在哪里？”李文突然张大嘴，大声问道，他还从来没想到过，他的声音也有这般凶狠。

王所长惊愕地望着他，吞吞吐吐地道：“我……我也不……不知道。昨天胡处长找到我，说刘局长今天晚上到，要我……”

“要你怎样？”李文用眼光逼住他。

“你别用这种眼光望我好不好？”王所长把头低下来，“我现在是把你当作最信赖的朋友，什么话都对你讲了啊！小李。昨天胡处长说刘局长难得来一次，你要好好安排一下，挑一个好点的女孩，晚上陪陪刘局长。不瞒你说，刘局长这人……唉，不好启齿啊！上次……这回胡处长发现小林还不错，对我暗示了好几次，我说这不行啊！人家还是个没……姓胡的那王八蛋竟拍起我桌子，骂我是废物，‘白养了你们！’他说。我知道，我惹不起他，我每年的承包任务就靠他关照，才能完成啊！要不然我怎么交差？我昨天准备要——”

“要怎样——？”李文紧盯着他逼问道。

“我他妈该死！该‘剐’！”姓王的做了个自扇耳光的动作，说道，“我昨天硬着头皮，把胡处长的意思跟小林说了，说只要她答应了，就立即升她做领班，以后还可以——可小林是个很自爱的女孩，我没想到她反应那么强烈，她性格那么刚烈倔强，她坚决不肯！她说宁肯去讨饭也决不……她说走就走了，连今天这里的早饭和中饭她统统都不吃，我也没办法留住她，是我把她逼走的。我，我他妈不是人！还有，还有那些家伙也都，都他妈不是人啊！呜……”

王所长显得很激动，加上刚喝了不少酒，说话像瀑布样不断线，最后竟像个孩子样号啕大哭起来，和他平常那一贯嬉皮笑脸、点头哈腰的做派完全是两个样。

“他不是人？我就像一个‘人’么？我……我何尝又做到了像一个真正的写戏人那样，去‘写人话、写人语、写人世、写人心’呢？”李文在那一刹那，也感到有种被强奸了的羞耻和撕心裂肺般的疼痛，那是他20多年来，从未有过的一种耻辱和疼痛。

李文仔细收好那封信，还有那串石头项链，把它放进贴身的衣兜里。不知为什么，那串不起眼的小石子，让他一下子想起700年前那位叫作关汉卿的前辈剧作家自比的那种“蒸不烂、煮不熟、捶不扁、炒不爆、响当当的一粒铜豌豆”来，这两者彼此虽相隔数百年，但却让人有种恍若同世、近在眼前、“同为一体”的感觉……

尾　声

太阳已早过当顶，午后的景区一片静谧，风景区真是个风景区啊，更何况还是一处“仙踪”！天上飘浮着一朵朵白色的祥云，一道道金光把四周山峦映照得一片金黄，半山腰响起了一阵阵前面寺院里传来的钟声，无数只鸟儿在树林里大合唱般地鸣叫着；湖岸边是一阵阵水禽的嬉戏和欢唱，一处处的“教育中心”“培训中心”等，沉浸在一派温馨的静谧和祥和之中。

李文是从王所长那里出来10分钟后离开山庄的。他问清了往北车站的方向和最近的道路，然后匆匆到于处长那里去打了个招呼。他说接到家里紧急电话，家里出了重大事情，必须立即赶回去，那口气显得十分焦急而果决。

于处长显然觉得意外，但似乎又像猜到了什么，反正感到十分的心烦与恼火，脸上都能看得出来，刚想发作，又打住了。于处长此时很矛盾，也很纠结：这小子这个时候离开，这简直是……唉！那……那这到底算什么呢？他感到有点头疼。他大概还是希望李文最好不要错过眼前这个千载难得的机遇，说心里话，他十分欣赏并已喜欢上了这个颇似自己当年样子的年轻人，所以他没把话说死，甚至有些帮着袒护，只淡淡地道："那你先去吧，你自己把握好！"就差没说"机遇不是随时都有的，错过了就……"

但他不知道，眼前这个叫李文的年轻人，他很不会"珍惜机遇"，更不会"抢抓机遇"，因此很可能会把这个"绝好的机遇"给浪费掉。

当然，失之东隅，得之桑榆。李文自己认为，退出这次创作，尽管十分遗憾非常可惜，但他也由此收获到了他人生当中另外一些难得遇到的东西。

谢灵运的桃花梦

一

45 岁就主动申请内退的谢灵运离职一年后，便开始感到后悔甚至“后悔不已”了——回到家中的他，连一天他所向往的东晋那位与他同名同姓的田园诗人所沉浸的那种流连山水、乐于隐居的生活都未过上：收入倒是一下减少了一大半，现在每个月连生活都要发愁，一天到晚不停算计还生怕有什么闪失突然冒出无法对付，更不谈想要过得稍稍体面一点，“比以前有尊严”。再就是他一心追求的那个所谓的“精神生活”也完全成了笑柄。他原本想不再受以前在单位那样的约束，当个自由撰稿人什么的，想写什么就写什么，闲来还可四处走走，寄情于山水田园、琴棋书画。可商品社会里处处“刺刀见红”，讲求实惠利益。即使是文学这些所谓的高尚的精神领域也一样，照样离不开金钱美女、明星大腕、隐私秘闻等；而他写的那些东西常常是一本正经，没谁会对那些东西感兴趣，因此他的那些个所谓的作品大多都成了废品，甚至连废品都不如——经常有些征稿的地方先都说得好好的，但到关键时都要他赞助一笔出版费，他哪拿得出，最后人家骂他写的那些玩意甚至包括他本人都是“纯粹一堆垃圾”，他差点没气昏过去！即便偶尔弄成一篇，一个“豆腐块”能有多大作用，要名没名，要利不过就是几十或百来元的稿费，想用它来弥补一下收入上的不足和颜面上的尊严，哪能作上指望？简直就是九牛一毛，杯水车薪！

说去说来又是钱，钱常跟他躲猫猫捉迷藏似的，他在后面追得唇干舌燥、口吐泡沫，却一无所获；钱总搞得他焦头烂额、无以招架，有时跟一孙子似的窝囊透顶，他跟自己开了个天大的玩笑。人常说：不到黄河心不死。

他这还未到黄河，心便凉透了；又有说以前糊涂，现在清醒了，可现在他自认是清醒了，但为时也晚了，这世道早已“萧瑟秋风今又是，换了人间”。幸好一位过去对他还算赏识的省局的前领导，了解到他的这些状况后，正逢自己手下需要人，便征求他的意见，问他愿否重新出山，但条件只能算返聘。他想了想只有点头答应了。除此，他还有什么资格矫情矜持、扭扭捏捏？可怜鞋子破了底，连脚趾都露出来了，哪还有什么“面子”？！

此时正应了那句“早知今日，何必当初”的箴言，你一穷书呆子，能造出个什么大名堂、扳出个什么富贵命？

二

省局现在已改制成了企业，叫省××公司。“重新上岗”后的谢灵运仍干起他的老本行，为省公司写新闻报道，顺带编一本内刊。作为返聘人员，待遇当然比正式在职差得十万八千里远；尤其是现在除了那位老领导外，那些新人谁还把他这个“老临时工”放在眼里？根本就是办公室的一“下饭菜”“出气筒”，谁叫他有福不去享，硬要扔了金饭碗，跑来这里要饭呢？——当时那“退养”的名单里面根本就没他，他是自找的！所以失落感是明摆着的，他感到比过去更难受、更受约束、更加压抑了。但现在还说这有啥用，一切都晚了，领导交给他的事情，他还得死心塌地地去做，并且要比过去做得更快、更好、更仔细，因现在他端的是一“纸饭碗”，他更得唯唯诺诺、小心翼翼地去把它端稳、捧牢。

企业的新闻报道离不开基层单位通讯员，他和下面的这些同事的关系大都相处得很好，大家都一口一声叫他“省公司领导”——下面单位员工对公司机关的人都这么称呼，他却总不好意思，要人家别这样叫。尽管他现在的工作性质确实是在组织管理和指导他们，干这行也好多年，而且他原来在职时已是副科级，但他总觉得，大家都是一样的，都在干同样的工作，他怎么就成了领导呢？再说他这人最反感那种官本位的意识，他总想大家都挺不容易的，何必又要多个管束呢？

只有一个名叫林娟的偏远市公司的通讯员总叫他“谢老师”，他听到心里头一震，他很喜欢这个称呼。他原来在职时，平常大家都喊他谢科长，可他对那个称呼并不感冒，觉得那很俗气，他认为自己是宣传科甚至是全省局的“笔杆子”，这是那些科长，甚至好多处长们，都所没有或做不到的，他不需要靠那些东西来给自己打底气、撑腰。现在有人喊他“老师”，他觉得这个称呼很好，很让人受用，一下就把他的优势，还有那些他自以为比较得意的东西，都给体现出来了——嗨，看来他也是个很爱面子好虚荣的俗人。现在这个名叫林娟的通讯员，每回来稿总是说“请谢老师指正”，其实人家都大学毕业好几年了，名牌大学的大学生叫自己“老师”，这让他感到有些意外，尤其是这种对他赖以自恃的、自以为是的专长的承认，使他有了一种久违的自信。

那次主编派他到下面一个市分公司采访，是陪省电视台几名记者一块去的。到了当地，他们车一停下，就有个长得十分清秀的女孩跑上来，接过他们的行李。女孩对他说：“您就是谢老师吧，我叫林娟，是这次负责联络、接待你们的。”

她就是林娟？他不由感到一阵诧异——这女孩外表形象这么好，又被派来搞接待，他还以为是他们公司专门搞公关的礼仪小姐呢，这种女孩一般是不大喜爱看书，更不喜欢搞写作的，当然这只是一种成见；而这个林娟，他记得她文笔非常隽秀，常把那些硬呛呛、干巴巴的报道，写得轻灵舒展，腾挪多姿，很富有文采，他没想到在自己的周围，还有这么精心认真去侍弄文字的人。

没想到林娟显得很害羞，跟他们说话时常常脸红。她说没想到谢老师这次亲自来了，能见到谢老师，她非常高兴。谢灵运说他也是，见到和自己打过文字交道，尤其是比较认可的人，就觉得格外亲切，所以为什么人家讲，字如其面、文如其人，又说惜字如金呢。

“这不就是指爱写作的人都心有灵犀，惺惺相惜，如遇知音啊！”谢灵运说。说得两人都会意地笑了。那次是到一个乡镇去采访，主要是录像，先在几个村庄拍外景，他和林娟都插不上手，就在一边有一搭无一搭地聊着，他无意中发现，在好些话题上，他们都能聊到一起且十分投机，他感觉挺巧也很难得。当时是个冬天，太阳暖暖地照在远处的田野和近处村庄的房顶上，那些鸡和狗都趴在草垛上晒着太阳，风也显得很轻很柔和，把一阵阵乡村和农家的味道都吹了过来，让人感觉四周都氤氲着一种很温馨和暖，甚至有点暧昧的气息。

林娟那天穿着一件白色的羽绒服，头上戴一顶红色的贝雷帽，白皙的脸庞上，染着一层红晕，在一群看热闹的村民中间和一片收割后的乡村田野上，显得格外打眼，他发现林娟这个样子很可爱、很妩媚，像一幅画样。

回到省城之后不久，他收到林娟传来的一篇通讯，就是以那次采访为背景，写他们那个分公司近年来的工作，以及给当地群众生活带来的变化。他再看她的来稿，便更觉得格外的特别和亲切了。

于是特意在公司网上给她回了话，和她交流了对稿件中一些内容处理的具体看法，还特地向她问了声好，说感谢她对他工作的支持，上次去采访给她增添了许多麻烦。

林娟在那边连忙道："哎，谢老师，您可千万别这样说，怎么好说要您感谢我呢，那是我应该做的，您这次又帮我把稿子修改得这么准确得体，使我学到不少东西，该感谢的应该是您呀！"从那语气中他知道她说的是真心话，他想象着她在那边那种可爱的样子。

他很快把那篇通讯在自己编的内刊上登了出来，并且以省公司的渠道把它投到外面媒体上，也很快见了省报。过不多久他就把这事给忘了，现代化的生活节奏实在是太快了，谁还刻意把这样一些琐碎的事情记在心上呢。但过了没多久，林娟从网上来了信，说非常感谢他对她文章所做的帮助，说他对她文章的几处改动确实是画龙点睛，让她佩服不已，还说这篇报道在省报刊出后，她们市公司领导非常重视，不仅表扬了她，当月还给她发了全分公司最高的绩效奖。最后林娟说看到他上周发在省都市报副刊上的一组诗歌，和以前他在《西江文艺》上发表的几篇散文一样，写得都很美，让人读后有种被熏香沐浴了一番的感觉；特别是这组诗歌都赞美了一个主题，那就是对于逝去的岁月里留在脑子中，被认为十分美好的东西的一种怀恋与追忆，读来让人特别难忘……

他看后，心里不禁一动：她竟对他的作品如此熟悉、如此关心，连周围的一帮文友都没这么注意呢。应该说，每个人无论他或她的才华、能力、容貌等如何，都是非常希望能得到别人的承认，尤其是面对一个自认为是各方面都非常不错的异性的肯定与欣赏。任何一个人，特别是男人，他更会特别地在乎。当初年轻的歌德，这位多情的才华横溢的诗人，不就是因为那部《少年维特之烦恼》而吸引了众多女人的青睐，从而更加意气风发，挥斥方遒么？所以男女之间的互相欣赏，一定是一种非常美妙的境地，甚至是有点"妙不可言"，这其实与那个所谓的"情色"，是无太大关系的。

那以后，他们在网上就聊得更多了。先主要是聊工作，后来更多的是聊文学、聊作品、聊艺术、聊人生、聊过去的经历和对未来的想象，他感觉和林娟聊天，是一件很开心的事情，很久都没这样轻松了；不，应该说他还从来没体验过这种非常特别的愉悦和快乐。他们有那么多共同的话题和相同的感受，在许多问题上他们的看法竟是那样的一致。他们都固执地认为，在这个欲望横流，太过物质化的时代，如果每个人都去随波逐流，只关注眼前那一点物质的利益，只看重那一种所谓的“成功标准”而放弃精神上的追求，放弃人格的独立完善与自我价值的提升，那就太悲哀了。

他们所喜欢的东西也的确非常相近，总是跟文学和艺术方面的内容有关，都把精神生活看得比什么都重要；尤其是在如何对待人生和爱情的理解与选择上，简直“不谋而合”，如遇知音。他们都非常欣赏那种“井上疏风竹有韵，台前古月琴无弦”的意境，以及当垆卖酒、红袖添香式的老派爱情；像那丝毫不为物质所动、不畏世俗的偏见，一心只追求心灵的默契和渴望真爱的卓文君、司马相如，或简·爱和罗切斯特等，他们更是激赏得无以复加，在这点上简直可以用心有灵犀来形容。

还有，林娟是名牌大学毕业进的公司，她是一位非常独行特立的女孩，与周围大多数女孩很有些不一样。她很欣赏谢灵运当初放弃好职位，离开单位去尝试别样的人生，她认为人生是应该为理想去追求去拼搏一下的。她对谢灵运奋斗的失败，甚至是目前尴尬窘迫的处境，丝毫也没流露出那种不屑和轻蔑嘲讽，反而还常表示出能够深切理解，并给予他恰当的安慰；不像大多数同事对谢灵运这种行为不屑一顾，甚至嗤之以鼻，这一点使谢灵运非常感动。总之，她有点“宠着他”。

他也总盼着和她聊天和她交流，感觉这就像是每到周末，人就感到特别轻松，或是像去看了场很久都难得见到的好电影样，让人久久回味。他常把自己喜欢的一些东西发给她一起分享，有时写了篇自认为比较满意的东西，就立刻传过去给她看，每次看完她总要认真地谈出她的感受还加以点评。

有次他写一个稿件需要几个例证，记得以前在一篇文章中引用过，可底稿早删掉了，突然想到了她，便试着问了一下她。没想到她立即说：“您的所有文章都存在我的电脑中，我这就给您传过来。”边说就把稿子给传过来了，那一瞬间他硬是愣住了：对于一般人而言，他写的那些玩意算个啥啊，可她竟然如此有心把它们都给收集起来了，你说这还不让人感动么！谢灵运问她，说你是怎么还想到把这种东西保存下来呢？她说那是应该的，还说：“谢老师您不说字如其人，又说惜字如金吗？对我来讲有些东西是非常值得珍藏的，尤其是……是您的。”

“是……吗？”谢灵运一下子惊呆了，他没想到她居然这样说，这话太让人、让人……谢灵运心里不禁猛地“咯噔”了一下，像是有一根非常隐秘的琴弦给拨动了。

三

每天下班回到那个叫作“馨香苑”的住宅小区时，林娟都感到越来越别扭：她现在的生活就真如这小区的名字，如她周围的那一帮小姐妹们所羡慕、评价的那样“幸福得像花儿一样”吗？回答当然是肯定的。在这个不大的城市里，馨香苑是为数不多的几个高级住宅小区之一，它环境优美，高雅时尚，处处显得出类拔萃而引人注目；所住者也的确是这个城市中有点身份和地位的精英人群，对于这点，林娟当然是十分清楚也感到非常的满足。

林娟大学毕业后经人介绍认识了现在的丈夫王健。王健也是毕业于名校名专业，起点很是不俗。尽管他和林娟所学的专业、两人的性格、家庭出身和生活习惯等方面很有些不同，但他认为从年龄、外貌、学历、工作单位等方面来说，两人应该是十分般配了。他跟人说，如果要给他和林娟的组合一个评分的话，可以给 90 分。

王健是个很理智的人，他虽对林娟各方面都非常满意，但他没说要给他们的结合打 100 分而只说 90 分，这说明他看问题很冷静，也很客观，还留有余地，这和他那稳健成熟的性格有关。他认为凡事想得太圆满、太理想，实际上是一种自欺欺人。

“‘月太圆则亏，水太满则溢，缺憾即是圆满’，弘一法师李叔同早就这么说过，这话说得很有哲理，当时连那些炙手可热的民国高官们都对他臣服不已，你知道吗？”王健每回跟林娟说到这类话题时，总用这样居高临下的口气先发制人，好像这样就占据了一个话语权的“制高点”样。王健认为，在这个非常功利、非常讲求实际的年代，任何甘愿付出不求回报的事，都是不可能的。无利不起早，凡事皆有因果，正所谓“世上没有无缘无故的恨，也没有无缘无故的爱”，这个世界上的一切都是互为牵连互相利用的。

王健在大学里刚开始学的是哲学，后来改为经济管理，现在在市委宣传部当干事。宣传部是个较清淡的部门，他就想办法利用工作上的一些关系，为一些企业牵线搭桥，人家也常给他一点回报，只是很有限；但王健的父亲做生意很有钱，听说他们要结婚，立即就买下这套商品房和全部进口的家具电器，作为送给他们结婚的礼物，所以他们在这点上起点很高。

林娟对此是心怀感激的。她知道做父母的都不容易，都掏心掏肝地为儿为女，就像自己的父母，好不容易到退休，本该好好享一下福，却又要为哥哥嫂嫂做饭、带小孩，还要为他们承担小孩的学费等，毫无保留。所以做儿女的在对待父母，包括自己的妻子、丈夫和所有的亲人时，都应多替他们想想，多一点感恩之心。

王健在这点上跟她看法很不相同，照说王健对现在的处境应该知足了，有这么好的家庭、职业等，但王健总认为人与人之间的关系，本质上都是利益关系，不存在什么感恩不感恩的。他常说："不要把那些道德的东西，背在身上成为包袱，大家各取所需罢了，人都是自私的，主观上都是为着自己，客观上才为着他人，有时还不一定。"

林娟说："那也总不能事事都想着利益，处处都存在利害关系呀，再说总不能跟家里人也要去算计一下吧？"

王健则很不以为然地道："那又怎样呢？有时还真要如此呢，人生的每一步都是要计算成本的，没见《人生的成本》那本书卖得那么火爆，那不正好验证了人们的一种普遍心理和价值观念吗？黑格尔说得没错，存在即是合理的，你知道吗？"他动不动又使用起那个"你知道吗"，好像别人都是傻子，什么都不知道似的。并说："现在世界上许多发达先进的理念，首先都是以满足自我为前提的。"

"可你这个先进理念也未免太绝对太绝情了吧，简直有点荒唐，哪能事事都与钱挂钩，处处都要算计，一切为着自己呢？这种想法亏你想得出来。我看你这是一心里只有钱，丝毫没其他，完全是一种心理扭曲，是自私利己的伪哲学！我告诉你，这世上肯定不是什么东西都能用钱可计算出来的，也绝不是任何存在都是合理的。"林娟反驳道。

"哼，这还用得着你来告诉我？真是搞笑！不错，我是发明不出人人都能接受的真理，可你要记住这点，这世界是物质的，物质的世界只承认世上的一切都是由物质组成，讲求的是物质不灭和能量转换。物质只有保持总量不变才能做到质量守恒这是硬道理，所以任何事情都应量化才对，不然拿什么去衡量去说服人？而货币是最明了、最硬通的标准，钱的多少能准确地计算出人生的幸福指数，经济的杠杆才是万能的。"王健趾高气扬、振振有词地说道。

"我看你这是走火入魔，太不可理喻了，这样的幸福指数我宁可不要。我不反对多挣点钱，可人生除了挣钱外，难道再没有其他的乐趣吗？"林娟开始有点生气了。

“你别跟我唱高调了，我这样有什么不对有什么不好？如果没有钱，咱们能住这样大这样好的房子，你能那样心无挂碍地享受那些不菲的消费，能从从容容地去听音乐、看芭蕾，陶冶那情操？算了吧，别自欺欺人了！你再看松他们现在过得是多滋润，如果他们当初不是当机立断下手心狠，如果他们现在穷得像个鬼，他们还能这样潇洒这样快活吗？”王健终于有点激动了，原因之一可能是又提到了松和小梅。

松是林娟的哥哥，和嫂子小梅原来都在工厂里面当工人，工厂的效益不好，两口子常为钱的事吵吵闹闹。后来林娟的爸妈退休，单位把公积金返还给他们，两口子便软磨硬缠地全要了去，还用自己住的一个小房换了父母住的一套一楼的大房，在那开了个小店慢慢就做起来了，后来就用赚的钱又买了套大房，现在还买了车，过得有滋有味，风光无限的。

王健一旁看着很是眼热，也对此很有意见。因王健读大学那两年，他父亲正在倒霉阶段，常常是看到别的同学潇潇洒洒，花钱大方，他却只能在一边干羡慕。王健是个很好面子的人，那时他总是像只鼹鼠样，处处躲着别人，心里总是感到压抑，这段经历令他一直记挂于心。后来毕业了，家里的情况也好多了，但结婚时没有得到林娟家一点帮助，全是他们家拿的钱。尽管他们家现在已不在乎这点钱了，可他总觉很不平衡，所以更是耿耿于怀。

现在王健是想让林娟辞去工作跟他去开公司，说趁年轻早点下海，去挣它一笔；或者要林娟待在家做全职太太支持他去创业。林娟觉得王健这人对金钱太过计较了，她不愿苟同。还有，她不想离开现在的岗位，去到一个自己非常陌生的领域去创业，更不想去做那个什么“全职太太”。要说那个创业，代表的只是王健一个人的想法，她对这个领域毫不感兴趣，她要去的话，不过是去帮他做个摆设而已，要么就是一天到晚去伺候他，给他当保姆。她认为这种牺牲的代价太大，不值得，她做不到也不愿意；而且她认为王健现在的工作很不错，何必一看着人家赚钱就眼红心动。

王健则毫不退让，他说你这种想法太目光短浅了，别看公务员说得好听，一个月就那点死工资，好不容易挣点外快，还比不上人家挣的零头，再说自己名牌大学毕业好几年了，却一直没被提拔，显然是太委屈他了。

林娟很不赞同他的这些观点，她认为凡事都有个过程：“你先别问人家怎样对待你，先检查你自己做得怎样了。”

谁知王健一听这话就火了，他说：“你问我做得怎样？那几个娘们加起来不如我一个呢！”

王健所在的科室除王健外其他几个都是女的，有的还是他顶头上司。王健平时很瞧不起那几个女的，说她们能做什么呀，一群没脑子的！那话里面透出的是一种明显的瞧不起别人的大男子主义。

他甚至直言不讳地对林娟说：“现在这个社会就必须以男人为中心，要不那么多女孩子都说，干得好不如嫁得好，这对男人是一种挑战、一种鞭策，也是男人的一种责任、一种骄傲和价值体现；而对女人来说，则是一种最好的安置和结局，你知道吗？”

对他这样的大男子主义思想和咄咄逼人的口气，林娟真不知怎样回答了。当然，也不能说王健说的都错，这毕竟也是当今社会一部分现实，但她就无法接受，所以两人就这样互不相让，总是磕磕绊绊着。好在两人之间虽说有这样一些矛盾和摩擦，但两人都是很好面子的人，所以也没真大吵大闹得怎样，只是这样经常有些不愉快。加上不知是什么原因，两人那方面很不和谐，从结婚到现在都两年了，林娟还没一点动静。

两边的父母，尤其是王健爸妈总在催问，两人都有点不安，又不好把话说穿，因此常常就这样互相忍着、耗着。

她便感到很压抑，常常生出与那个“馨香苑”不相和谐的情绪来。

她突然想到了谢老师，和谢老师在一起聊天，或讨论一些问题时，她总感到很轻松、很愉快，甚至更“亲近”一些。除工作外，他们也常谈论些生活与情感方面的话题，当然这都只是作为文学创作或艺术欣赏来谈。记得有次谈到爱情和婚姻方面的话题时，谢老师说，如果两个人之间没有点互相欣赏，那么他或她即使再优秀，在对方眼里恐怕也是可有可无，形同路人。她当时听得好一阵感动：谢老师，您真是太懂得人、理解人了，尤其是懂那种有个性、渴望能独立的女性。她对此深有体会。她自己就是个很要强的女人，她希望有自己的理想和追求，也希望身边的那个人能理解她。可王健根本就不理睬这些，还时时压制着，表面看是宠她，实际是专横。比起谢老师，他根本就不懂得理解人尊重人，他甚至就像是那种“可有可无”的人。尽管他是那样的“优秀”、那样的“抢手”，但她要的不是这些，她想要的是一种互相理解、互相尊重、互相欣赏，在这点上王健似乎永远都难做到。她和他或许根本就不是同一路人，仅仅只是两个“同居者”——她有时总在心里这样想着、比着，虽然她知道这事是不能比的，朋友和夫妻完全是两码事，但，怎么说呢，她常常就是这样不由自主地去“比”。

四

转眼就是夏天了，省公司准备组织机关员工，周末到省内一个市公司所属地去旅游两天，让大家轻松轻松，目的地正在林娟所在的那个市。谢灵运不由一阵欣喜，立即报了名，并立刻把这个消息告诉了林娟。其实他心里是希望她像上次那样，又能被安排做接待，因为这属于她那个部门的工作，这样，他就又可以看到她了，也不知为什么，他现在特别希望能见到她。

后来听她说她并没被安排做这次的接待，他便觉得很遗憾，感到心头有些怏怏不乐，甚至都不想参加这次活动了，太让他扫兴了。但吃过晚饭后，他还是和同事们坐上公司的车出发了。

一路上大家都有说有笑，聊得热火朝天的，他心里却是在想着别的。天很快就黑了，一道道闪烁的灯火从车窗外匆匆划过，大多时是黑魅魅的夜幕下的田野和影影绰绰的村庄，像是在一个陌生的星球荒野上。慢慢地车上的人除司机外，大家都打起了瞌睡，车厢里显得格外安静。

他刚好坐在一个靠窗的位子上，两只眼一刻也没闭地紧盯着窗外。离林娟所在的城市越来越近了，他睁大眼睛，像是要努力把前面的这一切、每一层都给看穿似的。他很想知道林娟此刻在干什么，是在看书、看电视吗？或是在逛街购物、聊天上网？还是……

人往往就是这样，在某些特定的时候，很容易触发一些特别的思绪。此刻的他拿出手机，想跟林娟说点、写点什么。写什么呢？他踌躇了一下，脑子里突然蹦出贺敬之《回延安》中的句子，如“心口呀莫要这么厉害地跳，灰尘呀莫把我眼睛挡住了……”心头一热，不正像自己此刻的处境和心情么？当然，那向往的对象是迥然不同的，但激动的程度一定不亚于当年的这位诗人。于是就摁下一句“几回回梦里去（原句是“回”）延安，双手搂定宝塔山，满心话顿时说不过来，一头扑在延安怀……”再按下一串号码，是她的，屏幕上跳出“确定发送？”的字样，他迟疑了半天，最终还是移向了右边，摁下了删除键。

是啊，他对她目前的生活状况，内心的真实所想一无所知，哪能这样贸然打探，甚至有点像是骚扰？他这么一个四五十岁的半老头子，凭什么向人家一个年纪轻轻的女子唠叨这些，给人家发这种内容多少有点费解，甚至有些暧昧的短信呢？再说，再说她和你根本就不是同一时代的人，她这么年轻，就算也爱好文学，可这种早已被人淡忘了的过去年代的“名家名作”，她哪里读过，哪里知道啊——真是莫名其妙。

简直是有病！

当晚到了那个城市下面一个县的风景区，他们住进了半山腰的一个宾馆。第二天一早，在当地公司领导的陪同下，大家一起来到一个新开辟的旅游景点——天堂谷漂流。

天堂谷漂流是当地刚开发的一个旅游项目，这里的河谷水深流急，远远就能望见有一股巨大的水瀑，从近千米高的山顶上，蜿蜒朝下滚滚而来，一直冲到谷底，这样上下形成了一个非常大的落差。天堂谷漂流就正是利用这种落差来完成。如好多漂流一样，天堂谷那些水瀑和溪流沿途，有许多各种各样嶙峋的怪石，如一只只巨大的野兽，龇牙咧嘴地蹲伏在那里，把那水流逼峙得更加湍急、凶猛，并发出一阵阵震耳的轰响。水流经过那些巨石之后，往往就形成一个巨大的旋涡和一个90度垂直向下的台阶，漂流艇从上游冲泻而下，一到这漩涡和台阶跟前，就纵身往下一跃，然后跌落在下游的水中。但搞不好，船就被掀翻，人就会掉到河里，十分惊险。

可游人们本来就是冲着这股“惊险和刺激”而来的。

同去的男女同事进行了组合，一名男同事带一名女同事，都穿上救生衣，他带着一名女同事坐上一条橡皮艇开始了漂流。刚开始还觉挺好玩，甚至感到挺刺激、挺有趣味，橡皮艇载着漂流者，顺着水流一起一伏、忽快忽慢地向下游冲去。皮艇一会儿被水浪高高托起，一会儿又被重重抛下，时而在水中打着旋，时而又如小鸭破壳而出，同事们在峡谷和溪流中大声地叫喊着、惊呼着，互相追逐嬉戏，疯逗打闹，一个个显得非常开心。

漂到最后一段时，地势更加陡峭，水流更加湍急，到一个大急拐弯处，他们从一个4米多高的台阶向下冲去时，橡皮艇突然凌空一翻把他们连人带艇扣在了水里……

一时间他大脑里一片空白，那地方水有好几米深，尽管身上穿着救生衣，但那身体此刻完全不属于自己，只能任那巨浪折腾摆布着，毫无丁点办法。他好不容易从水底钻出水面，眼前又是一片浪涛翻滚、汹涌滔天。他看到那女同事正在水面一起一伏地挣扎，他心里骤然一下缩紧，立即游过去托起那女同事的身体。他用眼扫了扫，救生员离他们还有几米远，且水流冲击太大，他们难以靠拢，只短短的一瞬，他便感到浑身已精疲力竭，还呛了一大口水。救他们的人还没能拢来，不说那女同事，他自己都感到已不行了。

死亡的阴影，顿时像两只巨臂死死地抓住了他，他想——一切都来不及想了，灭顶之灾已从天上降落了下来。然而就在这绝望中，他看到有人抛过一根绳索，他立即大声喊那女同事：“往右边看，快抓住绳子！”

不用说最后两人都得救了，他却浑身如散了架样再也没有任何力气。刚才那一刻太可怕了，现在还惊魂未定。女同事更是吓得掉了魂似的，一提起那一幕，脸便唰地一下变得惨白，手连连直摆，于是后面的一段漂流便自然放弃了。

下午去爬天堂山，那些年轻人一路打打闹闹、疯疯癫癫，他觉得参与不进去，就一个人走在最前面。那些同事很快被甩得老远，他已经上到了山顶。这样也好，他就想一个人静静地待上一会。

眼前这么大一座山，只有他一个人在此与它对视，“相看两不厌”，他想怎样就怎样，谁也不会来打搅他。望着脚下那层峦叠嶂、连绵起伏的一座座山峰，听着耳边的一阵阵松涛和水流声，他的思绪一下就走得很远。

他又想起早上的漂流，想起那惊心动魄的一幕，想到他和同事那一刻的惊慌、恐怖与垂死挣扎，想到生命是如此的脆弱和不堪一击，生与死有时就只在一瞬之间。他想到人的一生的确有很多的不可预知性和偶然性，有时这种偶然性还占据着主导地位，完全由不得自己。这冥冥中是否有种东西在对命运做着安排？

是啊，命运真像是个神奇无比的魔方，随意地那么一拨弄，就会产生出另外的一种结局。可不是吗？比如当初在别人眼里，他还那么年富力强，身在那好的单位、那好的位置，他却自己把它放弃了。为什么呢？唉，不说也罢，真叫五味杂陈，尤其是现在，更是有苦难言……

本以为一切就这样了，可命运鬼使神差，又让他重新回到原来的位置，再次操起旧业，但那心境、那感受又是完全不一样的。还有，原来在机关里面稳稳当当且一干20多年，现在这个局一下变成个公司，说改就改，还动不动让你下岗，弄得成天紧张兮兮。再比如原来自己是名正言顺的干部，哪怕是工人也是正式的，再怎么也是可“以主人翁身份自居”，现在他成了一个处处看人眼色、仰人鼻息的返聘人员。原来虽然感到压抑，但到底还有点底气，现在他完全是寄人篱下，孤独无助。然而他知道，这些其实都还不是最主要和最可怕的，最主要、最可怕的是，他觉得这些年周围的环境、人心等都完全变了，变得如此地麻木冷漠，虚假势利，这一切都让他感到极度的不安和恐慌，当时他那么急流“勇退”，很大程度上就是因为这个原因。

谢灵运本是一个很腼腆、适应能力极差的人。他一向很固执、很倔强，但实际上又非常懦弱，非常胆小。他同情那些弱者，总希望能帮助到别人，同时也希望能得到别人的帮助，特别是现在，他很需要那种精神上的抚慰，他太敏感、太脆弱了。但在他周围似乎没一个人能真正理解他，包括和他朝夕相处的妻子，这是一种极其残忍的无人能抵的非常可怕的“精神孤独”啊！

面对这种孤独，他感到很无奈，也很无助，这茫茫人海，怎就无一个能读懂自己的知音？他常在心里自问道。然而现在，有一位非常特别的女性出现了，这半年多来，这位女性以一种很奇特的力量，进入他的生活，占据了他大部分的内心世界，使他的生活——应该说生活表面的那些东西也没怎么大变，而是他对生活的感受、对人生的体验等，发生了许多，甚至是根本性的改变。尤其是她对他的理解和欣赏，让他重新振作起来，重新有了自信，这点他感觉非常难得，也觉得非常重要！有人说人生就是一场相遇，就看你是否能遇上那个对路的人，可这种对路又是何其难得，有时甚至一生仅有一遇！而现在他自认他是遇上了。那……那他现在“遇上”的这个人，又是谁呢？这个人应该，应该就是她——林娟啊！对，他这才想起这一路上，他一直都在想着她。

静静的山顶上，他就这样一个人静静地想她。他想起她说过的许多话，想起和她交往的许多细节，想起他们之间的友情。这种交往和友情令他感到轻松愉悦，而那种来自异性给予自己心灵上的抚慰，更是此前从不曾遇到和感受过的。那是源于一种心灵的契合，是一个人非常需要的一种精神支撑，是一种非常强烈的怦然心动，是一种想象不出的甜蜜和快乐，甚至当初经历的所谓的恋爱，也没这么——“这么”是什么呀？什么都还没发生啊！对，对，什么都没发生啊！他突然想，假如今天漂流遇到了不测，他心里的确有许多话，都还没来得及对她说出来——有什么话想对她说呢？他心里突然又“咚、咚、咚”地跳起来，忐忑不安、七上八下、五味杂陈的什么都有。

“不行，我不能这样什么都没说，什么都没做就‘放弃’了！”他倏地一下，把身子伸直，情不自禁又拿起手机，手在那上面不停地摁动着。可面对这茫茫的大山、迢迢的阻隔，他的诉说，她能理解，她能接纳么？那很可能会是……终于，他无力地垂下手臂，把手机放进了裤兜——他实在没这个勇气，因他知道，自己在别人眼里是个各方面都“打了折扣”的老男人，他不配也不敢这样啊！唉——此刻他盼望那个号码主动地不期而至，出现在这部手机上，并且给他带来他所冀盼、所希望的声音和内容，因这是她先发给他的，是她首先主动的，这样他就“什么都敢说，什么都敢做”了。但他知道这只是一个梦想，是一厢情愿，没有任何道理并且还有些虚伪。对，确实有些虚伪，甚至是“做贼心虚”。

当天晚上，他怏怏地回到宾馆，4个小时的山路倒不算什么，身心却如被抽空一般地疲惫和颓然。“丁零……”突然，一声温馨可人的短信铃音在耳畔响起，他一惊，因手机是刚换的，还不熟悉这声音。至于短信早已司空见惯，公司办公网上的工作信息，还有那些商品推销的广告，常常一天要响起十好几次呢。可此刻却似有几分预感，又分明有几分别的期待和渴盼，手竟有些颤抖，眼也有点恍惚，摁下收看键，一行号码跳入眼帘，啊，果然是她！

“谢老师：您好！您在这玩得还开心吧。白天没敢打扰您，但我一直在想象那些行程、那些场景，还有……可惜！都不能一一陪您同去，非常非常遗憾，真的，我感到很遗憾！好，您早点休息，再见！祝您，祝您晚安！”

恰如杜老夫子当年闻官军收河南河北写下“剑外忽传收蓟北，初闻涕泪满衣裳……”时的欣喜若狂那样，他顿时就感到心中一阵狂跳，眼里接着就是模糊一片了，他感到两眼里噙满了泪花。

“谢谢！非常感谢！非常高兴！现在才开心了！现在才开心了!!”他立即摁下这样一条短信发了过去。

短信发过去后，他便感到有点忐忑和不安了，这话是什么意思？为什么“现在”——收到她的短信后才开心了呢？并且是这样开心，这也太明显、太露骨了吧？这话她一看就能明白。她要明白你这话里面的意思，她会怎样想？她会不会认为你原来……原来也是“这样一个人”，进而有点瞧不起你？不、不、不，她应该不会那样，他想。他甚至觉得，她对他是很有好感的，这点他非常有把握。

但也许她根本就什么都没去想，或是想了但不明白你这是什么意思。假如她什么都没想，或是想了，但仅仅只认为这话有点莫名其妙，可能是个手误，那这还有什么意义？那岂不是瞎浪费感情精力？唉，真是枉费心机！谢灵运在心里苦语着。

总之，她后来既没有他所希望的那种心有灵犀一点通的“高度默契”，也没有那种大发雷霆、恼羞成怒的质问发过来，他轻轻松了口气。但随即又更觉烦躁与遗憾——他的这番心思白费了，他很不甘心。他很想说“后天上班，不，明天回家后，我们再‘见一次面’（在网上），我有好多好多的话要对你说！”可看看时间，已过去一二十分钟了，这么晚了，她要休息了。再说，再说你这话的语气又有点……想想又是不妥，便再次将那行文字从显示屏上删掉了。

五

第二天下午回到省城，进到家后，谢灵运竟有种非常陌生的感觉。老婆丁岚迎上来，接过他手中行李，问他路上的情况怎么样，玩得愉不愉快，他机械地回答着，心里却还想着……想着什么呢？想着……林娟。对，他是想着林娟，这连续几十个小时里，他无时无刻不在想着她。

进到卫生间正准备洗洗，手机这时响了下，打开一看，是条短信，林娟发来的：“谢老师，估计您已经到家了，累了吧？晚上有时间吗，能上网聊一下吗？昨天收到您短信时天太晚了没敢打扰您，很想跟您聊聊。”他脸一红，感到耳根一阵发热，心跳也“咚、咚”地加快了，他没想到昨晚在青平县时，他想发而未敢发的那条短信，倒是她给他发来了。更没想到这信来得这么快、这么准时、这么恰到好处，他前脚刚到家，它后脚就到了，完全像是掌握了他的心思，并按他的行程发的。真是有点神了！看来她对他真是很用心，他赶紧回了个“好的”，刚发过去，丁岚这时叫他吃饭了。

吃过晚饭，丁岚照例接着收拾碗筷，然后去看她喜欢的都市写真剧，他正好可去上网。进到书房，他打开了电脑。

没想到林娟一上来就给他发了个视频邀请信号，他感觉心又一跳，他没想到林娟要以这种方式和他“见面”，这次到青平没见到林娟，他感觉很是失落，现在她似乎要给他弥补这一缺憾了。照说他不应该这样敏感、这样在意和计较，现在——“我现在这是怎么啦？难道这就是……？”谢灵运惶惑不安地问着自己，近来他时常被这个问题困扰着，他知道这样有些不正常，也不应该，可近段时间，这些念头在心里就像毒瘾一样，按捺不住、不可遏止地疯长，常常地甚至每天每时每刻地都在缠绕着他。

“谢老师，您好！”林娟先打过来一串字，还有一个微笑的脸谱。看到那个脸谱，他感到一阵温馨。接着真正的“脸”就出现了，但他却吃惊地发现，视频上的那张脸上面的情绪很是低落，而且还像是刚刚哭过，眼睛红肿着，眼眶湿漉漉的，脸颊上隐隐挂着泪痕。“你……还好吧？”他忐忑地问了一句。

林娟没有很快回答，过了会儿打过来一串文字："应怜屐齿印苍苔，小扣柴扉久不开。"

什么意思，难道她还担心我……会不愿理她？

"谢老师，我等您很久了，很想和您说说话。很想！"紧接着那边又急切地打过来这样一行字。

"你慢慢讲，别着急！"他抑制着自己的语气。可就用这语气也不对呀，不痛不痒的，你看她那边着急的。可该怎么说才恰当呢？他在心里琢磨着。

"谢老师，我……我准备离婚。"

"什么、什么？你要……离婚？"谢灵运大吃一惊，他感到太突然，有些手足无措也觉有点不可思议，她怎么突然作出这个决定？难道是……是因为"我"的原因？他想起这段时间自己心绪的变化，还有她跟他说话的语气，他们俩之间是不是走得太近了些。

"我跟他在一起实在是太别扭了。我早就有这想法了。我们几乎天天都要争吵，没有一句能说到一块，没过一天舒心的日子，真的。昨天，昨天我还发现他早在外边有人了，并且不止一个，我真是受不了了！我好希望您能帮帮我，谢老师，我好需要您啊！"她一连打过来一大堆这样的文字和一连串的感叹号。

哦，他心里明白了。但她这话让他吓一大跳，刚才她说她"好需要他"这话"太那个了"，谢灵运不知说什么好了。

"你，你一定要冷静。最好别，别这样。要慎重考虑，从长计议。"他着急地连连用手"嗫嚅地说道"。他猜想她刚才的那些话，一定是在心里憋了好久，要不她不会这么轻易讲出，更不会这么迫不及待地向他倾诉，这说明她已到了万不得已的时候。而他在她心中的位置却非同一般，她是非常非常看重他、信任他，甚至像她刚才所说的"她很需要他"，所以把这么敏感、这么容易产生联想的话题都说给他听。而这也说明他们夫妻间关系估计很不怎么样，甚至非常糟，所以她……

他在心里琢磨着、揣度着，他为林娟目前的生活处境和情感遭遇感到十分难过和揪心，是那种切肤的感受。但说心里话，同时，同时也有一点——怎么说呢，是有一点点另外的成分。那，那这个"一点点另外的成分"是什么呢？那是——他为自己这个想法吓一大跳，这是不是太缺德、太阴暗、太损人了，怎么能这样呢？这太不应该了啊！不由感到脸上一阵阵发烫，像火烧一样。但随即又“安慰”自己，觉得自己“问心无愧”，因他觉得自己并没介入他们的实际生活，他们仅仅只是见过一次面，只是在电话里和网上这样聊着，中间隔着数百公里，他就是有什么“想法”，也是可望而不可即的空想啊……

然而他知道这些理由根本站不住脚，甚至有些自欺欺人。谁都知道，对于现代信息社会来说，距离根本不能说明什么，思想的出轨是任何东西都阻挡不了的。不是吗？是的。在这长达半年多的时间里，他们那么频繁、那么执拗、那么不知疲倦地聊着、交流着，那么心心念念地想着对方，怎么说都有些“越轨”、有些“出界”啊……然而不管怎样，即使不排除他在这里面起的作用，而以他的处事观点和做人原则，他认为像林娟这样的婚姻也是不幸福的，危机早就存在了。

试想想，如果她和她的那一位本来是非常和谐融洽，那他们之间这大半年来，还能几乎天天都要聊上这长时间，跟每天都离不开的食物、空气和水那样迫切需要吗？事实上，一边是合法的夫妻却“没一句能说到一块”，一边仅仅是同事却“心心相印”，无话不谈。尤其是那种心有灵犀的默契与细致入微的关爱早已超过一般的夫妻，完全是一种精神上的高度契合，是两颗心之间一种天衣无缝般的紧密靠拢。

而这些，她的那一位能给她，能和她做到吗？显然不能。这说明他们的婚姻本身就出了问题，她和她的那一位也许根本就不合适。人们说没有共同语言的婚姻是不道德的，那么她和她的那一位的结合，显然也是个错误，至少是勉强的，所以他和她的互相认同、互相欣赏，也就不难理解，谈不上要怎么自责了……

好、好、好，先别忙着辩解，忙着“自圆其说”了，先说说眼前的事。此刻他有一种预感，她刚才好像是在向他暗示什么，尤其是那句“谢老师，我好需要您啊！”这句话太明显、太直露了，以他对她的了解，她是个十分稳重的女子，没经过深思熟虑，她是绝不会轻易说出这种话的。尤其是这种“求助信号”，它完全代表了她的一种十分强烈的意愿和潜在的意识，不会是完全心血来潮。当然，也不排除这里面有一时冲动的成分。

过了好半天，林娟那边的情绪才似稍稍平复了下来。

“你刚才哭过，是吗？”他问她道。她没回答。

“我真的不希望你生活得不愉快……”他又认真地“说”道。

“可我现在的生活让我真的一点都感觉不到愉快啊。真的，一点都感觉不到！只有和您……和您在一起，我才觉得人生还有一点意思，还像一种生活。我说的是真心话，谢老师。”

“哦，我相信，谢谢！”谢灵运心中一阵涌动，林娟说和他在一起才觉得人生还有一点意思，这话让他感到欣慰，但同时也有点忐忑和不安。“但你高估了我的作用，我肯定没你想象的那么、那么——”他连忙把这句还没想好的话打了过去。

“你别这样讲，老师，我说的是真心话。”林娟在那边这样回复道。她现在只用了“老师”二字把那个“谢”字去掉了，并且没用那个“您”而直称“你”。

“好了，我们先暂时不谈这个话题好吗？”谢灵运迟疑了下，他现在想不出一个合适的话题来回答她，便委婉地打断她，说：“我们先说点其他的好吗？当然要说点高兴的事，你先笑一个好吗？我不想看到你难受的样子。”

“好的。”林娟打过来一行字，“谢谢！非常感谢！和你在青平时一样，我，我现在才开心了！”

什么，什么，她说她跟他在青平时一样，现在才开心了？这么说昨天在青平他给她的那条短信，她当时就完全理解了自己的心思，和他一样，都是看到对方对自己的好感，或者说在意自己，自己才“开心”的啊！谢灵运感到暗暗吃惊，同时也惊喜异常，看来她很可能是有点，有点喜欢他的！

林娟终于笑了起来，那一刻，谢灵运感到她笑得真是那样的开心、快乐，那样的……美。“小林，你，你真……我，我……”谢灵运一时语塞了，结结巴巴地不知说什么好了。

“你怎么啦，老师？”这次轮到林娟吃惊了。

“老谢，快来看。”老婆丁岚推开门在门口喊了他一声，把他吓一大跳，就像一个正在作案的小偷被人发现了一样。丁岚笑着道：“你快来看，你上次说的那个蛮幽默、很会搞笑的四川老几又出来了，他今天演的是一个‘棒棒’，简直跟咱们步行街上的‘扁担’一模一样的德行，把人笑死了。”

“哦”他松了一口气说，“好好，我马上就来。”遂赶紧跟林娟讲了声家里来客人了，再找个时间好好聊，就匆匆下线了。他猜想林娟在那边一定感到很突然、很失望，但他此刻心里很乱，不知说什么好。再说丁岚在叫他了，他得去一下。

谢灵运走到客厅，丁岚从电视柜中拿出一个大玻璃瓶递给他道：“老谢，你不是说，这段时间你胃一直不好吗？上星期我去超市时，听几个大妈说青山那边有个老中医治这病挺有效，我就过江去四处打听，终于找到了，真的是那样，我就找他要了个处方回来照着泡了两瓶，你先喝着试试，不行哪天我再陪你直接去一趟。”谢灵运一惊，接过那瓶东西时，竟觉得手有点哆嗦和感到沉甸甸的。

丁岚是个没什么心计的女人，和谢灵运结婚以来，两人的感情一直还算比较好，虽没那种轰轰烈烈、死去活来的爱和那种怦然心动的浪漫，但日子过得很踏实、很安稳。丁岚性格随和，胸怀大度，很顾家，会体贴人，即使现在谢灵运自己把好好的工作给弄丢了，她也从不抱怨，说只要他做自己喜欢做的事情，一家人在一起平平安安就行。美中不足的就是她没念过什么书，也没什么兴趣爱好，和谢灵运在一起两人除谈家常外，其他很多方面都很难跟上。

“可难得有她这样贤惠这样顾家心疼人啊！你还有什么不安分的呢？找到她是你姓谢的这辈子的福气。”谢灵运想。但自己偏偏生在福中不知福，还总觉不十分满意，有时甚至还“郁郁寡欢，惆怅不已”。现在还好些，竟然冒出这种“花花肠子”！想到这段时间，尤其是刚才与林娟的那段对话，以及心里的那点小心思，不禁感到羞愧难当，坐立不安。唉，看来这世上男人都花心，“最是可恨无情郎！”

想到这点，谢灵运不由浑身一颤，顿时就有种很明显的“犯罪感”。

六

有了这种自责，自那天之后，谢灵运就故意装着很忙，差不多两个星期都没上网。有几次林娟打电话过来，他说正在开会。说的也是实话，公司这段时间人员调整，是非常时期，纪律很严，两人就小声地说了几句话，显然不便多说。

林娟很识趣，从不轻易打扰他，也不随便跟他联系。而他只要一下班，就早早把手机给关上了，这样可暂时避开林娟一下，他要让自己的思绪冷静冷静。

第三个星期，公司安排谢灵运到甘肃、新疆等西部几省区公司，去出一趟长差，是省公司组织的调研，可能得将近一个月时间，走之前他终于还是忍不住把这个信息告诉给了林娟。一开始他感到林娟的情绪有种明显的低落和怨艾，电话里她声音期期艾艾的，他想也许是因为这段时间自己对林娟的态度。林娟说怎么这长时间不见你上网，也不见你开手机了呢？

谢灵运知道她这话是什么意思，但嘴上支支吾吾不知答什么好，搪塞说这阵子省公司在搞中高层换届，他们综合部门特别忙，并且领导要求大家尽量减少和下面联系以做到保密。事实上也的确是这样，林娟这才没说什么。

但得知他要出长差的消息后，林娟明显表现出了一种依依不舍，声音里充满了柔情和温馨。走的那天，火车刚刚离开K城，他的手机就收到林娟发来的短信："别后不知君远近，触目凄凉多少闷。渐行渐远渐无书，水阔鱼沉何处问。"

谢灵运内心不觉为之一震，这次普普通通的出差，她竟给予这般的关切，字里行间充满了如此的牵挂和柔情，还有一种"特别的关爱"！后来一路的行程里，林娟几乎天天都要给他发好几次信息，时时通过短信，如古代的鸿雁传书样，将她的关心和牵挂，思念与柔情，频频地传到谢灵运的手机上：

"是炙热的阳光将你的足音送到我耳边，刚卸下一身风尘的你，又要匆匆远行。此去抑或戈壁万里，抑或关山重重，无不令我魂牵梦萦。就让清风携着我的祝福，陪你越万里，陪你过千城，直到天山下，祝你一路平安！"

"孤楼亭亭极目外，余晖脉脉映窗前。鸿雁南翔送秋回，塞外故人几时归？"

"秋已至，天已凉，鸿雁正南翔。红花谢，寒气生，请君记得添衣裳……"

每次收到这些短信，谢灵运都禁不住热泪盈眶。前些日子的那些个情绪又涌了上来。前面说了，谢灵运是个满身有些酸气的迂腐文人——还只能算个半吊子准文人。可半吊子也好，准文人也罢，人心都是肉做的，尤其是感情这玩意，一不小心给绊住，就真会陷进去了，一旦陷进去，便欲罢不能。他此刻不就正是这样么。时时心心念念、依依不舍的，何况这感觉是如此这般的奇特，这般的难遇，想想这徐徐大半生，牵挂自己的人当然有，可何曾有过这样的浓情、这般的诗意！

中秋那天，他是在敦煌度过的。当天傍晚，当地公司邀请他们去敦煌城外的鸣沙山看月牙泉。一行人气喘吁吁地爬上鸣沙山，一轮浑圆的月亮正好爬上山来，皎洁的月光，静静地映照在山脚下月牙泉那泓娇小玲珑的水面上，泛起一片片碎银样的星光与斑点。一阵阵晚风将鸣沙山上那无数颗黄澄澄、金灿灿的沙子，轻轻地吹起又轻轻地抖落，风和落沙的声音，仿如一对对情侣在轻声絮语。月牙泉则如一位情窦未开的少女，静卧在那里，聆听着这人间最美好的语音和天籁，那山、那泉、那月儿、那令人怜爱的景致，简直让人感到心醉心疼，也令人遐思无限！这时他收到了林娟发来的短信：

“在这融融的中秋之夜里，十分地想念远方的一个人，不知他此刻身在何处，是怎样在度过这中秋良宵？神州生明月，关山两处分。清晖能娱人，游子憺忘归。但愿人长久，千里共婵娟。”

啊，何等温馨，何等撩人！尤其是“清晖能娱人，游子憺忘归”正是他老祖宗老谢灵运的诗句。还有，“想念远方的一个人”，这远方的人是谁，那还用问？分明就是他啊！他心里好一阵激动，那些个说不清、道不明的情绪又爬了上来。

第二天她发来信息问他几时能回到J省，说希望他能早点回到K城。紧接着又追发了一封，她竟借用李白《梦游天姥吟留别》中的句子，把它写成：“我欲因之梦西域，一夜飞度天山月。山月照我影，送我至边关。谢君身处今何在，别君去兮何时还？”

她那拳拳的思念之情，毫无掩饰地跃然于纸上了！他回信就借用了李商隐的《夜雨寄北》和王维的《渭城曲》，写道：“问我归期虽有期，西出阳关无故人。何当共游栖云寺（那是他们本省的一处名胜，刚好在他和她所在的两个城市之间），再话天山夜雨时。”

那一瞬间，他更感到特别特别地思念她，真似有千言万语想对她讲，恨不得立刻就飞到她身边。他想着她，想着自己所处的城市，就像“戍客望边色，思归多苦颜”样，感觉望眼欲穿似的。本来特别喜爱旅游的他，这次竟盼这一难得的美差快点结束。

最后一站是新疆，在著名的乌鲁木齐国际工艺品大市场，他几乎把所有的店铺和货架都浏览了一遍，最后仔细挑选了一面上面有古波斯神话图案，镶着铜边，做工十分精美，他一看就爱不释手的工艺品镜子。他知道女人都是爱美的，他觉得这面镜子，恰到好处可以代表他每天陪伴在她身边。接着又挑选了一条质地十分轻柔、色泽非常绚丽，他认为特别漂亮，非常适合她的羊绒围巾，打算一并送给她。

一回到K城，刚一下飞机，他就给她发了条短信，只说已到K城，他不想这个时候还对她说什么，因当时已是午夜零点时分。除此还有一个内心的小秘密，就是他想到时给她一个意外和惊喜。

等待中的煎熬是最令人难受的，第二天一清早，他就赶清晨头辆班车离开省城来到了她所在的那个小城市。下了长途汽车，他给她打了个电话，她一接电话以为他是在K城，高兴地问道："你回来啦！昨晚看到你短信，怎么今天就上班了，不休息两天啊？"

"不用，我现在就在青平，在你们公司楼下，我想来看看你，你能出来一下吗？"

"什么，你来青平了？啊，那，那太好了！"感觉出她听到这个消息十分地惊喜和激动。她一定是压根就没想到，他会这样突然地不期而至。她紧接着说："好，我马上就出来，你在我们公司对面那个'梦巴黎咖啡厅'等我！"

七

"梦巴黎咖啡厅"果然很有那种巴黎的风情和意味，他没想到，在这个偏僻的小城市，还有这样一个幽雅的处所，咖啡厅的装饰与气息和他此时的心情也非常吻合。包厢里十分安静，舒伯特的《小夜曲》非常柔和地、小声地在他们耳边播放着，四周墙壁上是德加、马奈和塞尚等印象派画家的几幅油画复制品，像是刻意在营造一种什么气氛，朦朦胧胧的，也有点暧昧煽情的味道。他和她现在就如此近地坐在一起了，他觉得此时真像是在做梦一样。

他们边喝着咖啡，边愉快地聊着，因在这之前早有铺垫，彼此心中应该说都有一点，譬如多日的思念，现在终于见面了非常激动那个意思，但相反，面对面有些话这时反而必须节制点不能说穿。尤其是谢灵运，他肯定不敢首先就把"那层纸"给捅破，只能含蓄地、非常节制地述说些在外面的这些日子如何地思念周围的亲人等等。"言不及义"中，他突然停了一下，说这段时间他虽然去了那么多好玩的、风景优美的地方，但只觉得她的那些短信最珍贵，他会把它们好好珍藏，一定。

"是吗？"她睁大眼。他能明显感到她在听到这一句时的惊喜。接着她也说，前段时间他在外面时，她也是天天盼着他的短信飞来，没有短信的时候，就觉得中国的疆域真是太广阔，时间过得真是太"漫长"了。

"我真巴不得你们的行程快点提前结束，能早点……"她有点脸红地说道。他看着她那害羞的样子，似乎什么都明白了，证实和之前的猜想完全一致：她的确是真的……真的喜欢他！

……

不知不觉中，他们在一起聊了好几个小时，仍意犹未尽，他拿出在新疆给她买的那两件礼物，看得出她非常喜欢。这也令他感到高兴，自己的心思没有白费，他说时间不早了，我该回K城了。她一惊，这才想到也是，现在真的已不早了。

“今天能不走吗？就在这玩一天吧，青平有几处名胜还是值得一去的。”她望着他，恳切地说道。

“哦，这个……不，不好吧，我刚回来，公司还有很多事情，我还是回去吧。”他犹豫了一会儿，想出这么个理由，当然，也有实情。然而，他心里想的却是另一种希望与祈祷。脑海里甚至一下涌出几句那种文学作品中常出现的台词，譬如：“这里难道就没有值得你停留一天的地方吗？”可惜，她没这么说，但她明显地表现出非常失望，再三地挽留他，看得出是非常诚恳的。但他确实要走了，况且真要留下来，说什么也有些不方便的。

她送他到车站，一路上两人都没什么话，气氛有点凝重。

上车后，他坐在座位上望着车下站着的她，心中有一种怅然若失、心疼不已的感觉。车开动了，那一瞬间，他竟感到有一股热热的液体从眼眶中涌出，他知道这一去，也许——他赶紧扭过头去，车开出了好长时间他才回过头来，早已看不见她的身影，却明显感觉自己的两颊更加潮湿了。

车已拐弯又驶出了好远，他仍痴痴地望着窗外，任泪水在脸上恣意地流淌。他仔细地回味咀嚼了一下今天在那座小城度过的每一分每一秒，和她相处时的每一个细节。他自己也弄不清今天怎么就鬼使神差地到了青平，现在怎么又匆匆忙忙地离开这里。

一切都恍如做梦一样，他不知下一步会怎样、应该做些什么。突然，一声手机短信提示音把他从思绪中拉回，他掏出手机摁下收看键一看，不禁吃了一惊，是林娟发来的。林娟的语气很急迫：“你刚一走，我就后悔了！我已打了一辆车随后跟上来了，请你在前面路口下车，我来接你，什么都不用说了！”

他顿时一头雾水。正愣怔间，手机这时响了，是林娟打来的：“老师，你下车吧，我已看到你们车了，请一定留步。一定！”

他感到为难了。当然更多的是一种莫名的激动和惊喜，他赶紧叫司机把车停下，在众乘客惊异的目光中走下了车。

“你刚一走，我就……我就后悔了。然后……”站在出租车门前的林娟，脸红着对缓缓走过来的谢灵运结结巴巴、迟迟疑疑地说道。

真的是什么也不用说了，他知道，她是想尽地主之谊，好好招待一下他，更是想再多陪陪他，再和他多聊聊，看来她对他是真的有点依依不舍啊！他顺从地上了车，跟着她来到一家酒店，开好房间后她说：“你先休息一下，我还得到公司去一下，等会一下班我就来接你。”

“好。”他连忙答应道，把她一直送到电梯口才转回房间。不能说他此刻思想里没有一点杂念，甚至是一种不该有的“非分之想”。这几个月来，她本来就已占据了他大半个身心，现在他和她单独在一起，整整相处了一个白天，她那俏丽的身影，青春的气息，她举手投足的每一个细节，无不在他眼前、在他脑海里晃动。现在又有这么一个多少有些暧昧、令人遐想的特定环境，而且是她主动提出的，他此时不禁感到有些心猿意马、意乱情迷。这一两个小时的等待，对于他来说，简直就如一名运动员，即将面临一场世纪大赛那般忐忑与紧张！

晚上下班她来接他时，打开门，他发现她特意换了一套衣服，一条合体的白色连衣裙穿在身上，把她那苗条的身材衬托得亭亭玉立，一条淡紫色丝巾挽住那如瀑的秀发，使那张脸显得更加妩媚好看。她似乎还洗过头、喷过香水，身上散发出一种淡淡的香味，这一切无不让他感到着迷和陶醉，也更刺激了他心底的那种欲念。

“小林你，你今天真美……真的。”进到房里，他两眼盯着她，舌头在口中绕了半天，还是只说出了这句文学作品中经常出现的、非常弱智，但也十分管用的话。

看到谢灵运那样望着自己，林娟的脸“腾”地一下变得通红，她呆呆地站在那儿，一下似显得手足无措，鬼使神差似的，谢灵运突然走上前，伸出手抱住她双肩。面前的她没有拒绝，但感觉她那两个柔软的肩抖了抖，谢灵运不知这是一种鼓励，还是一种斥责和嗔怪。正愣怔和踌躇间，走廊上这时突然响起一阵杂沓的脚步声和一些旅客粗声大气的喧哗声，甚至还有重重的摔门声和叱骂声。

应该是刚到了一个旅游团，门外一下子显得闹哄哄的。

“咱们先吃饭去吧。”林娟抬起头定定地望着谢灵运，声音轻柔地说道，她眼神里分明有一种对他刚才那种举动的默认与期许。谢灵运心猛地动了一下，又有点怅然地放下了双臂。

晚上这餐饭吃得更加轻松愉快，似有一个更好的节目在后面等待着。吃过晚饭，他们沿着古城的城墙慢慢散步，继续着平日叙说的那些话题。

“你现在过得怎样？”他关切地问她，他想起前段时间她说她想离婚的那事。

“不怎么样。”她淡淡地回答道。又接了句，“还能怎样呢？尸位素餐，同床异梦，哑然沉默，形同路人而已。算了，不说这个，走，上我家去坐坐吧。”她站住，抬起头望着他说道，眼神里有一种期待。

上她家？他心里感到很诧异：为什么要上她家，怎么不去宾馆坐坐呢？她这是什么意思？可再一想，自己为什么非要想邀人家到宾馆去坐呢，这里面难道不隐含着某种用心和企图吗？至少也会引起她类似的联想啊。

“哦，那……你家里……方便吗？”

她羞涩地小声道：“他出差去了，后天才回。”

“哦……”难怪她邀他去她家，原来他不在家。同时他觉得她这话听起来似乎有点朦胧，也让人猜测：为什么要趁这个空当的时间带他去她家？但也许人家什么意思都没有，是自己在瞎猜想，想歪了，心术不正、做贼心虚。总之，不管怎么说，不好拒绝她的邀请，他跟着她到了她那个“馨香苑”。

她给他沏上一杯茉莉花茶，屋子里静静的，茉莉花的香味淡淡地弥漫着，墙上的挂钟在“滴答、滴答”地走动，空气中似乎氤氲着一种非常暧昧的气息。她坐在他对面，两人挨得那么近，他都能闻到她身上散发出的那种女人的香味。

“你真美，林娟。”他望着她，情不自禁地又说了声。她低下头来，没有作声，腮边却泛起两片红晕，愈发显得楚楚动人。

“小林，我，我想吻吻你，可以吗？”他鼓起勇气问了她一句。

她羞涩地望着脚下，没作声答应，也没表示拒绝，只是那样静静地坐着没动，手上在绞弄一根扎头发的皮筋，但脸上却显然漾出一种幸福而期待的微笑。

但他也没动，他的理解是，她虽没有拒绝，但也并没表示许可他那样，况且他真要那样做，显然也不是在此时和此地。

空气这时就如凝固了一样，他一下找不到话题，不知说什么好了，两人都有点尴尬，这样坐了一会儿，他说该回酒店了。他想到她刚才的那种“没表态”的态度，也许其实就是一种默许、一种暗示，还有吃饭之前在酒店的房间里她望着他的那种眼神，既然这样，他想她一定会送他回酒店，这样等到酒店他一定不要错过了机会，他真的很想、很想和她那样亲近。是的，他知道这很不应该，但他真的控制不住这种思绪，而这种思绪，肯定不单单是为了那种想法，他是真的从心里喜欢她。

起身走出门时，他发现她脸上的表情似乎有些异样，分明是一种深深的幽怨，还隐隐带有几分不满。他来不及多想，只想到了酒店一定不要错过了这次机会——向她表白他对她的爱意。

可当她把他送到了酒店楼下时，她像有点为难犹豫，甚至是有点固执地对他说道：“我不上去了。我同事常在一些宾馆里打牌，我刚才看见他们来这里了，我不想碰见他们，这些人特别好多事的，你早点休息吧。”她把“特别好多事”几个字说得特别重，像是在用力把一件什么东西推开或撕碎似的。

他感到一阵愕然，脑子里一片空白，这究竟是怎么回事呢？好像一切都在这一刻给打乱了似的。一切都来得那样突然，猝不及防。

八

那一刻他的确像是搞懵了，有些失魂落魄地走回酒店房间，今天所发生的一切，的确有些匪夷所思。而稍后他又接到林娟的短信，更是让他百思不得其解。短信这样写道：“我刚才给了你机会，你怎么不……不那个呀！我好不容易说服自己，准备跨出那一步，你却退却了！！”

天啦，她给了我什么“机会”啊？刚才？就在她家里？她好不容易说服了自己，准备跨出那一步？她怎么个说服了自己，她要说服自己什么？她怎么个“准备跨出那一步”？“那一步”是哪一步？什么意思？难道就是和她……难道就在她家里？就在那个她和她的那个人共同安居的鸟巢似的“馨香苑”中？那间屋里的墙壁四周，到处都有那个人的气息和身影，你说那叫什么事情啊！他又想起，刚才在路上她说，酒店和这里的人特别好管闲事的话来，这、这、这……这一切究竟是怎么回事呢？这一切岂不是太荒唐了，简直就像一场梦一样！她究竟是什么意思，简直让人琢磨不透！他立即把电话打过去，她没接，过了阵再打，已经关机了。

她为什么要这样耍弄我、折磨我，她到底是想干什么？为什么在这之前什么都可以说，可以敞开心扉，现在却如隔着一道厚厚的铁门，完全无法沟通？谢灵运苦苦地思索着，想寻求这个答案，但这似乎是个永远也猜不透的斯芬克斯之谜，就算是想一千个晚上，恐怕也不会找到谜底的。

那天晚上在酒店房间的床上，他辗转反侧了大半个晚上也睡不着，爬起来拿起笔，在一张便笺上写下一些莫名其妙的句子：

夜已央，天难晓，思人最苦，思人最苦扰。满目潇潇秋风起，落叶飘飘，落叶飘飘渺。山寺寒，泉亭冷，天堂影瘦，天堂影瘦消。倚盼金鸡快报早，重见春光，重见春光好。

我这是怎么啦？作起词来了？谢灵运一下被自己弄糊涂了。也感到有些惭愧。反正睡不着，索性写了下去：

思念/这原本是人类最觉温馨的感觉/早在“先秦”/那蒹葭苍苍白露为霜的季节/当河州上的雎鸠刚把关关的叫声唱响/一个翩翩少年/他看到了河对岸那窈窕的姑娘/可伊人在水的中央，河面太宽他只能望而却步/少年他溯游从之可道阻且长/从此他寤寐思服辗转难忘……

“思服”让那个充军戍边的男人归心似箭
回家的路上，尽管雨雪霏霏行道迟迟，载饥载渴
他想起那依依的杨柳便陡生精神，仿佛脚下生风
可有一女子走了千里也未找到夫君
柔弱无力的她竟一夜哭断那万丈的城墙
没想这温馨的感觉又是如此地虐人，如此地虐心！
于是思念从此变作了一位公主的琵琶
一离开长安，便只弹奏《西行出塞》与《汉宫秋怨》
思念就像那位诗人在边关听到的羌笛
春风不度，他只能孤城徘徊，空怨杨柳
对此纵是大唐的天子与贵妃亦望天兴叹
阴阳两隔，此思绵绵，只能唱起一曲长恨的挽歌
绵绵的思绪在那女词人的笔下变成一个个“愁”字
便是豪放的苏学士吟过大江东去也慨叹明月几何能有
人共长久千里婵娟才是他真情的流露
思念正如那深宫中飘出的一片写满诗句的红叶

可此情谁寄，此思何诉？只能任由溪流将它带走
思念就像七夕天河上刚刚搭起鹊桥
一道金光闪过，便让鸟儿们惊恐四散纷飞逃窜
于是思念织成了一个凄美故事的结局
孤坟一座，空有伊人化作彩蝶绕墓而舞
思念最后堆积成海边的灯塔，它日复一日无言地眺望大海
思念它早凝成巫峡上的神女石峰，痴痴在那一站就是万年
思念在一些特别的日子显得愈加的浓稠
所谓每逢佳节，所谓睹物思人，所谓关山阻隔，所谓千里迢迢
思念搭上网络这个现代的情感快递
久日的积绪转瞬便可送抵对方
可思念又像QQ这个调皮的精灵
它躲躲藏藏、忽闪忽灭，让人捉摸不定
于是思念往往变成一封发不出去的短信
知道号码却没有字节更没有信号
思念经常是手机上的来电提醒
刚要接听却已被挂断，变得寂寂无声
思念是每日里无数次的闪念
稍纵即逝却始终萦绕不去
思念是经年累月的日历座钟
日复一日不知疲倦地往复向前
思念是一阵急促的鼓点，它让每一时刻都急不可耐
思念是一种凌迟的极刑，它让每一分钟都受尽熬煎
所以思念啊，它是一柄锋利无比的剑
把一颗心切割得支离破碎、鲜血淋漓
它是一个不该发生的故事
一个冷漠的“再见”，故事便已结束
它如长途公路上的重重盘卡
一声“停下”，思绪只好戛然止住
它是一部倒叙的书，从一开始就知道了结局
它像天边一条看不到头尾的路
从永远，到永远……

因要赶回公司去上班，第二天一早他怏怏地离开了小城，而有关林娟的一切也由此完全中断，因从那天以后，林娟再也没出现在网上。打她手机，不接。发短信，不回。再过一段时间，手机里传出“对方已停机”的语音。

对方已停机了？这意味着她根本就不想再见到自己，虽是同一个系统，但毕竟不在同一个城市，离开了电话，就意味着失去了联系。这究竟是为什么啊？他百思不得其解。

他当然不会想到，那天他刚一离开，林娟的老公王健突然提前回来了，他一进屋便似乎感到家里像有哪些地方不对——你不得不佩服他在这方面的嗅觉判断与机警缜密，他巧妙地趁机翻看了林娟的手机来电和电脑记录，一下就发现其中有一个号码联系得太频繁了，频繁得近乎执拗。还有，和这个号码对应的短信以及电脑上 QQ 聊天记录里也是如此。

王健是何等聪明的人，也是个非常讲究效率的人，他马上连夜上网，几乎没费什么大的力气，很快就查询了解到了这个号码的主人的基本情况。

他非常平静，甚至是十分友好地对林娟说道：“你要是觉得这个‘馨香苑’很俗气，不能满足你对那种‘高雅的幸福’的追求，而那个退养的老文学青年又能为你做到这一切的话，我随时愿助你一臂之力，帮你逃出这座牢笼，怎么样？否则，就只好委屈你在这个俗不可耐的围城里面过一种俗不可耐的生活了。”

王健只说了这么一句，他不需要再说什么了，他太了解林娟了，而且他完全相信，至少在目前阶段，林娟还没做出让他不能容忍的事情，否则他就不是眼下这个态度了。至于他自己则刚好相反，他向来的原则是追求快乐，及时享受，力求“人生价值和效益的最大量化”，包括随时遇到的可心的女人。他绝不会错过和浪费任何一个机会的，他要对得住自己，所以他对此事并不予深究和猛追。至于林娟究竟作了何种选择，不得而知，反正是从此再没她的任何音讯了。

谢灵运不知道林娟和她老公之间究竟发生了什么事，但他知道，眼下他们两人失联这是回天无力的事情，况且这本来就是件不应该发生的事情，应当就此止步。试想想，假如一切都如他所想象那样，林娟离开了王健，然后和他“真走出那一步”——两人完全在一起了，他就能给她一种质量非常好的“纯洁、真诚、高雅的爱情和幸福”吗？我们敬爱的导师鲁迅先生早就提醒过：

“娜拉出走了以后怎么办？爱是要有所附丽的，生存乃是人生的第一要义。”

是啊，生存才是人生的第一要义，假设林娟当真义无反顾地投入他的怀抱，那他们之间那种所谓“纯洁、真诚、高雅的爱情和幸福”，就靠他那每月仅能买几十斤米、几斤肉的退养生活费来支撑，能过得很幸福、“很有诗意”吗？这显然是个笑话。还有，尤其是他目前的这个家，他虽可净身出户，但难道可以把背后这一大摊老小的负担，统统甩给丁岚一个人，然后心安理得地去追求他所谓的“爱情”，去享受他那梦寐以求的“精神生活”？仔细想想怎么都是个十分棘手、纠结不清的难题。

人说爱情是个常写常新的东西，可爱情最终似乎永远都只能服从于生活，只是生活的点缀与附属品。谢灵运曾经怀疑这一点，甚至试图要去改变它，现在看来，这就像是中世纪那个瘦骨嶙峋自不量力的“老骑士”堂吉诃德向风车发起的挑战样，实在是可笑之极……

罢、罢、罢，这简直是一堆“剪不断，理还乱”的乱麻！还是退回到原来的生活当中去吧。“舍不得来也要舍，得罢手时且罢手。”他突然想起《天仙配》中的这句唱词，真是人生如戏，戏如人生，千古尽然！生活本来就应该是一杯平平淡淡的白开水，原本就不应该有哪怕一丁点儿这种非分之想，人只能按部就班，听从命运的安排，规规矩矩地走完自己的一生，才是善始与善终。那种心存幻想、异想天开的举动，只能是搬起石头砸自己的脚啊……

得、得、得，尽是没用的废话，有啥意义？谢灵运最后得出了这样的一个结论：回归正道，做回自己。他终于收回了思想上那匹脱缰的野马，把一切精力都投入工作中，不敢再有那些杂念了。

生活终于又恢复到原来那种宁静状态——不，现在问题恰恰是，原来的那种宁静的生活状态，由此开始就一下子全给打乱，再也没法宁静了：就在林娟失去音讯的一个星期之后，丁岚收到一封来自青平的挂号信件，打开，是一只优盘，里面的内容是这几个月来，老文学青年谢灵运和他的年轻同事兼红颜知己加文学粉丝林娟之间的 QQ 聊天、手机短信记录，起始时间、文字视频、脸谱符号等等，相当详尽。

当丁岚冷冷地把这些东西摆在谢灵运面前时，老男人谢灵运先是吓得激灵一跳，惊愕地睁大眼，怔怔地望着眼前的这堆玩意，接着跟一做了错事的大男孩样，两边脸颊“腾”地一下变得通红，继而一直红到耳根，额上也冒出一层汗来，最后整个头如一只突然被霜猛打了一下的快快的茄子样，蔫蔫无力地低了下去……

文氏传人

一

老汉口的人可能都晓得，以前汉口这地方的大街小巷叫法，很有些名堂和讲究。譬如，凡是那些地段较好，里面的房子比较整齐、俏皮的住宅区，都叫“某某里”，即所谓的“里份”；而那些地段较差，里面的房子破破烂烂、参差杂乱的位置，都叫“巷子”，如“某某巷”。两者一目了然，区别明显。

里份和巷子里面的住户，也多是如此这般：里份里头，旧社会多半住一些有点身份的所谓的“体面人”，如银行职员、报馆记者、戏院老板、绸布店经理等。而那些叫某某巷的，里头所住者，多是些社会底层人物，如码头工人、小店员、小商小贩、小手工业者，乃至穷苦力、无业游民，大多都是些辛苦可怜之人。于是，这“里”与“巷”的等级差别，立刻就自然而然地显现出来了。

坐落在汉水河边、紧挨汉正街的祥和里却是个例外。不知从何时起，祥和里就形成了这样一种格局：里份里凡靠左手，即双门牌号的房屋，都与其他里份房屋一样，处处齐整抻敨，主家也多有来头；而右手单号这边，房屋则一片稀烂潦倒、破败不堪，它们的房主也和其他那些巷子里的人家一样，打工卖力的，穿街走巷的，五花八门，形形色色，无所不有，总之处处都显出一个“穷”、一个“窘”字来。

这一条里份两种截然不同的景象，令周围不知底细的人很是不解，可它们偏偏像“做劫数”样的搅在一起，因此常常是“弯着船扯皮”。尤其是那些住双号者，多半瞧不起住单号的，总觉得这些人家，像是在碍他们的眼、折他们的人，平时自然也是不屑和他们来往的。但是住单号的人家，也并不怎么买双号人家的账，心想你们有钱、爱体面，就莫跟我们这些穷鬼住一堆啊，有本事就去住那租界的花园洋房，对不对？尤其是到了新社会，更是觉得人人都要讲个平等，不能再分那多等级，有那多名堂了。

“都解放这多年了，连那些大干部都不敢瞧不起劳动人民，你们算老几啊？现在哪个还怕哪个吵？哼！”

“就是，现在哪个还怕哪个吵！”

可在祥和里有个人很特别，随便哪个都怕。不管是双号还是单号的，他一律让着，这人是文先生。

文先生这人胆子真小，一生总是怕这怕那，走路都像是怕踩死了蚂蚁似的，头总低着，眼睛瞄着地面，是那种不声不响、迟迟疑疑、如履薄冰似的脚步。

照说文先生住左手第一家，是正宗的“名正言顺”的双号人家。而文先生本人，则是大名鼎鼎的市一中的语文老师。师者，天之敬人之尊，自然是属于有点身份的体面人，甚至是“人上人”这一类了。可文先生这人的等级观念，似特别淡薄。在祥和里，无论是对双号这边的邻居还是单号那边的街坊，文先生照例都是毕恭毕敬，客客气气，见谁都是一脸的笑，头点是点、身子让是让，说话慢声细语，一口一声个“您家”“您家”的。加上他长得细皮嫩肉，斯斯文文，那样子总让人想起，过去戏台上那种家道中落的富家子弟，或是那些穷书生、穷秀才。

再后来，文先生就变得更那个了，见谁都躲，连小伢都怕，有时怕得连躲都躲不赢，总像是做了很多见不得人的亏心事似的，一天到晚如一只惊弓之鸟样。

“文先生这人怎么这样窝囊啊，他哪里不行？还有，这同一个里份双号和单号之间的天壤之别，到底是么回事啊？这很有点古怪，叫人琢磨不透咧。”

“就是，一个天上，一个地下，硬像是有心要出一些人家的洋相？”众人感到不解。

这只有那些几代人住祥和里的元老们，才晓得是怎么回事，祥和里的“老神仙”——早已作古的周爹爹，就是祥和里的“元老”之一。

周爹爹在世时，常用一种权威的口吻，对祥和里的一帮后生们说道：“为么事区别这样明显呢？老话说‘财不发冤枉人，霉不找常人家’，这里面当然是有名堂的。还有咱们祥和里之所以叫这个名字哇，这都和文先生家的祖宗有关呢，你们一天到晚，不是吵着要寻根吗，那你们说，我们祥和里这爿里份的‘根’在哪里，你们搞清楚了冇？”

“在哪里哇？”那帮后生们一个个便如听到个“特大新闻”的开头样，吃惊地瞪大两眼，望着“老神仙”，等着下文。“老神仙”这时便真如道行高深的神仙样，端着茶壶，半睁半闭着眼、摇头晃脑地盯着这帮小年轻，要紧不慢、半理不理地，吊着他们的胃口，就是不开口。等小年轻们不耐烦了，他又急了，生怕他肚子里的那些古董卖不出去，连忙放下茶壶道：“哎、哎，你们莫急吵，听我慢慢讲啊！”

……

周爹爹本名叫周福祥，要活到现在，怕有一百岁了。周爹爹是祥和里的“活户口”，有人喊他“周保正”，祥和里前三百年、后五百年的事，他都晓得。周爹爹之所以最了解文家的底细，那是因周家祖上一直到周福祥本人，都给文家当过佣人，且周家很早就住在这祥和里，周家的那栋板皮屋，就是在祥和里右手单号那边的一排房子当中。

而文家的祖上，正像周爹爹所说，是一个附近几条街乃至全汉口远近都闻名的大户人家。打从文先生的太祖父起，文家就一直有人在朝中做官。到文先生曾祖父这一辈，文家已有相当显赫的地位和殷实的家业了。

“那才是真正的地地道道的大户人家派头啊！丁是丁，卯是卯，连请的佣人都有名堂和讲究的你家。先生可以跟少爷一起吃饭，佣人是不能随便进正房的，大户人家就是这样有规矩，不然怎么发得起来？”周福祥肃然起敬地对周围人说道。

他说这话时，那语气中不无流露出种自豪感，仿佛文家当年的鼎盛，都与他们周家有关似的。事实也是如此，周家到周福祥这一辈，已是做到了文家的大管家，俗话说“相府丫头七品官”，不说“一人得道，鸡犬升天”，人在高处，那到底也是有些不一样，凡事都是有个讲究的。

文先生的祖父文瑞翔共有五房兄弟，他排行老大，这时的文氏家族人丁很是兴旺。但到了他们的下一辈，即文先生的父亲这一辈，就急转直下了。五房中仅文先生的祖父生下文先生的父亲这一个男丁，其他四房所生均是女孩。

“女眷不算门中人口，这是文家祖上的规矩。”“老神仙”这时特别强调一句。

接着又如数家珍地“详解”道：文先生的祖父是个孝子，他知道文先生的父亲自小就多病，还被夫人和众多下人娇生惯养得不成名堂，将来肯定是个不怎么中用的传人，他极不愿意看到文家这么少后、这么倒退地衰败下去，他开始在汉口一带置房买地，准备娶妾纳小，是想趁自己现在还不算太老，如老天庇佑的话，兴许还能再生下一两个稍强壮点的男丁，这样一来，文家的人脉文家的将来就有指望了。

“老先生一眼看中了紧挨六渡桥毗邻汉正街的这块地皮，这真是块独一无二、打锣难觅的‘风水宝地’啊！背靠龟山和汉水，出门就是九州商贾云集的汉正街，再往前就是长江和汉水码头，有洋船直达上海、重庆、天门、沔阳、襄阳。这爿地闹中又有静，莫看汉正街是生意人和下九流麇集的地方，可文老先生买下的这块地，周围却不可小觑，这里不仅有汉口近代较早的民族产业既济火力发电厂，也有英国人开办的怡和商行及银行，还有清代遗留下来的书院、学堂，以及近些年盖起的新式学校、医院、剧院等就更不用说了。一路经过，夫子庙、圣约瑟教堂、上智小学、文华中学、普爱医院、黄金电影院……一个挨一个，尽是些文绉绉的地方，真是中西文明合璧，经济文化齐备。文老先生认为，这样文财两旺的地方，自然是能庇荫子孙的，他拿出多年做官积攒下来的银两，在这块地皮上盖起了汉口第一批中西合璧式的房屋，并把这一片宅第取名‘祥和里’，取自《庄子·人间世》中‘吉祥止止’和《周易》中‘保合太和’的意思，双吉相合，你看该是几好！接着又给文先生的父亲也娶了亲，希望他好好光大文家门庭，再使文家兰桂齐芳、富贵祥和。‘祥和里’里份建好落成那天，文瑞翔特地请来了汉口的各方贤达政要、名媛才俊，以示庆贺，一两丈长的鞭炮就放了十几挂。又请市参议员、德高望重的菊老和文华书院的张敬尧院长为‘祥和里’的过街楼剪彩，为‘祥和里’里匾揭牌，那场面是附近几条街以前几十年都没有过的，做官几十年的文老先生，那一天如当年金榜题名、高中举人样，喜不自禁，只觉文家上几代早死去的老祖宗，这一刻都笑醒了，他脸上有光啊！”周“老神仙”感慨万端道。

然而，祖宗并没保佑，菩萨也未显灵。尽管文老先生为文氏家族的门庭光大，呕心沥血地作了种种励精图治的努力，但也难挽回文家这样一个“忽喇喇似大厦倾，昏惨惨似灯将尽”的颓败局面——他那不肖的独生子，即文先生的父亲，在有了文先生之后，就与一帮不三不四的下三烂结上了帮，成天不务正业，吃喝嫖赌，样样都来，还常常夜不归宿、四处难找。这帮地痞流氓知道文家是一大户，便抓住这个难得的大财神，死敲死榨。开始几回为还赌债，就蚀去文老先生的几千块大洋，不过那倒还没伤到文家什么大的筋骨，最后一次豪赌，被人“做笼子”，一下子输了二十万大洋，对方扣下文公子，向文家索要现洋现钞，否则……那帮亡命的下三烂们，可是什么事情都做得出来的！

文家的大难眼看就要临到头了，文家的好日子也离结束不远了，文家钟鸣鼎食、鲜花着锦的时代，更是要成为过去了！痛心疾首的文老先生知道，眼下任何人也无挽此狂澜于既倒的回天之力，一气一急之下竟两眼一瞪双腿一伸去了“那边”。

真是祸不单行，屋漏又遭连夜雨，就在为文老先生过世举办丧事、入殓安葬的那天，文家上上下下的都去忙办丧事，一把烛火从里份里还没来得及住人的单号那半边中的一间屋子里烧了起来。火光顿时映红了祥和里半边天，等把火扑灭，“祥和里”已被烧去一半，只剩左手这半边。“半边瑟瑟半边糊”了，哪还有个么“兰桂齐芳、富贵祥和”？“祥和里”看来是“不祥”，也难“和里”了。

此时的文家，如釜底抽薪样，元气大伤，想指望文先生的父亲那个不中用的“传人”来振兴文家，显然是不现实的，即使是要重新修建这半个被烧毁的“祥和里”也无能为力了。而附近那些捡渣滓、收荒货、拉人力车、扛码头、无窝可归的可怜人和后来陆续来此“寻找机会”的一帮淘金者们，则纷纷乘虚而入，到此抢占地盘，搭搭盖盖，安营扎寨，与文家共处一方宝地，共享一片蓝天。

“现在单号那边的一些板皮房子，就是从那时起，在此见缝插针，落地生根的。单双号‘江山各半壁’的局面，也是从那时开始形成的，这都是后话。也是天意啊！唉，富只一代，顶多二代，不出三代，老话说得冇得错的。”说到这，周福祥连摇直摇头地叹息，露出的是一种似比文家人还要伤心的神情，他大概是忘了他们周家当年也是因捡了这一“机会”，才在祥和里安下身，扎下根来的。

二

“祥和里”口间的过街楼门楣上，镶嵌着一块红木制作的黑底金字的牌匾，这牌匾正是“祥和里”的门面招牌，谓之“里匾”。旧社会汉口的里份口间，都有这样一块或以木制，或以石砌的里匾，将里名铭于其上。而“祥和里”里匾尤其讲究，其用料、做工、字体都可称得上少之又少，百里挑一的上品。里匾上“祥和里”那三个颜体大字，正是出自“祥和里”的创始人兼老业主文瑞翔文老先生之手。

当初，文老先生、文大学士官场失宠，已有退隐之意，遂买下汉正街这块地皮，欲修盖自己卸职归田后的私人宅邸时，做的第一件事情，就是亲自为“祥和里”写一里匾。深有国学功底，尤擅书法，曾为当时汉口书法名家顾永章先生等大加推崇、赞赏的文老先生，全神贯注、认真至极地写下了“祥和里”这三个笔力遒劲、挺拔开阔的颜体字。

“祥和里”门楼即将落成时，文老先生请来汉口最好的雕匠，选用最上好的紫檀红木，将这三字刻在上面，再用金粉徽墨加国漆予以装饰，整块里匾显得庄重典雅，富贵大方，气势夺人。

“祥和里”的里匾挂上之后，每个月月头和逢过年过节，或先祖忌日前，都要好好地抹洗打扫一次，每年都要上一道桐油与国漆。

抹匾那天，总有附近居民和过往行人围着观看，一个个忍不住总要发出啧啧的赞叹：“好匾！好字！”“好书法！”“真是极品，神来之笔啊！”

有一年过年前，文家的佣人正在抹匾，来了一位穿着阔绰、气度不凡的中年男子。此男子见此匾后，惊叹不已，从头至尾一直看到佣人们把匾抹得干干净净，都还没离开，最后竟至冒失地找上门来，开口询问文家人，此匾有无出让之意，他愿以重金收购。结果被文老先生冷冷地一口回绝，还差点说出很不客气的话来，令那男子满脸羞惭，悻悻而去。此事一直在祥和里传为趣谈。当时，文先生只有三四岁，被周福祥的老婆、文家的保姆周嫂抱着，也来看热闹。文先生对这件事印象极深，以至多少年以后，只要闭上眼睛，他也能清晰地回忆起当年的那一幕来。

当年的文先生还在做小伢，尚不醒事，但却是享了几天福的。那时他爷爷还在，“祥和里”还是正红火兴旺之时，他是文家的独苗，那种被宠的样子可想而知。可爷爷一死，“祥和里”变了样之后，文先生就开始遭罪了。他不晓得别的，只晓得现在很少再有人，像以前那样一天到晚围着他转，一个个抢着抱他、哄他，把他当宝样，现在都去忙自己的去了，哪个还顾得上他？好在他那时还小，对这种世相的变故一点都不懂，他也不把这当回事，更不知道去深究它。再说文家这时虽说是大架子已垮了，但这样的人家毕竟还是有些底子，况且文家现在就剩这么根独苗，一家人对他也还是很上心的，有什么好的都是先尽着他，说起来他也冇遭到么大的孽。再一点就是，像文家这种人家，不管到么时候，总还是讲究“万般皆下品，唯有读书高”，所以还是很注重培养他，叫文先生一定要好好读书，知书识礼。尤其是一手字，说那是一个人的门面，任何人从一小就要用心去装这个门面，文家也不例外。

文先生自五岁开始发蒙，每天就将祖父写有“祥和里”三字的遗墨作为字帖临摹习字，这是每日必修的功课。

文先生天生聪颖，他对祖父那三个字的一点一横、一撇一捺，乃至笔锋一丝一毫的变化，他都出神入化、细致入微地了然于心底。还没上到高小，那一手颜体字就出落得大大方方，气韵生动，颇有点“书家”的味道了。“祥和里”逢过年过节，或谁家有个什么红白喜丧事，需要写个喜联或挽联，或送个帖子、下个请柬，邻居街坊们都要来请小文先生代笔。每到这个时候，文先生总像先祖当年受到朝廷召见那样，显得格外兴奋，脸上漾着掩饰不住的得意和激动，展纸挥毫，运笔如风，整个人好似一下长大，精神了许多。可能在文先生看来，这个时候是他一生中最得意、最幸福的“高光时刻”。

然而，文先生一生中倒霉的时候，远多于走运的时候，好像命运时时都跟他过不去似的。他是1931年底出生的，1949年他刚进大学，他本来是可以读武汉大学的，可那时他家里早败了，哪供得起，只有师范的学费、生活费是免的，所以选了华中师范。划成分时，文先生的父亲由于名声太狼藉，给划成个工商业兼大地主，差点给镇压了。接着又要将文先生也划为地主、资本家。

其实文先生的父亲，到解放那年，早已把文家给败得一干二净，文家此时实际上和对面板皮房中的那些人家差不多了。可工作队不管这些，仍坚持要划，幸好工作队中有位老同志想起文先生这年未满18岁，不算成人，结果本人被划为学生，可仍是地主、资本家出身，这点铁定无疑。到“反右”时对他就没那么客气了，尽管冇把他划到那边去，但给他插了个“白旗”，警告是跑不脱的。还有——总而言之，这一场接一场暴风骤雨般一系列的变故，对于一个刚刚醒事的年轻人来说，意味着什么，想必过来人都知道！

果然从那以后，文先生的胆子就像被吓破了，对任何人、对任何事，都是一个“怕”字。特别是“文革”期间，学校里铺天盖地贴满他的“大字报”不说，回到屋里，周福祥的孙子周大宝，一搞带一帮红卫兵将他屋里抄个底朝天，还让他们两口子穿着长袍和旗袍、戴着高帽、举着牌子，站在外面太阳底下，说是要“接受革命群众的批判”。

当时正是大热天，文先生和夫人两人都有点胖，平时上个楼都气喘吁吁，这时浑身上下大汗淋漓，衣服早湿透了，还要低着头，老老实实、毕恭毕敬地在那一站半天，那场景实在是让人看到可怜。

“个小短阳寿的，这是从哪里学来的些‘缺德、烂屁眼’的事啊？”周福祥那时还在世，气得破口大骂他那当红卫兵的孙子，但也只敢背地里骂两声，了不起把那根拐杖往地上杵几下，做做样子，他哪敢真得罪他们？再说，这个“小狗日的”虽说可恨，但那毕竟也是他周家的子孙、后人啊，他又会把他怎样？

有一天，“周司令员”——周大宝，已是“全无敌战斗兵团”的司令员了，又带了一帮人闯到文先生家，他们从文先生卧室的暗楼上，翻出一只文先生平时总不轻易打开的樟木箱子。他们一下子像发现新大陆样，兴奋地大声叫起来。

原来，箱子里头是一些文先生平时自己都“舍不得打开看”的宝贝玩意——打从曾祖父那辈留下来的，文家先辈们的一些字画条幅、印章手稿等。这些东西虽非金银财宝，不值什么钱，但在文先生眼里，那都是“字字珠玑”啊！文先生顿时只觉脑门下的血液猛地往上一冲，心里头却猛地往下一沉：“完了，完了，这下全完了！”他心里暗暗叫苦，知道大事不好。

“好啊，姓文的，你对这些‘封资修’的玩意还在念念不忘，你居心何在，嗯？”一个稍大的红卫兵，气势汹汹地吼问文先生道。周围的那些红卫兵们则个个义愤填膺了。

“我，我……”文先生支支吾吾着，不知说什么好。

“你什么你，你这一套伎俩还想瞒过我们革命群众？”“周司令员”这时从里走了出来，他冷冷地盯住文先生，然后嘣出句：“哼，休想！”

“是，是，不敢，不敢……”文先生浑身一怔，赶紧又把头低下，不敢再看“周司令员”一眼。

一个红卫兵指着那堆字画问周大宝：“周司令，你看这些‘毒草’怎么处理？”

周大宝将嘴巴一撇：“这还用想？‘借问瘟君欲何往，纸船明烛照天烧’！”

“哎，别、别、别，千万别……”文先生一听，脸“唰”地一下煞白，心猛地提到嗓子眼，急忙走上前想阻拦。可没等他把话说完，“噗”的一声，那堆纸卷上已吐出无数条火舌，火苗顿时把个大门口映得通红。文先生痛苦地闭上双眼，宛如掉进一座万丈深渊又被万箭穿心样！

这时，一个红卫兵气喘吁吁跑到周大宝面前道："报告周司令，前面'乾丰里'发现敌情，一个资产阶级的小老婆拒不接受革命群众批判，在那撒泼打滚。"

"是吗？那还得了，她难不成还是个'白骨精'？"周大宝眼珠转了转，果断地把手一挥，"走，立刻出发！且看我全无敌战士'金猴奋起千钧棒，玉宇澄清万里埃'！"

"是！"一个个正在往火堆里扔"毒草"的红卫兵，立即放下手中的东西，前往集合立刻出发了。文先生此时才如大梦初醒一般，他仅只愣了半秒钟，突然如一只脱兔样，箭一般冲向那堆火堆，双脚不顾一切地，朝下猛跺猛踩，两手一边迅速抓起一张刚被火舌舔去一只边角的条幅——他清清楚楚地看到了那张条幅上的三个圆盘大的颜体字——"祥和里"。

三

平心而论，作为文家两世单传的独子，对于文家这种败落，文先生多少是感到痛心和惋惜的。想当年，作为文家的一代子孙后人，该是何等的荣耀，何等的风光和享福啊！可如今这一切，早如过眼云烟样，随风而去了，不仅如此，还要遭受如此多的灾难，如此多的折磨。可惜呀，文家的祖宗大概"死不瞑目"！连文家之外的人，都为之扼腕，为之叹息！然而，文先生这个文家的"正宗传人"，却似乎并没有特别在意这一切。

文先生是新中国刚成立那年进的华中师范，1953年毕业后，就一直在市一中当老师。自打他端上教书匠这个"饭碗"后，他就再没想到要去"扳"一下，而是认认真真、老老实实地一直干到退休。当年和他一起毕业的同学，有的当了校长，有的当了区教委主任，还有的后来改行当了书记、厂长、老板、经理、个体户什么的，个个混得有模有样，只有他老先生几十年一贯制，连个教研组长都没当过。

退休头一年，学校评职称时，说给他争取到了一个副高指标，以他的资历和教学水平，荣膺此职称，照说是名正言顺、理所当然的事。可他想了想，又放弃了，把指标让给了一个比他年轻许多的中年老师。他说算了、算了，我明年就退休了，何必占这一个指标，他们也不容易。

文先生发扬了风格，而且他把这一切做得静静悄悄，没有丝毫的张扬。可文先生的这种谦让，却反让周围的老师们一个个感到莫名其妙，甚至有点惴惴不安——这里面到底有什么名堂啊？

"么样啊，你们不放心？那……好，我写个保证，免得口说无凭。"文先生当真要拿纸拿笔写保证，学校和老师们这才放心。

文先生本人的确称得上是淡泊名利、与世无争，可他儿女们就不这样想了。儿子现在混得很惨，没有一个正式工作，更别说一个像样的单位，就只好在"祥和里"口间，摆了个小摊，卖点小百货，混口饭吃，真是"从头到脚，窝囊透顶"了。儿子总是埋怨文先生呆板、固执、不谙世事、不可理喻，弄得一家人都跟着受苦。

"我看你家真是穷裁缝的八字命，为人做嫁衣裳，白搞了几十年！"儿子最后总来上这样一句。文先生却总只淡淡一笑，不作一声。有时露出种极古怪的神情，再无别的多余话语。

有一次儿子又"嚼"他："你家说起来，是堂堂的名牌中学的老师，放着那多学生家长的关系不用，情愿一屋的人受穷受苦，看看人家隔壁左右，连对面单号那边，卖菜的人家都发了。3 号的周大宝，那是个么东西吵，读书笨得要死，现在都当上了房地产公司总经理，早就住上别墅了，我还天天守在这门口，摆这个鬼摊子，卖这个破袜子、胸罩，连个踩三轮的都不如！"文先生涨红着脸听着，不作一声，他心想，儿子先前读书，包括小的时候，都不是这样的，怎么现在变得这样狭隘、偏颇，怨天尤人？文先生头连摇直摇，心里长叹着。

可儿子还在不停地"嚼"，文先生实在忍不住了，突然蹦出句："有本事你自己出去闯啊，光跟别个比有么用？指望别个更靠不住！人要有自知之明，知足者常乐，天高不算高，人心第一高……"

"算了！你家不说这还好些，我瞎着个鬼眼睛，要技术冇得技术，要身体冇得身体，几十岁的人了，还能闯个么事、扳个么名堂呢？那不是捏着鼻子哄眼睛！只怪我命不好，投错了胎，要生到别个屋里，肯定不是这样！"儿子打断他，把这样一句无情的抢白扔了过来。

文先生听此一愣，傻瞪着眼，嘴唇哆嗦着，脑子里一片空白，他此刻完全呆了。

文先生没想到，儿子用这样的一段话总结了他，也包括儿子自己的一生，怎么就是这样的窝囊，这样的不堪！再想想也是：他这一辈子，从来就冇抻敨过，结果拖累一屋的人，都跟着受苦，没享到一丁点儿福。他自己无能，当然是该遭此孽，包括跟了他几十年的夫人，也一起跟着吃苦，都是小事，让他痛心的是，把儿子给牵连了。

儿子本是棵读书的好苗，读小学就连跳二级，中学也在市一中。1966年那年，正读高三，考大学只差一口气，上个好学校没一点问题，可“文革”一来，前功尽弃。

接下来下放，儿子在农村待了好几年。一起去的同学，个个都抽回来了，唯独他因成分和眼睛不好，人又老实不爱讲话，招工的都不要。文先生又冇得路子去找人，儿子只好听天由命，待在那里了。结果这一待，就整整十年！

那年春节，“祥和里”别个屋里下放的伢，个个都早早地回来过年了，文先生儿子没一点音信。文先生两口子打电报催儿子回，儿子还是冇回。

到腊月二十九才收到儿子一封信。打开只两句话：“遗民泪尽黄土里，南望江城又一年。”

儿子的回信，让他们两口子老泪纵横，百感交集。文先生知道儿子是借用陆放翁的“遗民泪尽胡尘里，南望王师又一年”那两句诗，在哀叹自己命运。别的同学都抽回来了，唯独他还待在那里，他感到很自卑，也很无望，于是干脆连过年也懒得回，就写了这两句“报家书”……

要说也是有点委屈，文先生儿子喜爱文学，从小就写得一手好作文。读初中时，就一直想上武大中文系，他高中的班主任说儿子绝对有把握，文先生自己心里也很有底，可就只“差那一口气”！

1977年恢复高考，儿子凭着自己的底子考上了，却又因体检有肺病和肝炎，被刷了，这不是命中注定的么？1982年政府有政策，他好不容易扳回来，可还冇上到两年班，厂又垮了，还落了一身病。

儿子快四十才成家。找的媳妇是农村的，生的伢，娘两个都冇得城里户口，伢上幼儿园、上学都没学校收。儿子不是那种在社会上会闹的人，除读书外，一点谋生的本事都没有，现在更是早就连书也不拿了——儿子也几十岁的人了，每天还要搬出搬进盘那个小摊子，忙都忙不过来，哪还有那个心思？加上现在生意不好做，儿子性格又倔，这点倒像是完全接了他的代。

有回一个四十多岁、长得无胖八胖的女的来买胸罩，儿子给她拿了个大号的，那女的说小了，要加大号、特大号的。儿子说，够了，像你家们这样的年纪，戴这号的就足够了，不像年轻的姑娘伢们还有个长进，你家们越戴越松，越戴越垮的，免得到时候……那女的一听，恼羞成怒，指着他的鼻子大声骂道：

“哎，我说你这个人，有点不清白吧，做么说出这样坯（不懂事）的话来了啊？”

儿子说：“我说的是个实话，好多像你家这样的女的，先嫌小了，后来都来退，我是为你家好。”

“呸！你个把妈‘二百五’！你是为老子好，老子看你是变态！”

儿子还想辩解，那女的早扔下东西，并恶狠狠地喷出口浓痰走了。

这一切，文先生在楼上看得真真切切。可他又能怎样，能帮得上个什么忙？儿子就是这样的个德行，那生意么做得好？现在小家子一家人的生活都成了问题，每个月还得靠文先生两口子的退休金贴他们……唉，也难怪儿子“嚼”，真像儿子说的，他投错了胎。

“胎一投错，步步都错啊！”面对儿子的抢白，文先生只能低头承认了。他现在不奢望别的，只盼这种日子能早点结束。只希望儿子，特别是孙子这代，能稍微过得像样一点，莫跟他们老子那样，那就惨了。现在看来孙子还不错，孙子也是个读书的好苗子，才刚读高二，“清、北、复、交”等都来目（物色）他你家了，现在可是赶上读书的好时代、好气候了啊！好！好！

也不知是他的诚意感动了老天，还是文家现在该“时来运转”，这几天“祥和里”突然来了动静。

居委会讲，汉正街小商品市场这两年做起来了，政府准备在原址上扩大规模，进行升级换代，“祥和里”正好在线里面，需要拆迁改造，将来文先生家可换一套新房，还扩大面积。这真是喜从天降！

但没想到开发商就是原来住对门的周大宝，他现已是一大房产公司的董事长。文先生担心这周董——周董事长托人来传话了：“周董本来要亲自上门的，最近实在太忙来不了，对不起你家文老师，他让我们转告您，将来改造完成，给你家儿子安排一个摊位，所有费用都免了。他说以前年轻不懂事，欠文老师家的，一直过意不去。现在这算作一点心意，请文老师一定不要拒绝。”

文先生听到这消息，愣了半天，不知说什么好，真是“沧海桑田，世事轮回”，人心大变了啊！也从心里表示感谢了。

哪晓得，好事来得迅猛，说动就动。一天早晨过街楼底下来了几个人，架起梯子，三下两下就把那块曾经风光无限、现已破败损朽的里匾给卸了下来，门楣上方就只剩一方光秃秃的、与四周颜色有些异样的斑驳灰白的砖壁。

望着扔在地上的那块被蒙上厚厚灰尘，早已破损不堪、模糊难辨的里匾，文先生突然像想起什么似的，他走下楼去，跟那两个拆房的说，哎跟你们商量一下，我想把这块里匾留下来，做个纪念可以吧。那两人把他望了望，道："么样啊，你家想要？对不起，我们这都是承包了的，你家想要的话就拿500块钱出来，要不然就算了你家。"

"500块？我的天，我一个月的退休金也就只这个数啊！"文先生张大嘴巴，半天说不出话来。他没想到，他们一下竟开了这大一个口，看来他们是猜准了他心思，不怕他不上钩。但文先生现在一下子哪拿得出这大一笔闲钱，来收购这个"文物"呢？

罢、罢、罢，文先生把嘴一抿、眼一闭，准备调头。可当他扭头往回走时，却怎么也迈不开腿，他感到那匾上的"祥和里"三个字，就像他孙子的名字一样，一个一个黏着他的眼睛，一笔一画连着他的心尖，他怎么舍得让人拿去当猪圈门，当柴火烧呢？唉——摆不脱的"冤家"啊！文先生不禁长叹了一声。突然感到身体像是被掏空了似的，只觉腿子发软，浑身发抖，半天动弹不得，过了好一阵，才踉踉跄跄、跌跌撞撞，摸着崴回去。进门背着儿子、儿媳妇，试着跟老伴做了半天工作。

老伴最后总算是答应他了。谢天谢地，文先生此刻已是两眼湿漉漉、涕泪涟涟了。

文先生突然想起，"祥和里"的"老神仙"周福祥几十年前说的那句，"富只一代，顶多二代，不出三代"的老古话。"富不过三代"，那反过来呢？穷也"穷不过三代"啊！文先生仔细一想一算，他老子败、他窝囊、他儿子穷，这算第一第二第……到孙子这，怎么说都是第四代了啊！对，孙子这一代，一定会——对，怎么都会好起来的！

想到这里，文先生不禁长长地吁了一口气。

刘驼子

大汉口有条闻名中外的街道，名叫“汉正街”。

“汉正街”最热闹的地段，有条里份叫“祥和里”。

“祥和里”有位远近闻名的人物，人称“刘驼子”。

“刘驼子”本名叫刘海，跟那花鼓戏《刘海砍樵》中的刘海同一个名。但此刘海非彼刘海——人家舞台上的刘海，那是几英俊潇洒、风流倜傥，连那貌美如花的九尾狐仙，亦为他的风采所倾倒，甘愿投怀送抱，弃仙为凡。

而此刘海——嗨，此刘海那尊容不提也罢，提起就不由令人伤心、令人尴尬、令人“感到内疚”：都是爹娘生、爹娘养的，别人一个个漂漂亮亮、抻抻敨敨，你再看看他，用他你家自己的话说，他是“癞蛤蟆被牛踩了——不成个形”！

“好的都被你们占全了呀，哪还能轮得到他？你们一个个的还有么说的，嗯？”有人装着为他“打抱不平”。他却总不以为意。

他说：“丑人有美福，老天爷都看到了的，那武大郎不娶了潘金莲，卖油郎不独占了花魁么？这不就扯平了啊！”哈……别人一想，对啊，的确如此。

他还说，他是革命队伍中的另一类——“革命战士如磐石，泰山压顶腰不直”。“噗——”令人不由喷饭，啼笑皆非，褒贬不得。

然而说实在的，“祥和里”活得最快活自在的人，恐怕还就数“刘驼子”。因“刘驼子”这人性格极开朗，能把天大的事不当回事，把碗筷当作锣鼓敲，把黄连当作甘蔗吃，这你就无解，把他没得诊了。

“刘驼子”的确与众不同。他住在“祥和里”最顶头的一栋房子里，说是“一栋房子”，实际是个小偏厦，顶多六七平米，跟一鸽子笼差不多。就这一“鸽子笼”，也是“小偷下手，瞅空挡；跛子划船，以歪就歪”地搞起来的呢。

那是20世纪50年代管理较松时，“刘驼子”轻装简从，背个大麻袋来到这“祥和里”，见里弄尾还有点空地，就说想在这堆点东西。那时的人厚道，谁也没计较。“刘驼子”就一天捡几块破砖头、烂瓦片，顺着隔壁人家山墙，搭起了这么个玩意。等人家后来有意见时，“刘驼子”这栋“房子”已成气候，人家已奈何不了他。

“刘驼子”这栋房子无根无底连门牌号也没有，“刘驼子”说无所谓，本来差点连户口都没有呢，挂那个招魂牌，哄哪个吵。的确也是，“刘驼子”无儿无女、无单位，是个“无业游民”。他四方漂泊，到处为家，一年四季驼着个背，在外头穿街走巷，收过荒货，炸过米泡，卖过米酒，随么事都搞过，用他的话说，是当贡生还是当畜生都是一“生”。要说不同，“那归元寺的菩萨站的站一辈子，坐的坐一辈子，都是前世定好的，你还想翻个天？”别人就不作声了，这谁还能反驳。

后来他年纪大了，手上也攒了两个钱，就在“祥和里”口间，摆起个小水果摊，做起“坐庄生意”来。

每天一早，“祥和里”的人多半还冇起来，“刘驼子”就推一个自制的轴承车，“轰隆、轰隆”地把一筐筐香蕉、苹果、桃子么事的，满满一车水果往巷子口运。他推车的时候，那张驼起的背，一拱一缩、一起一伏的，吃力的样子像只大海龟在蹒跚，很是滑稽。

他一边还不忘和早起的街坊邻居打招呼：“王太婆，去买过早的？你家好早啊，爹爹还冇起来？”

“还冇哦，他还在床上呢，你家都开张了。”

“开了哦，哪有你家爹爹那样享福，睡到正暂（这时候），还有人伺候着。我是‘阎王要粑粑吃，该小鬼去做’的命，还要像做小偷样的，赶早你家。”

“哎呀，刘爹爹，你家切莫这样说，我屋里的爹爹是病了，爬不起来，还是你家这样扎实，几好（多好）。”

“我扎实我好？嗨呀，我晓得几扎实几好呢！我是荷包里多得装不下，背上还背个‘大元宝’。一个人吃饱了，狗都跟到打饱嗝你家。哈哈哈……”

街坊邻居还冇笑，“刘驼子”自己倒像捡到一宝似的，哈哈大笑起来，街坊便跟着笑。

“刘驼子”是个快活人，一天到晚都是乐呵的，他这性格也感染影响着其他人。街坊邻居碰到他，都愿意跟他搭个白、打个招呼，彼此都感到轻松。“刘驼子”性格快活，“刘驼子”的生意也做得很规矩、很活泛。街坊邻居有时碰上他摊上刚进的新鲜水果，凑巧手上没带零钱也想赶快尝个鲜，开口找“刘驼子”先赊一赊，“刘驼子”决不会却你意思、抹你脸。他说，人要晓得好歹，当初要不是“祥和里”人厚道容留他，他现还不晓得在哪里呢。再说人家会抹你这点小钱？只管放心。那些尺把长的伢，手里拿个一两分钱也能从“刘驼子”那里“买”回一个桃子、花红什么的。

隔壁马二嫂三岁的胖嘟嘟的独生子小宝，挺着个小肚子，光着屁股，手里一分钱不拿，一崴一崴地崴到他摊子前，只要开口，想吃什么决不会落空。

“刘驼子”一手拉住小宝胳膊，一手拿起个桃子，笑眯眯地问道：“小宝，这桃子像么事？”

小宝望那个大桃子，小嘴巴涎水直流，再望望“刘驼子”，怯怯地道：“像摇摇鼓。”

“不对，”“刘驼子”鼓他一眼，“像你娘的奶子，对不对？说，快说一遍。”

“像……我娘的……奶子。”小宝懵懵懂懂地跟着学一遍，“刘驼子”哈哈地大笑。

周围女人骂他：“‘刘驼子’，你好缺德！”

“刘驼子”则厚着脸皮道：“我说的是个本来话。你们说不像，那把你那个东西撸起来看一看、比一哈咧……”

“个死不要脸的！”女人们跺起脚来。

“刘驼子”不急，还一脸正经：“我有脸，再不要了，你们要是冇得可以拿去。”

“刘驼子”这人脸皮厚，一张油嘴又总有说的，倒搞得人家无话可怼。小宝这时就伸手要拿那桃，“刘驼子”又把那小手挡住：“莫慌，再喊我一声。喊‘爹爹’”。

“爹……爹爹。”小宝喊。待听到那乳鸽一样的叫声，“刘驼子”笑得嘴都合不拢，才把那最大、最红的一个桃子递给小宝。

有时他不要小宝喊“爹爹”，只要小宝走近些，然后伸出手来道：“来，让爹爹摸摸‘小鸡鸡’，看长大些了冇有。”

小宝吓得身子往后缩，还用两手捂住胯下，却并不走，那桃还没到手，眼睛直直地望着那摊上。

“刘驼子”就一把揽过小家伙，伸出手在那小家伙的“小鸡鸡”上轻轻摸了一把，咧着嘴笑道：“喔，长大些了、长大些了。”

又高声道：“好好看着点咧，莫让狗狗咬跑了，将来长大了还有用的。”

“轰——”周围老少爷们听着一阵哄笑，女人们则投过一束束愤怒的目光。

“刘驼子”不管这些，一边笑着，一边就奖励小宝一样东西。

“刘驼子”卖水果很喜欢吆喝，他说，你莫以为守着个摊就有生意来，这跟卖打药一样，全靠一张嘴，喉咙得吃亏，要一不怕苦、二不怕丑，怕丑钱到不了手。他吆喝起来是一套一套的。

他卖桃子就喊：“哎，好大的王母蟠桃，快来买啊，吃甜再把钱，不甜不要钱。”那嗓音忽高忽低、忽长忽短，显得抑扬顿挫、高低婉转，煞是好听。

那一年他卖刨冰，马上就编了一段“广告快板”：“哎，刨冰雪花砣，解凉又止渴，又经济又节约，五分钱一喝。”

“哇……”街坊和路人全给吸引住了，这样美而实惠的东西，哪个不想尝尝呢?

晚上，“刘驼子”收了摊子，总要搞几个菜，打二三两酒，买一包花生米，在那小屋门前横一张竹床，一个人坐在那里运起来。竹床头上还放一个小塑料壳的收音机，他一边喝酒，一边听那收音机里头唱的东西。

街坊们见到，跟他打趣：“刘爹爹，你家好快活啊！”

“刘驼子”笑道：“那是的，循礼门的灯具厂搬家嘛——运（润）一下泡子你家。”

刘驼子最喜欢听的是楚戏，听到兴头上时，他总禁不住，一边扬起那只一天到晚盘水果打苍蝇的手，在个大腿上敲起“板”来，一边摇头晃脑地扯起那天天吆喝“吃甜再把钱”的大喉咙，跟着收音机哼唱：“年幼的儿哪……郎格拿格低来噔来，听为父的，一言衷肠……郎格……”唱一句戏词，再用喉咙“拉”一段过门，一唱一“拉”，还蛮像那么一回事咧。

楚戏里头，“刘驼子”最喜爱的是《葛麻》。戏中那个为人奸狡、嫌贫爱富的马铎，暴富成财主后，立马逼迫尚未成婚的准女婿张大洪退婚，结果被那机智的葛麻巧妙化解并且好好地教训了一顿。那场戏“刘驼子”更是爱得不得了。只要收音机里一播这场戏，他就随么事都不做了，一心一意地竖起耳朵听，嘴里不停地自言自语：

“嗨——怎么安得咧好啊，真的是瞌睡遇到枕头，巧巧的姆妈生巧巧咧，这是哪个编的，编得这样‘雀’（聪明），这样巧！”

过了一哈又评论道：

“咧几个人唱得也好，该雀薄（聪明过头有点刻薄促狭）的雀薄，该装苕的装苕，两个哑巴睡一头，冇得话学（说），听得比喝鸡汤都还过瘾些啊！”

“刘驼子”满嘴啧啧，连声夸奖。旁边的人却常不以为然，尤其年轻人不喜欢听这种“寡妇死了男人的歌”“刘驼子”收音机里一放这，他们就不高兴了，都皱起眉头，像孙悟空听到了唐僧的紧箍咒样，都说“刘驼子”是“叫花子盘卵子——穷快活”。

“刘驼子”把眼睛一瞪：“你们这些小杂种，晓得么事啊？去问问你屋里老人家看，当年这都是跟梅兰芳、陈伯华一样的名角咧，一张票都是卖几块现洋呢，你个狗日的们享得起咧个福啵？”

“刘驼子”不管小年轻们，仍我行我素照听不误，时间长了大家也都习惯了，有的还步他后尘。莫说，一方水土养一方人，到哪个码头唱哪里的歌，“九头鸟”的湖北佬哪有不喜欢楚戏的？可到了“横扫一切”那几年，收音机里再没放过这些“乌七八糟”的玩意了。

“刘驼子”成天就像掉了魂样，话变少了，酒也戒了，街坊跟他打招呼，他头摇得像个“拨浪鼓”。

“唉，冇得好下酒的哇，个沈云陔那个‘老东西’这长时间死到哪里去了哇，害得老子……”“刘驼子”气咄咄地说道。

“刘驼子”那间鸽子笼样的小偏厦，虽只屁大一点，但他这人结人缘，街坊邻居中的老少爷们，包括一帮半糙小子，几乎都跟他合得来，有事无事总爱跑到他这里坐一坐。

“刘驼子”喜欢吟天，他屋里又就他一个人，也不消顾忌什么，随随便便的，那小屋子就成了“祥和里”老少爷们聚会消遣的“沙龙”。

每天晚上，“刘驼子”刚一摆好竹床开始喝酒，隔壁左右、里前巷尾的那些老少爷们就像赶场样，纷纷抱着小收音机，托着只小茶壶，拎个小板凳，到“刘驼子”屋里来报到了。

"刘驼子"一边喝酒一边跟大伙唠，一唠就是几个钟头，国家大事、世界风云，吃喝拉撒、偷鸡摸狗，歪的正的、荤的素的，无所不有。大家你一支我一支地互相递烟，人人手上"炉子"总不熄，搞得个小屋里烟雾腾腾，似一帮神仙在里头。常有女人抱着小的、牵着大的，在屋外喊自己的男人："哎，死在里头了？那就莫回去了啊！"男人不理，女人就在外面越发使劲地叫，男人只好不情不愿地站起身来。

"刘驼子"跟着也站起来道："快点回去，伙计，老婆想你了，有好东西招呼你啊，老子想去还去不成呢，个龟日的，身在福中不知福！"

男人还扭捏，"刘驼子"就走上前拍拍他的背，那"龟日的"便乖乖地跟着女人回去了。

等一帮老少爷们陆陆续续都走后，多半已是深夜十一二点了，人去屋空，只剩下"刘驼子"和一地的烟屁股头，还有"刘驼子"喝过酒冇收拾的酒瓶和碗筷，"刘驼子"就一个人慢慢地收，慢慢地捡。

"刘驼子"的一个唠劲，在街坊中是出了名的。晚上聚会，常是他一个人在"主讲"，他不晓得哪来那多话题。他讲他十二三岁，那还是旧社会时，就跟别人老板学做水果生意，十四岁下汉口，十六七岁当大伙计，二十岁不到就当上小老板。

"那时候人年轻，胆子大，天不怕、地不怕，喜欢出风头、打码头、逛窑子、抽鸦片，随么事我都做过；公子哥儿、窑子姐儿、过街楼的叫花子、前头巷子下河的、马路上拉车的、扛码头的，三教九流、五行八作，随么样的人我都逢过。不过有一条……""刘驼子"说到这停住，扫了众人一眼，正儿八经地道，"老子从不兴乱来，随么事按到那样。俗话说'吃要吃有味的，玩要玩干净的'，强徒和婊子里头，还有蛮讲义气的咧！"

"刘驼子"说到这句话时，非常认真，一脸庄重严肃的样子。街坊中有愣头小子，突然问"刘驼子"怎么一直冇结婚。"刘驼子"听了一愣，先是沉吟了一下，接着把头低了下来，闷了半天。突然抬起头长叹一声，一脸悲戚地道："唉，这都是'命'啊！"

原来，"刘驼子"二十一二岁正年轻时，可是一表人才，又是行里的领班，正是"风头正健"呢，他看中了花楼街翠香园中一个叫翠红的妓女，两人极是要好。"刘驼子"原本想把她赎出来，然后两人一起堂堂正正地过日子。不想翠红又被另一个在歆生路开金饰店的老板看中，金店老板仗着自己财大势粗，要从"刘驼子"手中夺走翠红。

“刘驼子”不服，要与那老板理论个清楚。结果那老板叫来一帮人把“刘驼子”毒打了一顿，还弄进警局关了半个月，他那驼背就是因那次挨打，后又关警局耽误了治疗，最后拖残的。那个叫翠红的女子，也因留恋“刘驼子”，而不愿跟那满脸麻子的变态老板，最后走投无路，上吊自杀了。临死留下一句话“来世再跟刘海哥……”

“刘驼子”讲出他这段鲜为人知的往事时，“祥和里”的老少爷们，无一不愣了半天，他们冇想到“刘驼子”这么一个大大咧咧、成天乐呵的人，居然还有这么一段辛酸曲折、感人至深、催人泪下的“爱情史”，不禁连连啧啧感叹，个个唏嘘不已。

“唉，想不到他你家还是个‘情圣’啊，真看不出来，看不出来！”大伙这才明白“刘驼子”为什么后来一直不结婚，除了那翠红，他心里再装不下别的女人了！老少爷们对他表现出十分的佩服，纷纷为他点赞。

打那以后，“祥和里”的人，也包括那些媳妇、嫂子们，也都似对“刘驼子”的那种“邪货味”有了新的看法。

这两年，随着年龄一年年大了，“刘驼子”也显得日渐衰老起来，毕竟是过六十的人了啊，水果生意做不动了，他就把他乡下的侄儿弄来帮他照看摊子。

侄儿虽说出生在农村，也不是个吃得苦的料。他接“刘驼子”的摊子后，那摊子望着就变了：今天出这个花招，明天搞那个名堂，一搞三天两头不开张，尽跟些不三不四的人谈“牛生意”，一是么要把水果执照换成服装执照，二是么要改成发廊，要么开“精品屋”……就是不好好地、规规矩矩地做正经生意。

唉！“刘驼子”气得不行。他说他这侄儿是“夹着鸦片进赌场，有几多败几多”。他侄儿根本听不进去，还嫌“刘驼子”脑筋太呆，转不过弯。

侄儿来前说好的，他用“刘驼子”的执照和摊子，每月给“刘驼子”300块钱做生活费，头个把月说话还算数，后来就不是那回事了。

“刘驼子”气得破口大骂：“妈的，梁山的好汉打了瓦（倒了霉）去卖刀，这搞成老子向你讨小钱了。你怕老子是指望你那两个钱养命？老子是想攒两个，把这个房子做起来，说起来在汉口混了一辈子，到头连个窝都冇得。我其实还活得几天？这房子将来还不是留把你！”

侄儿听他这样说，才总算稍微收敛了一些。

谁知就在“刘驼子”搬起指头，细打细算筹备建那“新屋”时，“祥和里”传来一个惊天动地的消息——汉正街小商品市场要扩大，这一带已被开发公司买下了，要把旧房全部拆了，重新做门面和商品房。那天拆迁办来人登记旧房面积，办理拆迁合同，到“刘驼子”那间“鸽子笼”前时，他们愣住了。

“你家这房子是……”来人狐疑地打量“刘驼子”的这间“鸽子笼”。

“这房么样啊，不算面积？”“刘驼子”一双眼睛鼓得像牛卵子，死死盯住负责登记的那个小伙子。

小伙子说：“你家这房冇登记，不能算……”

“放屁！老子房子冇登记？去问问你们牛麻子牛经理，他连老子这屋里有几个老鼠、几只灶妈子（蟑螂）都晓得一清二楚！”

“刘驼子”这一句话把开发公司的人和周围几个街坊都搞愣了。原来，这家开发公司的老总的确是姓牛，过去真的是“刘驼子”的一个拜把兄弟。前几年混得不怎么样时，还常到“刘驼子”这里来要些水果回去吃，这两年当经理就冇来了，“刘驼子”也不会去找他。

开发公司的人回去跟那经理讲了这件事，果然，“牛总经理”发话了：“‘刘驼子’那个偏厦是历史遗留问题，算它18平方，将来还建分他个小一室一组，但他最少要找我们公司8万块钱，这个不能再少了。”

“8万就8万，你怕老子只想搞你们便宜！”“刘驼子”当时就去银行取了钱交给开发公司，把合同签了，合同名字写的是侄儿。“刘驼子”自己这边的事刚搞定，隔壁马二嫂的还建却遇上了麻烦。

原来马二嫂和她那个叫憨头的男人，并非正式登记结婚，只是同居关系，不巧的是憨头前几个月出车祸死了，房产证上自然没她的份，拆迁的那些家伙便想趁机黑她。

刘驼子这时站了出来，他说：“弟妹莫怕，人死债不烂，财也莫想黑。你的憨头虽然冇得了，他的‘种’还在，这不有小宝吗？你只要想办法找到憨头身上的一丁嘎嘎东西，哪怕是一根头发一根毛，或者让憨头屋里人跟你的小宝一起，去做个亲子血缘鉴定，开个证明来，你和你的小宝就是理所当然的房主，你怕么事？照着模子扩的啊，爷两个一样的货，赖都赖不脱！”

“轰——”话糙理不糙，连拆迁的那些家伙听了都觉哭笑不得，加上居委会和街坊们都一起证明，无可奈何他们便把这账认了，这孤儿寡母将来的窝总算是落定了。

当天天黑，“刘驼子”打了瓶好酒，买了两根鸭脖子加两根口条，一个人坐在屋里喝到半夜。街坊们这两天都在自己屋里忙着商量拆迁的事，冇到“刘驼子”这来。

第二天中午，侄儿跑来拿篓子去进货，在外面敲门，一次敲不开，两次敲不开，侄儿觉得不对头，把门撞开，进去一看，“刘驼子”昨晚可能兴奋过度，酒喝得太多——一斤“小黄鹤楼”已经见底了，他老人家已经“喝（活）——过——去——了”。

“他你家到那边享福去了。‘那边’住得几宽整啊！”侄儿一边招呼闻讯前来帮忙办理“刘驼子”后事的街坊们，一边二五（满不再乎）地说。

街坊们愣愣地望着这个“白眼狼”般的侄儿，这“白眼狼”却道：“唉，他你家‘走’得是蛮舒服，就是这边的个兜（扫尾的事情）还冇收好——你家们想一哈子，他你家是‘杀鸭子拔毛——日光鸟光’，一点么事都冇留下来，到时我还要贴几万块钱，跟他你家来装修，你家们说是不是？”众街坊们狠狠白了这个“白眼狼”一眼，懒得理他。不过，大家觉得“刘驼子”走得总还算轻松，冇遭一点罪，干干脆脆的。

“这也是他你家修来的福分啊，算是修到头了！”有人说。

“这几天，他你家见到我们都是笑眯了的，总说‘瞎子磨刀，快了、快了’，马上就要住新房了，以后连解手都不用出门，‘马桶一冲，轻轻松松’，这把往日的贺恒富（旧社会汉口有名的大资本家）都运不起这个泡子的你家。”一个老街坊抹着发红的眼道。

“就是，他会想。他你家这一生虽说是遭了不少孽，可他会自己找快活。”

“自找快活，阎王都冇得法，哪个都奈他不何！”众街坊们一阵七嘴八舌，一起把“刘驼子”送上殡仪馆的车之后，才陆续散去。……

执念一生

一

我在拿起笔，写下这些文字的时候，已经是一个风烛残年、绝症晚期，生命进入倒计时阶段的老人。

我知道，人生对于我来说，马上就要走到尽头，老天留给我最后的时间，已经所剩无几、步步逼近了，上帝随时都有可能会召我而去。尽管，我现在还不愿意马上离开这个世界，但我知道，面对这种召唤，世界上任何人都无法拒绝，尤其是对于像我这样一个完全濒死的人来说，更是如此，所以我时刻都要做好这种准备。

弥留之际，我唯有趁现在还能勉强挪动，得抓紧时间来完成我在这个世界上要做的最后几件事情。

窗外，凛冽的北风呼啸着，正下着漫天的大雪，天空一片灰蒙蒙、阴沉沉的。大风猛烈地敲打撞击着窗户玻璃，发出清脆的啪啪声响，像是有千军万马要破窗而入似的，我那间不到10平米的蜗居里异常寒冷。

照说这样的天气，早就该开暖气或空调了，但为了省钱，我已经被迫好长时间没有用它们取暖了，所以每一天都是在这种被寒风笼罩的彻骨的寒气袭扰中度过。

然而对于邻居们家来讲，这样的天气也许正好，因为还有几天就是圣诞节了，人们正希望有这样寒冷的天气和飘着雪花的氛围，这样才更显神秘，更有“圣诞”的味道——童话中那位可爱的白胡子“圣诞老人”，不正是在这样的大雪天，驾驶着一辆雪橇来到人间的吗？大家都在忙着迎接那个愉快的时刻到来，正在准备节日的各种美食和礼品，整座公寓和小区，到处是一片欢乐的景象。

大街上就更加热闹了，各个商店、宾馆和娱乐场所，都提前布置一新，推出了各种各样的庆祝活动。人们愉快地忙碌和期待着，每个人脸上都洋溢着掩饰不住的欢乐和喜庆，谁也不会注意到这个时候，在这个城市的一个偏僻的角落里，在一个木匣样的小房间中，还有一位孤独的老人，此刻正伫立在窗前，像一尊雕像样，发呆地怅望着远处的一个地方。他两眼布满了雪样晶莹的泪花和一片哀伤，这种黯然神伤的表情，与这周围的气氛显得极不协调……

是的，我知道，我的存在对谁来说，都无关紧要，人们早都把我给忘了。而我也不想和任何人来往，我早就习惯了这种与世隔绝般的生活。我不希望有任何人来打扰我的这种平静，让我就这样，静静地等待着上帝对我的最后召唤吧。

然而此刻，我那具衰老的、不堪一击的躯体里，分明又有一种极不安的躁动，同时还涌出某种意想不到的活力，我不知一下从哪来的这么大的劲，我从床底下拖出一个足有20公斤重的旧木箱，然后一寸寸地将它挪到房间的中央。

木箱上的那把大铁锁早就给锈死了，那把所谓的钥匙，更是早就不知去向。我找来一把钢丝钳和锤子把它打开，立即就闻到一股有点呛人的霉味。这股霉味如那个被封锁在魔瓶里几个世纪的阿拉伯魔鬼样，悠悠忽忽地从里面飘了出来，我不由浑身猛怔了一下：这股霉味提示我，我犯下了一个不可饶恕的错误，我太粗心大意、太缺乏生活常识了。

时间已过去这么多年，可这口箱子中的东西一次都没动过，天知道它现在会变成什么样了。我当时应该在箱子里面放入一些樟脑之类的防腐物品，要不然这里面的东西可能会……可能会让人不敢想象啊！但我却完全忽视了这个问题。而这些东西可是我……我的两手开始发抖了，我那颗衰老的、憔悴的心，顿时一下子提到了嗓子眼！

谢天谢地，箱子里面的那些东西都还完好无损，仅仅只是面上蒙了一层薄薄的灰尘，和略有一点点发霉的味道而已。要知道这些东西对我这个即将离世，而唯一对之百般牵挂的人来说，意味着什么啊！我双手颤抖着，小心翼翼地从里捧出那些东西——一本本发黄变脆的日记、手稿、报刊剪贴、旅游门票、明信片等。从外表上一看就知道，这些东西分别来自不同的年代，都是倾注了保存者的情感和心血。因为这样一些不值钱的东西，却是历经了近半个世纪岁月——如果要按纪元来算，天哪！这已经是上一个世纪、“上一个千年”的东西了！可经历了这么长时间的沧桑变化和情感的风风雨雨，至今它们依然能完好地保存下来，并被叠放得这般整齐，可见它在一个人心中的价值和地位。

的的确确，这些东西是我这一生曲折坎坷的人生经历的见证与记载，是一个孤独痴情的男人对一位梦幻中的女人，至死不渝地爱恋、追寻和等待的唯一见证啊！我的上帝！我用颤抖的手指，轻轻拂去蒙在那些纸页上的灰尘，翻开那薄薄的封面，却如开启了一扇巨大而沉重的铁门。

> 啊/仁慈的上帝正注视着人间/快说出你心中的苦难吧/上帝他一定在认真倾听/因我们都是天国的儿女/不管你有多大的不幸/主都会赐予你幸福与吉祥……

这时，街区那边的教堂里，传来了唱诗班的唱诗声，那种仿佛来自天国的声音，合着管风琴的演奏，在这平安夜里显得更加平和安详，更充满人间的喜庆与温馨。而我此刻却似乎一点都未感觉到这些，我的心早已是一片冷漠冰凉，我的双眼也早被眼前的那些东西，弄得恍恍惚惚、迷迷蒙蒙，潮湿一片……

二

我知道，我这样的叙述，有些太啰唆，现代化的生活，使人们早已习惯快节奏和更直接，谁还有这好的耐心和兴致，去听你这样老掉牙般冗长乏味的絮叨啊？但恕我“婉言相辩”，这世上有些事情，你是无法畅所欲言、痛快淋漓地直奔主题的，有些话你只能欲言又止，欲说还休。像下面这样泣血的经历与惨痛的回忆，它就好比面对一个身体上突然遭到重创的人，要进行紧急处理和救治时那样，你只能慢慢地、轻轻地，一件一件、一层一层地去解开或剪掉他的衣物，然后再一寸一寸、小心翼翼地去触碰那些伤口，最后再……这样才不至……否则，否则那无异于是存心施虐，是在对那具受伤的躯体，再次加以酷刑啊！所以你如果还有耐心的话，请你还是听我慢慢地讲述吧。

此刻，我拿起最上面的那一本日记，扉页上写着“记于1999年”几个字，这是我写的有关她的最后一本日记，那也是在上一个世纪末，距今也已有十几年了。我顺着那叠干鱼似的本子，依次往下翻，放在箱子最下面的，是一个封面上还印着“工农兵”形象的笔记本，这则是我写的有关她最早的一本日记，记写的时间是1978年，第一篇第一页的日期是8月26日。

这个日子，可说是我这个卑微的男人卑微的一生当中，最美好灿烂、最值得珍藏的日子，然而这个日子，也是我那脆弱的生命，由此走向绝望的开始……我在那篇日记中这样写道：

> 今天，是我生命中，最幸福、最重要、最值得纪念的一个日子。在这一天里，我对于生命的意义似又有了新的理解与认识，我突然发现，生命是这般的美好，让人充满遐想，充满向往，充满希望。我感到有一样宝贵的东西，正牵引着我向它而去，我要为之去追求不舍，去忘我奋斗，并终生相随……

是什么东西、什么事情，会使一个人如此激动，如此兴奋，如此“奋不顾身”地去投入呢？

那是一种“毫无准备，突然降临的巨大幸福”！

那天下午，那是20世纪70年代末8月盛夏的一个下午。在我们这个火炉般的城市里，在那样一个没有空调冷气的年代中，这个时候，无疑是一年当中感到最闷热、最难受的时候了。

然而它却像是一个无意的昭示样，在这样的季节，人们更需要有一场爱情的金风玉露来驱散一下那酷暑的炎热，来润泽那久干而焦渴的心田，从而得到久盼的清凉，中国人发明的“七夕”不正是在这个时候吗？

于是，在我的一位老亲戚家里，我跟她——一位将要成为我“对象”的女孩见面了。这是那个年代绝大多数青年男女互相认识，建立某种特别关系的一种常用方式。顺便说一句，以我的性格和我对于爱情的理解、想象而言，我是极不情愿、极不情愿采取这种现成到手的方式，来完成这个爱情的寻找过程的。我认为这就像拿着钱去买某件东西样，太直接、太功利，完全是在“按章办事”，太缺乏爱情应有的浪漫和情调了。而爱情是什么？我想，爱情那是——那是一种妙不可言、不可言传、不可透露，也不可与人分享的活动，爱情太神圣、太伟大了。莎士比亚不是把爱情比作“生命的火花，幸福的源泉”么？那么既然是这样一种高级珍贵、神圣私密的事情，怎么能让别的人去介绍、去帮忙、去“牵线”呢？这显然有悖于爱情的真谛，以及我的初衷，简直就是种先天不足，而人为地去拔苗助长，它显得多么笨拙机械、多么滑稽和别扭啊！

我当然不希望我的爱情就是这样。但出于对我那位老亲戚的尊重、感谢和对这种传统方式还持有百分之十的冀望，我还是顺从了这种像是天意似的安排，我从班上请假去了亲戚家。

尽管我对这一次“相亲”没抱多大热情和希望，但平心而论，我对这件事还是非常虔诚、非常慎重的，我自认我还是一个凡事都比较认真而守信的人，这点仅从那天我所穿的衣服上就可看出。那天我特意穿上了前一年妹妹从上海学习回来送给我的、我非常喜欢而一直舍不得穿的一件“璞玉”牌的白短袖的确良衬衣。

那时各种物资都非常匮乏，这件上海产的衬衣对我来说，简直就相当于今天的工薪阶层家中少有的一件奢侈品，当时它在我眼里是最漂亮、最珍贵的服装，远非现在任何一件名牌可比拟，所以不能随便穿上，我希望它能给我带来好运。而这件衣服牌子叫作“璞玉”，璞玉——“怀璞抱玉，必遇知音”，正是一个美好的象征和寓意，所以我对它“寄予厚望”。

可是我——可是我这人太木讷、太内向、太不善于言辞了，这样很容易给人造成错觉，这一次就是如此。因为想到是自己找对象还要别人帮忙，心里就觉得很没面子、很不过意，所以内心明明是庄重虔诚，外表却偏偏装得很是随意，明明是聚精会神，却偏偏表现得有点心不在焉，从这点上足见我这人太多心，太谨小慎微，甚至有点矫情与做作了。

这次从见到她的第一秒钟开始，我就乱了方寸，就表现出了种种与我内心所想完全相反的样子和窘态来，这一点在这次见面后，很快就从我亲戚的嘴里得到证实，以至于让我当时着着实实地虚惊了一场，甚至出了好些洋相，这就更加证实了上面所说的那种“先天不足”和“拔苗助长”。当然，偶然一次的表现不佳给人造成的错觉，还不至于形成别人的一种固定印象，要命的是我这种谨小慎微的性格，还表现在很多很多的地方，这就更是导致这一场情缘夭折的重要原因之一，这是后话了。

我不知道此刻我该怎样表述下面的内容了。真的，现在回想起，当年当天当时的情景，我感到我的这支笔是那样地笨拙，力不从心，词不达意。小静——我这一生中的至爱，不管是在什么时候，在什么一种情况下，只要一想到这个名字和听到这两个字的读音，我这颗心都会激动、兴奋和颤抖不已。即使是在这风烛残年的晚年，在这生命的最后时刻，我都已经与死神近在咫尺、紧紧相望了，然而此刻想到了她，我心里仍是“万分忐忑，不能自持”！

那天下午，我第一次见到她——小静。从我见到这个叫小静的女孩的第一眼时起，我就预感到眼前这个女孩，她将在我的生命中永远挥之不去了。那么娇小的她此刻竟然像一道强大的闪电样，“倏”地一下猛然差点将我击倒，更像是一根前世就已预栽下的古藤，早已完全缠绕深嵌在我的身体内，不管世事沧桑，无论生死与否，这个名字已深深地扎根在我心目之中，并融入我的灵魂了。我这一生的命运，似乎注定是要与她——这个女孩、这个名字连在一起的！

我当时是一下子惊呆了，我真没想到她是那么的特别，那么的美好，那么的“罕见与稀有”，当时仅那么一下子，我就对她一见倾心，完全不能自拔了。她在我心中激起了巨大的震动与反响，她的美丽、清纯与文静，是我永远也无法描绘，也更不会忘掉的！

她那天的衣着打扮非常朴实，她身穿一件合体的白色连衣裙，头发上别着一枚琥珀色的月牙形发卡，脚上是一双小巧的橘红色皮鞋，露出半截淡紫色的袜子，看似普普通通，但却显得是那样的别具一格、与众不同。她文文静静地走入我的视线，娟秀的脸庞上飞起一层红晕，娇小的身躯在我面前就像是空谷中突然出现的一株幽兰。这株“幽兰”亭亭玉立着，显得娇羞无比，光彩照人，仿佛花蕊初现，含苞待放，甚至似还有一缕缕暗香，在其周围浮动，简直就是一幅画、一首诗！

我猛然发现，这个女孩在她那小巧的、薄薄的嘴唇的左上角，有一颗十分醒目的“美人痣”——那真是上帝给她的一种特别的偏爱和赐予啊！我敢说，尽管这世上有无数美丽漂亮的女孩，可同时又能拥有这样一颗摄人心魄，叫人终生难忘，爱不能舍的美人痣的美丽漂亮的女孩，又能有几个？一千个里面也难找出一个，但上帝就给了可爱的她一颗！

眼前这个女孩，她是那样的娇羞，那样的柔美，而绝没有一般世俗的女孩在这个时候，所表现出的那种扭捏与矫饰。她如清水出芙蓉般自然，如神赐天生一般浑然玉成。

在我的眼里，她简直就像一个天使、一个女神！正像人们所说的“爱是一种缘分”样，我心里暗暗庆幸，我感谢上苍赐给我这样一个机会、一份机缘……

我当时肯定是高兴得昏了头，根本不会想到我这话恰好说反了，或者是说得太早了。因为我当时根本就还不知道她是什么态度，她是怎样想的，这只是我的一厢情愿。而且这事就像是去西天取经，才只刚迈出了第一步，甚至连第一步都说不上，最后是个什么样的结果，还差十万八千里，早着呢！三十五年后，即我们分手三十三年后，也是我生命的最后一季，我们在街头不期而遇。这可是一场跨世纪的邂逅与重逢啊！她对我说的第一句话，竟然就是“可惜我们没有缘分”。

天啦！我们没有缘分？天可怜见，我几乎用了我一生去爱一个人，这个人就是她，可她却偏偏说“我们没有缘分”，这也未免太残酷、太苛刻，我也太倒霉了一点吧！但事实就是这样，谁也改变不了，我对此唯一能做的，就是只能乖乖顺顺地去接受，除此别无任何它法，我感到十二万分的沮丧和无奈！可我又真的是很不甘心，也很不服气。一个简简单单的缘分，就真的那么厉害，那么重要，可以完全无视一切？是的，的确如此。尽管我对她的爱，是那样的实实在在、真真切切、完完整整，可在这个“缘分”面前，这一切都是那么的脆弱，不堪一击。一个随随便便的“缘分”，便可轻而易举地将我彻底击败，彻底打垮！因而在这一生将要结束的时候，如果说要总结点什么的话，我最最诅咒的一个词就是这个“缘分”！

三

说到“缘分”这个词，我想那一定是在冥冥之中，有一种无形的力量，在主宰左右着人世间的人们倾心去做某一件事情，其能否成功，完全取决于它，所谓“谋事在人，成事在天”，岂不见“牛郎织女”“罗密欧与朱丽叶”——哪一对恩爱情侣或苦命之人的相识和结局不都是因了它？那我和她——小静呢，能否“成事在天”？当时显然是没有答案。但初次相识，她的出色、美好，都大大出乎我意料和想象，以至于让我很难相信这一切都是“真的”。

这一切是真的，连她妈妈那天也亲自去了，可见她们家对这件事还是足够重视的。可这样就更使得我感到拘束和不安，我这人生性拘谨，最怕见人场合，尤其是这种男女相亲，简直如上战场，所以更是感到十分的害怕和紧张。

我的那位老亲戚想得极周到，那天见天气很热，她特意熬了一锅绿豆汤，准备了几碟点心，让我们一起过个“中”，就是今天所说的那种所谓的“下午茶”。

老亲戚住在以前江岸法租界内的一幢石库门房子里面，他们两口子以前和小静的爸爸妈妈是高中与大学同学，关系一直非常要好。后来她先生进了领事馆工作，他们是那种典型的海派家庭。他们家有一个非常精致的平台，平台上栽满了葡萄之类的绿荫植物，在葡萄架的下面摆放了一张小圆桌和几把椅子作为我们的“相亲现场”，真的是煞费苦心。这样的小资情调在那个粗糙的年代真属凤毛麟角。

他们营造这种气氛，当然是想让我们能比较轻松愉快地交流一下，更希望这次见面能有一个好的结果。可我见此却如坐针毡，急得大汗淋漓，感到自己就像一只热锅上的蚂蚁似的，我太不习惯这样了。本来这种事情，在这众目睽睽之下“短兵相接”地进行，就够不好意思了，现在还坐这么近，在一个桌上吃东西，尤其是刚见面，她恐怕也不习惯，假如我要有个不好的吃相，或是其他的什么破绽与纰漏，想象那会有多尴尬、多难堪啊！

“对不起，你们坐一会儿，我，我要先走一步了，我还在上班。”我连忙找了个借口，起身告辞，逃也似的离开了那里，弄得他们几个人都大吃一惊。他们或许认为，我很不懂礼貌，太缺乏教养了，这种事情，怎么能“男的先走”呢？何况我当时连一点态度都没来得及表达或流露，就那么急匆匆地走掉，是不是就意味着看不上人家，所以不愿多待。如果是那样的话，就更说不过去了啊！

天哪，我怎么没想到这一点呢？我这人怎么就这么不出众，这么不随和，这么不谙世事呀？其实，其实我太紧张了，是害怕万一不小心，给她留下很不好的印象，从而把事情搞砸，我从一开始，见她第一眼起，就太在乎她了啊！

结果，结果我的这种过分小心，适得其反。我回到班上不久，老亲戚就打来电话。拿起听筒，我发觉那边声音忽然沉默下来，我知道闯下祸了，或者说情况不妙。

果然，老亲戚责备我太不懂事，至少是太莽撞，犯傻了：“你怎么能那样啊……”

老亲戚这时也不好说什么，只用了一个“那样啊”，我知道这三个字里面包含了很多的责怪和惋惜，是我的冒失，把本来好好的事情弄砸了。直到后来，他们了解了我真正的想法时，立刻安慰我说，不要紧，这下搞清楚了，原来如此。听到这话，我心里才有所缓释。紧接着，老亲戚又马不停蹄，连夜赶去她家，进行解释和“斡旋”。

一定是她的晓之以理、动之以情，加上她们本来就是多年信赖的老友，终于使这件事又起死回生了。

老亲戚当晚就告诉我：“跟她们解释清楚了，她妈妈邀请你去她们家玩。”

“是吗？这么说，她和她们家——都同意啦？”

“放心，都同意了。”老亲戚说。

“啊，都同意了！都同意了！”我高兴得几乎要跳起来，是虚惊了一场，要知道刚才的那几个小时对我来说，如同经过了几个世纪那样漫长啊！

老亲戚告诉我：“她们请你明天去她们家，她们家在‘××路55号’。”

啊，“××路 55 号”，正如始终未忘收复中原失地的辛弃疾当年的概叹——“四十三年，望中犹记，烽火扬州路，可堪回首”样，这个地址和门牌号也和那个美丽圣洁的名字一起，永远永远地铭刻在我心中了！它曾给我带来那么多的欢乐，给我留下了那么多美好的回忆。在后来漫长的日子里，它曾无数次地出现在我梦中。我总梦见，我又走进那座心中的伊甸园，在那里，我又远远地望见了她——那个只属于我一个人心目中的美丽的夏娃。

时光似乎又回到从前，事情似乎又有了希望——不，应该说我和她的关系一点都没变，“分手”那只是一个误会、一场虚惊，或是我自己的错觉，现在一切不都还好好的，铁铁定定、笃笃实实的吗？我不是又以原来的身份、原来的步履，轻松愉快地朝那座小楼走近，然后从容地去按响那个门铃吗？——我举起的右手，都已经触碰到那个铜制的、被磨得有些光滑的门铃了。然而，然而像是有谁在故意捉弄我似的，那座房子和她的身影，以及那个门铃总那样影影绰绰，非常非常的模糊，它们躲躲闪闪，似有却无，或是非常非常的遥远，远不可及。

它们统统都“宛如在水一方”，我“溯游从之”，可“道阻且长”。本以为是“近乡情更怯”，却不知是“离乡万里遥”。我总想再睁大眼睛，可还没等睁开，它便已消失；还没望到，它已转瞬天边。

眼前的一切，总那样亦真亦幻，与我若即若离，让我根本不能靠近，不能触碰。我完全无法“亲历其境”“亲身体验”，更不能让我真切实在地走近她身边，牵住她的手，说出我心中的积语，哪怕只是一句话、一个字，原来这只是一个“梦”！

这一切都是在梦中？对，在梦里面。唉——每次梦中醒来，我几乎都是长声嗟叹，泪湿枕巾。试想一下，这种无法实现、无法把握，又无从逃遁、无处躲开，即便你不想做，但它偏偏是不请自来，让你无法抗拒、无法“不做”的“梦”，对于一个性情中的人来说，是一种怎样残酷的折磨！

四

那天初次见面和虚惊一场以后，我被邀请去她家，正式开始这种接触和交往了。

我被老亲戚带着，忐忑不安地来到她家。是她下楼来开的门。啊，又见到她了！那一瞬间，我只觉得像是做了场梦似的，仅才一天，居然有这么多戏剧性的变化，这么多的跌宕起伏和峰回路转。

她当时也似颇觉讶异，一丝不易察觉的、觉得挺好玩的表情，出现在她脸上，她一定会想，这个伙计真有意思，昨天怎么那样慌慌张张的像个“三毛”，他平时都这样么？可别是个“冒失鬼”呀！

可我当时的心情，可以说简直好得要命，根本就没去想，昨天她是怎么看怎么想的。就如别人所说，爱上一个人，会使你心情立刻化学反应似的发生变化，变得像一傻子，会觉得周围的一切都是好的，都变得可爱顺眼了。所以你会放心大胆、爱屋及乌地去看待周围的一切，而不会对任何人、任何事，有任何警惕和防范，甚至连别人究竟是怎么想的，都忘了去关心、去询问、去打听，真的就是这样。爱往往会劫走人的一大半智商。

这也像现在电视里面经常看到的一些情景：一个命运多舛、情感丰富的男人或女人，在饱经了命运和情感的波折，以及磨难之后，突然遇到一位感觉心心相印、可共甘苦的异性，这无异于时来运转、忽得巨宝，或是苦尽甘来、枯木逢春，他或她一定会万分珍惜这来之不易的幸福和这千载难遇的旷世之缘，也一定会欣喜若狂，忘乎所以，我当时就是“忘乎所以”了。

也许是从小喜欢文学的原因，文学这种对人的情感和命运进行探索和表达的艺术方式对我影响很大。不掩饰地说，在文学的影响下，我对男女之间的爱情比较敏感，比一般的男孩显得更加早熟。我可能是属于那种多愁善感，把爱情看得至高无上的人。我认为对于人生来说，爱情是比事业更为重要的东西，事业有多种选择、多次机遇，而爱情几乎只有一个标准，真正的爱情只有一次机遇。

我羡慕那些虽一生贫穷，却拥有真爱的人们，而丝毫不嫉妒那些地位显赫、腰缠万贯、金屋藏娇的成功者。我特别喜欢看那些爱情题材的作品，中外文学艺术名著，以及现实世界中，那些曲折感人的爱情故事曾一次又一次地打动过我，比如《魂断蓝桥》中的罗依与玛拉，《简·爱》中的罗切斯特与简·爱，还有《青春之歌》《爱，是不能忘记的》等，都让我读后，掩卷长思，叹息不已。

我那时正在一个著名的国有单位的一个大加工厂样的机房的机台上，从事着一件在外人看来十分体面，而实际非常枯燥的工作，就像《摩登时代》中卓别林那样，在流水线上神经质似的操作着且一干就是八年。八年哪！以我自由散漫的个性，我是很不想干这个所谓“非常体面”的工作的，可当时我只能这样，而且还要随大流地为它叫好。因绝大多数的人都是这样看的，你总不能跟绝大多数人作对吧。别说，这个工作给我带来的“名誉和实惠”还不少，譬如介绍对象时，人家一听说你是干“×××”的，就会另眼相看，因为这个行当，无论在旧社会还是新社会，都是地地道道的人皆羡慕的“金饭碗”，能做这个事情的人，在社会上多少都是有点面子的——其实我是因知青返城被招工进到那个单位的。

可凡人常有的一些虚荣与可悲之处，也许就正在于此：宁可去相信和追捧一件子虚乌有的皇帝新衣，也不愿对一件可带来温暖却显寒酸褴褛的衣衫，说半句感激与夸奖的话。因光鲜的东西，往往能满足人的一些虚荣，而暗淡的东西却往往做不到这些。当然，那个工作对很多人来讲，的确是很难得的。但在我看来，也许正相反。因那个工作可以把人变成机器，更不用说要扼杀你的才情、你的个性，像我这样喜欢胡思乱想的人，它简直可以把你弄成神经！

它常让你捉襟见肘、狼狈不堪——那些循规蹈矩，文化程度较低的人，只要心静过细，就可一年不出差错，干得无惊无险体体面面。而我却总七处冒火、八处生烟，差错出得满天飞。

“你是一个低能儿，你脑子出了毛病么？”若是有人这样诘问，我还真无言以对。以至于多年之后，我还常常梦游那个地方，还常在为那些差错，心惊肉跳，满脸赧颜，你说，这对我来讲，是不是更像一场恶作剧！

工作上的不出色、不如意，使我在单位的形象，颇有些尴尬与狼狈。尤其是当时“文革”刚刚结束，像我这种有点小资产阶级思想意识的人，周围人本来就有些印象，加上我这人一贯有点离经叛道，遇事总是血气方刚，有时还想仗义执言一番，因而处境可想而知。

落后的形象，使我那时几乎天天都陷入一种苦闷、彷徨和孤独之中，在这种郁闷无法排遣的情况下，我更加渴望寻求到一份爱情。可是，以我当时仅一个二级青工、家里底子又差的条件，我又怎么可能顺利地找到我的那个心中的红颜知己呢——恕我又用一种世俗的标准，衡量和对照这件事——所以那只能是一种水中月、镜中花，一厢情愿罢了。

好在那工作是轮班，这样我就经常有时间待在家里，做我想做的事，从而能从中获得几分快乐与慰藉。首选当然还是我最喜欢的文学，尽管在当时我感觉已看不到这方面的出路了。我在这前一年，即 1977 年冬，曾参加过一次高考，终因数学仅 2 分、英语才 1 分，总分尚差 2 分而落榜——顺便申述一下，我不是在这要面子。我读小学时，数学也是极好的，只是当时考的是中学课程，而我的中学时代是完完全全的一场空白。当时语文和历史虽说考了高分，但终因数学和英语一败涂地，因此给拖下。而以我当时已 24 岁的大龄和当时政策，已无资格再参加高考了，我感到前途渺茫，显得更加手足无措，无所事事。但我仍是这样茫然而自然地喜欢着文学，我想反正那是我的真爱，所以没有任何功利与目的，也不需要什么压力和动力，只是这样自自然然、一如既往地喜欢着。

可那时的文学，又是一种什么样的状况啊：文坛早已是一片凋零、满目荒芜。后来出现的那些所谓的伤痕文学等，那时还未冒头。这时要说喜欢文学，也只能是零星地，去寻觅一点过去幸存下来的零碎的东西，解解馋而已。

然而，尽管如此，有时偶然碰到一星半点、自认为是不错的东西时，仍感觉如获至宝，读起来津津有味。我记得有一次，在一个同事家看到一本《普希金诗选》时，兴奋不已。因读小学时，我有次参加区小学生作文比赛得了个二等奖，奖品就是一本十分精美的记录有关普希金故事的彩色画册，我十分高兴且非常喜欢。普希金当时在我那少年的心中，无疑是一位非常了不起的伟大人物和值得崇拜的偶像，他那么桀骜不驯，才华横溢，以致那以后，我也经常鹦鹉学舌地仿照他那样去写几句“诗”，所以当时看到这本诗集很是激动。

那本诗集中除普希金的诗以外，还有许多插图都画得十分精美，有些为普希金亲自所绘。那些题花、边框等，也都设计得非常巧妙，恰到好处。不像现在好些书的装帧设计，要么干巴巴的，枯燥无味，要么花里胡哨地乱堆一气，完全缺少美感和品位。

书中有一幅插图，是普希金一人独坐在花园中，他座椅背后有一棵粗大的银杏，此时大概是深秋时节，银杏树叶正纷纷落下，被吹到诗人的脚边，也堆满整个花园。不远处围墙的雕花铁栏上，歇伏着几只神色疲惫的白嘴鸦，灰色凝重的画面，映衬着诗人那忧郁的眼神和被大风吹起的一绺卷发，显得十分的苍凉和寂寥，让人看到此画时，就不由心中一颤，可能立即就会想起诗人那首诗：“假如生活欺骗了你 / 不要悲伤 / 不要心急……”。

我觉得，在那么多普希金的画像和雕塑作品（“文革”前是很容易看到的）中，这幅画最能代表诗人的神采和内心，这本书也更应是普希金作品的精华。我渴望能好好看看这本书，我希望能借此感受一下，少年时期就十分向往的俄国的历史与文化，走近这位伟大诗人的心灵。可这位老兄说，他也是刚刚借到手，并且马上要还给人家，真是吊人胃口，惹人着急！我立刻软磨硬缠，要他先让我看，保证连夜看完还他，他再继续看，不受一点影响。

我知道这老兄爱烟胜饭，那时买烟得凭票供应，我一咬牙把一整条烟票全送给了他，最终得偿所愿……

文学固然已占据我心中大半位置，但随着年龄的增长，一心想做一名文学青年的同时，我无疑也要投身到恋爱中，加上现在我已有了理想的目标，并且取得了初步的认可，我得加大“攻势”，争取这场恋爱的成功。这是我当时最关注、最投入的事情了。我想，工作无法由我自定，但理想和爱情，我可以去奋力追求。那么，等待我的将是一种什么式样、什么结果的“爱情”呢？

五

小静当时还没有正式工作，属临时就业状态，所以平常时间比较充裕。我那时几乎天天都到她家去，我想这样可以跟她多接触、多了解。再一点我是想帮她妈妈做些家务事，那时的家务很麻烦，很需要劳力投入的，我这样做便可赢得她妈妈的好感，进而我就可以心安理得地和她出去玩。

说老实话，我想和她出去，是想多单独跟她在一起，这样我就有机会向她分享我的思想，进而不断地影响她，使她能尽快地了解我、接纳我，我是希望我能在她心中牢牢地站住脚跟啊！

可也不知是我的这种企图，表达得太含蓄、太曲折，让人根本就无法猜测、无法领会，还是因她家管得太严，她本来就是那种十分安静、内向的女孩，总之，她总是待在家里，没特别想到要出去。

她家有一台电视机，这在当时是难得少有的，因此这些人家里都很着迷看电视，一看起来就放下其他所有事情投入其中。我当时虽说几乎天天去她家，却总找不到机会谈正事，他们只要一有空，就围坐在电视机前，心无旁骛。还有，她家除爸爸、妈妈，还有哥哥、嫂嫂和小侄儿都住在一起。我作为一个突然的闯入者加入进去，加上生性腼腆、呆板迟钝，在当时是难以很快融入其中的，我想这可能也是我们交流的障碍之一。

我当时暗自着急，心想这个局面怎么这么难打开呀，革命战争年代，人家那些在白区搞地下工作的同志，在白色恐怖那样的环境下，都能把革命斗争开展得红红火火、有声有色，而你现在——唉，你这个家伙，真是没用！

有一次，偶然听她妈妈讲，小静最喜欢看电影了，哪怕是看过的也愿意“炒现饭”，百看不厌。我听了非常高兴，这下我们有共同点了，这无疑是打开我和她情感之门的一个突破口。不用说，喜欢文学的我，肯定也是喜欢看电影的。记得小时候，如果能有幸看到一场电影的话，简直如过年或是经历一次重大的狂欢盛典一般，我总会陶醉好长一段时间。然而这种幸福的经历太少太少了，小时候，我们家穷，和班上的同学比起来，我只看过极少极少的几场电影。

当时，每次学校包电影时，班上同学都兴高采烈地报名交钱去看，而我只能在一边望洋兴叹——家里没有这个条件，满足不了这种多余的“奢侈消费”。

我那时是很羡慕又很伤心看电影这件事的。后来“文革”时，在一次偶然中，我有幸捡到一本清华“井冈山兵团”编印的《文艺大毒草批判》的册子，里面不厌其烦地展示了“文革”前如《渔光曲》《武训传》《清宫秘史》《早春二月》等一大批所谓的“反动影片”，从编剧、导演、主演，到影片的故事内容、思想主题、艺术特色，还有像田汉、夏衍、蔡楚生、赵丹、秦怡、张瑞芳等这些电影界“黑线人物”和“内幕”，都一一作了“无情的揭露”和“狠狠的批判”。

过去我听都没听说过这些东西，现在却刚好如当年的一位“大红人”对此类行为的评语“如蝇逐臭”那样，我真被牢牢地吸引住了，感觉那些被“批判”的东西竟那么正常而有趣，不管怎么说我都是能够理解和接受的，并也从此书中领略到了其中一二三四的“画外之音”。这些“画外之音”虽只是些只言片语，但通过这些只言片语，我明显地嗅到了那个年代有别于现在的文化氛围与气息，那无疑是些极富诱惑的东西，它给了我某种隐隐的启示，也让我由此了解了一点点电影历史方面的常识，令我眼界大开，我想，这样我是可以在她面前，借题发挥，卖弄卖弄的。

刚好我有个朋友，那时因工作关系跑电影公司，经常为单位搞到内部放映的包场票，我总要他想办法帮我多弄一张票，因而我和小静常常一起去看当时还很难看到的一些电影，像《夜半歌声》《简·爱》《两亩地》《三剑客》《基督山伯爵》等。

果然，因为一起去看电影，我们有了更多单独交流的机会，共同的话题也逐渐多了起来。

我向她谈我喜欢的某部电影，联系着谈我的家庭、身世和我过去的一些经历。我甚至把我从20到24岁期间写的几本日记给她看，我称那几本日记为我的“青春时代的真实印记，思想发展的原始拷贝”，还把它写在扉页上。

我在那几本日记中，也像卢梭写《忏悔录》时那样，“不掩饰恶，也不夸大善，发自内心，真实坦诚”地记叙了我那几年思想、生活等方面的一些经历和感受。那还是一个特殊的年代，我当然没有那种深刻的思想和勇敢独立的精神。但对于那样的岁月，我在那些日记中，还是情不自禁地流露了一些怀疑与不满，表达了我对人生和社会一些现象的思考，更少不了对于一种我心目中理想的社会生活与个人前景，乃至是爱情方面的憧憬与向往，等等。这是我个人版的“成长记录”。也可夸大地说，是我们这个年龄的男孩，在那个时候，思想的一个小小缩影。

当然，日记中多半还是我日常工作和生活学习方面的一些记载，其中也包括两次极为短暂的，都是人家推掉我的、所谓的谈朋友经历。我不想回避掩饰什么，也毫不为此自卑，或自我炫耀，况且是写日记，我为什么不讲真话呢？我只是想把我的一切，坦然地展示在她面前，让她全面而彻底地了解我，我觉得，在她面前，没有什么值得隐瞒的，也不应该隐瞒什么。

由于看电影，我们常常一起出现在我的同事或朋友圈子当中，我明显地感觉到，我周围的同事和朋友们，都对我身边的这个女孩印象非常好，都为我感到由衷的高兴。我当然非常感谢这些善良的人们对我的关心，但我这人并不是特别看重别人是怎样评价我，以及与我有关的东西的。虽然这样，有时能满足我的一些虚荣心，我更注重的是，我自己的内心感受和直觉。和小静在一起时，我心中的确总是那样的愉快而温馨，充满着甜蜜与爱意，仿佛是拥有了世界上所有的幸福，就像若干年后非常流行的一句歌词那样，“一旦拥有，别无所求”，也如千年前古人所说的“弱水三千，吾只取一瓢饮”。

我那时整个人心里只有一个人，那就是她——小静。她的身影，她的笑貌，她的一举手、一投足，都令我关注，她的一丝一毫冷暖安危，包括她家里的一丁点儿小事，都足以让我牵挂不已。我认为，一个人心中有另一个让自己牵挂的人，真是种很美好的感觉。我感到，我和小静在一起做任何事情都是非常愉快且十分有意义的。

小静那段时间正在学医护，上课的地方离家有好几站路，乘车很不方便，我便特意将自己的“二八”自行车跟同事换了一辆“二六”的小车，每天晚上，带她到江边租界一带人车很少的马路上，练习骑行。

小静对此十分乐意，显然她也知道其中的另一层意义，因而也表现得非常积极。租界内十分安静，那些房子也各式各样，很有特色。在那些高大的梧桐树的掩映下，周围的环境显得更加浪漫，仿佛也充满了艺术的气息。迷离的街灯下，我跟扶在她车后两边，一边奔跑着，一边小心翼翼地呵护着她。

晚风徐徐，树叶婆娑，楼影憧憧，车轮悠悠，脚步好似生风一样，身子仿佛有些微醺，心中则充满了甜蜜。这种感觉，这种气氛，实在是太好太好了！我紧紧跟在她后面，感觉周围的一切仿佛都在为我祝福，我在心里对自己说，但愿我们的感情能像这脚下的马路样，一直朝前延伸，无限延伸，直到地老天荒，红尘散尽，直到人生的终点，生命的尽头，世界的那一边……

爱情既是浪漫美好的诗情画意，也是实实在在的生活日常，它离不开那些柴米油盐的琐事，而从一些细小琐碎的地方，是能看出两个人的心，是否愿意往一起互相靠拢、互相走近的。

我看到她家的墙壁发黑了，便说我来帮忙刷刷。那天我下夜班大休，弄了些白石灰去了她家粉刷墙壁。

本来我打算一个人干的，没想到那么娇小的她，居然也戴起我用报纸给她折叠的帽子，非要帮我打下手。

日光灯下，她那娇小的身影，在刚刚刷过的墙壁上，一上一下地起伏、晃动着，仿佛是一位美丽的舞蹈演员，正在跳起一支表现劳动与丰收场景的舞蹈的投影，显得十分曼妙而迷人，甚至让整个房间，顿时就变得非常的好看了，我也因此干得更加的起劲。

她妈妈那天到原来单位去了，一整天，偌大一整个楼上，就我们两个人，我们边做事边讲话，活干得非常愉快，两人恰如在一起体验一种共筑爱巢的味道，那种感觉真是如后来的一句广告词说的那样，“有家的感觉真好”。

那我们现在这样，是不是提前在做一种模拟与体验？

那段时期，我姐姐哺乳期乳液淤积出现肿块，小静听说了，就天天下班后跑来我家，以她的专业知识和爱心巧手很快使姐姐解除痛苦。而我则从中感到了更多的甜蜜，她是在以一种最原始、最真实的姿态走向我，让我从中看到了她善良柔情的一面。毫无疑问，能够在这些方面互相默许、互相帮助、互相点赞，往往是感情加深的基础和动力，也是生活中的“亮点”。

慢慢地，我感觉我们有点两小无猜，比较融洽自然了。我们单独在一起的时间越来越多，交谈得也越来越亲密。对我来说，这是我一生中一段非常快乐和珍贵的时光，那时很多的一些交往细节，至今都还时时浮现在我眼前。

有了最初的一些接触之后，她对我可说是有了一定的认可，也开始常叮嘱我去她家。这听似很平常的一句话，于我却是莫大的快慰：她也是希望能多见到我啊！所以每次离开她家和她分手时，我总感到怅然若失，有时我心里甚至会突然涌起种“生离死别”的感觉。我猛然意识到，我是绝不可以再离开这个女孩的了！同时我想到，我也好想有个家了。

我在心里发誓，我要像她将来要托付的那个人那样，去关心她，去呵护她，去牵挂着她的一生一世，她的一切一切，这里面应包含一切事情。

有一次，她爸爸妈妈要到安徽合肥亲戚家去几天，家里就剩她一个人，我竟有种莫名的激动：这段时间，我就有机会，也有责任，去照顾她的生活起居（她在做饭等方面，我知道是比较糟糕的），去充当一个临时的保护者和服务者，给她以关怀温暖，而且我还能更进一步走近她、亲近她。

后来我真的是这样做了，我天天从家里亲手做一两样可口的饭菜带给她，她感到很意外，我却感到无比幸福。看着她那么有滋有味地吃着，我心里更觉得香甜。而这种香甜幸福的感觉，可以延伸到很多的方面，只要你始终保持着一种去“开发幸福”的主动意识，就会总有新的收获。

有一次，我偶然发现她的腰带扣坏了。第二天，我就悄悄到单位对面的北京路百货商店，买了一根新腰带，晚上下班到她家时，将这根腰带送到她手上。她接过新腰带那一刹那，露出了一种特别的惊讶，那种惊讶里面，无疑是有欣喜、甜蜜、感动和欣赏的成分的，那就是——他是怎么注意到这个的？这说明他是个很细心、很会体贴人的人。

而我在她惊讶的一瞬间，却得到了很大的满足——我的这一点心意，她都能够理解，能被感动，还能给予一定的嘉许，这不就是一件“很有成就”的事情吗？

同样，她知道我喜欢美术，那天我去她家，她变魔术似的，从里间拿出一本厚厚的《西洋绘画百图》的画册，放到我手中，我也是愣怔了好半天。那时像这类的书，才刚刚有一点点解禁，一般是很难碰上的，她也一定是很用了好些心思和时间才寻觅到的。这本书我一直珍贵地保存到现在，这是她第一次给我买礼物，也是我平生第一次收到来自一个女孩的礼品，这太珍贵了！我是非常看重这种代表一种情感，一种关爱的互相馈赠的。我想，20 世纪美国作家欧·亨利的小说《麦琪的礼物》之所以能那样打动人心，引起那么多人的共鸣，那一定是因为欧·亨利写出了一种人间最宝贵的至情。而情为何物？它直叫有人为之赴汤蹈火、以身相许，有人为之忠贞不渝、恪守终生。在我看来，情感之于人的生命，除粮食、空气和水之外，远重于任何天价的财富和虚妄的名义。而情中的翘楚——爱情，更是支撑一个人走完他一生，最强有力的精神力量，是一个人来到这个世上，所能够得到的最大一笔财富和最珍贵的一种幸福，他（她）有什么理由，不对这种最珍贵的东西加以珍惜呢？可惜，可惜这世上有些人，却并不特别看重这些，唉，人啊，人！每每此时，我就不由自主想起，当时有位女作家写的，引起很大轰动和争议的小说——《人啊，人！》。

六

应该说，小静还是一位比较看重感情的女孩。我记得，当初我把我的那几本日记拿出来给她看时，她看过以后，特意说过这么一句话，她说：“我相信‘言为心声，文如其人’，看得出你是个很重感情的人。”我听了这话之后，非常感动，她看出了我最关注、最看重的这一点啊！我在那些日记中，有意无意地记写了一些我家族中的人和同学、同事，以及邻居街坊们情感方面的一些经历与故事，尤其是对人类男女之间情感沟通方面的话题，进行了一些思考与探寻，也不无表达了自己某些态度与观点，完全是发自内心的、很认真的记写。我之所以要把这些东西给她看，无非是借此表露一下我的思想与情感，试探和了解她的看法、她的态度，希望能引起她的共鸣。

而当她说出这句话的时候，我感觉得到，她是认真的、有心的，是明显地带了一种嘉许的口吻的，这也说明，她本身就是个重感情的女孩。因为，倘若不是如此，倘若不是那样心有灵犀，那她能这样一眼就看出吗？是的，我承认我这人无甚特别的长处，但我敢说，我绝对是个重情重义的人。我把金钱、权势和地位等，统统都看成是身外之物，但唯独情感，我不能割舍，把它看得比什么都重要。我现在得到她这样的评价，无异于遇到了一位知音，我还有什么不满足的呢？

的确，自打和小静相处以来，我一直感到非常非常的满足，非常非常的愉快，连那个枯燥乏味的工作，这时也似乎觉得可以接受一些了。周围要好的同事，都惊愕地发现我的这种变化，笑着问我，现在是不是很“安居乐业”了。

每一天，除上班之外，我都是想着和她见面，想着见面后要跟她谈些什么、做些什么、玩些什么，这都是事先要认真准备、仔细规划一下的事。似乎这就是那段时间，我最主要、最重要的生活内容。就像当年另一位女作家写的一部非常富有诗意和哲理的小说的名字那样：工作着是美丽的。要我说，恋爱着，更是美丽的。

美丽的爱情的确似有一股魔力，它不仅令陷于其中的人们，对未来的生活充满无限的向往，同时也可给他们带来巨大的热情与动力。那时的日常生活中有一个热门话题：比谁家的家具漂亮——甚至，比谁家的“家具腿”多！这也难怪，在那个物资极其匮乏的年代，人们对物质生活的追求和标准非常简单，譬如说，找找门路弄点木料和夹板什么的，打一两件家具。再或者是，碰机会买到减票的布料（那时买衣服、做衣服都要凭布票供应），做一两件自己喜欢的样式新颖又不太出格（那时不能出格）的衣裳等，似乎也就仅仅只这一点小小的奢望。

我当时刚好就处在这样一个即将考虑婚姻大事的阶段，正好有这种需求，尤其我还是一个木工爱好者，手艺还行，有着独特的优势。我希望，我将来的家，能尽善尽美，与众不同，家中的家具理所当然要由我来亲自设计、亲自操刀、亲手制作，所以我自然而然地卷入了这股热潮之中。

我给自己设定了一个小小的目标：我要让这些家具精美绝伦，独一无二。同时我要让这些原本只是些木讷的、普普通通的家用物件，变成一种有温度、有情感、有着某种灵性，可与人息息相通、休戚与共的“手足”“知音”，让它们成为我的一个“心声代表”，一个“形象代言”，证明这位制作者是一个爱家顾家，心细勤快，而且手巧能干的男人。尤其要通过它们，告诉他的另一半，制作这些家具的这个男人，他是为他心中所爱的人，为了你，他才这样精心过细、倾情投入的！

有段时间，我真的是走火入魔了，下了夜班还接着赶工制作。那时做家具远没现在这样简单，既无各种现成板材，又无任何电动工具，凿眼扣榫，裁板拼缝，斧锯刀刨，全凭手工，往往挥汗如雨，浑身乏力了，还不肯停歇，乐此不疲。我把我的心血和汗水融入了这些家具之中，我希望它们能寄寓表达着我的爱心、我的情感和我的美好愿望。我更希望它们的主人——当然是她——小静，将来看到和使用这些家具时，能有一种“睹物思人，爱屋及乌”的感觉。嗨，这种一厢情愿、自作多情的傻帽劲头，现在回想起来仍感到十分的好笑，当时却浑然不觉。

七

我现在要写出的下面的一段文字，绝没有丝毫亵渎、轻浮、薄幸的意思。两性相爱，无疑是会有些情感冲动的时候，我依恋小静，便常想着和她在一起，能够亲近她，那是十分自然的事情。

歌德说：“年轻的男子谁个不善钟情，妙龄的女子哪个不会怀春？”我当时正值年轻，身边又有着这么一位“鲜花一般美丽的”女孩，怎能不激起一股股柔情？我那时总是希望小静她晚上能出来，和我单独在一起，那是因为我心里还藏着个小秘密。

1979年春天的一个晚上，看完电影后，我送她回家。踏着如水的月光，听着车轮碾过马路的声音，我们的脚步越来越慢、越来越轻，我都能清晰地闻到她身上散发出的那种少女特有的、让人感到沉醉的馨香和气息。马路上这时行人已是寥寥无几，不远处的江汉关钟楼传来一声声轻柔而温馨的钟声，家家户户似乎都已进入了梦境。

走进她家楼下大门里面那个黑黑的通道时（她家是独住一栋小楼），我的手无意中触碰了一下她的身体，浑身顿时像被电击了一样，轻轻地不由自主地战栗起来。我没想到，她的身体是那么的柔软，她的肌肤是那么的光滑而细腻。朦胧中，她美丽的脸庞宛如一轮新月，窈窕的身影仿佛是只孔雀。她柔顺的秀发，无意中撩拂到我的肩胛上，像一只蝴蝶轻盈地飞来。她呼出的气息，越来越清晰，也越来越急促，像是想诉说些什么，或是在期待着什么。我感到四周好似氤氲着一股特别神秘的味道，同时涌动着一股巨大的、不可抵御的诱惑与吸引力……这一切太迷人、太美好、太“那个”了，它无不鼓动着我那颗年轻的、渴望爱情的心！

我突然站住，鼓起勇气问了她一句：“小静，我，我想吻你一下，可以吗？”她也站住，害羞地看了我一眼，终于点了点头。

我止不住一阵狂喜，心“突突”地跳个不停。我忘情地伸出两臂，紧紧拥抱住她，用手轻轻地捧住她那张姣好的面庞，朝那张美丽的、小巧的嘴唇，深情地吻了下去……

啊，这就是人们所说的生命中最最致命的一次爱之初吻么？它来得太突然、太仓促了，却又像是蓄谋已久。它那样地如梦如幻，却又如此地真实真切！我想起法国雕塑大师罗丹的作品《吻》，那一对青年男女，两人身体和嘴唇是那样“牢牢地焊住似的抵死相拥”，那样“不顾一切地忘情投入”。还有那部罗马尼亚影片《火》中，那一对年轻的情侣，被船上的熊熊大火包围，陷入绝境时，他们选择的是用“死死地拥抱和牢牢地相吻”，来迎接这生命的最后时刻……哦，不、不、不，我当时肯定来不及去想这些，我只感觉，我的嘴唇已强有力地覆盖住她的嘴唇，我也牢牢地焊住似的抵死抱紧，不顾一切地忘情投入。

我用舌尖笨拙而努力地忙碌着、探寻着，她那两瓣小巧的嘴唇，此刻也“不顾羞耻”地予以配合，像两根手指，在轻轻地抚摸着我的脸颊，也像只美丽而可爱的小鹿，在舔舐着我的心口……这一切难道都是在梦中吗？平生长到这20多岁都未有过的一种体验，数千个日日夜夜里，也不曾梦到过的情景啊，是那样的温馨、甜蜜，令人陶醉，让人心醉神迷……

门外是安静的马路，楼下是商店后门，没有住人，楼上早已是寂然无声，是真正的“琴瑟在御，莫不静好”“良宵一刻抵千金”啊！在这雪落长河般的静寂的黑夜里，我贪婪地、深情地吻着她，久久地依依地舍不得松开。苍天可以作证，在那一瞬间那一时刻里，我已在心里发誓，我要把我这一生的情感交给我怀里的这个女孩而我决不会抛弃她！我牢牢地记住了这一天——

1979年3月8日。

这是我一生当中第一次，也可说是最珍贵最难忘最投入的一次“吻”。

那次到东湖则是我们出去玩得最轻松愉快，最难以忘怀的一次。

那是“接天莲叶无穷碧，映日荷花别样红”的盛夏8月初，她刚刚度过23周岁生日，我们相识转眼就快一年了，为了庆祝这两件事情，我们去了一趟在那时看来属于远游的地方——位于市区东部边缘的东湖。

那天我们首先到了东湖边珞珈山上的一座著名学府，这座由李四光先生亲自设计的大学校园非常别致，它巧妙地糅合了东方文化的神秘色彩与西方浪漫的艺术及建筑风格，将一种崇尚知识、崇尚理性、尊重人文的精神情怀深深地植入其中，使整个校园氤氲着浓厚的书卷味道和艺术的气息——你只需从那些匠心独运的楼宇房舍的布局、那些别具一格的建筑式样和文采熠熠的建筑物名称中，便可深切感受到这一点。除体育场之外，校园里所有的建筑都沿着山形依势而建，鳞次栉比，次第排开，与四周潋滟的湖光山色融为一体，显得很有层次也极为气派极富风韵，难怪人们将之称为“中国最美的大学”。

置身在那美丽幽静（那时这座校园远没现在这样热闹非凡，它非常非常宁静）的校园中，徜徉在那一幢幢灰墙碧瓦、庄严肃穆的图书馆、教学楼和实验室门前时，小静她感到很新奇，显得很有兴致，她还从来没来过这么美的地方。我心中则别有一番感慨：我读小学六年级，即1966年那年夏天的一天，我随几个比我大的读初中的邻居，远足到这里参观“三家村罪行展览”。

本来到这里是要取“革命真经”的，却如一名宗教信徒突然发现天堂，走进了圣境样，我顿时被眼前这座学府那雍容不凡，仿佛充满某种神秘与睿智的气势，以及这迷人的景致，深深地震慑住了。她是那样的与众不同，那样的别具一格，那样的仪态万方！我那时就隐隐感到，这样一个神圣而美丽的地方，虽说有眼前这么些人控诉的那么多的“黑幕”，但她还是很吸引我的，假如有机会，自己真愿意到这个地方来待上一阵呢！所以这以后又有许多次，我鬼使神差地独自一人花上大半天时间，老远从汉口辗转三镇专程来到这里。每次来只是想，再静静地领略一番那种置身圣境当中的感觉，感受一下那种与俗世不同的、神秘别样的气氛，更幻想有那么一个机缘进入这个神圣的地界，成为她的领地当中的一员。

然而，我梦寐以求走入这座圣殿，却与之无缘，1977年那次高考，可说是唯一的机会，我填写的首个志愿便是它，却终因分数差那么一点，那个愿望就永远只能是一种妄想和一厢情愿了。此次和小静一起来游，尤其深感某种忐忑与不安——请原谅我这种世俗的想法和虚荣的心理：我以前常常向往并且经常来到这个地方，却总是以一个游玩者的身份来此，虽有所遗憾，但尚情有可原，或说是也无所谓的话，那么现在，我身边拥有这么一位美好的女朋友，可我的学历至今仍只有13年前的那个“小学毕业”，这是多么尴尬惭愧，多么“受之有愧”啊！

那一刻，心中五味杂陈，涌出许多的内疚和不安。

下午，在波光潋滟的东湖八一游泳场，我们游了一场泳。我知道小静游泳游得非常好，她读初中时，那么小小年龄，那么娇柔的她，居然几次参加过横渡长江。

当她换上泳装，迟迟疑疑地出现在我面前时，我一下简直惊呆了，宛如那美丽的女神突然降临到人间样，此刻的她，显得更加美丽、更加娇柔、更加动人了。她穿着一件粉红色的泳装，使她那本来就十分姣好的身材，显得更加苗条，柔嫩的肌肤显得更加白皙和细腻。明丽的阳光下，她神情娇羞地亭亭玉立着，头顶是清澈的蓝天和一朵朵白云，背后是波光粼粼的东湖湖水和身影朦胧的磨山，这一切构成一幅绝美的画面。最醒目打眼的是，由于她身穿泳装这种特别的装束，恰到好处地勾勒出她身体的优美曲线。尺幅之间，它总像是要刻意遮掩哪里，又像是故意要展露某处样，处处都是那样的别出心裁，而又别有韵味，我发现这种装束正是展示年轻女孩骄傲迷人、青春光彩的一种最好方式，同时也是她们最羞于示人，却又不无希望尝试的一种“公开亮相”。

我想起有一幅文艺复兴时期，意大利画家波提切利所作的世界著名的油画《维纳斯的诞生》，它所描绘的正是这样的一种场景：

> 在波平如镜的爱琴海上，美丽的维纳斯女神正从海上的一只巨大的贝壳中走出来，由于是刚刚“诞生”，她还是光身赤足，女神用她的双手掩住身体，一挂瀑布般的金发倾泻而下很自然地遮住羞处，女神羞涩而腼腆，坦然而端庄地注视着人间，清澈无邪的眼神中同时又充满柔情与爱恋。在这样纯洁高贵的女神足下，在这尊无与伦比的美的艺术品面前，你是不会有丝毫的邪念与非分之想的，

有的只是对美的膜拜与崇敬。

小静是个非常稳重、文静的女孩，她可能想到这样的装束即使在我面前，也有些不好意思，因而显得十分羞涩，白皙的脸庞上泛起一层红晕，两只洁白的手臂和一双小手，交替护卫着腹下和胸前，竭力地试图遮住那些羞涩的部位，却总感到“顾此失彼”，力不从心。

我心里却感到非常满意，谁不希望自己所爱的姑娘是一个沉稳持重的女孩呢？我曾读过这样一个爱情故事：

中世纪，在古老的苏格兰乡村，有一个勤劳善良美丽温柔的女孩名叫珍妮。珍妮的家中没有男孩，她每天都要提着水罐到很远的泉边去打水，有天她好不容易打起一小罐水，一个英俊的但却是风尘仆仆、满脸疲惫的年轻人，骑着一匹白马由远处而来，青年和白马浑身都汗湿透了，青年身上还带着血迹和伤痕。青年声音嘶哑，有气无力地向珍妮讨点水喝，善良的珍妮关切地看着青年受伤的身体和难受的表情，感到一阵揪心，她毫不犹豫将罐中的水全部给了青年和他的白马。青年和白马饮过水以后，仿佛一下都变得精神起来，青年抹抹嘴感激地向珍妮告别。就在他策马转头的一瞬间，他目光突然定住；他蓦然发现眼前这个美丽善良的女孩好像……好像什么？好像正是他“心目中理想的人儿”！对，他也正是处在这样一个青春多梦的时节啊！青年心里此刻忽然就觉得有些异样，脸上的表情也在发生着变化。而珍妮姑娘也从这个英俊的青年此刻那湖一样清澈而深情的目光中，似乎读到了些什么，这目光让她感到心里发慌，喉咙发紧，也似有某种东西被触动，两颗年轻的心，在那一瞬间里同时都感到了一丝微微的撞击和震颤……

过了很久，又是一个阳光灿烂的早晨，珍妮在泉边又看到了那个青年。这次青年的装束威严整洁，衣裳上还绣有漂亮的纹饰和挂着绶带，更显得英姿勃发。青年下马走上前拉住珍妮的手，向珍妮表达了他的感激和谢意，表现出他良好的教养与礼仪。

青年最后深情地说了一句：“晚上我会在泉边的树林里等着你，你愿意来吗？”什么都不用说了，珍妮发现自己这时早已喜欢上了这个青年，这么多天里，她心里不也天天都在惦记着他、想着他、盼着他吗？

晚上，忐忑不安的珍妮心里像怀揣了一只小兔样，悄悄来到泉边，她看到青年牵着他的白马，已在等着她了，珍妮高兴而幸福地迎上前去。静静的月光下，青年拥着珍妮跨上马背，两人共骑白马向森林中走去。原来，青年是个非常显赫的贵族后裔，后来遭到家族中一位长辈的陷害，而逃出领地，游走四方行侠仗义，专替穷人打抱不平，并努力地收复着他的失地和荣誉，他这次来就是向珍妮表达他的爱情，并向她求婚的。可能也是永别——一个危机四伏、四海为家却肩负家族重任、踪迹不定，并时有不虞的“游侠”，注定是很难预测其生死前途的。身旁是蓊蓊郁郁的树丛，头顶是皎洁如银的月光，脚底传来声声清脆的马蹄声，两人就这样相依相偎着不说一句话，却仿佛相识相知了几千年……

那段时间，他们天天晚上都去林中相会，总是任那白马驮着，缓缓地走向密林的深处和遥远的天边，幸福的时光就在这甜蜜的依偎和喃喃的絮语中，不知不觉地流淌着。

有天夜深了，姑娘要回家了，这是她父母定下的规矩，她向青年告别。青年这天一反常态，他说“要知道，我是多么……想念你啊，珍妮！”

青年迟疑着，用了“想念你”这么一个词语。“还有……”青年又迟疑了一会，但他终于什么也没说。

原来，青年明天就要离开这里了，可能用不了多久，他就会回来。但也许，也许他永远都回不来了，可直到今天，他还一直，一直没真正碰过一下他心上人的身体呢，他真想……青年的目光中露出一种渴求的表情，他期待而深情地望着珍妮。

“不，不，”珍妮一下就读懂了他目光中的含义，她慌忙避开他的眼神，赶紧回答，“我不能那样。我也不能去撒谎。假若我们今天就那样了，假若我去蒙蔽我父母，那么将来我很可能也会去蒙骗你，对你不忠的。你难道希望我是那样一个人？你难道愿意为了这短暂的快乐，而在我们纯洁的爱里面埋下一层阴影吗？请相信我，我……”

珍妮的心里也是矛盾的，她也舍不得离开她心爱的人，她何尝不愿像青年所说的那样，与他长相厮守，甚至她现在就愿意把自己最宝贵的东西给他。可是……她抬起头，深情地仰望着青年：“我等着你，到那一天，我的、我的一切都是……都是你的！”

啊，她说得多好，还有什么东西比这种深刻而长久的爱和忠贞而诚实的品质更珍贵呢！青年心中涌起的是一阵欣喜。但随即又是一种无言的酸楚与憾意。最终，他虽是“心满意足”却又是“满腹惆怅”地告别了他心爱的人儿，策马而去……

我想，小静也正是像珍妮这样的一位可爱而自尊的女孩，她那稳重端庄，娴雅文静的样子，她身着泳装那一脸羞涩的表情等，至今还刻在我脑海里，并将永远永远地留在我心里和记忆深处了。

八

我之所以还要写出下面这样一段文字，是因为在我生命的历程中，还有一件让我永生都难以忘却，难以平复，难以释怀的事情：

那是1979年国庆，小静来到我家，在我栖身的小房间里，我轻轻地、紧紧地拥抱着她，深情而长久地吻着她。此刻我感到，这个世界上只剩下我们两个人了，一种甜蜜无比的幸福美好包围着我，一个从来不敢想象的念头突然冒出脑海：“小静，我，我好想看看……看看你的身体，你……你能让我看看吗？”我梦呓般地对她喃喃低语道。她低头看了我一眼，羞涩地对我点点头，柔顺地依偎在我怀里。我感到我的心在激烈地跳动，呼吸都有些跟不上了。

“小静，你，你太好了！我，我是真心地喜欢你、爱你的啊！”我在心里默默地自语着，念叨着。我轻轻地放下她，解开她身上的每一粒纽扣，每一件衣裳，每一层“护卫”，每一道“防线”，终于，她整个的身体都袒露在我面前了。我感到我的双手都在颤抖，我的心差不多都要蹦出来了！我第一次看到女性的这么美丽的身体，我真没想到，它是那么的光洁，那么的柔软，那么的美好，那么的动人！我得承认，对于一个成熟的男子来说，面对这样美丽的女人的身体，除心理上的激动外，也绝对会引起他的一种生理上的反应与冲动，尤其这是目睹一个美丽的、真真切切的、完完整整的女性身体的“第一次”！一股前所未有的巨大的冲动，强烈地、拼命地撞击、引导着我，我感到一阵头晕，一阵目眩……

1966年“文革”中，在我们那个叫作“爱武”的中学校园后面的仓库，那里边堆放着大量从社会上查抄来的“四旧物品”。

有一天，我和几个同龄伙伴偶然闯了进去，也看到了令人“十分震惊”的一幕：在一大堆书刊、画册、雕塑、牌匾等“封资修黑货”中间，挤压着一张十分打眼的美术画作，那是一幅破损的带画框的西洋油画，画面上是一位举着水罐的金发少女。天啦！这金发少女她，她也“太不知害臊”了（这是那时的理解），竟然全身赤裸，一丝不挂！然而，然而再仔细观看，总感到她又是那样的圣洁端庄，那样的洁白无瑕而美丽可爱，让人怦然心动又觉不可亵渎、不可侵犯。啊，这就是女人的身体？这就是少女的本真？竟然是这样的美！这样的吸引人，这样的摄人心魄！一直到十几年之后，我才知道，当时看到的那幅画就是被收藏在巴黎卢浮宫中、名字叫作《泉》的世界名画的临摹品，原作者是19世纪法国著名的新古典主义画家安格尔。47年后，我在卢浮宫中看到了这幅画的原作时，仍是感到一阵震颤。

而眼前这幅立体的、全息的“人体油画”更是那样的清晰，那样的“逼真”，那样的美丽完好，那样的无可挑剔！

瞧，那皮肤洁白光滑细腻，那曲线优美柔和流畅，像天鹅一般优雅的颈脖下……啊，那简直就是一个奇迹、一个梦幻，一件上帝创造的杰作，它太美了！

我的心完全不能自持了！我感到身上的每一根血管的血液都在朝上奔涌，我浑身都在不停地哆嗦，在打颤！我当时手忙脚乱得不知该怎样才好。小静她竟然同意将她的身体，完全袒露地呈现在我面前，我只要是想拥有它，她是绝不会拒绝的——她是将“处置”的权利完全交给了我啊！而我当时也是非常非常想和她那样——我承认，我当时的确很有“那种想法”，我不敢想象，那是一种多么巨大的快乐和幸福啊！我要抓住这个幸福，不能让它跑了！我要——可我最终却是……却是“放手”了！

我，我深深地懂得，爱情，包括两性的结合，应该是世界上最神圣、最纯洁的事情，绝不允许随便去亵渎和玩弄它。爱是天长地久的相守，一生一世的承诺，而不是一朝一夕的欢娱和占有。爱有肉体结合的成分，爱更是精神上的契合，爱同时还是一种责任、一种克制、一种牺牲。尤其是自己至爱的人，你若是真心爱她，就要胜过爱自己的生命那样，去珍视她的一切，包括她的名誉、心理承受、思想准备等等，那么我怎么能现在就这样，随随便便地去取到它呢？要知道偷尝禁果，在当时如触犯天条，一旦暴露，后果极其严重，而加在女性身上的压力，更是比天还大啊！况且，况且我现在还没做好另一种——物质上的准备，譬如连个最起码、最简陋的婚房都没有，怎么能……所以，所以我最后放弃了这个念头！我轻轻地为她穿好衣裳，将她扶起。

我做得问心无愧，心安理得，却又满心地遗憾！她对此也十分地意外、十分地感动——我想，恐怕，恐怕也是还有些许的遗憾、些许的怨艾吧。但无论是哪一种，我对她的责任心、对她的爱惜，是由此可见的，以我们俩刚才的举动，再往前进一步，意味着什么，她难道还不知道吗？这道答案已是明白无误、昭然若揭了啊！然而，然而可能正是因为我的这种理智和这种恪守，从而导致我最终失去了她！倘若，倘若当时我不是那样，而是，而是再向前跨出一步，那么今天又是一种什么样的结局、什么样的人生呢？也许，也许一切都……唉，这样的表述文字，简直如一串绕口令，如一锅稀粥。不，这些破碎而痛苦的记忆，简直就像一把锋利无比的尖刀样，至今还扎在我心口，还在一刀一刀地切割，一刀一刀地刻画，直到现在，我这心里还在哭泣、还在流血！我想起那个终生难忘的下午，想起那个古老的苏格兰故事，想起——我只能说这一切都是老天安排，都是命中注定了的，是天意啊！

并不是我这人是多么患得患失，提不起、放不下。世界上有许多东西，它的确就是一种偶然、一种机缘，抓住了那一瞬间，那一个机缘，也许从此你就永远得到了它，也许一切都从此改变，终生都会受益。反之，也是这样，事实就是如此，真的说不清楚，道不明白。我绝不是那种把女性当作一种资源财产，处心积虑地只想着要去占有她、得到她的人。那些男权主义者们往往认为，只要把他所想要的女人“拿下”了，从此便对她拥有了“终生的所有权”，便能始终掌控主动，可以放心大胆、安安稳稳、高枕无忧，再也不用害怕、担心她会从自己手中跑掉了——因那还是一个把女性的贞操，看得比什么都重的年代。可以肯定地说，我是绝不会也不屑采取这种方式的。我希望做这件事，一定是要出于两个完全可以互相信赖，互相依靠、托付，互相愉悦的身心，尤其是这平生“第一次”，更应是清纯洁白，神圣无比！一定是要情到深处，自然而然，还要有种宗教般的虔诚和仪式感，否则，否则与那种动物般的本能苟且，与那种一时冲动有何区别？

可话虽这么说，事实却不然。世界上的许多事情，的确是没有什么特别的规范和理性，往往就看你是什么运气，或是怎样处置的。在我的周围，有那么多的人，不都是“先斩后奏”“把生米煮成熟饭”？但我偏要循规蹈矩，偏要按部就班，结果却……

罢、罢、罢，越想心越碎，每当想起这一幕时，我的心都是如万箭穿心般地疼痛！小静，你……你当年，你当初，你当时是怎么想的？你后来又是怎么想的啊？！

我无法进行下面的文字了，电脑键盘上这时已是湿漉漉的泪水一片……

九

我那时总希望小静能常来我家，尽管我栖身的那间陋室只有6平米，显得那样狭小局促，窘迫不堪，可那毕竟是属于我们俩人的一个小天地呀，我每天就在那里头读书，练习写作，学习画画。我曾把她送给我的她的一张照片，画成一幅肖像油画挂在房中，技法虽是稚拙，远不及她的美丽，可那是我倾尽心力画成的，她看到了颇为惊讶，说我画的比她本人好看。这当然是夸奖话，但我相信，她心里也一定很高兴。每次到我家来，她都要端详那幅画好久，我不知道她想到了什么，总之是一种十分安详而甜蜜的样子。

画画的同时，我也学做木匠，读书画画不难理解，学做木匠，刚才说了那时物资紧张，什么东西都难买到，自打家具成为那个时候的一种时尚，而我则更愿意把这种劳作，看作是一种创造性的能寄托某种情感的劳动，其实一切劳动都是如此。

我记得我们小学的语文课本上，有篇叫作《鲁班学艺》的课文，那里面所讲的鲁班的故事很是吸引人。鲁班学艺时那种废寝忘食、刻苦钻研、善动脑筋的态度和精神更是给我以启迪。特别是当他学成即将出师时，师傅考问他的那第三个问题：“一位师傅带了两个徒弟，大徒弟用他的斧子挣下了一座金山，二徒弟用他的斧子在人们心中刻下了他的名字，你愿意向谁学？”鲁班毫不犹豫地选择了后者，我印象尤深。我觉得它讲出了一个做人做事的道理：一个人不光要勤奋，有智商，还尤其要有情商。因此，我往往在捣鼓那些玩意时，总想在式样、风格，乃至细小的尺寸变化等上面争取弄出些花样，使其别具一格，与众不同，同时也觉得，这是在为世上做一件有意义的好事。

除此之外，我学木匠还有一个原因：小时候，听祖母讲，祖母家原来就是开家具铺的，在我们老家那一带相当有名。祖母自小非常聪明，也喜欢捣鼓那些玩意，不过，祖母不是亲自做木匠，她是一女孩，她是专给那些家具画上花鸟虫鱼和“麒麟送子”“金玉满堂”等图案。祖母从小就肯动脑筋、好琢磨，软磨硬缠地跟着家里的一位表舅，学得一手彩绘的本领，家里开家具铺，正好派上用场。每当一件家具白坯做好，就由祖母亲手将那些图画，用彩色颜料手绘上去，然后再涂上光漆，那些花鸟鱼虫、人物走兽等，便更显得栩栩如生，光鲜亮丽，满堂增辉了。

每当此时，街坊邻居们都围拢过来争相一睹，那个场面就成为当时老家镇街上的一景。祖母后来在我们面前回忆起当年这些往事时，常常是一种饶有兴致、颇为自豪和骄傲的语气。祖母的确是个了不起的女子，在旧社会，作为一个女孩，小时虽没读过多少书，可她天资聪颖，在那个非常讲究老式礼仪的大家族和家庭里通过耳濡目染，心领神会，逐渐变得知书达理，温文尔雅，还学得了一些技艺。尤其是成家之后，我祖父很年轻就去世了，祖母一直未改嫁，一个人带着三个孩子，含辛茹苦把他们一个个拉扯大，个个都安置得不错，非常的不简单。到我们这一辈陆续出世，祖母又以她独特的身世、一生的阅历与思想，对我们进行言传身教，潜移默化，让我们从中受到很大的影响与教益，所以我对她老人家的一切经历与做派，都是敬佩有加，对木匠这个职业也一直是很尊重和崇敬的。

我现在喜欢做木工，不光是时尚和实用使然，我想这大概也和祖母家的家传文脉有一定的渊源。有时我在想，生活中有很多事情看似的确毫不着边，但若仔细追根溯源，往往会发现其中很多细节方面，互相之间其实都是有着某种联系的，风马牛不一定不相及，有时真的是很神秘很诡异。

我小时候喜欢美术，父母并没予以丝毫的关注，我却总心向往之，这是否也是无形中受到祖母的影响呢？画画的过程中，我当时特别喜欢画马，常在房间的板壁或地上到处画，引得街坊邻居们都来驻足观看，看了都点评几句：嗯，不错，还蛮像那么回事！个别懂点美术的，趁此就十分内行地高声向街坊邻居们介绍、卖弄，义务讲解那些非常高深的艺术与美学知识，像什么徐悲鸿啊、齐白石啊，水墨画啊、写意画啊，这类名词时时蹦出，令听者大开眼界、大长见识。倒是我的父母并不太关心这些事，家里那么多小孩，都有饭吃就不错了，哪顾得上这个。

大人忽视，自己后来也没坚持，所以这方面肯定没成器。但这怪不了别人，只能怪自己。这是题外话，我现在要做些实用的事情了。我当时曾给小静做过一个式样很特别的、小巧精致的搁架，摆在她的闺房中，她还挺喜欢呢。记得自那以后，她的一些譬如笔记本、照片、书籍、发卡之类，属于她闺阁中的小玩意，就固定摆放在那个上面了。我每回看见这个搁架，看到她走近它，便会生出一种小小的成就感和幸福感。

而我那间小屋，则可以说是最能看出我个性的地方，最能寄寓我的理想、追寻与向往。我平时很少出门和周围邻居们交往，这样说并不是标榜我是如何的卓尔不群，实在是在那样一个环境中，很难碰到一个年龄相仿、志趣相投又经历相似的邻居朋友，所谓知音难觅。我就像长空里的一只孤雁，形单影只，踽踽而行，落伍独飞着。可我总希望小静，她能对我另眼相看，破例赏识，能常常光临我的小屋，给我一个惊喜，给我带来一份甜蜜。

为了吸引她能常来我这里，我除了尽可能将房间收拾得干净一点之外，还用水粉临摹了几幅风景画挂在墙上，时不时地换上一幅，希望能出奇制胜地获得一种移步换景、常看常新，甚至是“蓬壁生辉”的效果。可当时的文化艺术品少得可怜，连找几幅像样的彩色油画印刷品，都难有（她送给我的那本画册是黑白的），所以只能勉强将就了。

在后来的1980年深秋，正是我的美梦如落叶随风而去的时候，我在痛苦中只身一人来到北京，在中国美术馆，我参观了“法国 19 世纪农村风俗画展”，那在当时，可说是完全出乎意料，赶上了那样一场珍贵无比和前所未有的艺术盛宴。在官方的积极支持与主办者们的倾心努力下，一大批大名鼎鼎、如雷贯耳，过去几十年却被我们拒于国门之外的世界顶级艺术家们的作品，此时在此隆重展出。我立刻为柯罗、米勒、德加、塞尚、库尔贝、雷诺阿等一大批天才的画家和他们精彩的作品完全倾倒了，并真真切切、仔细入微，全方位、近距离地感受到了那种顶尖的世界优秀文化艺术的巨大魅力。

展览中，除了有许多表现法国农村的风景作品之外，还有些作品更是展现了当时法国农村社会生活的方方面面，尤其是有幅名为《卢瓦尔河谷中的奶牛》的大幅油画，让我看后为之一怔：众里寻她千百度，那最坚实、最牢靠、最美好甜蜜的感人肺腑的爱情，不就正在这眼前么：

那是一个薄雾轻绕、晨曦刚刚露出的时刻，法国著名的卢瓦尔河谷中一个美丽的乡村村口，巨大的风叶水车在轻轻转动，婆娑如盖的橡树下，一群花色的奶牛，正在恬静地吃草、饮水，一个衣着俭朴但脸庞和那风景同样美丽的法国乡村姑娘，可能刚刚给奶牛加过草，脚旁边还放着铡草的工具，她此刻正低着头用手轻轻地抚弄着一只浅绿色的香袋。姑娘像是压抑不住内心的某种幸福和激动，绯红的脸上显露出了甜美的笑容，那一定是刚刚听到她所日思夜想的人，亲口对她讲出的他对她的爱情的表白，抑或是收到一份对方表达爱意的礼品或信物。对了，她手中的那只香袋就正是吧，所以她才那么激动，那么陶醉其中。再把目光移向上前方，果然有一个非常朴实可爱的小伙子正策马赶着放牧的羊群悄悄离去，小伙子在马背上还回眸，深情地望了望眼前这位美丽的姑娘，憨厚质朴的脸上，也同样露出了一种非常甜蜜的表情，显然姑娘手中的那只香袋正是这个小伙子所送，他心爱的人儿没有拒绝，并且是那么看重这件表达他爱意的礼物，所以他感到非常的幸福和满足……没有精致的庄园别墅，也没有奢华的宝马香车，只有卑微的身份、简陋的生活和朴实的礼物，却有着无穷无尽、地久天长的两心相系、两情相依，这不就足够了么？

我深深被这幅作品打动了。在这个世界上，什么东西才是最宝贵的？我想那不会是什么金钱、珠宝，也不是地位、财富和权力，甚至也不是年龄、容貌，最宝贵的那一定是两情相悦、两心相印的爱情。人生若能拥有这么一份爱情，那还有什么东西值得遗憾呢？

看到这幅画时，我当时连连顿足：天哪，我怎么没早几个月看到这幅画啊！若是早看到了，我一定会想方设法去找一件印刷品回来，挂在我的房间中，让小静她也能看到；我会在她面前绘声绘色向她描绘这幅惊世骇俗的不朽之作，竭力地向她讲述这幅作品所道出的人间至爱与生活真谛，讲述此画的……那她也许会……

嗨，看我这都扯到哪去了，简直是十万八千里，风马牛不相及，可能连一点边都沾不上，一丁点儿的作用都难起！我这人是不是有点爱显摆，有点呆头呆脑，太迂腐、太酸溜溜了？连我的一位极要好的朋友，都不无善意也直言不讳地提醒我：你怎么总这么书呆子气呀！其实，你又读了多少书，有多少学问呢？怎么还老这么冒酸？是的，朋友的批评虽过于直率，却非常中肯，我有自知之明，的确是读书不多，才疏学浅，这一点都不是自谦而是事实。但以我的性情而言，我这样绝不是在矫揉造作，更不是那种生吞活剥的“为艺术而艺术”；我的确是被文学与艺术的巨大魅力深深折服，它们对我的影响亦太大、太深、太太顽固了！我毫不怀疑，那些艺术作品中闪现的一些东西，对我的人格、我的精神境界的确是起到了非常非常大的，甚至是一种“让我身不由己”的作用，我的人生理想、做人准则、生活习性等，不可能不打上它们的烙印。我既注重那种实实在在柴米油盐的世俗生活，更向往那种心心相印、相濡以沫的精神依恋，我希望构成情侣的两人之间，能有那种心有灵犀一点通的默契，有一种不用言传只需意会的理解与配合。我记得那时有很长一段时间，在我和小静之间，还是有过感情非常融洽的时候的，那段时间在我的小房间中，我们曾度过了许多温馨美好的时刻，在她的心里，无疑也慢慢地接纳与认可了我，我在她面前什么心里话都敢向她吐露，她则常常给予一种理解与认同，对我俩而言，这时真的是有一种“非常良好的爱情生态环境”。而这种良好的爱情生态环境，是需要时时地加以保护才能“可持续地发展”，有些“项目”需要你不断用心去“开拓与创新”。

记得有一阵因家里有点事，我有两天没去她家，后来又突发奇想，故意失联了两天。我是想试探她一下，是否把我忘了，或是并不在乎我，我其实是希望她很在意我，会主动来找我、来看望我！我这是在做一种有点冒险的“欲取先弃”的尝试和试验。

一个人在家的时候，非常想她，冥冥中我感觉，她会来我这里，一瞬间竟显得激动不已起来。我迅速穿好衣服来到马路上，伫立在车站对面那棵树下等着，这之前和她没有任何的约定与许诺，也没有半点暗示和提醒，可我就愿意这么无谓地傻等着。

充满希望地等待，是一种享受；爱情中的等待，则更是一种幸福。记得有部让我怦然心动，激起我与之深深共鸣，并为之击节叫绝的日本影片叫《幸福的黄手帕》，里面有一对相爱的男女因命运的摆布，被迫分离，但深挚的爱情，让他们发誓要身心相许、生死相依。那个“多少年后，双方如还能在见证他们相爱的某个地方，看到那块象征他们相爱的黄手帕，就说明他或她还在等着他或她，她或是他就没有理由去放弃对方”的约定是多么的独特浪漫；那份对对方始终如一、忠贞不渝的情感，又是多么的难能可贵；而那种对爱情滴水穿石般的执着追求与默默坚守，更是让人深受感动，震撼人心！

此时我就像被那块幸福的黄手帕所召唤，也像那部《等待戈多》的戏剧名样，我就那样一厢情愿地去等她，在没有等到之前，我当然不会告诉她，也不会讲出这个秘密，这的确是个不宜剧透的“我氏版”的《爱在“谜底”破晓前》。

终于有那么一天，就在这种尝试已经失败了几次后，我即将失去信心，就要结束这种一人单玩的游戏，准备打道往回走的时候，我蓦然在对面刚刚停下的一辆7路公共汽车上走下的一拨人群中“发现”了她。

隔着马路望着车站那边，从那辆刚刚停下来的汽车另一侧，首先只能看到的是一双双杂沓的陌生的鞋子和双脚，紧接着那双熟悉的、小巧的、橘红色的皮鞋出现了。啊，小静！真的是她吗？我睁大两眼紧盯着前方，在一阵发动机的轰响声中，汽车开走了，那一组下车乘客的画面，这才完整出现。其中的一个，啊，果然是她——小静！的的确确就是她——小静！

我想，可能是我好几天没去她家，她心里惦记着就来这里了；也许这几天她和我所想的完全是一样，也是心有牵挂，放心不下；还更有一番思念、一番渴盼与向往，所以她特地来看我了！她终于没让我失望！我不由失声地大叫了一声，就像电影《简·爱》里面在那场大火之后，被烧成一片废墟的庄园中，劫后余生的罗切斯特先生从“冥冥的感觉”中——罗切斯特先生这时已被这场大火烧瞎了双眼——“发现”简·爱来到他身边时，立即摸索着从椅子上“一瘸而起”——罗切斯特先生此时腿也烧伤，难以直立了。但他的预感、他的猜测，尤其是他的期盼是正确的，简·爱这时的确是真的来到了他的身边那样，我忘情地大步迎了上去。

我太高兴了！高兴得简直难以形容、无以复加！我无法想象那些被分隔两地、天各一方，无法相见的恋人们，那种种的眷念之情，譬如牛郎和织女；也无法体会在离别中、在劫乱前，一对有情人对对方生死莫测的深深担忧和苦苦思念，譬如《魂断蓝桥》中的玛拉和罗依；但我可以想见，人类对于情感的渴求，应是丝毫不亚于对粮食、对水、对火、对空气，对一切维持生命所必需的东西那样的迫切，譬如流落到荒岛上的鲁滨逊，譬如深陷绝境中的遇难者！假若这时你正落魄潦倒、颠沛流离，甚至是身陷囹圄、亡命天涯，但你发现在这个世界上，还有一个人在无时无刻不把你挂念，时时都在关注、关心着你；而这个人同样也正是那个让你牵肠挂肚、魂牵梦萦的人，我想此刻，你即使是遭到再大的不幸，也可把它忘掉或看轻；即使厄运在身，或大难临头，也会在所不惜！

是的，爱，这种心灵的慰藉，灵魂的安抚，难道不正是人生中最大的一种犒劳与奖赏么？而当老天爷有眼，为你们的真情所感动，让你们历尽磨难后，又伸出神手，把远在天涯的人儿送到你身边，让你们终于团圆相聚；或是派去一只青鸟，将那苦苦等待、翘首以盼的信息带到你手上，让你那一颗悬挂多日的心终于放下，这难道不是人生幸福的一种极致吗？这一刻，无疑当是诗人杜甫当年，在百般艰难的流离漂泊的途中，突然得到安史之难平定的消息之后，喜情喷发，泼墨淋漓地所描绘的“剑外忽传收蓟北，初闻涕泪满衣裳。却看妻子愁何在，漫卷诗书喜欲狂”那样，你也一定会狂喜狂欢、狂呼狂叫，悲喜交加、喜极而泣，喜极而“癫”而“疯”的！

十

很显然，我当初在爱情上的一些观点和做法是很有些不合时宜的。今天就更不用说了，今天人家要说你少根筋、差根弦，就是一神经病，现在谁还有这个闲情逸致，去玩这个奢侈无聊的游戏，受这种莫名其妙的洋罪呢？现在人似乎讲实惠，事事都要讲成本，讲投入，讲“性价比”，处处都要好好地算计算计的观念成了主流。找对象也是如此，首先看你有多高学历、多少年薪、多大住房、多少存款，所谓的“品尝个中滋味”，领悟那其中的“人生哲理”，恐怕所有的人都受不了了，都要举手投降赶紧逃掉。

可不是吗？试想前几十年人们热情背诵语录时，就已想到并特别热衷“革命不是请客吃饭……革命是暴动，是一个阶级推翻一个阶级的暴烈的行动”，并把这种勇气付诸种种行动。现在即便是在寻找爱情方面也是如此，当仁不让，果敢出击，断然夺取，速战速决，就像有部相声中讲的：“《简·爱》？不就是简单地爱么，那样在一起不就得了，说那多废话干吗？”

对呀，那样在一起不就得了，说那多废话干吗？非要像那齐眉举案、温良恭俭让，怎么能行？一心期望那种心有灵犀，怎么可能做到？黄花菜都凉了！所以说，我那些做法，无论是在过去还是今天，都注定了是要碰一鼻子灰的。但即便如此，我仍不愿苟同，我仍在固执地去追寻，去“坚守与抵抗”，我想在任何情况下，我都不会太改变我对爱情的理解和初衷，不会放弃我对爱情生活中精神情感方面的希冀。20世纪20年代，文坛上曾有一场关于坚守传统文化和倡导文学革命的论战，前者代表人物林纾冒着背一个“顽固不化，抱残守缺”的骂名的风险，坚守传统，并身体力行之，着实需要一种勇气。

撇开思想与观念的进步与否不谈，我显然没有林老先生对学术信仰的坚守和执着，我只是坚持着自己的一份个人情感，或者说，这是我对待男女情恋的一种看法、一种态度。但我认为这种态度对于爱情和人生来说，意义重大，不可或缺。譬如，一对恋人若是面对一份人生的苦难，能相扶相携，相濡以沫；面对生活的甜蜜，能相互庆祝，共同分享；若是分处两地的情况下，心里会经常涌起“君问归期未有期，巴山夜雨涨秋池。何当共剪西窗烛，却话巴山夜雨时”那样的念叨；或是每当月白风清，夜阑人静，一人独坐之时，会想到“开门复动竹，疑是故人来”那种相思渴盼的意境，我想那是一种多么有意思的感觉，多么美好的一种境地啊！

当然，这些都只是一种比方，一种诗意化，更主要的是要看其实质。但我想，那些诗意化的意境，也一定是从那种非常实质性的最真实的生活当中提取的，而那种心心相印的默契，也一定要比那种白开水样，平淡乏味，勉强凑合在一起的婚姻要有意思得多，更不用说，那种明码标价、等价交换、各有所图、各取所需的所谓“派对即时贴”和“一夜情”了！

巴尔扎克说过：“精神生活和肉体生活一样，有呼也有吸。灵魂需要从另一个灵魂里得到养料来充实自己，然后要以更丰富的感情送还给人家，人与人之间若没有这种美妙的关系，心就缺乏生机，它会受难、枯萎。”

谁愿让自己的心缺乏生机，遭遇痛苦，枯萎地死去呢？

大师们这种洞穿生活本质的格言，你只要用心去体会，是会有所裨益的，不然千百年来，不会有那么多的人去追随大师的足迹，去尝试、去实践这些观点的。

十一

文学大师们的这些总结，固然精辟深刻，能给人以启迪，然而在一些神通广大的“大神”的面前，这些教诲，有时往往也显得柔弱无力，自叹弗如的。我从来都不相信命运这玩意，我很早就是一个命运的叛逆者，我的这种固执、这种不恭，可能触怒了命运之神，最后他用他那双巨大无比的手惩罚了我。

小静她家当时已经有了电视机，并且那时的文化生活也有些丰富了，电视里面时常播出一些根据经典文学名著改编的影视作品。

我印象最深的是1980年元旦和紧接不久的春节，在她家，我们一起观看了《巴黎圣母院》和《钗头凤》这两部电影。

我由衷地感谢最具人道主义情怀的文学大师雨果先生，写出了像《巴黎圣母院》这样震撼人心的伟大作品，其中对几个主要人物的情感描述和内心世界的刻画，相信对每一个热爱生活的人都会有所启迪。面对美丽的吉卜赛少女艾丝梅拉达，那个风度翩翩的巴黎皇家宫廷卫队长、“太阳神”腓比斯表现得最有“风度”，最为出色，你且听听他的“爱情表白”：

> 亲爱的，如果我有妹妹，我一定爱你而不爱她；如果我妻妾成群，你将是我最宠幸的一个，如果我有世界上所有的黄金，我一定把它全部献给你……

看，多么的深情款款，多么的打动人心！可转眼，同样是这位“情种”，同样是那种翩翩的风度，当艾丝梅拉达被诬陷，身陷囹圄时，他却已将这同样一段甜言蜜语，一字不落地转献给了另一位“更有价值”的贵妇，再次去赢得一份“新的爱情”。而“敬爱的，学识渊博、德高望重的”神父富娄洛，虽然心里也非常希望得到眼前这个绝世的美人，可受身份和社会地位的制约，他只好将情欲压抑在心底。但他难以得到的东西，也决不希望别人能得到，他要想方设法加以阻止与破坏，他要“将美好的东西撕破给人看”，似乎唯其如此，才能稍稍弥补一下他那心中的欲望落空后的“巨大的失落与痛苦”！

于是，当他在黑暗中蒙面刺伤腓比斯之后，便悄悄溜掉，这样既报复了“情敌”，那个谋杀朝廷大臣，还有诽谤教会、亵渎神灵的罪名，也自然而然地落到无辜的吉卜赛少女头上，终于可以“一箭双雕”了！

唉，爱情在一些体面的、高贵的人眼里手中，竟被诠释和操作得如此的肮脏与龌龊，如此的丑陋与恶心，真是匪夷所思！只有那个丑陋的敲钟人嘎西摩多，才是真正的一往情深地爱着艾丝梅拉达，他的爱是崇拜、是呵护、是守望、是奉献，甚至是牺牲，而不仅仅是为“拥有”。

但看到这里时，我心里倏然一动：只有嘎西摩多的爱，才是金子般最珍贵、最难得、最可靠的。我想，假若此刻坐在我身旁的小静，就是艾丝梅拉达，假若我就是那“嘎西摩多”——因为条件很一般的我，在她这样美丽优秀的女孩面前，我只敢自比嘎西摩多。这样的比喻虽有些被动与无奈，那是因我对自己太缺乏自信，但我多么希望，她和我此刻的感受是一样的啊！

然而，我的那种愿望，永远是一种不现实的一厢情愿：你想想，即使仍然是原来的艾丝梅拉达和嘎西摩多，假若时光倒回再来一次，一切都已昭然若揭，那么，美丽的艾丝梅拉达就会因此而选择他嘎西摩多吗？我想……我不是在给大师出难题，我的确是从中参悟出，这世上从来就没有完美和圆满的东西，因而美往往是残缺的，甚至美好的东西常常是个悲剧！可不是么？连这个善良的艾丝梅拉达所喜欢的，也是那个情种“太阳神”腓比斯；也要情不自禁地慨叹：“要是能把他（嘎西摩多）的那颗心安在你这家伙的身上该有多好！”

由此可见，人人都向往自己能拥有世上最好、最完美的东西，而很少有人甘愿接受平庸，更不用说接受在世人眼里不如人意的东西。所以如果换作我，恐怕也难免俗。但我绝不会苟同像腓比斯和神父那样的为人！

你再看《钗头凤》中，陆游与唐婉郎才女貌，恩爱有加，何等天生般配。可偏偏无缘长相厮守，封建顽固、势利自私的婆婆从中作梗，硬生生棒打鸳鸯，一纸休书便令他二人劳燕分飞。

“东风恶，欢情薄，一怀愁绪，几年离索。错、错、错！”并非牵强附会，辩证法就是如此，世上好事难长久，人间原来无完美。

20世纪二三十年代写下“长亭外，古道边，芳草碧连天……”的弘一大师李叔同，曾说过一句极为精辟而警醒的话：“缺憾即是圆满。”此话真乃大彻大悟之人方能参透的箴言。李叔同先生学贯中西，精通文学、音乐、美术，怀一腔热血和一身才华回国，满目所见，却尽是些他不愿看到又无法改变的现实，大师最后将那红尘看破，出家遁入佛门，潜心艺术与佛道的研究著述，再无跻身那纷纷攘攘、名利滚滚的尘世间的念头。李叔同这样的智者，在命运和现实之前尚且如此，像我们这样的芸芸众生者，又能如何呢？

所以我那种对命运之说的怀疑与不屑，无疑似一场堂吉诃德式的挑战风车之役，注定了只会失败。同时我也把这两部影视剧看作是神灵对我眼前这场恋爱结局的一个神秘暗示：厄运已经降临，不可抵挡，无法逆转。因为，表面看它波澜不惊，其实已端倪初显。果不其然，两部剧的结局，一个是嘎西摩多对艾丝梅拉达的痴情与暗恋注定无疾而终；一个是陆游与唐婉令人扼腕地无奈分开，天各一方。我和小静最后的结局，正好都被它们印证了！

十二

在我过去的人生经历中，我总觉得经历了太多的艰难和坎坷，付出了许多额外的沉重代价，很有点“冤屈”。因有些经历，不光是今天的年轻人难以想象，就是在当时，也让人觉得难以理解，有点不可思议。因为我毕竟从小就生长在一个繁华的大城市里面，而我们这个家族，毕竟也还是有一点文脉的传承和经世致用思想的渊源影响的，虽无大富大贵，但诗书礼仪一样不少，仁厚忠爱一点不差。

家族中的许多成员，都是勤奋好学，聪明能干，勤俭持家，讲求礼节信用，在以前都是非常优秀、有很好的口碑的。譬如在周围人眼里，我父亲那是一个很有学问的人，小小的年纪便是族中的“笔杆子”、代言人，是同辈人当中的骄傲。即使是我那从未正式上过一天学、一生未出过远门的祖母，那也在家风的熏染下，知书达理，睿智清醒，敢作敢为，是很有见地、有思想、有担当，很了不起的人。

但这些并没给他们和我们这一代带来好运，相反我所亲身经历、亲眼目睹和亲身体会的，则更多的是一些贫穷困顿、蒙羞心酸与窘迫无奈。

我们家因小孩多，父母收入低，生活十分困难，加上世俗所难免的、惯有的那种势利眼光，所以我们所遭的白眼，所受的欺侮，比一般人都多，在同龄孩子中，便常常显得有些心怯气短，缩手缩脚。尽管我们家小孩那时一个个读书都十分优秀，可那又能怎样呢？那些世俗的东西，常常会压得人抬不起头和喘不过气来，这就像是一个始终难以逃脱的厄运与怪圈。而我这人可能更是一副天生的劳碌命，明知势单力薄，却总是自不量力地想用自己单薄瘦小的肩膀，去抵抗一下那种厄运与不公，去分担一些人间的苦难。当然这个“人间”它仅仅限于我的家人，且仅限在经济和物质上。我是想帮我的父母，去为家里增加一点点收入，减轻一点点负担。

刚满14岁时，我想起以前读过的小学语文课本上，有位叫作吴运铎的工人作家写的一篇叫作《劳动的开端》的文章，讲述一个少年，小小年纪就为生活所迫，而走上艰辛的谋生道路。受其影响，我也勇敢地踏上了出去找活挣钱、补贴家里的打工之路。

这样的经历，在当时是颇有些离奇的，想想那是在“文革”时期，到处都在“割资本主义的尾巴”，谁敢破这个例、出这个头、冒这个险？

我一个毛头小孩，又能干什么？简直是天方夜谭！可鱼有鱼路、虾有虾道，我苦苦寻觅、挖空心思，终于找到一个可以挣钱的去处——在汉江桥上帮人拉车。

那时城市中的货物运输主要靠人力板车，我们这个城市很大一部分，被汉江和长江隔开，汉江上江汉桥桥身陡斜，几近30度，车主一人要将一车一千多斤的货物拉上桥，那简直不可设想，所以非得雇人帮忙不可。即使这样，其艰难也难以想象。

无论烈日炎炎还是寒风刺骨，也无论刮风下雨还是冰霜覆地，顶多不过一米五的身高，瘦小如一根芦柴棒样的我，却要协同车主，有时甚至是担当主角，将堆得像一座山样的一板车货物，拉上桥中端，体力付出的程度，可想而知。那挥汗如雨、气喘如牛、脸贴马路、拱背朝天，浑身血脉偾张、青筋暴突的行状，无疑使人想起俄国画家列宾的油画《伏尔加河上的纤夫》，也如咱们中国诗人李白的《丁督护歌》中描述的那样："云阳上征去，两岸饶商贾。吴牛喘月时，拖船一何苦。"好个"拖船一何苦"，真是深谙个中"三昧"。"拉桥"拉的就是一个"苦"，并且是"岂一个'苦'字可以了得"！每次拼尽全力到达桥中端（往下就轻松了，不需要人帮忙了）时，人往往浑身汗透、面如灰土、四肢僵硬、两眼发黑，如刚死过去一般，可怜仅只能换来区区 5 分钱（成人 7 分钱）！

即便如此，加入此行列的穷人，仍如过江之鲫，人满为患。尽管我前面说了，那时的人们都胆小怕事，循规蹈矩，惮于想方设法出去挣钱，可天下之大，穷人之多，还有更多更多的穷困之地、穷困之人，尤其是那些偏远山区，娶不到老婆，反正无牵无挂的"光棍"，或是城里少数无单位、无组织的"无业游民"，为生活所迫，干脆铤而走险地偷偷跑出来，希冀能在这些不及管束的夹缝之地捡拾到一星半点财富的人仍是很多，我亦因此混迹其中。

我的谋生行当、我的打工生涯，还远不止此一种。我曾到蔬菜公司帮人搓麻绳、钉货架，有次手被锈钉扎伤，肿得溃烂流脓，疼了好长时间，幸好没得破伤风。还曾到汉水河边的码头，给人往货船上扛东西。小小个子扛起货包，踏上窄窄的、晃晃悠悠的木跳板，一如走在钢丝上样提心吊胆，那样子使人想起旧社会江边的码头工。而上龟山上去"打柴"（其实就是偷折树枝，那个时候，整个社会都没什么绿化和环保，甚至法律等这方面的意识），卖给龟山脚下做早点的人，更是瞒天过海，铤而走险。

有一次，我正在一棵树上"顶风作案"，让园林所的人发现，我被困在树上跑不掉了。他们把我带到园林所，所长吓唬我说，要把我关起来，至少要关三天。"让他先写个检讨，看看他的认罪态度！"所长虎着脸说。而当我写好那篇检讨时，却让他们大动恻隐之心，这位有些年长的所长又说："这小家伙检讨写得这么好，看不出还是个读书的料，可惜了，放了他吧。"我因此得以"赦免"。

所以，每种找钱的途径里，都充满了心酸的屈辱与惨痛的悲伤。而在汉水桥下的一次拉桥经历，则更令我终生难忘。那是一个大雨倾盆的日子，可这往往是我们这些拉桥者的狂欢节日，因越是气候恶劣，过桥越是艰难，车主雇人的机会就越多。就如白居易《卖炭翁》中的那位白头老翁“可怜身上衣正单，心忧炭贱愿天寒”样。当时我被大雨浇淋着（没有雨具，也不方便用），在利济路市一医院门口，好不容易候到一辆要过桥的三轮车。因毕竟抢这碗饭的人越多，在汉水桥下已完全接不到生意了，像我这样的小萝卜头，就更是要跑到老远去迎接“财神”，从这儿距上桥处至少有 500 米，也就是说，我们每趟活不仅比那些成年人报酬少 2 分钱，而且距离还要多拉五六百米！

风雨中，我跟在三轮车后，边跑边帮忙推，边对车主和乘客轮番游说，自我推荐，因拉桥的钱没规定是由谁出。

我对车主说：“师傅，我帮您拉上去，这么陡的坡，您这大年龄拉着多吃力！”

车主说：“你去问他们（指乘客。车主想要乘客出钱）吧！”

于是我对乘客讲：“我帮你们拉上去吧，下这么大雨，免得等会儿难上桥，您还得下车，再说，要不了几分钱……”

不露面的乘客坐在车里一直不作答（因下雨，车座上放下了厚厚的遮帘，我看不清里面的人）。

而我则不死心，还一直跟在车后、车两边跑着，一边推车，一边反复不停地向他游说宣传，可他就是不表态。

车已到上桥处，乘客突然极凶狠地、重重地扔出一句话：“不要你拉！你没看你，浑身才几两肉，你拉得上去？到时不害人？讨厌！”

接着遮帘被掀开一角，一把黑色的大雨伞伞尖戳来，差点戳到我鼻尖上，要不是闪得快，肯定戳到脸上了。我脚下一滑，一个趔趄跌坐到地上，这时一个大个子，赶紧跑上前来，抢下了这趟生意。

我突然感觉，刚才那声音有点耳熟，隔着巨大的雨帘，我抹抹脸上的雨珠，努力睁大眼睛。天啦，我简直不敢相信自己眼睛，这位跷腿坐在车上，凶巴巴地训斥、挥杖驱赶我的人，竟是住我们家对面的一个街坊！那家伙是一个眼下正红得发紫，传言即将要当官的男人。

他当然不认识我一个小屁孩，但我认识他，平日里常在街坊面前嘚瑟得不得了的一个家伙。而在此之前，他也不过是我们那里一个街道煤炭商店里整日拌煤灰、打煤球的一个小店员而已，也是常遭别人白眼的。现在这家伙一下子“发了”，发得恐怕连他自己都不认识自己了。而他刚才那一顿凶恶的呵斥，对我刺激太大了，我没想到一个“将要当官”的人，也会这样对待一个孩子，一个穷苦瘦弱的孩子！还有，我刚才那段500米的路程也白跑、白用力了。我差点要掉眼泪了，赶紧爬起掉头就跑。

然而，那声凶巴巴的、充满嫌恶的呵斥，却永远地留在了我的脑海里。我恨这种没有一点同情心，不，应该说没有一点人味的势利小人。你看不中我可以，早点告诉我，我好放弃啊，可你偏偏自恃自己即将是一大官和有钱人，便“高人几等”，就可以这样踱着、端着，而完全不把别人放在眼里，似乎唯其如此，才能体现你的高贵，能让你获得某种快感、成就感，满足你的某种心理。啊呸，真是可恶！所以从那以后，我最瞧不起的就是这种，要饭时卑躬屈膝，可一旦阔起脸就变，总想欺负弱小善良、巴结权贵的势利小人。我也从这件事情中，看到了这世态的冷暖与炎凉。

从上面所述，已能看出我家过去经济状况的一斑了。即使现在，我和小静她家，在经济条件、生活习惯等方面仍有很大的差异。但我想，这应该不会影响我们之间的交往，相反，这甚至会更加促进我们俩感情的日渐增进。

也许正是由于经历了太多的磨难和缺少关爱，我特别渴望爱，也因此更加懂得爱、珍惜爱，尤其是爱情，我把爱情看得高于一切。我想去爱一个人，我也渴望被一个人爱。我更相信，我会给我所爱的这个人，以一种纯真的、难得的、深深的爱。因为我是完全用心去经历、去体会、去想象、去实践这种爱的，所以我非常坚信我能做到这一点。然而，命运、现实、周围的一切人们，会去看重、理会我的这种想当然和一厢情愿么？我不得而知。

小静又是怎么看待、理解这一切的呢？

我……

十三

小静她家，父母相敬如宾，对子女百般呵护。尤其她是她家三个孩子中最小的一个，她家更是视她如掌上明珠。而我的父母却迥然不同，他们是那种包办的婚姻，母亲对这场婚姻，显然是不太满意的。这从她经常跟父亲拌嘴的过程中可以看出。

我常听母亲对我们讲，父亲年轻时很没心没肺，只顾贪玩，他特别喜欢下棋，常常一下半天不回家，把一切扔给母亲，甚至连我们生病了也指望不上。母亲对此耿耿于怀。直到晚年，父亲一改往日的形象，母亲身体不好，常常生病，父亲总躬身侍奉床前，对母亲百般照料，细致入微，似要弥补往日欠下的种种情债，那种“执子之手，与子偕老”的情愫，也着实令我们后辈感动。但他年轻时的那些所为，在当时却很难为我们所原谅。所以每当父母发生争吵时，我们往往是带有某些成见，先入为主地站在母亲这边，认为男人是应该保护女人、让着女人的。

我在看电影《一江春水向东流》时，这部电影当时引起了我感情上强烈的共鸣，剧中的男主人公因受时代的诱惑，抛弃了曾经与他相濡以沫的结发妻子，而投入别的女人怀抱，给他结发妻子造成深深伤害。尽管有时代的原因，我仍是对这个花心无情的男人，痛恨不已。我深深体味到，在坎坷漫长的人生之路上，情感上的互相支撑、互相砥砺、互相给予，尤其是男人对于女人的关爱倾斜，对一个家庭起着多么重要的作用。因此，男人要负起家庭的责任，这种思想很早就在我心里扎下了根。我相信，我会用我的全部身心，去爱我的那个女人的。

我那时走进小静家，一看就知她家的生活条件，显然是比我家要好许多，应该说是完全不可同日而语。她家当时住在一栋精巧的两层小楼里（楼下是一家商店，也属她家房产），从她们家那些高档的西式打蜡的家具、百叶木窗、柚木地板，那时还非常稀罕的电视机、电风扇、煤气炉等，这些可称得上奢侈的用品中，可以想见她家属于那种生活比较优裕的“中产阶级”。尤其是当时“文革”已结束，她家在那场运动中，曾经受到过一些冲击和损失，但种种迹象表明，她家正在从那场运动和逆境中复苏过来，转而走向一个可观的光明的顺景。譬如，她家所住的那栋临江的两层小楼，正是她家自己私有的，当时统一交公了，现在那房屋已发还给她家；还有当时查抄她家时，没收走的一些东西，现在也通知她家去认领，那也是一笔不菲的财产；最关键的是，她父亲现已恢复了职位，重新当上市里一个大单位的科长，并且马上要被正式提拔（这之前本就要提拔的）……而与之同步呼应的，是她的那些叔叔、姑姑、舅舅、舅妈等这一辈的亲戚和她父母一样，全都是“文革”前毕业于一些名牌院校的老大学生，现在一下子全都成了香饽饽，都在时来运转，苦尽甘来，正所谓是“家声日隆，门庭日兴”，“想不好都不行”！于是，她家一时又门庭若市，四壁生辉，访客不断，热闹得不得了……

也许是我太敏感、太多心，自尊心太强了，按说，这些变化一般对处在这种情况下，作为像我这样“准女婿”角色的人，应该感到高兴，但我却是十二分的担忧。我并不觉自己的出身有什么可耻，我更不是那种毫无骨气，企望靠攀龙附凤、沾光蹭亮去达到某种目的的小人。我记得司汤达的《红与黑》中，连那个一心想进入巴黎上流社会，穷困潦倒的外省青年于连都说过：“我出身卑微，但我绝不卑鄙。”

是的，作为一个男人，最起码的自尊还是必须坚守的，我绝不会奢望靠沾她家的光，去改变自己。我是设身处地地站在她家角度上想：作为女方，谁不希望为自己女儿选择一个条件好的人家和靠得住的女婿；何况，小静她那时工作问题还没完全解决，很需要有人帮忙，而我和我们家在这个最关键问题上，根本就没能力使上劲，所以我觉得很尴尬、很内疚，也很没面子。我不是怀疑她家是那种眼光势利的人家，但对于我来讲，这种“人微言轻”的身份所带来的心理压力，是显而易见、不言而喻的。我为此感到心悸、心慌、心疼；加上当时恰逢十几年一遇的40%职工要加工资，真是屋漏又遭连夜雨，倒霉的事往往是接踵而至，我在那个完全不适合我的工种上干得很落后，这次加工资根本就不可能，因而整个人就更显得灰头土脸。在这样“腹背受敌”的情况下，我很难有种良好的心情和状态，来打好这场爱情的攻坚战、保卫战；甚至，那段时间，我常常是处在一种如惊弓之鸟般的惶惶不可终日之中。

果然，我所担心的事终于发生了：加工资名单公布下来，自然是没有我的份，我心里头便如罩上了一层浓浓的阴影。我倒不是特别看重这级工资，那也不过只几块钱的事，尽管当时一级工资几块钱，足以让人们争抢得你死我活，可我仍可以把它看淡看轻；要紧的是它标志着我在这个单位的“表现是好还是坏”，从而说明我这个人方方面面的情况，进而推断出我这个人“有没有前途”。还有更要命的是，她的一位姑姑就在我们局，已知道我和小静的关系，她是我们局专管人事方面的人事科科长。我这副落魄的样子，还能不传到她耳朵中去吗？事实上她妈妈就曾点过一次，只是没说得那么明了。

别人说，人的运气一低，处处都不顺利，连喝水都要凉牙齿，的确如此。这就好比一个人的身体体能正处在低点时，本来就弱不禁风，特别敏感，现在有一点风吹草动，那些各种各样的毛病就都找上来了。而我主要是一些心病，这心病就是，我越是喜欢小静，便越害怕失去她，越是怕失去她，便越感到紧张、自卑，越感到紧张、自卑，我在她心目中的形象就越是委琐，越是委琐……最后形成一种“跌跌不休”的恶性循环。

实事求是讲，我那时政治地位、经济条件等各方面的情况，正处在比较糟，甚至是非常糟的状态，也难怪别人会挑剔，会担忧，会不满意。

然而，我虽不想掩饰我的什么缺点，也不应该那样，可我也不希望别人完全曲解我，忽视我，把我当作一个一无是处的人。我希望别人，尤其是小静在关注，甚至挑剔我缺点的同时，也能关注和看到我的优点，我也不是没有优点和长处啊！《红楼梦》中曹雪芹借林黛玉，为古代颇有远见卓识的五位美女作了《五美吟》，其中之一的《红拂》写道："长揖雄谈态自殊，美人巨眼识穷途。尸居余气杨公幕，岂得羁縻女丈夫？"诗中，"长揖雄谈态自殊，美人巨眼识穷途"句，乃是指红拂不为出身门第是否高贵和穷达与否的表象所遮蔽，慧眼识得真丈夫李靖。与"五美"相媲美的，还有大家闺秀出身，甘愿以身相许当时穷困潦倒的司马相如，而被传为千古美谈的才女卓文君……我当然不敢与"武魂""文胆"的李靖、司马相如相提并论，这仅只是个比方，尽管连这比方也太蹩脚、太不妥当，但我也绝不是个浑浑噩噩、自甘平庸、毫无进取之心的人呀。

实事求是讲，我的为人绝对可让她放心，我对小静她更是没说的，同时我也在作努力，也希望不断提升自己；只是我这个人一向自命清高，我从不愿进行那种自我展示、自我宣传和自我推销，我希望小静能够自己去看到这些。我工作的那个环境很不适合我，让我很显尴尬，有口难辩，我希望小静能够理解这一点。可这时的小静已非彼时的小静了，她此时对此很少予以关注，或者说很少给予理解，更妄谈给以肯定和欣赏了。这样我便感到心慌，感到紧张，我认为她对我不满意啊！

小静她对我不予以肯定，我只能感到委屈，觉得不公乃至焦急，这种强烈的自尊和自卑的分裂的人格特征，在我身上体现得非常明显，我变得敏感、多疑起来。有两次她对我说起，和她最要好的闺密小L找的男朋友是研究生，还有谁……我听后自然要"自觉地"进行对比，结果当然是要"差一大截"。尽管我在心里不这样想，更不服这口气，因在我看来，文凭这东西仅仅只是一个参考，但不能说明全部问题，最主要还是要看实际，更何况现在已出现那么多假的东西，包括文凭。可别人不这么认为，人们注重的是现实，是有形有状的活生生、红彤彤的文凭，是实实在在的有里有面的牌子和"硬件"，你心里不服气，可你手上空空如也，有什么用，你拿什么去说服别人，"降住人家"？还有，她为什么要对我暗示，对我说出这些？很显然，那多少表明了她的一种内心想法，她希望自己的男朋友也能如此，不希望他与那些优秀的才俊、时代的骄子们“差距太大”……

唉，我能说什么呢？我只能无言以对，默不作声！

几年后，我们那个单位，包括上面系统，分来了好几个从著名高校毕业的文科本科生和硕士研究生，一时间可谓精英荟萃，人才济济，但很快我就领教了这些大学生、研究生们的水平。这些人中有很多（当然不是所有）其实也是徒有虚名，他们能成为时代的骄子、社会的宠儿，除当初他们自身的努力之外，很大程度都是得益于他们比较幸运，赶上了一个好时代、好机会，现在一下有了过硬的牌子、光荣的履历，所以能风光无限，前程似锦。但在我来看，他牌子再响，可如果没一点真东西和硬本事，我凭什么就要“输”给他们，服膺他们？我之所以这么说，是因为不管怎么说，我有那一篇篇获奖的文章和作品，而他们没一个人有！

几年后，又有几个正在攻读硕士的“干部研究生”，暗地里叫我帮忙代写毕业论文，他们口称“太忙，太忙了”，可他们那点功底，我非常了解，当然也不会去说破，我不仅帮他们完成通过了，有的还拿着这些论文在一些内刊上发表了，当然，用的不是我的名字……还有很多很多的例子，我还能说什么呢？我这人不管是在工作上、在生活中，还是在选择对象上，都是只看重真正的、实实在在的东西，我不看重那些虚名。

可社会并不是我说了算，人们肯定得看那些能被大众所承认的东西，更相信那种能直接带来实惠的招牌和名头，就像我以前当“××员”时，稀里糊涂有很好听的名声与身价一样，这个世界有时不相信真东西，你又有什么办法？所以，仍然是“不管怎么说”，你当时连个初中文凭也没有，你心里不服气，又有何用？你的思想不能代替她的思想，你的观点不能左右她的取舍，你说得再多也是白搭！

于是，文凭成了当时压在我心上的一块石头，那时虽然已开办了电大，但还没有开文科，我对其他又无兴趣，无法下手去“抓文凭”。面对小静，我忧心忡忡，垂头丧气，顿足捶胸。我太脆弱、太敏感、太在乎她，太患得患失了，以致如此地小心谨慎，如此地“担惊受怕”，如此地“战战兢兢”！

回想起20世纪70年代末80年代初，正是国家拨乱反正，社会发生重大变革的时期，一切都在酝酿聚集，一切都在加速变化中，很多事物的出现和结果，都是此前人们的观念中始料未及的。而对于我来讲，由于生性内向，思想封闭保守，面对社会这种种急剧的变革，我感到紧张、慌乱，极度地不适应，甚至有所抱怨。

小静她家这几个月来所发生的一些明显的变化，像一种巨大的、无形的压力，加在我头上，我和小静最后的发展结局究竟会怎样？我感到凶多吉少，不容乐观。而就目前的形势和处境来看，我只能用一句“小心翼翼，如履薄冰”来形容，在这山雨欲来的多事之秋，偏偏又屋漏偏逢连夜雨。

有一次，我们俩在一起正处在一个不冷不热的当口，她冷不丁地告诉我，她最要好的闺密小L看到过我们，我也不知她这个要好的闺密是偶然碰到的，还是她们事先策划安排，甚至就是她们多次讨论后的有意安排，反正当时我一点儿都不知道。她有点吞吞吐吐地说，小L说我们俩“不相称”。

天啦，我听后如五雷轰顶般：这还不清楚吗？她虽没有明说，但借那个小L的话，委婉转达了她心下对我的评价，那言下之意就是我……算了，不说了！我倏地一下，又想起以前她曾不止一次半认真、半开玩笑地对我说，我个子稍矮了点，还有……以我这样非常敏感、非常自尊，而又特别自卑脆弱的性格，这样评论我，我认为无异于说，你是否太缺乏自知之明，明明让人失望还装作浑然不知，明明配不上人家却不主动退出……

我这成了什么，简直像个无赖，硬赖着跟人家谈啊！我痛苦地闭上眼，只想把头往墙上撞，然后狠狠捅自己一刀的心都有了！

鬼使神差，我如喝醉了酒样，踉踉跄跄、跌跌撞撞地来到南京路市图书馆，点名要借一本《鲁迅全集》第15卷《世界艺术论》，我记得在那里面刊载的一百多幅世界名画中，有一幅叫作《不相称的婚姻》（也有译作《老夫少妻》的）。

我也不知道，我现在为什么独独要借这本书，要看这一幅画。这幅画的作者普基廖夫是俄国一位充满人文关怀的画家，他对人世间存在许多像“不相称的婚姻”这种畸形的现象，予以了无情的鞭笞。你看这幅《不相称的婚姻》，新郎的年龄足以当新娘的父亲，甚至祖父，新娘年轻漂亮，新郎老迈丑陋，男女的年龄、容貌这么悬殊，这么不相称，却缔结了“捆绑一样结实牢固的婚姻”，新郎显得十分满足、得意，新娘则似隐含悲戚，满脸无助……这是一个让人看了极不舒服的画面。

画家显然是对那位新娘的命运，予以了深切的同情，对新郎的自私贪婪，乃至那个极不合理的社会现象，表示了极度的愤慨！而我眼下扮演的，不正是这位老丑的新郎这样的角色吗？我怎么这样丑陋，这样自私，我……我当时真的是五味杂陈、心烦意乱、痛苦不堪，最后不由自主地撕下了那张插页！

没想到在还这本书时，我遇上了麻烦。管理员像有预感似的，她用那种怀疑的、犀利的目光，看了我一眼，然后一反常态地仔细检查书是否完好无损，结果发现有缺页，立刻就变了脸。管理员目光咄咄地看着我，那意思不言而喻。我当然拒不承认，但毕竟有些心虚，所以彼此僵持着，他们扣下我的工作证，甚至放言，还要把这件事反映到我单位里去，那是相当严重的后果，我心里不由倒抽了几口冷气。最后他们念及我是他们的老读者而从轻处理，不予深究，但直至一个月后，才将工作证还给我，而我心中的这层阴霾、这股晦气，却久久无法散去。

我感到种种厄运都在冲我而来，种种压力都在挤向我，我无处可逃、无处可避了！我想我应该主动地离开小静，她既然已经感到，我不是她心目中理想的人，这样勉强维持下去，只能增加两个人，而更主要是她的痛苦。可是我又怎么舍得离开她呢？那比要我的命都还难受些啊！唉……我心中七上八下，如坐针毡，寝食难安！我心烦意乱、心如刀绞、心痛欲碎！可回过头，我又安慰自己：也许，也许她不是这个意思，这只是我的多心；也许是我太在意她，显得有些敏感了吧，我想。可是，可是现在这局面、这趋势，我应该怎么办呢？

我感到非常不好办了。我在她面前，感到越来越压抑，越来越恐慌，我太害怕失去她了，成天惴惴不安。而今天看来，可能正是由于我的这种不自信，太小心谨慎、患得患失的心理，使得我在她面前的表现、状态极为不佳，并且是每况愈下，这就很不妙了。

前面说过，她现在只看到我令她不称心、不满意的一面，她没有看到，或者说，她现在忽视了、不在乎了我的那些优点和好的一面，这样我给她的印象，并不是一个完全真实的我，这样我和她心目中理想的对象，当然就有些“不相称”啊！换作我恐怕也会这样想的。就在两人关系已很有些微妙、紧张的时候，我又犯了一个致命的、不可饶恕的错误。

那时在小静那里，我已很难得到她的爱意，为此我郁郁寡欢，上班更老是走神，就在这时，我们班新调来了一个和我年龄差不多大，刚从部队转业的女孩。因同是年轻人，班长就叫我带带她。那女孩很善谈吐，看得出她是看了不少书，并且是比较有思想的女孩，这在那个时候，在我们那个圈子中，是不多见的。我们在机台上比较清闲的时候，总喜欢交谈，谈一些在当时看来有些敏感，甚至是有些叛逆的话题，因而更像遇到一个难得的知音。这女孩平时很傲气，又是部队干部子女，是见过一些世面的，她一到我们单位，便有许多男孩子跑上来，想跟她套近乎，但她都表现得很冷淡，甚至有点瞧不起他们。而她在我面前，从没一点居高临下的架势，她对我挺亲切，甚至是有点钦佩，所以在周围同事眼中很打眼，有些不知情的男孩，甚至表现出明显的嫉妒。但我对此并没一丁点儿所谓的“得意”，这能说明什么呢，至于吗？况且我知道她已有男朋友了，我也更没对她产生任何其他的想法，因小静她已在我心中占据了全部的位置啊！

由于这女孩她很愿意和我交谈，我也因“心中无鬼”，所以没丝毫的避讳，我在那女孩面前无拘无束，自然而然，反而显得很洒脱、与众不同，她也是这样评价我。我当时糊涂地想，我和她之间仅仅只是一普通的工作关系，但作为一个同事，她都能看到我的长处，愿意把许多心里话说给我听，至少愿意跟我交流。可小静她，她现在很少向我敞开心扉，很少给我肯定，更很少主动地去关心我、牵挂我，这不正常啊，即使对我有意见、不满意，也可以……可以明确地告诉我啊，可她没有。为什么呢？我不得不产生了一些想法，小静她对我是不是……说老实话，直到分手那时，我也没十足的把握，小静她到底对我印象如何，她最后到底爱没爱过我，我真的无法确定。但我很清楚，我们是通过别人介绍相处的，我们之间肯定不可能发生像那些文艺作品中，那种轰轰烈烈、非常浪漫，让人刻骨铭心，甚至死去活来的爱情，我们只能是这样带着明确的目的，实实在在、平平常常、不温不火地谈着恋爱，按部就班地向前推进关系。我固然是真心实意地非常非常喜欢她、爱她，绝不会舍得放弃，但对于她而言，她未必这样，她对我的感情，肯定是比我爱她的程度要轻得多，尤其是现在……要不然她不会……这一个接一个的悬疑，如同屈原的《天问》样缠绕着我，我纵使上穷碧落下黄泉，反复地不停追问，也始终找不到一丁点儿的答案。

焦虑的情绪，就这样成天始终缠绕着我。有一天，我终于忍不住了，我傻不拉叽地，直接把她和单位的那个女孩进行了对比。我说人家和我只是同事关系，但很多心里话愿意跟我说，可你——我直接抱怨她现在对我太冷淡，太……谁知我这话一出口，她一反常态，一向给人以性格温婉印象的她，此刻突然变得暴躁异常。我的话大概在很大程度上伤了她的自尊，她气恼地认为我这是不是“花了心”。

她说：“咱们现在还没结婚，你就和别的女孩这样‘谈得来’，那将来……”我的天啦！她竟然是这样理解，我再三解释，可她根本听不进去。她这是怎么啦？我实在不解。我这时急得束手无策，满地打转，我，我该怎么办啊？可我毫无办法，甚至是慌不择路，病急乱投医，这就如同眼前摆放着一架天平，本来有一头就已经倾斜得有点岌岌可危了，我现在又自己亲手往这被倾斜的一头，再添加了一根“致命的稻草”，最后将这一头给彻底压垮！我这是搬起石头砸自己的脚，自酿苦酒自己饮，最后只好自吞苦果……

也许是我太迟钝了，其实早已有种种迹象表明，我却毫不知觉；也许是我太没自知之明；也许，也许是我太优柔寡断，不到黄河不死心；也许这一切都不是主要的，主要是因为她的工作问题，到现在还没最后正式解决，她对一切都不感兴趣，包括眼前的这场“恋爱”；也许……好了，好了，不再说也许，因为任何“也许”都是没有意义的，只有结果才是最重要的！最后的结果很是不妙，那之后没过几天，她正式向我提出了分手。

在这以后漫长的岁月里，我常常思忖：小静她当年生那么大的气，难道真是因为觉得我“移情别恋”，对别的女孩“动了心”吗？她应该清楚，她在我心目中的位置啊，我会那样吗？那么，她为什么要紧抓住这点不放，会不会是认为我太平庸、太窝囊、太让她失望了，她早就想结束我们之间的关系，却苦于无从开口，现在刚好有这么个“借口”，正好可借题发挥，顺势而下呢？

想到这里，我不由倏地愣了一下，只觉得像是倒吸了一大口凉气，浑身上下，从头到脚，从里到外，都凉透了，感到“不寒而栗”！我一直把她当作珍宝一样小心呵护，疼爱有加，可她现在却对我不屑一顾，甚至弃如敝屣，乃至唯恐其去之不速！她是不是早就已经变心，已经不在乎我了？她原来不是这样的啊！那么她现在这么决绝，是不是因为她家现在蒸蒸日上，而我各方面的情况显然都不令她满意；也可能开始她还抱希望，可后来看我这样子一直“不见起色”，所以她和她家人，对我们之间这层关系，日渐不满、心生悔意，于是干脆狠着心来个快刀斩乱麻……我不想，也不应该把她和她家人想成是那种势利薄情的人。但我有时又不得不这样想：人都是有讲求实际的一面，尤其在婚姻这个问题上，就算不想攀一个更高更好的，至少也要恰当对等，绝不愿找一个差的吧？谁都会掂量掂量，谁都难以完全免俗，所以条件好的一方，往往更要左右权衡，主动挑选和仔细抉择，以保全自己，至少不要亏待自己；而差的一方，往往只能被别人选择，被别人决定，始终都处于一种被动的位置，有时更是被蒙在鼓里，一厢情愿地在那做无谓的努力和挣扎，最后搞不好就鸡飞蛋打，一切都半途而废……

我想得很偏激、很狭隘也很恶俗，但当时确实是难以接受，有点失去理智不能自拔，所以只能这样想。我太老实、太实诚、太执着了，我毫不掩饰自己的弱项和短板，我把我整个的面貌和心扉，全都敞开给人家看，更是把所有决定取舍去留的权利，全部都交给了别人，这实际上是一个致命的错误。果然，我后来在很多所谓关于“爱情技巧”方面的读物中，读到很多“总结性的指导意见”，比如：在爱情上，应与对方保持一定的距离，要给对方一定的神秘感，甚至得要点小手腕来抬高自己以镇住对方等等，这种种“高明的方法”都被称为“爱情的艺术”。别说，这种“艺术”的作用，它偶尔也是有效的呢，没见那电视上许多女孩子喜爱的对象，都是那种有点踱的、不太正经的，甚至有些吊儿郎当的男孩？最经典的悖论是：“男人不坏，女人不爱。”

世界文学大师塞万提斯甚至断言：“女人鄙视爱她的男人，女人只爱鄙视她的男人。”天啦，原来是这样，那我原来的那种种所为，岂不是就如一白痴？我对小静的一片真心诚意，岂不是自作多情、一厢情愿？然而，然而我始终还是认为，这些“高明的指导”很显然或多或少，都是带有了一定的偏见和误导，有些甚至含有歧视，显得荒谬，我是断然不能接受，更不会去仿效的。但从另一个角度看，你得承认，它确实也有一定的“道理”在里面，更有它的“成功案例和市场依据”，生活中这种现象还少吗？

存在就是合理，对与不对，有时真说不清楚，我的经历就是一个极好的例证。我那样真诚单纯，袒露无遗，把自己的一切剖开给人看，可人家一下把你全看透，你在人家眼里还有什么吸引力可言？没有吸引力了，很显然那就只能产生僵化、疲劳、乏味，甚至厌倦，最后导致对抗与排斥，这就是事物的规律，这就是辩证法，这往往就是生活中活生生的现实，你有什么办法！所以我有时常常思忖：爱情究竟为何物？它到底是靠自然而然、坦诚相见、真心换取，还是更相信别的“手段”“技巧”？而真心真意去爱一个人，怎么就这么难？和那些“强者”“成功者”“聪明乖巧人”相比，那种真心、那种诚意，怎么就这么的狼狈、这么的尴尬、这么的不堪……这一个个巨大的疑问，就像哈姆雷特内心中的那句台词“生存还是毁灭”样，终日终年地缠绕着我，真是令我百思不得其解！

许多年以后，当我在回想这场影响我整个人生的恋爱经历时，也常常反思：小静当年之所以要离开我，恐怕其中有个很重要的因素，就是她认为我当时的表现，还是太小家子气、太世俗化、太陷于平庸了。譬如我那么热衷沉溺于打家具、忙结婚、过小日子、赶市井时髦，并且是那样全身心地投入其中，乐此不疲，把宝贵的时光、大好的青春，都消磨浪费在这些毕竟属于琐碎的鸡毛蒜皮的小事当中，太不值得了。

有人说："平庸会使人迷失人生的方向，我们往往在追逐那些所谓的时髦和时尚的东西的时候，真正的生活正在远离我们而去。"小静是个心高气傲的女孩，尽管她当时的学历也只是高中，但看得出她一直在努力自学，参加各种考试。她也一定是希望她所爱的人，始终都要努力上进，有所作为，而不要陷于琐碎，沉溺世俗，甘居平庸。

不管她是否有过这样的想法，或是这想法是否好高骛远，都完全可以理解。要知道，爱情也是一柄双刃剑，一方面，它可以引领恋爱中的人，走向一种真正有价值、有意义的生活；但另一方面，它也有可能如一支催眠曲，让人沉湎在安稳、平庸、琐碎的空虚中而不觉醒。坦白讲，我那时，对生活、对人生目标的追求的确不高，我虽偶尔也看点书、画点画，沾染了一点点文化和文人的气息，但那时真的是还很愚昧，也根本没什么书可看，学习和文化的氛围一点也不浓厚；尤其是在我们那样一个工人圈子里面，大家就更是平平庸庸，习以为常。大多数的时候，我同样也是随波逐流，放任自己陷入这种平凡、琐碎、空虚、无聊的生活当中，不思进取，这一点一定令她非常失望。

总之，我没有任何理由强调客观，为自己开脱。因为同样也是那个年代，同样也是那样的环境，不也一样有那么多不甘平庸，不愿随波逐流而积极进取、拼搏向上、最终能奋发有为的青年吗？俗话说"种瓜得瓜，种豆得豆"，凡事都有因果，付出才有回报。小静对我慢慢感到失望，最后提出分手，一定是因为我的庸碌，至少是某个阶段的庸碌，种下了失败的病根，所以这应该是理所当然、顺理成章的结果。我只能这样想、这样总结，心里才能平衡一些，好受一点。

十四

命运终于宣布了对我的"裁决"，就像这一章节的序号，常被人们视作不祥样：其实上一章节就已埋下了不好的伏笔，"13"也是个命途多舛的数字啊！

1980 年 8 月 2 日，那是我一生当中最最黑暗的日子，正在上班的我，突然接到我那位老亲戚打来的电话，她非常婉转并不无惋惜地告诉我，小静提出分手了，她们做了很多工作，但实在是回天无力。这个消息对我来说，其实已在预料之中，可怜我只不过是一直像一只鸵鸟样把头埋在沙里面，自己骗自己，装作什么也看不到，什么也不清楚。但此刻还是如晴天里的霹雳，我顿时感到泰山崩倾、五内俱焚！小静，你，你就真这样决绝地非要离开我，你真的对我完全失望了吗？我……我万万没想到，事情最后竟然是这样一个结局！我是多么希望，这不是一个真实的消息，这不过是一个错觉、一次误会、一场虚惊啊！

可事实却是如此实实在在地残酷地发生了！

可是我，我真的，我真是不甘心就这样放弃啊！我本是铁心地认定要和她走到底的，这没带一丁点的勉强与冲动，我是完全心甘情愿、一心希望的。不行！我必须在那一刻，以至在后来很长一段时间里，我作了许许多多的挽救努力，期望能起死回生，创造奇迹。

“小静，我来看你来了，我们再谈谈好吗？”我忐忑不安地来到她临时上班的地方，小心翼翼地望着她说道。可她态度非常冷淡而又是十分的坚决。她回答说：“不用了，DY不是已经告诉你了吗？对不起，我现在不想说这些了，请你回去吧。”

“可是我……唉！”像我这种面皮极薄的人，面对这种回答、这种窘境，显然是束手无策，毫无办法，我感到伤心极了。我没想到，我如此呵护、如此心爱的人，此刻竟是这样对待我，我实在难以接受。我心痛欲碎，伤心至极！这就如一个人本来在天堂里，突然一下被打入地狱样，那种痛苦、那种难受、那种打击可想而知，按说，我应就此打住。可是我，我实在是舍不得，实在是不愿意啊！我像一个溺水的人，希望能突然出现一个奇迹样，眼前哪怕是根稻草，我都会紧紧抓住不放的！

我给她妈妈写信，恳请她再做做工作，仍无济于事。我又作了很多很多的努力，结果都徒劳无益。男人的自尊叫我放弃这种乞求，可我又认为这与自尊无关，我是真心爱她的，爱一个人就不应该计较什么“自尊”、什么“掉价”的。

然而我错了，我的过分请求与虔诚表白，在别人看来也许是一种无能，甚至是赖皮。强烈的自尊又驱使我，宁可忍受像普罗米修斯被绑在高加索山上让野鹰啄食的痛苦，也不愿看到人家一丝的厌恶与鄙夷。再说，假设是她已真不爱我了，我如果是还爱着她，就应该为她着想，又怎么能勉强她呢？

我只能选择放弃了！面对一种命中注定的、无法逃避的失败，力可拔山、气可盖世的霸王项羽，也只能仰天长叹“时不利兮骓不逝，骓不逝兮可奈何”。老天不成全我，我一呆板笨拙的人，又能奈若何，奈若何？

我如被判处死刑的人，感到万念俱灰，如遭凌迟处决的酷刑，顿觉万箭穿心！我仰天长叹，顿足捶胸，悲痛欲绝。我恨无三头六臂、灵丹妙药和回天之力，以致在这样关键的时刻，不能挽回这“忽喇喇似大厦倾，昏惨惨似灯将尽”的失败颓势和“落花流水春去也”的无情结局！有道是“男儿有泪不轻弹”，此时的我却是痛哭不止、泪雨滂沱，一想到此，便抽搐不已、涕泗横流！我如一只心口滴血、浑身受伤的野兽，只能找一个没人的旷野，来悄悄舔舐自己的伤口。我恨自己太不出色、太不优秀、太不成器，以致酿成今日之结局！

从那以后，我注定是要陷于一场人生万劫不复的灭顶之灾中。我认为真正的失恋而非一般意义上的恋爱失败，是人生中之最大不幸：贫穷可以改变，疾病折磨的只是肉体，而这种心灵的破碎，有谁能来修复抚平？一生只此一次最美好的情感体验已经丢失还能失而复得？我不是个怕吃苦、怕艰难的人，很多的坎坷和不幸我都经历过，但并未将我击倒，而这种痛苦则是我难以承受的。难怪世上陷于这种灭顶之灾中的人，往往都是痛不欲生。女人往往以泪洗面，花容失色，首如飞蓬；男人则会放浪形骸，以酒浇愁，一蹶难振。当然，顽强坚韧，百折不挠，豁达开朗，甚至欢笑如常者也是有的，但这种人又能有几何？打锣难找，微乎其微啊！

我生来平凡懦弱，多愁善感，优柔寡断，失去小静，我显然是肝肠寸断，痛不欲生，可这种痛苦怎能与人言说？哪怕是和最要好的朋友也是如此。正像爱情的幸福无法与人分享一样，爱情的痛苦同样更是无法让人分担。我连跟家里人都没讲一声，成天闷闷不乐，郁郁寡欢。在家里深居简出，沉默寡言，在单位踽踽独行，不出一声。我一次又一次，情不自禁地来到我们曾经走过的马路、坐过的石凳、徜徉过的小径，曾经留下过我们的足迹、我们的气息、我们的身影，以及所有我们到过、待过的地方，流连辗转，俯首低回。一回又一回地在她家和她单位附近，一切她有可能出现的位置，徘徊守望，苦苦等待。希望能碰到她，再见她，能“再做挽救，创出奇迹”，可总不见她的踪影。偶然看到一个和她长得相似的女孩，突然出现在前面，我的心往往会狂跳不止，激动不已，但那其实只是一个错觉，一个幻影。我睹物思人，斯人已去，空有余韵；我触景生情，可景虽依旧，人却已非……凡此种种，点点滴滴，无不令人百般感伤，悲从中来。

在那长长的一段日子里，每天伴着凄风苦雨般的日出夕入，伴着愁云惨雾中的暮霭晨曦，伴着钟表指针的慢慢移动，伴着羞辱与苦痛，我如一看破红尘的出家人样，百无聊赖，万念俱灭，守着青灯黄卷，打发那每一天孤独寂寞的时光；也如一厌世者，心灰意冷，百无一恋，百般无奈地度过那一个个凄凉悲痛、酸楚苦涩的日子。此时只有头上苍天与脚下的立足之地，可见证着我的存在，只有文学、美术、音乐，才能稍稍给我以些许的安慰。可谁能告诉我，这些折磨与痛苦，怎样才能解脱？这种苦不堪言的日子，何时才能到头？我这一段时间的日记，几乎全部是一个主题：上帝啊，您快来救救我吧！我每天都在那万劫不复的地狱囹圄中，痛苦煎熬……

十五

单位的图书室成了我最常去的地方。图书室位于局大楼的最顶层，书虽不多，但那时看书的人也极少，这里无疑如一座避风的港湾，寂寞、宁静，恰好可接纳此时我那疲惫、痛苦、破碎的身心。而读书本亦是我最大的兴趣爱好，此时更是如饥似渴。那一阵子，我差不多每天都要去图书室待上好一阵，浸泡在那些书籍和文章之中，真正体会到了书籍乃精神之食粮、疗伤之良药、肉体之支柱和“灵魂之安慰剂”的感觉。有篇文章令我眼前一亮：《旅游，让恩格斯走出失恋阴影》。伟大导师也有这种凡人之思，儿女之情？

旅游，真能解除这最最顽固的烦恼之根？是啊，自古“仁者爱山，智者乐水”，苦难不幸者往往能忘情于山水之间，仁厚睿智者则总能超脱于风物之外，我何不仿效伟人那样，走出这蜗居之地，看看大千世界，让奇山秀水抚平我的创伤，让心中的块垒，在大自然中得以缓释或暂时淡忘……

我收拾一个简单行囊，请了一段长假，开始了平生第一次、只身一人的长途远游。时间是 1980 年深秋，正所谓“万里悲秋常作客，百年多病独登台”，看看这种“心与身同步”的独自旅行，能否治愈我这样一个，处在万般苦痛之中的人的心之创伤。

那时旅游还很不时兴，远没像今天这样，四处开发得红火，处处都可随意抵达，所以我走的基本上仍是些大中城市。首先直奔中华文明的荟萃之地首都北京，接着南下，赴六朝古都南京，再接着东行，往无锡、宜兴、苏州和杭州，最后抵达上海，这条线路，我 14 年前就走过，这次是旧地重游。

我发现我这人总是特别怀旧，连离家出走去“疗伤、散心”也是如此，一心要去寻找那往日曾到过的地方。要我把过去的那些东西割舍掉，真的很难！

其实我只是想把我心中的苦痛、灵魂中的私语，统统都留在那些旅途中去，岂不闻“沉舟侧畔千帆过，病树前头万木春”，走过这段苦痛的历程，兴许一切便会向好；可谁又知道，这种前程未卜、茫然不定的山水之行，究竟能消除我多少的隐衷与苦楚呢？

北上京畿、南下江南归来，一切竟依然故我！我顾不了这些，死马仍当活马医。这之后，我又进行了多次的长途远游，只要有一点机会，便悄悄地去“云游四方”。那时物价十分低廉，我倾其所有，去了位于川西高原上童话世界的九寨沟、黄龙，美丽的西双版纳，大理的苍山、洱海和蝴蝶泉，贵州的黄果树瀑布，奇险天下第一的华山，秀美清凉的庐山，天下之绝的黄山，山水甲天下的桂林，雄伟壮丽的长江三峡，神秘诡异的神农架、武当山，还有乐山、骊山、崂山、普陀山等许多我现在难以重游的地方。

我这么无数次东奔西走、餐风饮露地远行，这么节衣缩食、疲惫颠簸、频频劳顿地折腾，常常只能住那种最廉价的5毛钱一晚的小旅馆，吃两个馒头加一点咸菜，有时甚至更像是一种自我麻醉与自虐，何以要如此？除了我本身也热爱旅游之外，更主要的无非是想借此瑰丽锦绣、奇幻无比的山山水水，将身心暂时转移，将小静逐渐淡忘。可无论在寒冷萧瑟的北方，还是温馨妩媚的江南；无论是在高楼林立、喧嚣刺耳的繁华都市，还是在安安静静、简陋古朴的边陲小镇，我的心头始终都浮现着小静的影子；她的音容，她的身影，她的一颦一笑，一点一滴，始终萦绕在我心头挥之不去！

是啊，我怎么就无法把她忘掉呢？哪怕是逐渐、逐渐地淡忘，慢慢、慢慢地减轻也好啊，可这都难以做到……

情不自禁就在那时的日记中，写下了这样一些断肠的句子：

人生自古伤别离，最是情断爱无依，
两载相恋何难得，一朝作别竟东西！
撕心裂肺泣声哑，泪雨滂沱不由己，
天公作何恁狠心，令我分手不近情？
杨柳依依湖心亭，今日却成伤心处，
故地归来久不语，往事历历如昨夕。

老租界是初识地，见证痴男慕静女，
怀璞抱玉觅知音，冀望将来成比翼。
江滩路上练骑行，培训班时送医书，
石库门里烟火气，蜗居小屋几温馨。
曾经牵手漫漫步，曾经剧院同看戏，
曾经好书共分享，曾经信物互赠寄。
东湖之畔留身影，磨山脚下笑语嬉，
珞珈校园携手游，二人生日共祝庆。
也有耳鬓相厮磨，最是初吻尝甜蜜，
发誓终生爱此人，执子之手不离弃！
不期噩耗从天降，缘分到此不能续！
闻此噩耗如炸雷，半晌惊呆不能语。
频频表白语再三，只希留住一寸心，
怎奈缘分已用尽，无力回天何唏嘘！
伤心难受痛欲绝，卧床三月病不起，
恨不能挽大厦倾，恨不能随流水去！
背负行囊离家走，天涯四处留浪迹，
跋山涉水疲奔命，冀望解脱造化里。
古道西风一瘦客，大漠孤烟伴独影，
蹇足坎坷道不尽，无不都是相思情！
破碎之心有谁知，苍天有眼无暇及，
死不暝目就此住，人间真爱在何处？
独行归来仍依旧，朝看日出水东流，
暮看夕阳西沉下，处处都是伤心地。
从此郁郁无欢语，从此难再有笑意，
青灯黄卷伴孤身，形只影单茕茕立。
四月满眼芳菲尽，六月天上飞雪絮，
倏忽一季又半载，回望小楼又一年。
年年岁岁思不尽，岁岁年年复相如，
沧海已逝再无水，此痛永驻在心里。
……

十六

我上班的地方无疑是我的一块伤心之地，它不仅把我10年的青春消耗殆尽，把我的身心拖累得交瘁不堪，更是冷漠绝情，不，简直可以说残忍无比！它不但扼杀了我的个性与激情，见证了我的尴尬与失败，尤其是在此葬送了我一生最美好的愿望！所以每天只要一进入那个地方，就会令我产生一个又一个、一串又一串悲伤的联想与回忆。我无法摆脱这种梦魇般的折磨，我决计想方设法走出这个倒霉的地方。再说，我不甘心就这么浑浑噩噩地在这里度过一生，更不甘愿一辈子总在一个地方，位居下游！

可前路在哪里？我又如何去把它找到？就像一个迷失方向的航海者，眼前一片迷茫；更像是一只热锅上的蚂蚁，我着急地团团打转，四处寻找出路、寻找“生路”。

那时对年轻人有着重大影响的杂志《中国青年》，刊登了一位叫潘晓的人写的一篇《人生的路啊，为什么越走越窄》的文章，作者讲述了她（后来知道还是一位很年轻的女作者），也可以说是像我们这样，被“文革”耽误了的整整一代年轻人，所经历过的那种种的坎坷遭遇与心路历程。她写出了我们所共有的那种焦虑与烦恼、不安与怀疑；也不无表达了对于青春理想的向往、躁动与希冀。

文章在社会上引起了巨大的反响和强烈的共鸣，前后展开了一系列大规模的讨论。我读后心里一动：一个女孩子能这么勇敢大胆，肯于思考，这么有思想、有主见且这样有文采，真是很难得，很了不起！我继而想，看来文字的功能也是强大的，它不仅可以对人的思想产生影响，还可以改变人的前途和命运。据说这位潘晓由于发表了这篇文章，从一个街道小厂被抽调到一个国有大单位去当上了一名文化干事。对，我也应该以她为榜样，去有所奋斗，改变自我，努力实现心中的梦想。

同样是在这本杂志上，还刊登了一则启事，发布者是北方某省作协，他们要开办一个文学写作辅导班，以函授的形式进行，一年学费30元，差不多相当于我一个月工资，但我毫不犹豫报了名。要说，那时的人还真讲信用，给我对口辅导的那位孙老师非常负责，每次把习作寄给他，他都是及时认真地给予批改回复，还赠送我不少参考学习资料，给予我热情的帮助与鼓励。

几个月之后，孙老师告诉我，我的一篇习作被他们选中，即将在学院的下一期刊物上发表。接到这一消息我感到欣喜若狂，虽只是一内刊，但它对于我来说却意义非凡。至少，它说明我还是有点上进心和写作方面的潜力的，这可以算作一个开头，只要我坚持不懈，也许我的人生从此会另有天地。我按捺不住激动，给小静写了封信，报告这一消息。当然，主要是向她证明我并非只是个浑浑噩噩的人，我其实也是在努力。还有，最主要的是告诉她，我到现在这一刻都没忘记她，我心里“仍然有她，始终有她”。

天啦！你看看，都什么时候了，我还凭什么给她写信，我是不是有点昏头了？我真是太自作多情了，我是她什么人？还有，就这一个内刊习作，能说明什么，算得上一根“救命的稻草”？

收到回信了，捧着信封，心还在怦怦直跳，手也在发抖，迫不及待地撕开，是她父亲写的，只一行字：“小静已经结婚了，请你以后不要再……”

天啦！苍天啊，你对我怎么就，就这么残酷，这般的无情！

我踉踉跄跄地奔出屋去，奔向无人的旷野，奔向迷迷茫茫、莽莽苍苍的天地之间。我撕心裂肺地大声呼喊：苍天啊！你为什么对我这样残忍？

如听到被宣判死刑后立即崩溃，转瞬瘫痪样，这就是人们常说的“哀莫大过心死”了！我还能絮絮叨叨些什么？天意如此，能奈若何？想想仅一个先秦就有“文王拘，仲尼厄，屈原放逐，左丘失明，孙子膑脚，韩非囚秦……”历代圣贤大德们尚且灾难重重，坎坷累累，我一平凡庸碌的小小人物，能奈若何？不敢与圣贤相比，但的确是遭到了我平生最大的一次打击！

事已至此，一切无可挽回，我只能认定现实，接受这一切，除此，我又能怎样？我并非恨小静。天啦，这么多日子了，我竟从没有，一下也没有恨过她，真的，我可对天发誓！我也没理由恨她。但我要让她知道，我才是她更应该珍惜的那个人。我也要让她看看，我并不是那种完全浑浑噩噩、毫无出息的庸碌之辈。实事求是地讲，当时在我们那个阶层，或者说在我们那个圈子中，我应该还算是一个比较上进的青年，我也不甘浑浑噩噩，也期望能有所作为，只是阴差阳错、鬼使神差，只是因底子不高、机会不好，让她还没来得及好好看清和体会到这一点，就作了最后宣判，我只能认命了。但有一点可以肯定，我绝不服气，很不甘心，更不会“就此放弃”！我要彻底改变我在她心目中的形象，尽管事已至此，我无回天之力，尽管她现在已经成了别人的妻子，但我发誓，我仍将一如既往、一往情深、一厢情愿地将这份爱在我心里进行到底！

十七

终于，精诚所至，金石为开。难道是小静她又……她不是已……？哦，不、不、不，不是那个意思，那完全是误解了。那也是绝对不可能的了！是说我的投稿，终于有了一个小小的回报，见报了。嗨，这个比喻显然也不恰当，区区一皮毛小事，何谈得上“金石为开”？那……反正，反正第二年，我的第一篇小说，终于在我们市的日报上发表了，这对我来说，是个开天辟地、前所未有的极大鼓励啊！这一次，我不仅把自己写的文字变成了铅字，而且是正式地公开发表，这对一个仅小学学历，业余又业余的文学爱好者来说，不啻是中了个大奖！周围的文友们竟吵着嚷着，非要我请他们喝酒、庆祝什么的，想着都好笑，但彼此都是真情。

紧接着，我又陆陆续续在省内和系统的报刊上发表了一些文学和新闻作品，虽大都不值一提，但于我则是敝帚自珍，倍受鼓舞。

1983 年春，《工人日报》举办了一个全国征文活动，我的一篇特写获得三等奖，组委会发来通知，邀请我赴京出席颁奖仪式，这对一名业余作者来说，无疑是个天大的喜讯。在北京，中华全国总工会的倪志福主席给每位获奖者颁奖，各大新闻媒体记者现场采访，当晚中央电视台的《新闻联播》节目对此作了重点报道，电视里每一位获奖作者都拍得一清二楚（这是回来后同事们告诉我的）。此情此景，平生第一次，我抑制不住内心的激动，当晚回到招待所，立即就铺开纸笔开始写信。可刚开一个头，我猛然惊醒：你要干什么，这封信是写给小静的，对吗？她跟你还有关系吗？你是她什么人？她现在还记得你吗？她的家人、她的丈夫，你，你这样做算什么？合适吗？

哦，不、不，我没别的意思，更没别的企图，我只是想让她，让她也知道这个消息；希望她能为我——我是真希望她能够“那样”啊！

嗨，看看这都叫些什么呀？“那样”是怎样？希望她为你高兴，为你激动，她会这样吗？就算会又能怎样？她难道还会向你发来电报表示祝贺，会手捧鲜花站在月台等你归来？哼，简直是莫名其妙，不可理喻！

好好，先不讨论这个，即便一切都如你所愿，可问题首先是你这封信怎么个寄法，怎么个投送？分手都已 3 年了！ 3 年多，一千多个日日夜夜，该有多少变化会发生，有多少故事都已结束，一切早已时过境迁了啊！

是的，一切早已时过境迁，不可回头，不可改变，然而我不死心，我不甘心。我相信，心诚则灵，只要我心里始终有她，就能猜想和推断出她现在的住处、现在的地址，哪怕现在的这个地址如契诃夫的小说《万卡》中的那个从乡下到城里鞋匠铺做学徒的小男孩，写给他外祖父的那封信信封上写的“乡下：康斯坦丁·马卡里奇爷爷收”那样虚无缥缈，幼稚荒唐，但我仍然执着地坚信，这信她能收到……

实际上，那些年我心里就一直没放下过去，我始终还保存着那些过去的信息，经常动用想象，自说自话、自圆其说地对这些信息进行加工与整理，推导与演绎。我常常在想：当初尽管是小静主动离开我的，但那很可能是一时的冲动和误会，或是一个阴差阳错的失误的抉择。人都会对曾经的过往有所反思的，都是有感情和念旧的，我对小静的一片真情，相信她绝不会没有感觉，忘得一干二净。作为恋爱的关系，我们相处了整整2年。2年啊，就是再平淡，也多少会有些感情的，况且我从来没有有意伤害过她，对她是那样一往情深，这点她应该是完全能感受得到的，她也曾对我有过那样真情流露的啊。那么现在随着时间的推移，或是生活的改变，她会不会有朝一日，又突然回心转意想念起我，甚至想回过头来找我？或者是经常回忆起，我们之间曾有过的那段交往与恋情，又时不时地萌生出些许的留恋和惋惜呢？这一切都是有可能的。这一切也都是人之常情啊！只是这一切太零碎、太茫然，无从理起，更无法着手迈步去操作、去实施，尤其她是一个女人，她怎么好主动提出？所以只要我首先坚守着，也许就会有峰回路转和重新开始，就会有一个新的篇章，一个奇迹发生。铁树开花、时光倒流，这也并非是完全不可能的……

天啦，我脑子里，怎么会有这种奇思怪想，完全是异想天开、毫不靠谱、不着边际，真是走火入魔、不可救药了！我就没想想，这时光怎么个“倒流”？又怎么个“重新开始”，怎么个“新的篇章”？别说她很可能会无动于衷，就是有所触动又能怎样？她早就跟别人结婚成家，已是别人妻，为人母了，难道这一切，现在都可抛开不管不顾？

嗨！可我当时的确是什么都顾不上了。我像《万卡》中的那个小男孩那样天真幼稚，这一念头只要一产生，便十分执着地放不下手，我要告诉她，我要和她保持通信，想向她倾吐心曲。我相信，只要心相通，则事可信；只要心虔诚，就能心想事成。

没办法，就像人们说的“不怕贼偷，就怕贼惦记”那样，我总是贼心不死，即使死了，又死灰复燃。我总在夜阑人静的时刻，在心里悄悄给小静“写信”，因为这是和她心灵沟通的唯一方式。

我在“信”中告诉她，这些年我的一些个人情况，包括对她的关心和问候，怀想与思念，当然最主要的中心话题，是我一直在想着她，我没有忘掉她，也无法忘掉她！

我那年曾写过一篇小说，名字叫作《九封信》。说有一个男孩深爱着一个女孩，可后来因某种原因，他们分手了，但这个男孩的心里一直没有忘掉这个女孩。那是他一生当中唯一的一份真爱，他实在无法割舍。可拿什么去寄托这份情感呢？他想起奥地利作家茨威格有部小说叫作《一个陌生女人的来信》，里面的故事非常打动人。

那位痴情的女子从很年轻时起，就从心里爱上了一位男子，可惜无缘与他走到一起。但她对她心中倾慕的这位男子是那样一往情深，毫无保留，在生命的最后时刻，她所想不是别的，是把自己对其一生的痴情，写成一封凄婉悱恻的长信，寄给这位男子。而这位男子此前对这位女子一无所知，他是一名作家，她只是他的一个普通读者，一位完全陌生的女人而已。这封信能起到什么作用吗？显然很难。可女人平静地说，我从没奢望过能得到他的爱，何况在自己生命即将结束之际，更不可能。

“能够让我拥有这样一份情感，并把它珍藏保留至今，这就足够了。”在她的内心，她就是这样来理解、来衡量、来对待这份情感的。她不奢望，也更不企求什么，纯粹只是出自一份纯真的情感。而真正的伟大的爱情，正是如此，从来就是坦然无私，不计功利，不求“平衡”，不讲任何回报的……

那位作家看到女人的这封来信后，显然被深深地打动了，虽然这仍然不能改变什么，但它或许触动了作为一个“人类灵魂的工程师”的某种思想，甚至某种冲动。设想，假若……当然，那多半是他以此作为创作时的一种构思。但我想，人类的某些情感，某种所思所想，或许都是相通的吧。人同此心，心同此理，乃至运用的手法也那样相似，要不然写信这种古老的沟通方式，怎么能如此执拗地持续保持了数千年，而一直没有消失呢？

书信是最能打动人心的一种表达，所以我让那男孩也以这样的方式来传递他的心曲。于是每年在女孩过生日的那天，男孩都要给她写上一封信，送上他的一份祝福，更送上他的一份执着的爱意，一连 9 年，男孩（这时也许已是男人了）都这么做。但由于分手已久，双方阻隔，音讯茫茫，男孩根本无从知晓女孩现在的情况，包括她的通信地址，于是，他凭着想象，不，应该说是他完全杜撰虚构了一个所谓的女孩的地址，然后按这个“地址”，每年给女孩寄去那一年一封的信。尽管他知道这些信肯定都如那些大海中的漂流瓶样，百分之九十九点九九都会是毫无结果、毫无反馈、毫无收获，但他始终坚信，总还有万分哪怕是十万、百万分之一的希望，他也要这样做……

这篇小说，后来也是发表在我们市报的文学副刊上，只要是喜欢看报的市民，很容易就能看到它。我就总是以这种方式，在心中祭奠那段不堪回首的、逝去的恋情。

现在，我的文章获奖了，我希望小静她能为我感到高兴，更希望她能由此改变我在她心目中的印象。有这一点，我就心满意足了，这是我不死的心愿，所以现在就大着胆子给她去一封信……

天啦，这太可笑了，就这么样一个毫不靠谱、没有半点意义和把握，完全是我自己一厢情愿的、自编自导自演的、极其荒唐离谱的举动，我居然想得出来，并且是如此虔诚、如此煞费苦心地投入去做，这岂不像个白痴？其实我也同样不奢望还能有什么奇迹发生，也不指望她能给我回音，当初她既然那般斩钉截铁地决绝分手，那她现在又怎会轻易地回心转意和我联络？再者即便她现在对我改变了印象，又能怎样？她的“立场”不能改变，她现在还有她的家庭，况且她父亲那次回信曾经说过，请不要……

对，愚者千虑，必有一得，的确就是这样，最后的这点清醒还是有的，所以尽管我是非常非常希望，她能看到这个消息，但我仍是只字未提我现在的通信地址，甚至干脆连落款都省去了。我想，假设这个人心目中已完全就没有了你，你写这又有什么用？再说还必须避免一些麻烦，我不想因此而影响她的家庭和生活，所以这仅是我单方面放逐的一个心愿，是对我人生的一个重要阶段和我非常看重的一段情感的一种祭奠罢了。

显然，这是一场徒劳，我估计那封信最后是一封让邮局的投递人员头疼的死信。尽管如此，我仍像了却了一个心愿似的，进而我那颗执拗的心依然不死，虽没有更进一步行动，却仍是执着地在等待着、盼望着，一天又一天，一月又一月，如陆放翁颠沛流离中仍日夜企盼的那样，“遗民泪尽胡尘里，南望王师又一年”。我所等待、所盼望的又是什么呢？是等一株铁树开花，等一个奇迹发生？

也许是的，也许什么都不是。因为她也许早把我忘得一干二净了啊！但不管怎样，我仍是我行我素，这已经成为我生命的一种惯性与常态，也成为了一种本能和必需品，我无法改变它，也不想改变。为了留住她，或是唤醒她心中残存的有关我的那么一点点记忆，也为证明我没忘记她，我一直都在努力，这么些年来，我始终没有放弃学习与写作，因为我现在唯一能做的，就是通过不断地在我们城市的一些报刊上发表作品，这样才有可能、有希望能让她看到我的“踪影”、我的努力、我的心曲。我希望用这种笨拙的办法来告诉她：小静，我没忘记你！我依然爱着你！

这种执拗的念头，就像蛰伏在心中的一枚不甘心被埋没的爆竹，它的引线时时被点燃。

这年夏天，我们市报的文学副刊举办了一个大型的“重返伊甸园”的散文征文活动，这是个多么温馨且令人产生无限遐想的题目啊！可我能够“重返”吗？离开那座曾经的伊甸园已经是第3年了，何等沉重、漫长的一段岁月！坐在书桌前，铺开稿纸，我心潮起伏，感叹万端，不知该怎样动笔，从何写起，最后只能写下“不能重返”的标题！我用了个笔名，那里面的内容也是隐晦曲折，欲言又止，只有亲身经历过才能理解，才会读懂，但只要她一看到就肯定能猜出这篇文章是我写的，就能明白其中的衷曲。文章见报那天8月3日，正好是她27周岁生日，我赶到报社印刷厂，捧着刚印出的样报，不禁热泪纵横：“不能重返！不能重返！小静，我只能在这里遥遥向你祝福啊！”我赶到邮局，用最快的专递向她寄去这份所谓的“生日礼物”，然而对她能否真收到这份“礼物”，我甚至连十万分之一的把握都没有！意想不到的是，一向最了解、关心我的姐姐，在市报上发现了这篇文章，她一下子就猜到可能是我写的，便悄悄询问我，我无法说谎，只好如实承认。对我这种出格的行为，深深了解我的姐姐，她还能说什么呢？有所谓“海枯石烂”之比，亦有“春蚕到死”之说，难道人类的这种至情，就因为不合于法理就要将其扼杀么？亲爱的姐姐不无溺爱地原谅了我的这种唐突，并为我保守了这个秘密。

常想起李商隐的“相见时难别亦难”，而想向一个不得与他相见的人表达他的思念，岂止是一个“难”字所能了得？且不说法律上、道德规范上的约束和日常情理，所有这一切都如一根根无形的绳索，横亘在我面前，只说小静她自始至终究竟对我有多少感情呢，我还真是从头到尾也没个准确的把握，倘若真有机会再见到她，她是不是仍像当年一样对我拒而远之呢？何况，当年的相识早成了历史，倏忽一过，已是多年前的往事了，想要“重拾旧情”更是难于上青天了，所以把这一切统统交给时间。

红尘滚滚，岁月悠悠，时间早已将许多人记忆磨平。不管是甜蜜的初恋，还是酸涩的往事，都已随时光流去，纵然你“抱憾终生”“至死不渝”，可别人也许是无动于衷，转瞬即逝，早已把这一切忘得一干二净！罢、罢、罢，还是听听陆放翁苦言所劝的：“山盟虽在，锦书难托，莫、莫、莫！”

有人总结说，思念一个人是痛苦的。思念一个对你并不思念的人更痛苦。天长日久地思念一个对你不思念的人，更是苦上加苦！我为什么要把自己搞得这样苦上加苦呢？我能摆脱掉这些痛苦吗？也许，这些都是在劫难逃，都是“命中注定”的啊！

十八

我想，自远古洪荒以来，人类的两性在外貌上互相吸引、互相爱恋、互相满足生理方面的欲望需求等，都是很自然的现象。我读郁达夫先生的小说《沉沦》时，曾经有一种惶恐不安的犯罪的感觉。先生在这部小说中刻画了一个有些另类的中国青年，他曾有过高远的志向和理想，负笈远渡东洋，本来是想学成后回来报效国家，却终因种种不能改变的、令人沮丧的现实，而深陷绝望，所以他只能在异国他乡，以一种肉体的放纵与思想的沉沦，来麻醉欺骗自己。不谈作品背后的思想用意，仅就人物的这些行为，的确有点“沉沦”，但作品中的“我”对那位房东女儿身体的偷窥，应该说不算作是一种自甘下流与厚颜无耻的行为，我想那是源自一个情窦初开的少年，对异性之美的一种好奇、一种向往，所谓爱美之心，人皆有之。这也说明，两性之爱对人类来说，从来就是一件幸福而愉悦的事情。

我永远也不能忘怀和小静在一起的日子，我们毕竟彼此明白相互之间的关系和身份，有过那种超越一般普通男女关系的接触，有过那样叫人终生难忘、刻骨铭心的肌肤之亲啊！我想，对于一个男人来说，只要他是一个正常的男人，一定会对女人有所渴望、有所向往，一定会对他所真心爱过的女人心丝千千，念念不忘的。

我不讳言，我对小静是非常非常爱恋的，包括对她那美丽的容貌、诱人的身体。倘若我们没有那种肌肤之亲，特别是1979年国庆那天，在我的小房中我们都那样相拥了，如果没有那种令人战栗的、激动身心的体验（而且那也是我作为一个男人，第一次有的那种体验），如果她没有与之相对的呼应与配合，哪怕这里面有一丝一毫的做作和勉强，那么我失去她，也不会给我带来如此巨大的痛苦，我说的完全是我内心真实的想法，没带任何一点掩饰。性格那样羞怯的她，那天当她的身体全部展露在我面前时，我是那么地激动，那么地兴奋。她也是那样真心愉悦，脉脉深情。她对我说：“我都愿意和你‘这样了’，我还会变心吗？”

——是啊，这些柔情的话语里面，已隐含了多少已经默认、可以接纳，并也不无甜蜜、不无向往的内容与含义啊！上帝啊，这是在我心中最振聋发聩的声音啊！直到今天，这个声音还在我的耳边回响，它一直就萦绕在我心中……

小静离开我时，我27岁，正是男人生命最旺盛的时期。而小静，又是我有生以来，第一个所遇上，也本是可以得到的美丽的女孩。若能最后走到一起，对我来说，那应是一个非常完美的人生。可后来这一切都改变了，一切都已失去。我只能说，今后的人生再怎么美好，都要打上折扣了。我是个提不起、放不下，永远留恋于过去、戚戚于失去的人，这注定了我今后的人生，将永远难以有真正的、十足的美好与快乐。我知道，爱情只是人生的一部分，人生还应有更多美好的有价值的东西值得去追求，等等。可这些话当时真的能起很大的作用吗？我对此很是怀疑，至少觉得它们对有些人，是不能起什么作用的。我就属于这样一类冥顽的人。我不把眼光放在将来，却永远陷入对过去的回忆与失去之中。

小静她是那么美好，那么难得，失去她以后，我常常回忆起和她交往的那些日子，自然会想起她的样貌、她的身影、她的声音、她的动作、她的一切，尤其是她的美丽。回忆她那美丽的每一个方面：音容、手足、体肤、气息等每个细节，一切都是那样的真切，如电影回放样历历在目；又如利刃在握要剜人心尖，我恨不得撞墙立刻就死去！

是的，我承认这种痛苦很大程度上，来自我太注重一个女孩的外貌，这是男人性格中不该有的某些缺陷。可我喜欢小静不光是因为这啊，我们相处了那么久，有着那么多美好的值得留恋的方面，一点一滴那种种的情感可想而知，所谓一旦动心难自拔，情到深处难自禁，所以这是一种身不由已、刻骨铭心的感受；是五味杂陈，百感交集啊！那我现在这种沉湎不能自拔的心理是否有点狭隘？这种境界是否有些低下？面对这种种诘问，我还真无言以对。我只能说27岁的成熟男子，当时想得最多最多的，恐怕就是这些内容了。

上帝啊，你快来救救我这庸碌而卑微的灵魂吧！

十九

上帝大概非常鄙夷我这种低下平庸的灵魂，他对人类的教导，是要保持和坚守高贵，摒弃那些平庸的儿女情长，我远没做到这点。或许是他早厌烦了我，认为我太没出息，他现在不屑于搭理我，要我自己反思。他也许还冷冷地扔下了一句话："你这可悲的一页已经翻过去了，不用再心心念念，依依不舍了，朝前面看吧，那里或许还有你想要的东西。"上帝扔下我不管，他走了，他不再回头看我，他还有许多事情要做，他的时间是宝贵的。

是的，时间的确是宝贵的，对每个人而言都是如此，所谓寸光寸金。时间也像是一条流逝的长河，风风火火，匆匆向前，当它流经了一个地方之后，就再不可能回过头来，重复一次旧辙，不管前面是什么样的路途，它都只能一仍其旧地继续朝前流淌。而人生也是这样，它也一直向前，不可逆转，不能回头，所以不管目前是怎样的不堪，我都还得继续走下去、活下去。

失去小静之后，我不知道在我将来的生活道路上还会发生什么，还有什么样的情感生活在等着我。说句真心话，我都不抱什么希望了。可说归说，自那以后，我并没像大多数人嘴上所说的"再无心去寻找"生命中的另一半了，相反，我是非常渴望能尽快找到一个"完全像小静"那样的女孩。当然我更希望能发生一个奇迹——真正的小静就在我面前，她重新回到我身边。尽管我知道那是不可能的，那只是幻想，但幻想和现实有时交织在一起，我都恍惚莫辨了。

小静的离开，可以说把我的心都掏空了，有一种空得彻底、空得发慌、空得恐怖的感觉，这孤独空洞的心井，真的是非常需要有一种情感来填充啊！

不用掩饰，那以后，我又被人带着去相了无数次亲，就像人家夸张形容的，见过的女孩差不多有一个"加强班"。但总而言之，我都味同嚼蜡，且不说她们当中，很可能有一半压根就没看上我，问题是我自己始终都难以进入角色，从来就没有一点"感觉"！

有一次，有位热心的大嫂给我介绍了一个"很爱看书、很有气质"的女孩，心想这次大概有点挨边、靠谱了。结果一见面，却令人大吃一惊，在人来人往、大名鼎鼎的江汉路上，那女孩竟一路目空一切，旁若无人地眼望天上，信步而行，嘴里一边嗑着瓜子，一边还时不时飚出几句很流行的时髦话，瓜子壳、唾沫天女散花似的，喷得满地都是，实在令我瞠目。她也大概压根就没瞧上我，所以这般"洒脱"。

还有一次，同事介绍了一个汽配厂的团总支书记，并且还是她们局里的劳模，说良心话，女孩真的是不错，单纯、朴实、善良，对我也比较满意，可我就是提不起劲来。本来应是高兴的事，我却无精打采，甚至郁郁寡欢，愁肠百结，每次见面都如应付差事。面对“正牌对象”心里想着另一个人，还要装着对眼前的这个人示好。每每要自己跟自己做思想工作，自己给自己加油鼓劲，这哪是在谈恋爱啊，明明是在耽误人家。哪是在寻找爱情，分明是自寻烦恼！从那以后，我坚决远离别人给介绍对象了。

可这下我心里更空洞了，彻底地心灰意冷了，我知道我再找不到那种对心思、合胃口的人和感觉了。失去的东西就永远失去了，覆水难收，破镜难圆，谁也无法破例！难怪诗人元稹痛失爱妻后，会发出“曾经沧海难为水，除却巫山不是云”那样伤心欲绝的呼号！的确，人一生当中，能有缘与你相逢相识，又令你怦然心动，情不自已的那个人，肯定不是轻易就能遇上的；而遇上了也未必有缘、再有后续，许多都是半途而止，所以一旦失之便会让你痛彻心扉，永世难忘。所谓“千年难得一遇”，又所谓“失之就是永远”啊！

二十

在那以后的二十几年当中，我常常在想，在这个茫茫的宇宙当中，是否真有位能看到人世间一切的上帝，他始终都在默默地注视着我们人类，并以他神奇无比的力量来主宰、影响着地球上的这群生灵。当他看到某个人，或某些人一直总在遭受着某种灾难和不幸，或是很彷徨、很无助时，他在某个恰当的时候一定会给予其一种特殊的帮助，就像人们所说的，你在这点上吃了亏，上帝会让你在那一方面得到补偿；他在这个地方为你关上一扇门，同时也一定会在另一个地方为你打开一扇窗，一点也不多，一点也不少，上帝是公平的。

上帝的确是很公平、宽容和大爱，至少，他不会让一个抱有善良愿望的人太感失望，他甚至还会给那些曾经失过足、犯过错的人，以再一次的机会。

这不，“上帝”真的出现了！上帝要兑现他对人类的承诺，他要帮那些陷于深井中的人，重新走出深渊、泥潭，重获自由与光明。

和小静分手三年后，另一个女孩的出现让我那快要枯死的思绪又蠢蠢欲动起来，我仿佛又看到了一线曙光、一丝希望：会不会峰回路转，会不会有

“奇迹”发生？这还真不好说，生活中出人意外的事情很多。这女孩子名叫娟。我当时肯定浑然不知，科长正带着她们这批新员工到工作现场来参观。在那一群年轻的男孩女孩当中，她显得是那样的突出、那样的出色，完全与众不同。她长得很像一幅世界名画上的姑娘：略带棕色的长发，白皙细腻的皮肤，高高挺直的鼻梁，一双清澈明亮的眼睛，忽闪忽闪地显得特别精神，尤其是那里面透出的神情，非常非常独特而妙不可言。和画上的那位姑娘一样，她虽衣着朴实简单，但仍掩藏不住她那天使般的脸庞和高贵典雅的气质，简直有点不可方物。怎样的不可方物？总之是她那样子的确是非常的少有、非常的难得！再仔细看，啊，她的嘴唇上也长有一颗美人痣！只是比小静的那颗痣略小一点点。

世上真有这么巧合的事情吗？难道是梦幻与错觉，是已逝去的过去，重又悄悄复活；抑或是上苍在冥冥中的一种有意安排？我只能说这世上肯定有天意、有神祇，只那惊鸿一瞥，一刹那间，我心脏又一次感到猛烈地撞击，一阵久久的震颤和晕眩！

我同样无法描述，我在第一眼见到这个女孩的那一瞬间，是一种怎样的感受；甚至也无法比较出，仅从外表看，她和小静哪一个更出色、更优秀。真的，不知怎么想的，脑子里就这样自然而然地，把她们俩拿到一起进行对比了，因为她们俩太相似了，都非常非常特别，非常非常难遇，只是她们不是在同一时刻走入我生活中的。但我第一次看到这个女孩和第一眼看到小静时的感受，是不太一样的。首先，小静是先出现的，有点先入为主的优势，而且已经有一个“规定性的前提”了，即，只要不太出意外，她从此就是我的“女朋友”，这个女孩从此将和我之间产生某种特别的，甚至是一生一世至关重要的关系，这几乎可说是有一半的可能了。而这个女孩撞入我视线中，也许不会有任何故事发生。事实上我和她之间，到目前为止，是第一次见面，仅仅只是擦肩而过，彼此毫不相干，所以从某种意义上说，她是处于“劣势”。然而，我是说假若是这个女孩先出现，而小静是后出现，或者说是她们两人同时出现，那我又会是一种怎样的感受和“选择”呢？对不起，我实在无法回答这个尴尬的甚至有点好笑和无聊的问题，这当然是指我的提问，但它确实是太难比较、太难抉择了，我只能说一切都是由命运来安排。

是的，这一切都是“命运的安排”。

但她没被安排到我们那个大班组，她入职后分到对班，和我完全是错开上岗，一般很难见到；更主要的是，我对她毫无了解，我们那个生产科室，有数百名职工，互相不认识的很多，从她的过去到现在，从细小习惯到内心性格，我都一无所知。但直觉告诉我，这个从冥冥中向我走来的女孩，很有可能就是我人生情感历程中的一个转折，或是最后一次机会。因为我马上就30岁了，一个磕磕绊绊找了七八年对象，却总是失败再失败，夭折再夭折，而现在即将走进而立之年，仍是单身的男人，对所谓的“终身大事”一定是会有些疲惫了的。我对爱情的寻找，的确是已经很麻木了，如再无缘眼前这位，我想我是再无心也无力去寻找我情感世界中的那一半了，真的，我说的是真心话。所以要么她就是一个来宣布终结我对爱情的寻找的人，因她毕竟已出现在我的现实生活中了！

可我很难有机会再次看到她，那天第一次见到她，纯属一个偶然。以我这样内向的性格，我肯定是不可能找个借口，在我不上班的时间，专门到她工作的地方去探访的；加上她的形象是那样的美丽，气质是那样的高雅，那天仅就那么一眼，已足以将我镇住，更使我感到有种明显的自卑，有种无法逾越的心理障碍，我只能望而却步，等待机会，等待奇迹。我希望冥冥中有神来助我一把，给我创造一点条件，使我有机会接近她，至少让我知道，这事有无半点可能，也好让我死了这个心吧。

“机会”竟真的来了：科里举办了几期业务学习班，我刚好和她同一期，这不正是千载难逢的机遇么？我感谢苍天不负有心人！

可在那次为期一个月的学习班上，时间都已经过去一半了，我都还没和她说上一句话，尽管都是一个科的同事，可此前彼此素不相识，现在就贸然开口搭讪，且周围有那么多同事、同学，那显得太滑稽、突兀，没有礼貌，甚至是十分荒唐和掉价，我就是这样理解的。要知道第一次接触的印象至关重要，如果没一个适当的机会和一个充足的理由，我想我可能这一个月，甚至一辈子也不会和她讲一句话的，这就像英国诗人威廉·布莱克的一首爱情诗歌里面所写到的那样：

千万不要去尝试倾吐爱情/爱情是从来不能讲的/因为那柔和的吹动着的风/是那样轻轻、无影无迹。我讲出了，讲出了我的爱/我向她剖白了整颗的心/凄寒、慌乱与抖索/可她还是离开了我！当我刚刚从她身旁离开/一位过路的旅行者到来/默默地、隐隐地/一声叹息/就得到了她整个的爱……

所以说这就是缘分。还得承认，缘分是强求不来的事情！那天，那已是学习班最后几天，学习气氛也没那么紧张了，课余大家都在互相闲聊，可这些都与我不相干，因为这种闲谈，我一点都找不到机会和突破口。蓦地，我眼前一亮，在她的课桌上很随意地摆放着一本近期的《美术》杂志，如同在海上遇难后漂泊的人，突然发现前面有一个船影、一根桅杆样，法国浪漫主义大师籍里柯的那幅《梅杜萨之筏》，所展现的不正是这样的一个瞬间、一个场景么？我顿时似觉浑身的血液往上一涌。

“这杂志是你的？”我几乎是脱口而出。

“嗯，是的。”她没那么特别在意地顺口回答道。

“这一期上面专题介绍的北京油画研究会的画家，这几天正好到我们市来了，他们的画展就设在市青少年宫，前天刚刚开的展。”

“是吗？”她脸上露出一种惊奇之色，看来她对此也很感兴趣，她桌上的这本杂志或许就是一个证明。

“是真的。”我回答道。

“那你去看了吗？”她问。

“我还……还没看。”我撒了个谎。其实，像这样的事，我几乎每每是第一时间必先赶到，但这时却突然想到不能把路堵死，得要留点余地和空间。

糟糕，她再没接下句，而我也一下找不到别的词了，恰在这时，老师走进教室，马上又要上课了，不得不中断这个“夹生的开头”。

学习班已是最后一天，那个画展也只剩两天就闭展了，颇有点分分秒秒逼煞人的味道。“必须孤注一掷，抓住这最后的机遇了！”我提醒自己。下午最后一次课间休息时，她正在与别的女孩说话。我瞅准机会，突然打断她们，大大方方地对她说道：“哎，那个展览后天就要收展了，你不想去看看？”

“想啊，可这段时间天天上课，哪有空啊！哦，对了，”她突然想起什么似的说道，“明天星期天休息，可以去看啊，你不也还没看吗？”

天啦，没想到这次她竟是这样回答，这太出乎意料了，她竟然这样“大方礼让”，让我抢占了一个有利的地形！

“对，我那天去扫了一眼，没来得及看全部。”不知怎么想的，我说了这样一句模棱两可的话。这时，旁边几个女孩恰到好处地走开了，见她正愣怔样，我接着道：“不过的确是值得一看，我那天只匆忙看了那幅首都机场的壁画《泼水节——生命的赞歌》的油画稿，印象特别好；首都机场的壁画尺寸大到更让人震撼。这幅画真的是画得太美了：画面上有一棵超大的榕树，独木就能成林，非常神奇；中间一簇孔雀尾样蓊蓊郁郁的凤尾竹、两侧一株株碧绿欲滴的芭蕉树，个个都如施了魔法样，显得摇曳多姿，风情万种；傣族的男女们在那里载歌载舞，泼水欢庆，歌颂生活，赞美生命……这种风景非常独特。这种原生态的生命与自然的状态，更是十分宝贵。我前年在西双版纳就亲眼看到过这样的情景，没想到在家门口也能观赏到表现这样风情的作品，真的是很难得！这个展览中，还有一些国内顶尖的名家们的代表作，那也都是些不同凡响、令人大开眼界的作品，总之，很值得一看！”我一点都没做作和加以卖弄，这的确是我真实的体会和感受。

她听着，惊愕地睁大眼睛望着我，我点点头表示肯定，她露出种啧啧称羡的神情。的确，在20世纪80年代初，像这样一些高品位的文化活动，真的是很难遇到的。

“你还想不想再去看看？”她问我。

“我正准备明天再去看一次。”我马上回答说。

“哦，那太好了，那我也要去看。你几点钟去？”她问我。

天啦，这才是“太好了”！她竟然又积极主动，其实是更让我占据了主动。

“上午9点，你看行吗？”我征求她意见，同时也是以一种更确切的语气，让这事“坐实”。

“那好，我9点钟在展览馆大厅里找你。”她爽快地答应道。

太好了，太好了！我心里暗暗祈祷，没想到她这么主动，尽管她并无丁点其他意思，但这正好帮我解了一道难题：我这人胆小面薄，确实不善此道。若不是她的主动，说实话，我真没这大胆。而且到这时，我是哪个班组的，我叫什么，她知不知道这些，我都没把握，她却接受了这样一个“约会”，说来真是有趣。

第二天上午，我早早来到展览馆门口，买好门票后，站立在大门口等待她的到来。一切如期望中那样，9点整，她准时到了展览馆门口，见我正儿八经地在等她，她亲切地笑笑，我们一起进了展览大厅。

我到底是有备而来，况且对于美术，我还是有那么一点点小小的了解，所以我能“很内行”地对她谈了一通所谓关于美术、油画方面，一些一知半解的知识和见解，她听得不断点头，表示比较首肯；尤其是在一些着重情感表达的作品面前，我们的看法、观点竟总是非常的相似和接近，我不由暗暗吃惊。总之，这次看画展的效果非常好，我们单独在一起整整待了2个小时。在这2小时里，我们相处得十分融洽，谈得非常投机，这有赖于这类活动在当时的确是新鲜事，所以绝不会乏味。可当天的活动，显然也只能到此为止，无法“跑题”或“继续深入”。但这次共看画展非常关键，我想从此，我就有由头去找她了，甚至还可以找到“机会”，看来我们还是算有点“缘分”的。

真希望老天相助！

二十一

老天真的是在相助！那天看过画展之后，恰好，因部里刚刚决定要开办一项新业务，通知各省组织学习，所以学习班又延长了一周。这样我和娟接触的机会又多了几分。恰好是，娟活泼、大方，这正好弥补了我的内向、羞怯，在这种轻松的气氛下，我往往表现得比较自如，甚至比较自信。现在看来，这一点很关键。和小静关系的失败，很大程度上，我想是因为我们是通过介绍才认识的，这种人为的形式，对于互相之间自然吸引，是具有一定障碍的，能让你很真实地了解对方的也有限。在“规定的情景”之下，有些地方，甚至就是刻意表现出来的，和娟的交往，则是自自然然地走入她视野中，显得轻松而自然。

我分析，娟目前虽正是青春年华，可之前工作一直未定下来，所以估计她到现在还没谈对象，她单独和我一起去看画展，恐怕就是个例证，不然一般不会这样。但以她现在的条件来讲，她完全可以轻易地找一个各方面都比较出色的男孩。她的容貌、气质、谈吐等都在那摆着，是显而易见的。而我只是一个工人，并且是一个混得很不怎么样的工人。人毕竟都有现实的一面，谁会有天生的逆反情结，谁不向往一个“更高的层次”？所以这事要想成功，难度相当大。可阴差阳错、鬼使神差，命运偏偏让我们相识了，并且她对我印象还不错，尤其是她也很喜欢文学艺术之类的东西，我们能够有许多共同的话题，谈得非常开心，所以我决定借着这种势头，去努力试试，争取“扩大战果”。

学习班正式结束的那天，我们都要回到各自的班组，又要像以往那样错班，再很难打照面了，分手时我将几天前写好的一篇所谓的对那次画展作品的评论文章，当然那纯粹是个可笑的东西，主要是寻找一个由头，借题发挥表达一下所谓的“作品的思想内涵和画家的内心世界”，交给她，厚厚的一沓，说请她看看，提提意见，然后做贼似的逃走了。

我这人性子太急，生怕以后很难有“说话的机会”了，所以要迫不及待地抓住这最后的机遇，向她“表白”。我把心一横、眼一闭，孤注一掷，心想行就行，不行反正也难再见面，不怕难为情，现在想来，我这人也太……不是性子太急、沉不住气，是太小心眼、太俗气了，也是一脑子的“实用主义”。

我等待着她的宣判。我知道虽然绝少会有期望的那样的结果出现，但我还要抱一线希望，作一番挣扎与努力，所谓“明知其不可而为之”，这是不是有点自欺欺人了。

但也许情况相反，发生了奇迹呢？

这中间隔着个中秋节，我想这也是一个成或不成的分水岭，大凡这种重大的节日之际，人们最容易触景生情，所谓每逢佳节倍思亲，这是个“好天时”。但放完假之后，好几次交接班，我故意走错道“撞见”她，她却只字没有提看过我那篇看画展的“观后感”，一则是时间匆忙，周围人太多、机会不好，二也是看她面上表情，好像没有任何反应和可以接受的迹象。她完全无动于衷？唉，这件事看来又没戏了，毕竟是太突兀、太茫然，条件太悬殊了！

正像我前面所说的那样，以我这种内向腼腆的性格，我是肯定不会再去主动找她了，我怕太尴尬。反正我们也不是同一个时间的班，想想我们那大一座机房，数百人一下子同时上下班，交接班时也不在同一条巷道、同一个机台，想要避开她不是很难的事，逐渐淡忘她也不会太难。因为，尽管我是那么希望得到她，她是那么的美好，可我们之间，毕竟还没发生任何特别的事情，更没有任何的瓜葛牵扯和利害关系，这段乌托邦式的单恋插曲就这样翻过去了，它虽给我带来了短暂一瞬的愉快和无限的遐想，但留下的却也是巨大无尽的遗憾、伤感和无奈，我和这个叫娟的、十分让我心动的女孩，只能擦肩而过，无缘牵手了！

二十二

然而，世上有些事情真是说不清楚，就像山重水复的前方，看似毫无出路，有一天却忽又峰回路转，出路洞开，命运又奇迹般地出现了转机，爱神又让我对爱情重新燃起了希望。两个月后的一个交接班时间，我又像往常一样低着头，走近我接班的机台，接完班正准备坐下开始那枯燥乏味的工作。

“哎，你今天在啊！生怕你休息呢，正好跟你说个事情。”一个女孩的清脆的声音在我耳边响起，我抬起头，啊，是她，娟！她微笑着站在我面前，像是早就等在这里似的。我感到有些惊讶，也有些不好意思，又想起两个月前做的那件傻事。

她像是没有发生任何事情一样，仍是微笑着大大方方地对我说道：“最近有一个报考当老师的机会，是全国总工会提出的要求，要对全国在岗职工进行文化‘双补’工程，我们局马上要执行。市教院办了一个师资培训班，为全市各大企业培训‘双补’教师，局里正在组织报名，咱们这儿没有贴通知，大家都还不知道，你赶快去问问。”

这与我有什么关系？我心里想着，两眼怔怔地望着她。

“我觉得你比较适合从事这一职业，这里不太适合你，换个环境也许对你比较有利。”她看了我一眼，依旧微笑着，满脸的热情。

“是吗？”我小声回应道，看来她还比较高看我，其实我连初中的文凭都没有。

“去试试吧，这对你来说，是个难得的机会。你如果想去，我可以请一位老师，帮你补习一下，怎么样？”她又看了我一眼，很认真地说道。

我大为感动。去不去当老师，我倒没太多想，因这事太突兀，况且我自己的这学历也不够；我为她的主动、她的热情、她的关心而感动。或者说，我更看重的是后面这一点，因为，因为我曾对她……对她产生过那样的“想法”的啊！

我立刻去报了名，并稍稍做了些准备，接着由她带着，到她高中时的老师那儿去补课。这时已经是冬天，下着大雪，我们一起踏着积雪，冒着严寒，辗转好几条马路，来到她高中老师的家，在那里接受了一周的考前补课与强化训练。这一周时间里，娟始终陪着我，那段时间她还患感冒了，每天剧烈地咳嗽，却一直坚持着，这让我更是感动。

谢天谢地，这回只考所报的专业，再没考数学、英语那些不相干的劳什子，我很顺利地通过考试，离开了在那上了十几年班的地方，脱产到市教院去学习一年，局里讲好结业后去局里的职校。

不管怎么说，我已走出原来那个科室，我的职业生涯将由此开始转变，怎么说也是一件好事，我首先要感谢的是娟。得知我被录取的消息，娟是第一个向我表示祝贺的，她那欢快跑来的样子，真像是一只展开翅膀的美丽的蝴蝶。

可能是再次读书，使我那爱自负的小知识分子本性又重新复活了，加上这个班上，毕竟还聚集了一些在当时相对比较好学上进的年轻人，更不用说还有那些有水平的老师引领我们。环境的改变，让我似乎找到了一点自信，比起原来上班时，那个死气沉沉的地方，学校的学习生活，显然更适合于我。还有，结业后即将走向的新工作岗位对我来说，让我充满了好奇、期待与向往。怀揣着一份简单的理想，看到了一些模糊的希望，我发现我的精神状态一下子发生了很大的变化，再不是那种成天心事重重、郁郁寡欢的样子，难得的笑颜重新出现在我脸上，家里和周围的人似乎也都觉察到了这一点，都为我感到高兴。我想，人们所说的人逢喜事精神爽，大约就是指能做自己想做的事，身心便能通透愉悦，变得和谐畅快了吧。除此，我想可能还有另一个原因，那就是——那其实只是一个隐隐的、模模糊糊的，甚至是有些没有来由的心思，因之前已有一次失败的单相思经历，这个心思就是我的头脑中时常出现娟的身影，不请自来似的，只要一出现，我心里便感到快慰无比。尤其是前段时间，她抱病陪我去老师家补习的情景，更是让我觉得格外温馨。

我的人生道路怎么突然就发生了这样的变化和转折；我的心思怎么又一次被触动；我的奢望会不会实现呢？

开学后不久，我常常借故去找娟，这件事毕竟是她牵线引路，并且帮了大忙啊，我现在去找她，也可说是名正言顺。我向她汇报我学习的情况，谈起学校的一些新鲜事情。她对这些事情当然感兴趣，是她提供的信息，而且她也曾当过老师，她高中毕业时，被学校留下担任了3年的初中代课教师。她哥哥姐姐也都是以前名牌大学的大学生。不知受谁的影响，她身上有着很浓厚的小知识分子的味道，加上她形象美丽，气质高雅，知书达理，谈吐不俗，总之非常特别。我想，她原来在学校当老师时，在课堂上她这样的形象气质，一定能倾倒许多学生；甚至能引发那些刚刚发育成熟，对男女情感世界已有些朦胧意识的男孩们，对爱的一种想象、一种向往、一种冲动，其实她那时也只是一个比她的学生大不了多少的大女孩啊！

现在，我们在一起交谈时特别轻松、愉快，看得出她一点也不讨厌我，并且是乐于和我相处，我几次单独邀她去听音乐会、看电影、看展览，她都欣然愿往，即使请她到我家去玩，她也没拒绝，这说明她现在真的还没……这使我当初的那个心事又萌动起来。我突然想，这是不是一种天意，老天要再次眷顾于我，给我机遇？第一个学期快要结束时，我鼓起勇气向她表达了我的爱慕之意，同时也做好再次失败的准备。因为她曾回避过我，或者说她上次就没明确表示可以接受我，现在我还是我，难道会峰回路转，奇迹发生？

出乎我意料，奇迹竟真的发生了！她羞涩地点点头，接受了！更使我没想到的是，她告诉我，她进我们单位后，偶然听起同事谈到我，她觉得很特别，只是当时没太在意，我邀她去看画展时，她才将我对上号。我第一次向她表白即那篇长长的，也可说是“不正常”的所谓的评论中隐含的暗示，她读后也不是完全不明白，通过那几次交往，她对我的印象很不错。尤其是我那篇观后感中有几段话，深深地打动了她，她很有同感且很难忘。只是，只是她当时还并没朝这方面去考虑，或说还没来得及去仔细考虑，我就自己退却了。她一个女孩总不好太主动吧，况且我当时又没挑明，并且后来她隐隐听别人说，有人在给我介绍女朋友，她当然不会再去“插手”了，这次帮我上学，完全是出于一种友谊。

天啦，原来是这样，这太有戏剧性，太惊险了！尽管先是踏破铁鞋无觅处，但现在居然这么得来全不费功夫，简直不可思议！尤其是我年龄比她大这么多！我要感谢上苍，感谢命运，它们并没有彻底抛弃我。我更应该感谢娟，是她给了我机会，改变了我的处境；尤其是照说像她这样生得那么端庄，那么美丽，又有着一种很高雅的气质，还曾当过 3 年的老师，加上她待人热情、活泼大方、喜爱文学与艺术，的确是与众不同，周围的追求者肯定不少，似我这般貌不惊人，条件又很一般的人，是很难与她走到一起的，但她现在居然能看上我、接受我，和我建立了恋爱关系。我们正式开始了恋爱……

一年以后，我们结婚了，她成了我的妻子，我从心里对她感激不尽！

我时时在想，这个结局究竟是我的某种执着，还是一种天赐缘分，真的说不清楚。

命运有时的确很神秘，完全让人琢磨不透。

二十三

我在那个师训班里脱产学习了一年，后又增加两年半脱产加业余学习，完成了中文系大专学历。在那几年当中，我尝到了一种生命中前所未有的新奇体验与新鲜感受，读书，这是一件多么幸福而美好的事情啊！从刚刚读完小学还未来得及毕业，就匆匆离开学校，而立之年走进教室再次拿起书本，成为一名学生，真的是不可思议，我太幸运了！

我被这种突然而至、来之不易的幸福，久久地包围和浸润着，陶醉不已。我非常珍惜那段来之不易的机会与时光，我在那个绚烂的王国里潜心地采撷、收藏着，尽量比别人多投入、多努力一点，几年的学习时间，我自认收获还是不小，感觉像是重新投了次胎，换了个人似的。

几十年后的今天，每当一个人独处或遐想时，我仍十分怀念那段时光，怀念那上课的情景，怀念当时的老师和同学们，怀念学习生活的点点滴滴，一切一切。我庆幸现在社会正在发生着某种变化，就如惊蛰过后大地万物都在悄悄地苏醒和回归，有许多正是我们睽违已久和经常怀念的东西，我感谢这个时代给予了我这个机会。

我同时要感谢娟，感谢我的老师。娟是我读书的介绍人，是我命中的贵人，老师是知识的引路者，是再造我的恩人。我尤其感恩文学，真正投身中文专业学习，才使我深刻体会到，文学是上天和神祇给人类设计和预留的一处精神家园。它伟大神奇，不可言说，美妙不已，是它给我带来了一种非常特殊的全新的生命体验，给我以巨大的发现与启迪，让我获益匪浅，受用无穷。我知道文学虽给不了我什么实实在在的东西，但是给了我一个特别的、只属于我个人的世界。在这个世界里，我感到内心能够得到一种抚慰和安宁，一种充实与自信，有一种被尊重、被理解和被信赖的感觉。你可以倾诉、可以记叙，可以抒发、可以愉悦，我觉得能够这样，真的是很幸福很快乐。

诚如茨威格所说，文学是给简单、粗鄙的生活注入一些有价值有意义的东西，以唤起人们去寻求生活的真谛，去更加热爱生活。的确就是这样，文学虽没给我带来具体的、可看得见的东西，但它改变了我的精神世界，改变了我的人生理念，甚至影响到我整个的人生道路和未来结局。所以我想，说到文学的功用，恐怕更多的就是它帮你寻求内心的安宁与和谐，找到一个可以安放你灵魂的地方，这才是其真正的初衷和意义。

然而在这个世界上，不管什么地方，总都有那么一种很特殊的人。在那个师训班，有一部分人没通过考试，是被单位保送或自找门路进来的，这些人，说白了，到这来是“镀金”的。这些人学习大都不怎么样，能量、名头却大得很，能把班上和学校的气氛弄得风生水起，热闹不已。学校是刚刚组建，也需要这个。后来又传言学校要在学员当中物色两名优秀的留校，作为后备师资，一时间众人明里暗里展开了激烈的争夺，结果可想而知……

至于我，那完全不用想入非非，我这人太木讷迟钝，更说不上会经营巧取，尽管我心中很有些萌动，但我知道自己没戏，这就是所谓“我虽有心照明月，明月偏偏照沟渠”，不过是一厢情愿罢了。再说我来这最主要的目的，确实是这里有自己喜爱的东西，两两相悦，一拍即合，这就又是所谓“我见青山多妩媚，料青山见我应如是”。

的的确确，这世上凡事皆有缘分，不可强求，在这里求知识才是正当其位，适得其所。况且选人这件事是突然冒出来的，不必太在意，能得到自己想要的那一部分就很好，绝不可有太多的奢望与贪念，于人无碍，于己心安，便是最好，所以很能释然。

二十四

岁月匆匆而逝，人生如白驹过隙。时间真是过得太快了，且时时不断变化，纵是日月星辰、山川江河亦莫过如此。苏轼在《赤壁赋》中道：“盖将自其变者而观之，则天地曾不能以一瞬。”可见人之一生何其短暂。尤其在顺境之时，更是容易倏忽而逝，忘乎所以，其过程“远不及一瞬”啊！现在回想起来，从30岁到40岁，这是我一生中较为顺利和满意，也是“匆忙而忘形”的时期。在这一阶段，我生活得非常安静、平稳，非常知足。尤其是我和娟，感情非常融洽，她美丽善良，通情达理，勤于持家，热爱艺术，我们有着许多共同的爱好，这是婚姻幸福和家庭稳固的重要基础。

结婚后，随着孩子的出世，这种美满和融洽更是与日俱增，我们成了周围众多人羡慕的一对。在事业上，我通过自考取得了大专文凭，从事上了我喜欢的职业，先是当上了教师，后成为我们行业报记者，以及局报总编。我在这个领域应该说干得还不错，我们报纸反响都很好，员工们十分喜爱，对我几乎都有一致的很高的评价。除此，我的一些文学和新闻作品，也经常在我们市的几家主要报纸上发表，并且常在全国系统内获得大奖和好评，可以说一切都水到渠成，一切都渐入佳境。在旁人看来，我似乎混得有点模样，有点出息了，连我自己有时都会这样认为。

当这一切热闹喧腾的生活慢慢恢复平静后，我却突然感到脑子和身体好像是被洗劫了一次似的，一下子什么都没有了，有种空空如也的感觉。我感觉似乎从哪落下了些什么重要的不该落下的东西，或者说我最想要的有些东西，其实并没有得到。因此我很有些失落，很有些缺憾，远谈不上美满。我还有什么不满足，还有什么欠缺和遗憾的呢？

我回答不出，但我的确是常常被一种无端的烦恼所困扰，我隐隐感到，这是一种很不好的兆头。这是不是人们所说的有一种人，他们对这个世界上所有事物的热度，都只能保持很短一段时间。这种人贪得无厌，他们对好的东西的索取与奢望，永远没有止境，所以这种人，永远都处在一种不满足当中。这种永不满足和贪得无厌的心理所导致的后果，就是在那以后，尽管我过得还比较顺心如意，但我仍时时心有不甘，时时蠢蠢欲动，常常生出一些超出边际的想法，常常想起一个名字来，这个名字就是小静。

天啦，是她？是的，是小静，我对小静的怀想，从来就没中断过！她常常冷不丁地冒出来，令我思想分神，感到迷离、恍惚，情绪陡降。尤其是当我和娟之间，有时难免发生一点口角时，这种感觉就会更明显。甚至，我认为，我现在已经结婚成家，再也不是一个纯粹的、未婚的单身男子。那么我对小静的一切追恋、怀想与等待等，到此统统都应终结，我就再也没有任何资格和理由，也没有任何机会与希望和小静再度牵手了！一个自己寄予了深情的曾经的恋人，一个自己发誓要把对她的爱“进行到底”的人，现在已完全失去得到的希望，甚至连幻想、思念的权利，都要被剥夺，这对我来说意味着什么？很显然这是一件非常残酷的事情啊！

一想到这点，我就不免感到深深的失望，感到无限的委屈，感到悲从中来……天啦，还能这样，对一个过去的恋人，竟如此一往情深，念念不忘。而对现在与自己相濡以沫、共同生活的人，有时却可以漠视，甚至还会和她发生一些抵牾与不快，这叫什么逻辑？这简直就是没良心，哪怕稍有一点良知和理智，也不应该这样的！

是的，我很清楚，这种极端的偏颇与糊涂意识，是一种极度不好的情绪和非常危险的信号，我应毫不犹豫地摒弃这种情绪。但坦白讲，这种情绪一直在我头脑中久久缠绕着，挥之不去。或者说是我从来就没有，也不愿意主动地去把它放弃掉，甚至自恋般地把它紧紧搂在怀中，当宝贝不放。我这种行为，完全是作茧自缚、自寻烦恼，简直是极端自私。

我感到很惴惴不安，这样对娟太不应该、太不公平了！

我同时怨天尤人：明明知道我是一个遇事常想不开，好钻牛角尖的人，可为什么偏偏要这样捉弄我呢？我感到迷惘、惶惑、困怠，甚至厌倦……

从那之后，我的命运就开始急转直下，走下坡路了，并且一直是这样完全不可逆地滑落下去。

首先是精神上的。我感到人生美好的时光，竟是如此地短暂，和那些痛苦的经历相比，我甚至都还没来得及好好地感受一下，我所理解、所追求的那种所谓的“美好与幸福”，它们便离我而去，然后让我重又陷于一种无尽的烦恼和深深的痛苦之中。我读尼采的著作深有体会。尼采对现实世界那种深深绝望的情绪，很合乎我当时的心境。他在《查拉图斯特拉如是说》中，借一个虚构的艺术形象来表达他的哲学思想，说有一种脱离现实的“超人”，在这个现实的世界中，无论别人怎样如鱼得水，自由自在，他却完全找不到自己的位置，也因此痛苦、烦恼、绝望。至于我，也许天生就是个不切实际，太追求完美的超现实主义者，其实就是个悲观，甚至是厌世的人。

我有时感到，这个世界竟真的就是如此地让人失望，叫人扫兴，如此地到处是缺陷，到处不尽人意。我对眼前的生活，已经失去了兴致与热情，我感到自己真的是病入膏肓，无可救药了。

我这种绝望的症结和根源在哪里呢？是喜欢上一件东西，但又很容易冷淡的喜新厌旧吗？是不甘于平淡无奇的生活，总希望有新奇的故事发生，却总也没有发生吗？为什么这种这山望着那山高，永不满足、永远奢望的贪欲，总是那样周而复始地抵达我心灵深处，深深地干扰和折磨着我？我不知道。我感到人对自己的命运，对自己性格中的弱点与缺陷，有时是如此地难以控制与把握，更难以克服与摒弃。

然而，然而像是有一种暗示在始终提示着我，另一方面我又执拗地认为，我所生活的这个时代，这些年是不是也出了一些什么毛病和问题，它所表现出来的许多现象，常常令人不解、叫人失望，譬如现在的人们的一些观念、作风、做派等，往往都一改常态，出人意外，因而总让我生出种种的困惑与情绪。而这种感觉，已非一日两日，一处两处，可说是由来已久。

这一切到底是怎么啦？难道过去的那些观念，那些是非好坏的标准，统统都错了？一切就应该是现在这个标准，这个模样？但我总觉得眼前有许多的现状，明明是非常非常的丑恶，非常非常的不堪，看着就叫人别扭，叫人恶心，叫人难以忍受啊！

可现实由不得你，时代的潮流汹涌澎湃，个人毕竟是微不足道的，正因如此，所以我才那样悲观。我有时想，这宇宙万物中，人世间是不是只能是这样，好的时代永远是短暂的，可遇不可求的，因而我感到很是痛苦和失望，有时甚至是很绝望。我已没有任何理想与信念了，我现在已完全失去了人生的目标，就像是一截毫无思想与生机的木偶。我觉得这样的现实，这样的人生，简直就是一种慢性自杀，或是一种麻木不仁的醉生梦死。

再说身体。身体上的危机，也时刻威胁着我，很早身体就出现了一系列的毛病和警告信号，譬如胃肠道、颈腰椎等，以我非常有限的医学知识来分析，我的这种性格，恐怕是导致我身体出现问题的主要原因。换句话说，我的身体出现状况，主要是由有缺陷的性格所导致的。我太不合时宜，孤僻自闭；太愤世嫉俗，自命清高；太偏执顽固，抱残守缺；太消极颓丧，郁郁寡欢……在这样欠佳的心理状况影响下，身体上的疾病也就缠上了我，两相交恶，我自然是难以招架。

最后说到，结束了4年的教师生涯，调到局机关宣传处，成为报道干事，乃至局报总编之后，慢慢地我感到力不从心，难以适应了。我并不怀疑我的业务能力，尤其是敬业态度，可这些都不是主要的原因，不合于群，才是职场的大忌。

机关与相对较为清净单纯的职工学校很不一样，这里多半都是过去在职校我教过的一排年轻干部，或干部苗子，现在都纷纷想方设法地挤进了局机关，局机关一下子显得人满为患。到机关的这些人，无疑都是想不断进步的，所以一个个都急不可待表现自己，抓紧建功立业，争取天天向上。有些人正积极靠拢组织，主动向上看齐。于是很快就有人当上了科长、处长等，担任起了各种各样的职务。总之，人们都很上进也很用心，这也是人之常情。

而在整个机关，我是进步最慢，不，应该说我是一个“完全不要求上进”的人。照说我是比较早进入局机关的，而且是当时全局仅有的两名文科大专生之一，尽管不是名校毕业，而且只是一专科，但当时的社会整体水平就那样，我还算得上是个中等者，起码是起步还较早，占有一定的“领先优势”。可我也不知怎么想的，一点都不珍惜、利用这种优势好好地发展。

前面说过，我从来就不屑于搞那种所谓的“积极要求进步”的一套，认为只要工作努力，兢兢业业，把本职事情做好，就可以了。本来我在学校干得很好，是不愿离开的，愿意在那个相对安静的清净之地一直干到退休，可后来“双补”结束，学校撤销了，我们这批人就重新分配。

我先是被分到局里的业务处，这可是个许多人求之不得的“油水部门”，可我这人除会弄点文字之外，再无所长。这样的人，在企业里实际上的确没多大用处，这时刚好局宣传处需要人，加上那位处长还比较了解我，这样我就被调去了宣传处。

一般在机关待过的人都知道，党委宣传处那是一个很重要的部门，入选人员都是有严格要求的，而且首先必须具备党员这个最起码的条件。可我那时并不是党员，后来也不是，主要是处长看我还能写东西用得上，当然也是出于一番提携熟人的好意，这才把我调去。宣传处也的确是一个提拔干部的好平台，有很多上升的绝好机会。

按说作为一个读书人，都会有点政治上的抱负和志向的，旧时的士大夫们也都讲个“兼济天下”“学而优则仕”什么的。可到机关到宣传处好长时间了，我却没有一般人在这种情况下的那种激动与兴奋，我甚至是感到非常失望和厌烦。我觉得那些年很多风气都给搞乱了，包括那种当年在人们头脑中非常神圣、非常严肃，属于人的精神信仰方面的东西，忽然一下子全乱套了，变味了，而这些东西在机关里面表现得尤甚。本来自己对这些东西就深恶痛绝，可我现在却必须……否则就难以立足安身，你说这是种什么滋味？

这样的别别扭扭便时常让我不由自主地生出一些感触和看法来。后来，这些“感触和看法”就更进一步加剧加深了。因为，从那以后，我所看到、听到和经历的东西实在是太多了，虽然这种感受、这些认识有些片面，因那些现象毕竟只是一部分并不是全部，但对于一个眼里揉不得一点沙子的人来说，就十分难受了。我记得，以前人们最瞧不起的就是那些弄虚作假、言不由衷、吹牛拍马、讨好卖乖的人，有此等操行的人往往如过街老鼠，让人感到厌恶与鄙夷，而作为一个人，最重要的品行是要诚实善良，保持本真。我不敢说自己有多纯洁、多真诚，但我肯定不能自欺欺人地去欺骗自己，更不愿违背心愿地去说那些不愿说的话，做自己不愿做的事去愚弄别人，所以这样混下去，就觉得很憋屈、很难受。

这些都是题外话，且都是一二十年前的事了，我现在是说，像我这种人当时到机关，尤其是到宣传处，其实是不适宜的，这是个错误的抉择。但这都是废话，都是由不得我的，我现在只能被命运推着往前走，只能在一种我所不适应、不情愿的环境中，作一种毫无意义的退守与抵抗，消极与应付……

二十五

那就“安心”或是“委屈点”地待着吧。在我们宣传处，除处长和我之外，还有两个年轻的党员干事，都是干部子弟。这两个人的年龄、出身、政治面貌等几乎完全一致，仕途上却是死对头。为什么，不说也罢，他们心里想的都是一样，都想先提拔，于是都使出了种种招数，处处都互相较劲使力。处长其实心中明白，但也不去说破他们，他知道这对他来说，未必不是件好事。他们都是领导干部子弟，家长都在重要的上级部门担任领导职务，一个在省厅，一个在市委。那正好，这两个人他都有用得着的地方，都是他向内提升、向外拓展的好资源，所以他还要利用这种局面去摆平他俩，去做成一些事情。至于我，他非常省心，我不找他要什么，还能帮他把事情做好、应付好。只是我这人有点散漫，不合时宜，譬如太不要求进步了，连个样子也不做一下。下属这种状况，让他颇为难，但他此时已无暇顾及这些小事了，他还有很多大事要去做。

那两个年轻干事中，有一个还是我的直接领导，因为他家庭出身好，有党员身份，又比我先进宣传处，此前他就是新闻报道干事。我刚来不久，他就提了副科长。可我的这位副科长领导的文化水平真让我……在他所写的任何一篇小小的两三百字的消息，甚至只是其中某一段的文字当中，绝对是有3处以上的病句，不是把这一句的胳膊装到那一句的腿上去了，就是……还有那错字别字，简直让人一看就头晕，一动就头疼……算了算了，下面我也要写病句、写别字了。

可就是这样的一位“宣传科长”，感觉却出奇的自信、出奇的良好，在外面成天牛皮吹得轰轰响，但完全上不了正席。说心里话，这位领导的水平的确是有点太，太那个了。但他对我还算客气，在管理上也给我以很大的宽松，只要把他分管的面上的事情做好，当然，我在写新闻一类的稿件时，别忘了把他的名字署在前面。我对此无所谓，也正好落得自由自在。

再说我们那位处长。刚才说他去忙“大事”去了，无暇顾及我，我已来快6年，后来都已干上3年副总编了，却还未为我办理正式调动和职级明确手续。而我对此无所谓，我何苦要惦记这事去求他？只要能干自己喜爱的工作比什么都好，真的，再说现在也没少我一分钱。还有，你瞧他那忙得团团转的样子，哪有精力去管这些鸡毛蒜皮的小事。

其实处长忙得很高兴。岂止是高兴，简直是兴高采烈、心花怒放！处长手里掌管着全局每年对外的宣传广告费用，那个费用放在今天都是一个天文数字，每年至少两三千万元。可这与他有什么关系？这关系太大了！试想想，这些年的市场经济里面什么样的名堂没有，这已是公开的秘密，一笔业务里面，承办者拿个10%—20%的回扣正常得很，神不知鬼不觉。但广告费是个例外，各大媒体对外都公开刊登有广告价格，一清二楚明明白白，恐怕就是防止有承办者向单位乱报价格，从中渔利。我们处长过得硬，他为局里承办的广告，不仅没高出报上登的报价，而且以他与新闻界的关系，局里每回刊登的广告，比那公开价最少优惠5%到10%，甚至15%—20%。为局里节省了一大笔开支，这点在局里树立起了很好的口碑。

我们看到新闻界的广告部门，包括我们战线的对口记者，成天纷至沓来找处长联系广告，说“帮我们宣传，提高我们知名度”，处长成天忙得唇干舌燥，有时连饭也顾不上吃，但他仍乐此不疲。后来我知道了，媒体所公开的那些广告价格，其实是有很大的空间和余地的。这是一个什么样的“空间和余地”呢？简单讲，报上的那个公开价实际是可以打八折、七折甚至六折、五折！面对这个“空间和余地”，谁能不动心？可敢不敢呢？放心，这个好办，他们合作配合得天衣无缝，那剩下的空间是稿费，提供刊登的内容难道不可获得稿酬吗？那是“名正言顺”的！

于是，于是我看到处长每天神秘兮兮地忙进忙出、废寝忘食。再后来，我的那位副科长也不断进步了，先是转成正科，不久又提成了副处，因他身后有强大的支撑，这是难以阻挡的。副处长就主动要求来“帮助分担”处长的担子，可我感到处长对副处长的这种工作热情似乎并不满意，有时偶尔听到他们在隔壁争吵，就是为了那些“工作分担”的事情。后来发现他们工作有了小小的调整，有几家市级小报的广告联系就交由副处长了。处长肩上的担子减轻了，他会不会有所失落呢？我们不禁有些担忧。但这个担忧真的是多余且好笑，随着我们局业务不断发展，我们处的这种“业务”更加忙碌了，两位处长早又和好如初，团结一致，互相配合，携手共进了。

看到我们部门这样红火，有些还未打入进来的记者，纷纷看着眼红和坐不住了，常常跑来试探打听，连对我这个没正规名分的所谓的副总编都客客气气，毕恭毕敬的，跟我套近乎，想要我帮他们引荐引荐，并试着问我是不是也跟着……我嗤嗤一笑，一位很成熟的大哥狠狠白了他们一眼，说：“愚蠢！你们怕是幼儿园小朋友做游戏呐，排排坐，分果果？”

对，他说得太对了，他并非要伤我自尊，实则是在帮我撇清，职场的规则就是这样，各守名分，不能越轨，否则岂不乱套了。可我敢说，直到这时在这点上，我的心性还真的一点也没乱，这种“果果”我有何眼红的？

二十六

那几年，像我们这样的热门行业、热门单位、热点部门，真的是炙手可热，每日来找我们的人川流不息。来人无非是看上我们是国有企业，实力雄厚，可以动动脑筋，要想揩点油水、打点秋风什么的非常容易，所以动不动就找个理由跑来了，我们也因此总是忙得屁颠屁颠的。

主要是和新闻单位打交道。来的这些记者们，也包括略沾一点边的或八竿子也打不着的，但不管究竟是哪来路，关键一定不要怂，拉大旗作虎皮保管负责好使。这年头就是这样，这些伙计们一个个理所当然，神气得不得了，在我们面前人五人六的。处长知道，这些人不能得罪，否则让你……所以你得好好哄着、供着，无非是花点小钱打发打发，这点钱对我们单位来说不算什么。再说这些招待应酬，其实也正好是个障眼法，因这些个消费是笔说不清楚、算不明白的账，局里每年下拨的宣传招待费那么多，哪真的全用在正儿八经的地方，于是很多猫腻都可往这里面一塞，神不知鬼不觉的，岂不正好？还有这钱也不完全是丢水里了，那些记者们得了好处，不说给你们单位锦上添花，至少不会再常来捅你的娄子、找你麻烦，还会帮你堵堵窟窿，领导们要的就是这个。为官一任，谁不想有个好口碑，谁愿弄个成天冒泡、尴尬不堪、下不了台，给局里争光，给领导脸上贴金，宣传处要干的正是这个。把外面人伺候好了，上面人光鲜体面，自己也跟着长脸，三全其美，大家都好，何乐而不为呢？所以这些大神们来了不能马虎，请他们吃饭喝酒，送最抢眼时髦、也很值钱的纪念品，还有其他各种各样的名目和活动轮番上。喝酒期间少不了要讲各种笑话段子，记者们个个见多识广、信息量大，逸闻趣事知道得多，荤的素的、正的歪的，信手拈来、张口就是，让人听后笑得人仰马翻……当然我们这边也有高手与他们“交流切磋”，双方互相“学习”，你来我往，一时可谓“精彩纷呈”，高潮迭起。

众多人一起喝酒吃饭期间，有些事情自然不能谈，但我们知道，背后他们私下里是和处长之间有许多交集的，有几次酒喝过了头，隐约听到他们和处长好像在谈“分成”的事，后来知道他们还一起开了公司。还有处长家下岗的小舅子刚进了市电视台，电视台一位台长的夫人因单位“效益不行”则进了我们单位，市委党校校长和我们处长关系“极为要好”，我们处长不知什么时候就拿到了大专、本科文凭，现在又在“攻读研究生”。还有处长那读书一塌糊涂的儿子，居然进入了我年轻时朝思暮想的那所大学……

我的天，这一切跟天方夜谭似的。有时更像是一部新颖奇妙的科幻片或悬疑影片中的蒙太奇镜头，极具跳跃性、挑战性与颠覆性、挑战你的想象力，颠覆你很多过去的认知。总之，把我完全给弄懵了、搞糊涂了，有很多的事情真的是完全搞不懂！

好在我对这些东西不感兴趣，也省得劳神费心去琢磨它，每次记者们来，如果是晚上，吃完饭照例安排其他活动，比如去唱歌、跳舞，还有……好了，不管那些，刚才说了，一到下班时间，我就惦记着回家，要辅导小孩作业是一个方面，我实在是不想参加，搞那些名堂。而且，我毕竟对文学还有些爱好，现在成天忙于生计，我对它已很有些疏远了。我虽不能随心所欲地坐下来写点东西，但我总不能长时期连一篇文学作品也不读不看啊，所以我尽量躲避。

有一次，我们局里有一件重大的事情，请了几名记者来帮着宣传。在一家五星级酒店请他们吃饭，晚上又请他们去娱乐。我不知为什么没走脱，就稀里糊涂地跟他们一起上了车，来到一家非常著名的娱乐城。一进门，老板马上迎出来，满脸堆笑地和处长他们打招呼，看来他们是这里的常客。年轻的女老板对我们的副处长，即我原来的那位科长，声音有些夸张地嗔怪道：“哎哟，大处长怎么这长时间不来呀？是不是又升官了，就把我们给忘了，都想死你了！”我们的副处长则大口大气地道：“你还好意思问我，你自己看看你的这些队伍，一个个都像老酸菜、老菜薹了，你就不想着去换几个能上点台面的？”

“嗨，这个呀，没问题没问题，我知道处长这样的帅哥一向是有品位、高标准、严要求的。放心，这不，我最近刚招了一批，绝对包您满意！姑娘们，快出来见见领导！”女老板一招手，立即从里间鱼贯走出一排打扮得花枝招展、浑身飘香的年轻女孩，排成扇形站在我们面前。女老板一示意，女孩们立刻一个个争先恐后、叽叽喳喳地笑着叫着，朝这边涌来，将我们团团包围住，拉拉扯扯的……我一下搞懵了，不知到底要发生什么，心跳突然加快了，预感到那一定是……我“急中生智”地故意低下头看一眼腰间的 BB 机，对一个还没来得及走到我近前的女孩示意有人找我，然后逃出了娱乐城。

事情也许并不是我想象的那样，仅仅只是来唱个歌喝个茶而已，纯粹一普通应酬或娱乐休闲罢了，但我的确是有种惊弓之鸟样的感觉。第二天上班，两位处长却像什么事情也没发生过样，脸上根本没任何反应，倒是我像做贼心虚似的，还没见到一点影子就“望风而逃”……

但后来有一次像这样的场合我没逃掉，并且是扎扎实实地参与了整整10个白天和晚上！

那是一年的年底，正是社会上各企业忙着应酬有关单位和领导部门的时候，我被派了一次出省的差事，具体任务是陪市政府有关部门的几名科长、科员去江浙沪一带考察，说白了就是由我们单位出钱，陪他们去玩一趟，哄他们开心，以后对咱们关照点。每个地方都有我们同系统的当地单位接待，提供一应方便。

这次外出连同我一共12人，由我们局一位副处长带队，那10人工作岗位、职业都不太一样，但口味、兴趣却是惊人的相似：都喜欢吃海鲜，喜欢唱歌，喜欢跳舞，喜欢洗头，喜欢泡桑拿，喜欢按摩……唯独不喜欢或者说步调一致的是，都不愿出去走走看看。照讲他们年轻，游历不多，每到一个地方应去了解一下这个地方最有代表性的文化、街道、建筑，领略一下她的风情、韵味、特色等。他们不，他们顶多去一下如“东方明珠”这样一些新潮时髦的地方逛逛，然后就慌着去找地方吃海鲜、喝酒、洗脚、唱歌……

也许，每一代人所喜欢的东西都有差异吧。我曾到过这次所去的上海、杭州、南京等地，这次是故地重游，我很想借此去寻寻当年走过的地方，去看看那里的历史变迁，重温一下当年的印象感受和心得体会，弥补一下错失过的一些东西。

记得1966年第一次到上海，那次安排的住宿地点是胶州路445号延西中学。那是由几幢红色砖墙的欧式楼房围成的一座校园，规模不大，但很有格调品位。这座学校在新中国成立前是一所教会办的，校园外的围墙上爬满青藤与蔷薇，满眼绿荫，整座校园掩映在一排高大的法国梧桐下，显得十分温馨与宁静。学校教学楼主楼门前是一道高高的花岗岩石台阶，台阶上去两边是那种雕有纹饰的爱奥立克花岗岩石柱，中间是两扇高大厚重的橡木大门。

走进大厅，则好像进入一座神圣的殿堂：天花板上垂挂着枝形的水晶吊灯，地面上铺着有图案的水磨桃花石，墙顶四周镶贴着雕花的石膏边框，显得极有艺术气息。楼里的每一间教室都是双层百叶窗、木质墙裙、油漆地板，还有一个虽被封起，里面已有些空荡，但看来原先规模还不小的图书馆。隔着这个图书馆的门玻璃，可看到在里面一个不起眼的角落，居然还摆放着几尊外国人的石膏雕像，是苏格拉底、亚里士多德、柏拉图，还是伏尔泰、孟德斯鸠或卢梭？我那时不认得，下面基座上还有一行外文字，我更看不懂，但这些资产阶级的洋玩意，在当时是罕见的，估计是什么非常特殊的原因，才侥幸地得以存留下来。

延西中学负责接待的估计多半是家庭成分不太好的学生，因为若不是这个原因，他们也会早早就和我们一样出去“串联”去了，我们那里就是这样，再看他们手臂上，果然大多都没戴红卫兵的袖章。然而，这些上海中学生，尤其是这些家庭出身不好的同学，都如被施了魔法似的，一个个出落得灵灵醒醒、清清爽爽，显得格外的不同：男孩子俊俊朗朗，女孩子精精灵灵，让人看着好生吃惊，也让我们这些土地方来的孩子感到有点自惭形秽。

接待学生中，有个跟我们差不多大，特别活泼，长得也很漂亮的女孩，留一头齐耳短发，两只大眼睛忽闪忽闪的，显得十分机灵可爱。女孩穿一套花格背带短裙和一双红色带扣的皮鞋。这种打扮在那时，是极少见，甚至也可说是“很危险”的，也不知她家长是怎么想的。女孩说一口上海话，听起来像唱沪剧和越剧，吐词软糯温润，又抑扬婉转，感觉十分好听。我们一起四个男生，常学着她讲上海话，这女孩也喜欢跟我们讲话，少年的内心可远没成年人那么复杂。

我很想借机会再去这个学校看看。再看看那座林木蓊郁而优雅宁静的校园、那道精美的雕花铁门、那大理石台阶与门柱、那厚重的橡木门与百叶窗、那个紧闭着的图书馆，还有那几尊神秘的石膏雕像，以及当年我们住过的寝室（就是教室）和床（用课桌拼的）……

我对一所远在千里之外的学校，数十年之后还这样念念不忘，一往情深，其实并非是说唯洋的东西才是好的，或者说我像是莫里哀的一部喜剧名样，是一个“醉心于贵族的小市民”。真不是这样，我想这与我的中学时代几乎完全是一个空白有关。

1966 年，我小学毕业被分配到市爱武中学。那是一所新校，除几栋民房样的教学楼之外，一片光秃，空无一物，且不说有什么文化底蕴，连一点学校的气息都没有，何况正赶上那样一个年代，从进校到毕业，几乎没上一天课，这就是我的“中学时代”。这就像一个很小就失去父母的孤儿，从来就没感受过父爱母爱样，我是很羡慕一切享有读书的权利和学习机会的人。尤其是小学快毕业之际，我非常希望能考上市第四男中，那是一所非常美丽的，有着优秀历史传承和良好设施的学校。该校原来也是一所教会学校，校园里至今还保留着钟楼、礼堂、学生宿舍等这些建筑，在一众的学校里面显得非常特别。四中的教学质量非常之高，在全市、全省，乃至全国中学界都有很好的口碑，袁隆平和林华宝两位院士，当年就是毕业于该校，并且两人还是同班同桌。

四中还是全国青少年校园足球特色学校，曾获得过全国少年比赛第七名。我那时十分喜欢足球，希望读书和踢球都能满足，总之四中各方面都很对我胃口，我非常希望能如我所愿。但可惜那都是一厢情愿，因这时已取消了入学考试，全按统一分配，我被分在了“爱武中学”。而这所延西中学和四中非常相似，简直像一个模子出的，它们一东一西，远隔千里，但却像是“知彼知己”，并且那样“遥相呼应”！它现在再次勾起了我的思绪，让我又想起了四中，想起那个校园和足球场，想起那些往事与遗憾……所以当我再次来到这座城市的时候，不免就要浮想联翩。我想，当年我上初中时，虽也没上几天课，但若是在这种学校，那种感受和体会也一定会是大不一样的；至少能偶尔跑到这里面，去胡闹、玩耍或乱闯一下吧，那也是能呼吸到一种别样的气息的。

古人说：“与善人居，如入芝兰之室……”人的生命的体验，有时真的是很奇特、很微妙，难以描摹，所谓“我有方寸心，无人堪共说”。而现在正好有些东西触动了它，让它一下子苏醒复活了，所以你才那样“触景生情”，那样“感慨不已”！

除延西中学外，我还想去看看人民广场上的国际饭店，看看外滩边的那些高楼大厦和洋行，还有苏州河上的外白渡桥、上海大厦等，这一切都太让我心向往之。我对上海这座城市有着特别的感情，这种心向往之和特别的感情，其实更多的是来自文学作品和小时候看过的小人书的影响。尤其是小人书，这是我小时候最喜爱的东西，儿童的记忆也是最宝贵最难忘的。像《三毛流浪记》《战上海》《战斗在敌人心脏里》《飞刀华》《51 号兵站》等，这些脍炙人口的文学和影视作品，那时都有小人书出版，那上面的很多故事都发生在上海；那些惊心动魄、惊险刺激、匪夷所思，以及风花雪月的故事，那些洋房歌厅、跑马舞场、石库门、里弄等场景，往往在这些小人书里被描画得栩栩如生，非常吸引人，尤其是吸引儿童的心！我记得当年著名的连环画画家贺友直、刘继卣、戴敦邦等那些描绘上海风貌和上海市井弄堂风情的

《外滩》《旧上海360行》等小册子，还有华三川为《上海的早晨》所绘的插图，那一个个真是画得活灵活现，让人如身临其境，感觉十分的有趣，所以我现在很想去这些地方走一走看一看。这些地方曾印下过我少年的向往和生命的足迹，记写下了我人生中一些愉快的、有意义的、颇值得回忆的时光和生活片段，那是某种特定的文化；这种“特定的文化”对某些人的情感、观念、思维等具有巨大的作用，甚至会影响到他今后的一生，我想我就是。

但我相信这些东西对每个人都是很有吸引力的，便试着向他们游说介绍。可这帮伙计们才不理会你的这些劳什子，除浦东的“东方明珠”塔之外，他们对那些老八古的东西，根本就不感兴趣。他们依旧是打听哪里的海鲜最正宗，哪家歌厅舞厅最新潮，哪个地方的小姐最靓丽，主随客便，要让他们满意这是肯定了的，所以你得忍痛割爱。和这座暌违了30多年的城市再次邂逅，也只能如当年大禹治水样过其门而不入，眼睁睁地望着那些昔日常在心中萦绕，此时已朦胧显现的景物的身影，而不能前往仔细一睹，只能临渊羡鱼地与它们相望无语，擦肩而过了，真是遗憾！

最难受的是，每晚他们去唱歌、跳舞时，你必须从头至尾地陪着。也不是始终不离身，有时他们想找个小房间“单独活动”时，你得在外面守着、候着，怕万一有个什么事情，你得去张罗、对付；到买单给小费时，你又得不早不晚、恰到好处、一步不差地出现，把账给结了，这才是你的任务和“正事”。

当生活让你担任某种角色时，你就得去完成这一角色的使命。

可这也正是你最不愿干，最感到厌烦、无聊的事！

那天在南京秦淮河边一家五星级酒店，晚上陪他们去唱歌，这是每日雷打不动的“主要日程”。来到歌厅，一群人大呼小叫，兴奋得不得了，又是“夜泊秦淮近酒家”，又可以“管乐悠扬舞美钗”了。当时有两个细节我印象特别深：一个是当那场活动进行到中途，即将进入到高潮时，我们当中有一位和我年纪相仿，当科长的老弟（我在里面年纪最大，这位老弟虽已秃顶但实际比我小）的一只手的几次动作，引起了我特别的注意。这位老弟紧挨着坐在我旁边。通过几天的观察，我发现这位老弟还算是个比较老实的人，胆子很小，话也不多，每次那些伙计们大讲特讲荤段子时，他就在一旁安静地听着，轻轻地笑，从不插嘴。这次唱歌时，一开始他也是腼腆地坐在那，一只手很规矩地放在腿上，另一只手拿着话筒，可慢慢地，腿上的这只手就变得有些不甘心、不老实，它开始“探头探脑地四下张望”了。这时我们每人身边，都坐有一个小姐。随着灯光渐渐变暗，这位老弟的这只手，就开始出动了。他脸上装着很认真地在唱歌或是听歌的样子，那手却在一旁开了小差。

我敢肯定，这位老弟此刻一定很紧张，他那只手显得举棋不定、犹犹豫豫，甚至在发抖，他思想上也一定在进行着激烈的斗争（恕我这样无意窥到和猜测人家的隐私），他得权衡，这一手伸出去会带来一种怎样的后果，然后该怎样去收拾。终于有一个“很好的机会”，这只手像下了很大决心似的，再也不犹豫了，它坚定而果断地移了过去，非常准确地抓住了他身旁那位小姐身上的某一个部位。看到小姐没有任何反对的表示，这位老弟紧张的状态终于得到了缓释，那只手也“放心大胆”，显得轻松自如了，然后稳健地向着既定的目标进军。随着“战果”的不断扩大，这位老弟脸上的表情也慢慢变得丰富起来，那是一种历尽艰险，终于到达目的地，而感到非常幸福和陶醉的样子……

我当时看得非常真切，觉得很好笑，也很“爱莫能助”。那几个少壮派的伙计就不一样了，一上来就……

此刻，我万般无聊地坐在一旁“欣赏”着他们唱歌，焦躁中感到心烦口渴，顺手抓过茶几上的一杯水就喝起来。当我喝完那杯水才猛然想到，完了！我拿错了杯子，我把小姐们喝过的一杯水给喝了！我打开房门跑到走廊上，想吐出那些“污染物”。我这样看待别人、怀疑别人，当然也有些过头了，但那房里面的空气实在太乌七八糟，简直让人受不了了！刚走到走廊上，迎面看到一位头发衣衫被扯得凌乱不堪的小姐，捂着脸从旁边一个小包间（也是我们预留的）里踉踉跄跄地跑了出来，她后面紧追着一个高大的年轻男子。男子满脸凶相，嘴里还高门大嗓骂骂咧咧的，他正是我们一行当中的一个小科长，其父为市委某部主任。

这位公子哥一路过来，都兴致盎然，创意无穷的，就数他最活跃、最“洒脱”了。此刻不用猜测，也知道那房间里面刚才发生了什么，作为此行的副带队，我难道还能对我的这位上级部门的小领导说两句什么批评，或是劝阻之类的话吗?

我装作“什么也没看见、什么没听见”，一转身把头扭过去了。我也不过如此啊，什么正人君子，疾恶如仇，打抱不平，行侠仗义?其实什么狗屁也不是!

那一瞬间，我自己都不认识我自己了，也不敢判断我是谁了。

古诗有云："相鼠有皮，人而无仪。人而无仪，不死何为？"人固然天性各有不同，但皆应有作为一个人最起码、最基本的道德操守与行为准则，绝不可太离谱、太没规矩、太过荒谬。

二十七

时光风流递转，运势往复回环，真是三十年河东，三十年河西。我进宣传处几年后，我们的那位处长不知得罪了哪一方尊神，他从宣传处处长的位置上被换了下来，真是可惜！不过别担心，他不是换差了而是换好了，当上了局党委副书记。党委副书记属副局级，比处长还高半级，处长没降反升了，没栽跟头是"翻跟头"了！前面所说得罪、担心、可惜，从何而来？

是的，局级的书记的确比局里面的处长官大，可在我们下面这些小兵看来，处长这是搞差了，搞倒退了。大家都清楚，他再也没有"广告业务"可管了，这年头谁不掂量这个，那这个升迁有何"升"头？但处长也许不这么想，处长的眼光很睿智、很长远，也许这下正中他下怀，他正求之不得呢。仔细想想，处长这些年在这个位子上，靠广告稿费挣得也不少了。俗话说，凡事都有个度的，物极则必反，过犹则不及，再写下去，搞不好就要出纰漏，甚至全军覆没。柳宗元先生早就写过一篇《蝜蝂传》，里面那种叫蝜蝂的小虫子，只知拼命捞取，贪得无厌，不知收敛，没有止境，最终为背负那些沉重的超过体重的东西，丢了小命！所以见好就收，这才是最好的结局和最明智之举，处长或许就是这样想的。对，处长肯定就是这样想的。甚至这正是他巧妙运作之后的一个结果！

那几年，处长一方面亲自忙着跑广告，另一方面没忘记联络和搞好上上下下的各种关系，以备他日之需。现在好，在他做好这些铺垫后，感到最需要有人相助的时候，这些贵人就适时降临，让我们的处长提了新职。表面看，他以政绩理所当然地向上晋升了一级台阶，实则是终于趁现在职务变动，自自然然地"安全着陆"了。这岂不是一种"最好的转换、最好的结局"？退一步讲，即使平调，有惊无险，毫发无损，那也是顺理成章，完全可接受的啊，何况还是升迁，进入局级，与之前大有不同，怎么说都要好听一些，有何惋惜的？现在看来，处长真是"高人"。"高"！实在是"高"！

新任处长是一位刚转业不久的副团职干部，县官不如现管，新处长是咱们现在的顶头上司。此君不愧曾是一位军人，搞得处里比部队还部队。也许是这位老弟刚从部队下来，急于要建功立业好好表现一番，也许是我自己太落后、太懒散，适应不了他这种军事化的管理。总之，他一到宣传处，就来了个脱胎换骨的大变革、大改造，天翻地覆似的让人完全受不了，谁想成天弄得紧张兮兮的？再说大家的确都比较自觉，工作上绝对说得过去，这点觉悟都还是有的。可现在形势变了，处里换领导，上面的局领导也换了，原来的一切已经过去，咱们得跟上。新处长初来乍到，肯定是要好好整治一番。

新处长现在不仅在宣传处内部，更是在全局范围内搅起轩然大波，如翻江倒海一般。首先是在全局上下，包括向社会上大张旗鼓、铺天盖地地作广泛的宣传，展示和树立形象。比如，他下令将局大院所有的地方，包括生产楼、综合楼两座大楼从上到下挂满标语横幅，如重新装修了一样。这可是个不小的“宣传覆盖面”，我们局处在全市最繁华的中心，楼房也是当时全市最高建筑，光那座 10 层的生产楼，就有 100 多米长、50 多米高，像一艘航母；那座综合楼更是 20 多层，100 多米高，站在几站远的地方都能看得一清二楚，是真正的“地标”。要将它们全部披红挂彩，想想那是一种怎样的形象，怎样的效果，怎样的气势！再看那宣传的内容，更是横空出世，豪气干云，不同凡响。什么“大战一百天，百天超百年”“少睡三天觉，拿下×万户；褪去一层皮，六省夺第一”，还有“谁英雄，谁好汉，比一比，看一看，不到长城非好汉”“雄关漫道真如铁，而今迈步从头越”“干群团结如一人，试看天下谁能敌”等，猛一看，像又回到了那个极度狂热的年代。

至于大院里面，那更是宣传的中心，重点的重点。一进大院，迎面两排巨大的宣传橱窗，里面贴满反映局里近期重大活动的宣传图片，或是时事报道，或是好人好事，最少每周一换，期期主题和内容不重复，并且在全局范围内进行内容征集，每期由职工评比打分，结果公布展示。进入大楼大厅，首先是两侧摆放着的两块巨大的展板，那是局里最近发生的重大事情的最新报道。大厅正面的主墙壁则是一道标语口号墙，那些标语口号十分鲜明且醒目，夺人眼球，但也不能长时间停留，三天两头就得更新。尤其是那些展板，处长说那是一块“灵活机动的宣传阵地，能随时推上第一线发挥重大的战斗作用”，所以必须一有大事就随时更换，即有即做，决不能拖延迟缓。还有要把整个大院的广播利用起来，随时向员工传达省厅最新精神，省厅、市局领导的最新指示。就连食堂也不许放过，处长要求在公布饭菜的黑板上、菜单上和餐桌上做点文章，让大家一边吃饭，一边了解局里大事和领导指示。

“两种食粮同时消化，只有这样才能让大家紧紧跟上形势，与上级始终保持一致。”处长强调。处长要求我们要做到大楼上有红旗标语，橱窗展板上有图片形象，报纸上有文字报道，广播里有声音话语，食堂里有潜移默化，宿舍里有延伸宣传，总之，“不留一处死角”。

其实当时我们还是一家独大，就现在其行业性质来看也并不存在什么实质性竞争，完全无须像这样一天到晚搞得剑拔弩张。我的意思当然不是说我们可以高枕无忧，不思进取，而是认为人为的、刻意的，甚至是别有用心、煞有介事地去光搞这种形式主义，便是十分地可恶。再说这样声势浩大的宣传工程，显然需要耗费大量的人力、物力。钱当然不是问题，却苦了我们这些干事跑腿的，就那几号人，一人身兼数职，每个人还要把这样的工作，持续不断地一直延伸下去，该有多大的压力。譬如我负责的局报原来是旬刊，现改为周刊；原来只在局内工作岗位上发行，现在处长要求发到职工宿舍，“要让我们的家属理解、支持我们的员工工作，要让我们的企业文化占领全局乃至周围每一块阵地！”这样一来，我们的工作量就翻了几番，大家当然吃不消。可是处长说了，我们要创建一流的部门、一流的团队，就得要有这个劲头，有这个决心，有这个精神。他自己也身体力行，以身作则，每天下班迟迟不回家，大家当然也得跟着一起“加班加点”。每天早上一来，全部的人要集中开个早会，每个人汇报一下自己今天准备要做的事情；中午或其他时间，他会随时来检查、抽查大家的工作情况；下班前还要再集中一次，汇报各自今天工作完成的情况，这“三步棋”一步都不能少。局里是近年搬迁到这里的，职工都住得很远，每天下班交通车早走了，唯独宣传处的人像没这回事似的，都还沉浸在那没完没了的工作中，大家已完全“没下班这个概念了”。

“这就对了，”处长平静地提出，“工作就是战斗，战斗哪能有什么‘上班’和‘下班’之分，战场上你能规定个时间吗？”大家只能无语，所以我们每天下班的时间基本是在晚上9点以后，到家至少是10点了。不要以为这种状况只是短期的突击行为，这种状况已经持续了整整一年！那时还没实行“双休制”，现在连单休都难保障，说心里话，让人感到心力交瘁，随时都要崩溃了！

其实累点、苦点倒还可以理解，可以接受，最让人崩溃的是精神上的一种严重扭曲和受伤。我真不明白，这位处长不知是出于一种什么样的心态，搞出那些匪夷所思的怪招来。比如，他为了突出宣传处是一个“非常能战斗的集体”，工作总是做得非常突出，非常超前，他要求我们凡事都要未雨绸缪，要提前两步。“提前一步不行，没听说‘领导未讲我先讲，听听喇叭响不响；领导未行我先行，看看道路平不平’，所以咱们一切工作都要想在前面、做在前面，至少要‘快两步’，多打超前量。”

他想方设法在厅里和市委等一些关键要害部门，物色安插了一些隐蔽眼线，拜托他们一有重大情况动向，立马通报他，他好及时应对，有几次幸亏这些眼线“及时提醒”帮了大忙，他对此感激涕零。以往厅里领导来我们局检查工作，比较随意简洁，主要注重实际。现在不一样了，现在由宣传处负责全局干部会的组织和宣传接待工作，处长便向局长建议，要求全局干部在厅领导来的那天着一色服装，男的打领带，女的化淡妆，会场张挂横幅、张贴标语，主席台摆放鲜花、铺放地毯；干部员工什么时候提前进入会场，各自在什么地方就座；厅长进入会场时，全体如何起立、鼓掌、呼口号，何时坐下，何时退场等都有严格规定和标准程序，要保持步调高度一致，不得有丝毫差错和走样。而这些准备工作都要在前几天进行严格认真的“彩排演练”，不达标通过绝不收场，弄得跟中央电视台每年的春晚彩排和国庆阅兵训练似的严格，人人累得够呛。

最要命的是，处长不光是要把这一切做给厅里领导“看”，更主要的是要做给市局局长看，因市局局长是他的直接顶头上司，对他的前途发展至关重要，所以这些事一定要做出声势、做得漂亮出彩；而咱们几乎天天都是在市局局长眼皮底下，所以这些事，咱们每天都得做，随时都得做，要做得天天如此，随时如此，该有多大难度和挑战！至于这么多人辛辛苦苦不要命地忙，花再大的代价也无所谓，关键是要引起两位领导的注意、重视与特别好感。

譬如，厅长来我们市局的当天晚上，处长便要求我们把当天的活动连夜做成展板，无论如何，哪怕是熬一通宵也要做好，第二天一早准时推出，好让我们市局局长在“第一时间”看到。至于展板的内容、题目、编排等也都是精心策划、认真推敲，非常严格和讲究的，仅那个题目就要大家坐下来仔细斟酌好半天，一人准备几个，共二十好几个方案，处长然后从中挑选最满意的。可处长往往对我们想出的那些标题极不满意，认为那根本体现不出厅长视察我局的重大意义。

“我们要站在一个很高的高度来看待这次活动，要有一种很高的认识水平，同时也要体现出我们宣传处与众不同的贡献和实力。”处长总这样强调。

所以往往是大家绞尽脑汁、用尽心思，集中全体人员的智慧，“语不惊人死不休”，弄到最后才算勉强通过。那些题目说起来大得吓人，譬如“高瞻远瞩话发展，运筹帷幄绘蓝图”“亲切关怀，巨大鼓舞；谆谆教诲，殷切期望”“‘讲话’（厅长讲话）化作及时雨，《决定》（厅里决定）句句暖心田”，还有“学习讲话掀高潮，贯彻决议不动摇”“全局上下齐动员，唤起干群同心干”“再树丰碑再展宏图再创辉煌”，等等，一句比一句高昂响亮，一次比一次出彩创新。

但这仅仅还只是第一步。刚才说了展板是第一宣传阵地，至关重要，那这个“第一阵地”到底设在哪合适呢？处长要求展板必须摆在局长进局后经过的最醒目的地方，“最佳位置”就是大厅中的电梯门口；“最佳时间”就是局长第二天早上进大楼大厅之前，“这样让局长在进来的‘第一时间’就能够及时看到”。别看这是个简单的要求和举动，要做到却是弄得人十二分的紧张，那时不像现在，那时印刷、制作技术及设备等各方面的条件都非常落后，许多现在看来十分简单，分分钟就能搞定的事情，那时可能得一两天才能完成，许多工序全靠手工，但处长要求我们完成的时间必须确保。我们局长每天都是在家里吃早餐，到局里之后，直接进大楼、进入大厅，然后上电梯到办公室，那么展板摆出的最迟时间，不得超过局长第二天上班在进入电梯之前。

可有次局长不知为什么没在家吃早餐，车子进了局大门，下车后没直接进办公楼，而是径直朝食堂走去，并交代今天不去办公室了。早已在大厅前守候的我们这下慌了。

“马上把展板抬到食堂大门口，要抢在局长进食堂之前把它摆放好，保证能够让局长看到并且是‘确保在第一时间’内！”处长下令。这下可苦了我们，大家立即抬起沉重的展板，越过灌木丛、穿过绿化带，抄小路、走近道直往食堂飞奔……

谢天谢地，我们终于抢在局长进食堂前一步，或者说前15秒钟，将展板摆放好，展现在了局长面前！局长路过时，也确确实实地往那上面扫了一眼，似乎还露出一丝不易察觉的满意微笑，然后才进食堂就餐。众人心头的那块石头这时才终于落地！

还有一次，我们厅长要来我们局视察，刚下午1点半钟的时候，前方通报说，厅长的小车已快进局大院，正向会场这边驶来，这下我们全体着慌了。因他们提前到了，事情太紧急、太突然，我们匆匆做好的一条欢迎横幅，还没来得及在会场大门口悬挂。望着会场大门上方光秃秃的一面白墙，几个人急得抓耳挠腮、连连跺足，冷汗直冒：这可怎么办？那个该死的大门两边，没有任何可临时张扯横幅的地方，平时都是早早用长绳将横幅拴在大门外路边夹道的两棵大树上，此刻显然是来不及了。

就在这千钧一发之际，一名年轻的干事突然想出一个主意：会场大门上方二楼有一排窗子，正好可利用这排窗子，说时迟那时快，几个人来不及细想，提着横幅以百米冲刺的速度，飞一般地奔上二楼，迅速抖开横幅从两边窗口垂放下去，横幅两端，一边留一个人扯住绳子，这样让那条横幅不偏不倚、不高不矮，正好悬挂在了会场大门的上方！大门口的会场形象问题解决了，可楼上窗子周围没任何固定绳子的地方，蹲伏在那窗子下面那两人两手还得紧紧扯住绳子，不让它有一寸的松垮和歪斜，直到厅长离开，他俩才直起身抬起头来。

“厅长和局领导进局后的这第一印象最重要，它是我们局的一张‘脸’，也是我们处的一块招牌，今天得亏了这条横幅，跟上次的展板一样，我们今天又打了一个漂亮的大胜仗！局长今天特意表扬了我们，我们大家脸上有光！全局上下的脸上也都跟着有光！所以以后咱们要继续保持这个光荣！”处长事后不无得意地对我们总结道。

我在心里却感到脸上被别人不轻不重地扇了一耳光。

处长又有新的发现。有次，我们这位处长跟局长出差，发现局长特别喜欢某一种花，但这种花市面上很难买到，有个干事说，我们局大院隔壁那家单位正好养有这种花。找人家去要，又觉没面子。处长说：你们去想办法，无论如何弄几盆回来。

这几名干事当晚竟真的翻到人家单位院子里，捧回了几盆局长喜欢的那种花……

慢慢地我感觉到，周围的这种风气是越来越浓厚、越来越明显了，

我说的并不十分夸张，更非无中生有、胡编捏造，作为部里报纸驻厅记者，我常到全省各单位去采访，经常亲眼目睹、亲耳所闻到这一点，对此是深有体会和感受的。下面有许多人对待比他们“更下面”的人，那完全是趾高气扬，极尽威风；可对其上头领导，那种忠贞不贰、极力讨好的立场态度又表现得非常鲜明突出。我们市局有个郊县分局的办公室主任，刚刚在办公室还正在训斥一位老职工，那凶神恶煞的样子，完全像是在训他儿子或吼小偷样，别人也没做什么大错事；可转头座谈会上向来人介绍他们的分局长是

如何“以身作则带领他们奋力拼搏”时，又如春风拂面，满脸深情，口口声声“喔滴（我的）局长，喔滴×局长”，那前倨后恭完全是一副相反的嘴脸和腔调。我当场数了一下，不到十分钟的发言中，这个“喔滴×局长”足足出现二十次之多。

我有次到厅里办事，恰逢厅里在搞工间健身活动，应该说这本来是个普通小事，或说本是个个人自愿的活动，可我敢说那个活动后来是完全变味了：我们那位厅长有打太极拳的爱好，不知道是谁最先发现，后来又是谁大力提倡并积极推行的，反正现在大家一起都“喜爱”上了这一运动，全体机关工作人员，每天工间无一例外都跑出来，在大院的操场上打起太极拳来，最后形成了机关一项雷打不动的活动和一道“整齐亮丽的风景”（或说“企业文化”）。可这风景嗨，这风景也实在有点怪异。且看现场：打拳时，操场上站满了人，但那位置绝不是随便瞎站的，我从办公大楼向下俯瞰，厅长站在第一排，几位副厅长紧跟着列于第二排，第三排是处长、副处长，第四排是科长、主任，第五排是……依次往后排，越到后面体积越庞大，最后站成一个非常标准的“金字塔”；绝对的严格，绝对的整齐，各就各位，不得有半点僭越。

再看下面大家打拳时的表情，更是滑稽富有戏剧性：紧挨厅长、副厅长旁边的正副处长、正副主任、科长科员们，个个一脸的严肃认真，动作也是那样中规中矩，丝毫不乱；但时不时都要用眼瞟一瞟前面的厅长，大约是检查自己的动作与厅长的步子是否合拍，是否向厅长亲近靠拢，是否和厅长心连心，此刻看到他们那种战战兢兢、小心谨慎的样子，真叫人也要跟着紧张起来。而站在后面，尤其是离厅长较远地方的那些小办事员和司机等就大不一样了，一个个基本上是在那里装模作样，应付敷衍，估计都心不在焉。再说他们站在最后面，离厅长、处长、科长们远得很，谁都看不到，有几个毛头小子甚至还偷偷在那悄声打闹，挤眉弄眼的，如那小和尚念经样，坐不住，想跑出去玩却又不敢动，但坐着不动又忍不住，十分搞笑。

除此之外，还有很多向厅长看齐、靠拢的活动和“表演项目”，也包括他突然改变喜好。比如厅长后来不知什么原因突然不喜欢打拳了，于是打拳的队伍立刻就作鸟兽散了。厅长喜好结交省内文化艺术界名人，现在喜欢上了书法，大家的爱好、机关的风向便跟着一起变了。平心而论，我们这位厅长字写得还算可以，成为县书法协会会员应该没问题，但那水平真谈不上能登书界的高屋大堂，却凭借其高级职位和一掷千金的实力，竟当仁不让地当上了市书协主席，并堂而皇之地“应邀”专程远渡日本去举办个人书展，真有点“艺高人胆大”了。他现在有这一雅好，全厅尤其是厅机关，那几年就涌起了一股你追我赶大学书法的暗潮，差不多人人都兴趣盎然，跃跃欲试……

现在想来，我们这位厅长不愧是一位极其讲究、颇有品位的人，此人生得面如冠玉，唇若涂脂，头发梳得溜光水亮，衣着整洁笔挺，戴一副金丝眼镜，握一管精致羊毫，一派斯文儒雅相。别看此公样子斯文羸弱，他的一言一行对下面极有威慑与影响力，众人在他面前都表现出一副服服帖帖的样子……可我又在许多隐秘的场合和人群中，听到一些人也正是那些打拳和练字时最积极、最中规中矩、严肃认真的一些伙计，他们的信息渠道无疑最多，总在背后谈论这位厅长是如何如何的“那个”，又如何如何的“这般”，一桩桩、一件件有鼻有眼，还有细节，那些内容简直可用耳热心跳、惊心动魄来形容！

他下台之后，那些传闻终于逐渐浮出水面，果然多有出处。可真站在他面前，这些人对其又无不唯唯诺诺，毕恭毕敬，这现象真有点耐人寻味。我想，一个人的个人影响力能这样强大，可以毫无阻挡、轻而易举地施加于众人头上，让这么多人围着他一个人转，而这么多人不管各自所想有怎样的不同，表面却都装着和其所想一致，并且一个比一个表现积极，何以如此？不说也罢，无非期望有朝一日，也能修成这样的正果。这就要苦下功夫了，所谓上有所好，下必甚焉，才能脱颖而出，所以都才会想方设法地去曲意逢迎，积极表现；才会那样争先恐后，出类拔萃，标新立异。虚假奢靡的风气必然潜下腐败的伏笔，几年之后，我们这个名头响当当的企业从上到下，果真爆出一系列贪腐窝案、大案……外人看觉不可思议，但在了解内幕的人看来不足为奇，所谓风生于地，起于青萍之末；侵淫溪谷，盛怒于土囊之口。逐渐的紧锣密鼓，急管繁弦之后，那部大戏终归是要演到最后的。

眼见他起高楼了，眼见他宴宾客了；又眼见他楼塌了、客散了……

二十八

那些风起云涌的大事情毕竟与我距离较远，我可淡然看之，只守住自己的这份宁静安谧便是最好。我这人生性恬淡，骨子里有股自命的清高，我最欣赏杜甫对李白狂傲不羁的性格的描述：“天子呼来不上船，自称臣是酒中仙。”或许是很早就受到了古代文人这种孤傲清高性格的影响，我最恨那种厚颜无耻，一心媚上，巴结权贵的小人。我承认我性格中虽有这种盲目自负、过度偏激的缺陷，但表面上我绝不会没有礼貌没有分寸，待人接物方面凡应当注重和遵守的，我都尽量做到。可即便是这样，有时也没换回丝毫的平等和应有的尊重。

有次我接到处里通知，要我第二天早上搭乘市局一位副局长的小车，一同去市郊一个单位参加一个庆典（这是局小车班安排的）回来好做报道。

我和这位副局长同住在一个小区，第二天早上，我早早等在小区大门口，副局长和他的小车分别从马路两头过来了，车在副局长面前停下，我还特意主动上前抢先一步，帮副局长把后面车门拉开，让副局长先坐了上去，然而在准备上车时犯了错误：我见副驾驶座上已坐了一位同我一样蹭车去现场的同事，而副局长已坐在车子上了，我就像平常跟一般同事和哥们一起打的样，朝副局长示了示意，意思是请他往里边挪挪，好让我也上去。因那边车门正对着马路，大清早车来人往的开门很不方便，也不安全，正好那边地上还有一大摊水。

可这位副局长此刻却稳坐在那里一动不动，毫无一点“挪一挪”的意思。那一瞬间，他见我还愣在那儿，便一下子沉下了脸，很不客气也很不耐烦地指着马路那边的车门，冷冷对我吼道：“你还愣着干吗，要我请你？从那边上去啊！哼！”

我愣了下，终于一下回过神来，该死！我一小记者，怎能指挥他这个大“局级”？便灰溜溜地赶紧绕到车子那边，拉开车门艰难地爬了进去，那个窘态！那个尴尬！……要说此副局原来和我还是一个基层单位，也曾蔫头蔫脑过好多年，我那时在心里还有点替其鸣不平，没想到现在一下子就成这样！

孰料几年后，我又听说这位副局被“请”进去了，坦率地讲，我还真有点“幸灾乐祸”。然而且慢，被奚落遭难堪的对象永远只会是像我这样的人。想当初在职校，凭着自己的为人和教学，我也是得到大家一致认可，是备受尊重的，可现在在局机关，我由于太木讷，往往像个傻子样被那些精明能干者们戏耍盘算、嘲笑讥讽。有几次我要到远郊区县局采访，本来是我向小车班要好的车，结果轻易就让几个巧言令色、油嘴滑舌的家伙诓走，最后我只能辗转挤长途汽车颠簸来回。我知道自己太老实太好说话，所以人家敢肆无忌惮……

其实这些许的小事我都可不去计较，但是人都有世俗的一面，我承认我虽毫不看重那些什么职务官位级别之类的玩意，但我也是个很好虚荣和讲求实际的人，譬如说职称。那时我们系统很多待遇也和职称挂钩，尤其是职称它也证明你的专业水平，你的工作能力，这就像读书人的一张脸，我是很在乎的。我当时大专毕业已近10年了，现在又是报社的业务负责人，最主要是我有许多全市局机关干部乃至全省局其他同行所没有的硬性的荣誉：我曾多次参加全国、部级、省级各类征文大赛和年度评比并获奖，有数十万字的文章发表，特别是被市总工会等多个部门联合授予“全市自学成才优秀职工”的光荣称号，照说，这是评定职称最有力的依据。可这一切都是我的一厢情愿，每次全局职称申报，结果出来，与我毫不相干！而那些……对此，我只是稍稍表示了一下不满，也未据理力争，更没大吵大闹，可我们处长和组织部却严肃地批评我，说我“太不顾大局”“太计较个人利益”“你以为你是谁？你可以向组织提条件、要待遇？你太把自己当回事了吧！”

我……我简直无话可说。

然而，我现在要说的是，在这种心理极度失衡的情况下，假设，假设当时我就忍气吞声，再忍受一段时间，或者申请调换一个部门，去当个工人甚至值班守门的，再混它个几年到退休，我都可接受。再或者是干脆生一场大病，休它个一两年的病假再看看，那后来的情况或许会有所好转，也许会淡化或转移一下我当时那过激的情绪，那我后来也许不会做出那个令人震惊的决定，那我的生活也许就是另外一种结局，另外一种景象，另外一种水准……可惜，可惜我的命运，偏偏没有按照那些假设走下去；或者说本来是刚刚有个开始便走岔了。那段时间我还真生了一场大病，由于每天工作太累，我腰椎、颈椎病严重复发，疼得无以复加，连坐着都难受；医生警告很危险，全家上下都跟着着急；但即便如此也还得上班，每天往返单位和家坐几个小时的公交，还要加班，更是吃不消。当时很想正好借此去办两年“劳保”，却没被批，没办法只好在办公室搁一折叠床连续好几个星期都不回家了。

我的那位处长也许是已感到我完全不是他称心的属下，对我当时的病状懒得关心，甚至还很烦心。他如此冷漠，我完全可以理解，我甚至觉得有点愧疚，我这毕竟是拖了他的后腿，影响了处里的形象，他也不容易。关键是后来又发生了一件事，如同在那大庭广众下偷拿东西被人当场抓住无路可逃样，让我实在无颜抬头、无脸见人、无地自容。仓皇之中，我做了一个更为错误而愚蠢的决定。

那次，我按处长要求参加由局长主持的一个活动，此前没有任何人交代此事不要报道，回来后，我如往常样在报纸头版上予以了重点报道。谁知局长看到报纸后把我叫去，用笔尖指着那篇报道大发雷霆：“谁让你报道这个的？你哪来这大胆子，这个自信？真想不到你是怎么坐到这个位置上的，你是来吃干饭的，啊？你说说……”

边说边用手中的签字笔将那张报纸戳得“纸弹直飞”，面目稀烂。我感到大出意外，大惊失色，目瞪口呆。脸上也一片火辣，当时真的是无地自容——我还有何面容？

是啊，我还有何“面容”！

当年年底，我们行业进行重组上市，要精简一部分职工，大大放宽退休年龄，这个消息无疑一石激起千层浪。对我来说，则像是溺水的人看见了一根稻草，我也想报名，提前退休。退休了，谁的脸色我都可不看，我就再也不用这样成天提心吊胆，小媳妇一般度日如年了！

我把此举看作是一次机会，一条“出路”，立即写好申请，忙做准备。然而很快我又冷静下来：我这一退恐怕就再没有“退路”了，因一旦回家，收入将大打折扣，今后的生活怎么办？孩子的教育怎么办？……这一系列的问题，统统都绕不开。那段时间，我成天都恍恍惚惚，如掉了魂似的，心神不定。

可已无路可退，交表最后期限的那天到了，我这个不到45岁的人也夹在里面递上了申请。周围同事见状一个个目瞪口呆，如刚刚认识这个人似的……

“哈哈！我‘退休’了。我退休了！”“久在樊笼里，复得返自然”，现在我自由了。

我……自……由……了……

然而，手续一办下来，整个人也一下子傻了，我这都做了些什么啊？壮士断腕？破釜沉舟？纯属找死！我立马便后悔了。可此刻为时已晚，再怎么后悔也来不及了，这等组织原则大事岂是儿戏，我只能将错就错，一错到底了。

自我“退休”之后，我便要与一帮60岁以上的老头、老太们为伍了，每月的收入也减少了三分之二以上！

我的天啦，这可是事先没仔细想的啊。可我当时是那样不管不顾，哪里听得进别的，想得到这些？现在呢？现在立马就要面对现实，该怎么办，怎么办？毫无办法，我不得不又去为生计愁；不然呢，能绕得过去？嗨，你这样折腾，为的是什么呀？你能变出个啥，你能闯出个什么天堂意境？

的确是这样，本有份虽说有些委屈，但倒也安稳无虞的差事不去做，偏要去追求那所谓的自由，我现在就得付出沉重、惨痛的代价。而这种沉重、惨痛，远非一般情况下理解的那种沉重、惨痛，它巨大、沉重得让人完全难以承受了，尤其是精神上的。

可现在说这些又能有什么用？一切都无须说了，完全于事无补！没办法，我被迫选择了一个令人怎么都不会想到的事情去做——为我原来主编的报纸去送报。我们处长现在不是要求把报纸送到局里的每一个角落、每一个员工的家中吗？这之前就是请外面下岗人员来帮助完成的，现在我要来抢他们的饭碗了。没办法，为了生存，除了饥不择食，还得狠下心、抹下脸，从别人手中争抢一杯羹回来。好在这点方便还是有的，原来的部下立即成全了我，现在由我接下了这个岗位。

唉，这事儿做得也真有点……有点邪乎，让人感到一种少有的荒唐与可笑。我从一名报社总编，转瞬沦为它的送报工，而这些是我自己一手造成的，简直让人感到莫名其妙，不可理喻。

我又回到少年时期“拉桥”的那种苦力生涯中，不同的是，此时我已四十五六，比起稚嫩少年肩负的重担，此时承受的压力似乎还要更大一些。尤其是因少年及下乡时期超负荷的劳动，加上营养不良，此时我已身患腰椎骨折、腿骨关节炎、慢性肠胃炎等多种疾病，身体每况愈下，而送报纸则是一个需要负重（每次出行要背上千份50斤左右的报纸）、走远（职工宿舍分散在全市各个城区各个街道小区等，范围覆盖最少200平方公里）、爬高楼（多为8层住宅）的活，其强度之大可想而知。

每期报纸一出来，我便用自行车到印刷厂将所有报纸捆好搬上车，一车一车拖回家中，然后按每天的投送线路分开打包，出行时带上该条线路的报纸和职工家庭详细住址，将自行车骑到一比较集中的职工住宅区停好，然后背上一部分报纸逐个楼房逐个楼层地依次发送。每进到一个单元门洞，都要从一楼开始一直发到八楼。那时可没有什么电梯房，全是爬楼梯，从一楼到八楼，又从八楼到一楼，就这样周而复始、脚步不停地爬上爬下，直至把一个小区一个城区，把全市所有本局职工宿舍的报纸送出。每一趟报送完，浑身上下早已是大汗淋漓，我大喘着粗气，几乎要瘫软……

然而受点苦累倒是其次，最尴尬、最难受的是，要面对全局那么多熟识的同事和家属，也是自己过去的读者，还有一心想上稿，对我特别亲热的通讯员。他们会想：“他现在怎么搞起这个名堂来了。过去这个报纸的总编，怎么现在成了它‘送报纸的’？”

不，应该说像个“偷报纸”的。尽管我总错开时间，趁别人上班时去送，但仍难免不碰上熟人。每遇上那一道道惊异的目光，那一层层不解的眼神，那一刻我那心里顿时感到无颜以对、羞愧难当，感到无地自容，恨不得找一地缝钻进去！

除了送报纸外，我把我们报纸校对的活也揽下来了，有段时间我还受聘于一家很小的杂志担任编辑，可这都是些饥一顿饱一顿的事，说没就没了的。这时我想到了还是去重操旧业，出苦力到街上去踩三轮。我们这个人口拥挤、交通不便的城市，三轮车这一行当十分兴旺，我们这里管这个行当叫“踩麻木”，我觉得叫得很形象、很准确，有的城市，比如桂林，还有柳州，把这个行当叫“柔姿车”，比喻得确实浪漫美好，生动传神。但那多是对观光的乘客而言吧，对大多靠这糊口者来讲，恐怕还是叫“踩麻木”合适一些，因那种浪漫与他们没一毛钱的关系，他们只想能多挣点。对，说得没错，我们只想……所以我也来“踩麻木”了。这活虽说有点累，但它自由，而且收入相对也有个大致保障，虽然不多，每天估计能有个三四十元。

可我到底还是没去“踩麻木”，不是害怕丢面子，就在我四处筹买二手三轮车、打气筒等物什的时候，我们的城市为提升形象，禁止、取消了“麻木”。

于是还是捡我的“强项”做文字工作，但必须想方设法多兼几项差事，因卖文字这玩意不像送报纸、蹬三轮和做校对，可脚手不停，按件计酬，这事肯定是饥一餐饱一顿的，所以我常留意报纸上刊登的招聘广告，尤其是那些报纸编辑、民办学校语文教师之类的信息，有了消息，只要觉得差不多就跑去一试，结果大多是无功而返，不是与想象的情况相差太远，就是双方所要求的条件有较大差异，总之常常是徒劳无益一场空。偶尔也有一阵短期的试用，或三天五天，或十天半月，总之没一次是做满了一个月的，所以总没拿到一次兑现的全工资，他们总有些七七八八的理由七扣八扣，最后三个两个就把你打发走了，我一个打短工的又能如何？就只能这样东撮一下、西撮一下。有个以前跟我有点不对付的分局领导背后笑我，说我当初提前退休是老鼠爬秤杆——自不量力。“现在呢？”“现在他是瞎子打堂客——哈（抓、绕）到一哈是一哈；掰子捉王八——逮到一笔（鳖）是一笔！哈！”

是的，我被他说着了，我真是老鼠爬秤杆——自不量力。我还是上厕所不带纸——想不揩（开），是茅室里趟桨——撬屎（翘死）！我现在一天到晚也哈不到两个小钱，一年到头也逮不到个什么大鱼，只能靠天赏赐靠碰运气吃饭了。偶尔捡到条“大点的鱼”，也就是报上时常有那种商业性的有奖征文，因这类征文的获奖者可得到相对较高的奖金，所以参与者极多。在这些鱼龙混杂的卖文者堆里（那些有名气的专业作家肯定是不好意思也不屑参与这类活动的），凭着一支相对还算老道的秃笔，我常能在这些末流文人中突围而获奖，有时碰到一等奖可拿到千元的奖金，有时是些厂家的烟酒或家电什么的产品作为奖品，可拿到小商店去兑换几个钱。有几个过去的文友看到我目前这样的惨状实在觉得不忍，于是他们总是特地在他们编辑的报刊栏目中想方设法为我保留一个小豆腐块的位置，让我上去换两个小钱……这就是我退休后一年多来的生存状况，自由吗？的确也够自由的，可这是种什么“自由”啊！

怎么会成这样的结局啊？我完全说不清楚，不知上帝搞不搞得明白。

我后悔了，当初就不该那样幼稚，那样冲动，那样意气用事，有什么叫你“忍受不了”的？有什么你非要感到那样“委屈”？人家都过得你为什么就过不得？你以为你是谁？你这冲冠一怒能有个屁用？连屁都不如！你还是老老实实放乖巧一点，像别人所说的，你既然不能改变环境，你就得适应环境，就得夹着尾巴做人，明白了吗？傻瓜！

明白了，可已经晚了，什么叫“万劫不复”“哀莫大于心死”？这就叫“万劫不复”，这就叫“哀莫大于心死”！常言人生三十而立，四十而不惑，可我这人不知怎么搞的，所作所为竟和这人生常理相去这么遥远，早过了四十，已近五十了，还这么懵懂，一点也没“不惑”，甚至干出自砸饭碗这么糊涂透顶的傻事……罢、罢、罢，生米已煮成熟饭，无可挽回了，不谈这个。

二十九

是的，不谈后悔，世上也没有后悔药。可照说人大一岁，至少就更成熟一些，稳重一些，吃一堑就长一智，这是人尽皆知的常识和自然界的规律吧，但有的人一辈子都长不大，永远也“无法成熟”，我就属于这一种人。当初为了赌那一时之气，逞一时之强，冲冠一怒，将一切安身立命的根本统统抛诸脑后，以为从此就能自由自在，随心所欲，现实却给了我一记当头棒喝！

我还没缓过气来，不知是哪根神经被绊动，一时书呆子的傻劲又故态复萌，心想终归是个穷，自己既然是一个虔诚的文学爱好者，何不干脆趁此学古人那样穷且益坚，毕其功于一役，全身心地投入文学，置之死地而后生，或许能再闯出一条新路。现在回家了正好心无旁骛，一心一意地搞创作，实现这梦想。

说干就干，一时又有点心血来潮，激情澎湃了。当时还不会电脑，买回一大堆稿纸，按照拟订的计划，天天足不出户，在家绞尽脑汁地进行所谓的“创作”。几个月后，断断续续地写出了两个中篇和几个短篇，还有一些零零碎碎的散文、随笔等，然后贴上邮票铺天盖地地把它们投向全国各地的一些文学刊物，然后满怀信心、满怀希望地期盼着、等待着。然而，几个月过去了，半年过去了，一年过去了，这些稿子通通如石沉大海无一回音。然后我又进行了第二轮、第三波冲击，向一些不知名的，甚至是县市级小刊物“投射”，可仍然是泥牛入海，音讯全无。

这一趟趟的无功而返，一次次的失败告终，我想一定并非偶然而是事出有因的。可问题究竟出在哪呢？是我底子太差，技不如人，功底火候都没到家，还是我缺乏悟性，经验不足，没摸到这里面的门道？总之我得承认，人的禀赋、天资、才华等，那还是有很大区别的。我天资平平，也许根本就不是这块料。然而说老实话，有时我又有些不服气，经常看到有些发出来的东西，说实话，真不敢恭维，不知是怎么回事，显然，那要么是……要么是有运气。有时我真的是祈盼上帝能给我一点运气，哪怕只一次，我也会坚持到底。真的，我发誓！可发誓也没用，仍是毫无改变，一次运气也没有，甚至连一点儿迹象也没有……

我哀叹苍天为什么不眷顾我一下，给我一点希望，我已经失去太多太多了。我抱怨缪斯怎么不对我网开一面，提携、帮助我一把，我对她、对文学可说是绝对的虔诚，心无旁骛的啊！可为什么让我最后的一丝希望也破灭，我现在真的是毫无办法，无可奈何，我终于是彻底地泄气了。

我现在是真真正正、彻彻底底地绝望，彻彻底底地死了心啊！

三十

在职场和追逐缪斯女神的道路上屡屡失败碰壁，人生于我而言，几乎再无多少价值和意义，而此时的我，就像在贫困线上苦苦挣扎的穷光蛋。那两年，多亏了娟啊，主要是她在承担家庭的担子。一切生活开销、女儿的学费等主要靠她，而我这个大男人，却躲在后面做缩头乌龟，唉……惭愧，惭愧！一言难尽，一言难尽！我只能东撮一下、西撮一下，艰难度日。只能麻木不仁地过一天算一天了。

两年后，随着我们行业重组，其实早已与我不相干了，仅仅只是我的退休关系还挂靠在这里而已，哪谈得上什么“我们”？好，就算是我们吧，我们市局原来的一个新业务部门从局里剥离出来，重组成一个独立的市公司，我退休后人事关系也转到这个公司，这个市公司的负责人原是我们市局的一位副局长，他对我还比较了解，便让人找到我，问愿否到他那里做些文字工作。如此救我于水火，解我于倒悬，我还有什么好矜持、扭捏的，理所当然地立刻就愿意了。

我不知道该用一个什么词来形容这种变化：“起死回生”？显然不恰当；“东山再起”？更是靠不上边。去它的，都这步田地了，还能有什么多想的，你现在就是要想办法挣钱养家、活命。用这位领导的话说：“你放心，我们会给你比较高的待遇，相信总比在外面强。”

想想也是，这里的确比外面要强得多，一则是这位领导对我还算照顾，刚去时还真给了我较高的待遇，虽不比这里同类的一般岗位的正式员工，可每个月乱七八糟的也竟有数千元之多，我没料到，我们这个行业现在一下发生了这么翻天覆地的变化，员工工资水平竟立马几乎翻了一番多！当然这还有赖于“重组”，我也跟着多少沾了点光。二则是在这里仍做起我的老本行，在世俗的眼光看来，现在的地位和付出，比来之前送报纸不知提高、轻松了多少。然而，不知怎么回事，这种时来运转的好日子昙花一现，很快就无影无踪……

到市公司几个月之后，这位领导好像就不怎么待见我了，见面跟他打招呼恭恭敬敬地叫他时，他爱搭不理的；对我所做的那块，我自认为是尽了最大心力来做的事情，他也总像不太满意样，没一次给予肯定和表扬的。最明显的是每个月拿到手中的钱，渐渐寥寥无几，和那些待遇最低的几乎没什么区别。

说好会给我比较高的待遇，怎么一下就大幅度地下降、缩水了呢？我想是不是因我的到来，挡了某个与我专业相同的人的发展之路，人家心里嫉恨，领导不得不考虑；或者干脆就是领导现在又有了自己更重要的关系户需要关照？我毕竟只是个临时收编的旧部，完全是可撂在一边！

我很想找这位领导谈谈，主要是表明，自己很清楚在公司的位置，绝不会影响他人的发展。当然，最主要的还是希望收入待遇还能像刚来时的那样，这是我最最关心、最最巴望的事情，怎么开口都在心中打好了腹稿。可每次走到领导办公室门口，手都已经举起准备去敲门，心里却又犹豫起来退缩了……

谢天谢地，就在这进退两难的节骨眼上，我竟然得到了一个完全意想不到的机会——“上调”省公司！现在我们这个公司是我们集团公司下属的市级公司，和我们原来的市局上面有省厅一样，市公司上面也有省公司，从业务到人员跟着一起靠，基本上是一个模式，所以常有人员被上调。省公司有位原来厅里的比较赏识我的处长，现在他主管省公司的新闻宣传工作，省公司现在正好要办一份刊物，出于关心和所需，这位处长在省公司领导面前极力举荐，终于把我弄到省公司在他手下当编辑，我一下又从市公司跳到省公司机关，像坐过山车样大起大落，当然，身份仍然还是“返聘”。

省公司作为管理部门和下面地市公司到底不一样，官大一级压死人。在省公司，我的确是体会到了作为一个“上级机关工作人员”在下面时的那种特权和优越性。下去检查工作（当然是跟随处长一起）时，下面的人迎来送往，热情招待，客气得不得了。我向来对这些不感冒，不然，我也不会走到今天这一步。当初在市局时，要说“向上”的机会应该是有很多。我们那里有个县局的党支部副书记，平时也喜欢弄点小文章，有次厅里召开职工文学创作笔会，这位老兄也参加了，他这是第一次。可这老兄一出手就不同凡响，会议期间表现极其突出，把会场的气氛搞得不晓得有多好、多热烈；会上积极发言，会后又抢着和领导合影留念，还请领导题词赠言鼓励……事后不久，这位老兄就上调省厅了。

现在，我意外地来到了省公司机关，这才真正体会到了差别。我得承认，是人都有趋好向上的一面，因那身处高位的种种好处是不言自明的，只是这一切都应是通过自己努力和正当的手段去获取，而不是其他途径。推荐我到省公司的这位领导，这之前我其实和他并无多少交集，更没可能去搞送礼的那一套，可他非常认可我，讲过几次话，也比较投机，现在他掏心掏肝地极力引荐我，把我带到一个更大的平台，让我尽情发挥，并且尽他所能，在方方面面给我予以关照，和我真算是有缘了。我现在不仅工作环境大不相同，乃至待遇也提高了不少，尽管硬性的工资不多，远不能和正式的员工比，但其他隐性的福利不少，尤其是在这机关里面，比起下面处处都要优越一些，总之让我现在的境况一下子大大改善。我真的是从内心很感激这位领导。他的一个举荐，便胜过我无数努力，真所谓“四两拨千斤”。

在省公司机关里，名正言顺也好、跟着沾光也罢，都能享受着种种待遇。每次下到基层，都和我们那位处长一道受到如同贵宾的接待，住在高级的宾馆酒店，尝遍当地及全国的美味佳肴，包括一人一小碟数百元的鲍鱼翅、龙虾羹等，往往一餐饭吃下来就是大几千上万元。可每回吃到那珍味佳肴，我都味同嚼蜡，特别是觉得一顿饭要花这么多的钱，这又何苦呢，是不是有点铺张浪费甚至“暴殄天物”？我觉得没必要，看来我天生就是个劳碌命，受不得一丁点儿的享受。

最让我吃惊的是，我们省公司的人到下面基层出差，或“调研”或“检查”或“验收”，下面必定是用最好的车子、最好的酒店、最好的一切，来接待你，不仅让你吃好、喝好、住好、玩好，临走赠以大包小包当地的土特产和纪念品，有时还让你领略到一些完全意想不到的“特殊享受”。

那一次，领导带我到一个县公司去调研，县公司照例是安排了最好的酒店让我们住下，白天也像模像样地工作。晚上，县公司领导陪我们一行人去一家歌厅唱歌。

我这人天生古板，不喜欢凑这些热闹，放在从前，我是可以拒绝或是避开不理的。但现在，我的饭碗就好比是一张纸糊的，随时都有可能会被戳破、被掀翻，或者被人端走，先前在市公司的遭遇不就是最好的例证吗？所以现在我不能再随心所欲由着自己性子来

所以领导一说“走，他们请我们唱歌去”，我二话不敢说，起身便跟着去了。其实最先也撒了几次谎，称和家里人约好了晚上要通电话商量几件大事，结果没去。但你不能总这样扫领导的兴、驳领导的面子。不避讳地说，我的这位领导十分喜欢参加这些活动，他在歌厅里如鱼得水，每次都要畅怀尽兴，直唱得天昏地暗的。除唱歌外，往往还跳舞，下面总安排些年轻漂亮的女孩为我们陪舞、喝酒、聊天，他们玩得十分惬意、开心。唱完歌，跳过舞，接下来就是消夜。

真不理解唱歌前刚刚喝过酒、吃过饭，现在怎么又要喝又要吃，肠胃实在是受不了，可那些人真不知是什么特殊材料做成的。没办法，你还得陪着喝，拼着命往肚子里灌，胃里一阵阵倒海翻江，难受得要命，脸上还得赔着

笑脸，嘴上还不停地拣那些好听的话说。

喝完酒、吃完夜宵，接下来由他们请去洗澡，我心想咱们住的宾馆那样高级，一天24小时热水供给怎么还不能洗澡，还要他们又另外花钱“请洗”岂不更是冤枉浪费、多此一举？

这个所谓洗澡，当然不是简简单单地“一洗了之”。

那次洗完澡后，当地公司领导说待会再找个小姐给按摩一下，解解乏，“放松放松”。我随意问了问按摩一次得多少钱，他们说出了一个让我听后一惊的数字。我吃惊地道：“这么贵，凭什么啊？”

同行一起去的，有人意味深长地说了句“等下你就知道物有所值了”。听到这句话时，我心里一边有些不屑，一边也觉得挺好玩挺搞笑，同时还带点猜测与感到新奇，人对那种未知的神秘的东西毕竟都还是有些好奇的。

一会儿，领班小哥把我们分别带到一间间隔开的按摩房里，里面装潢十分考究，气氛也十分暧昧，是那种十分幽暗的灯光，墙壁上挂着几幅裸体的男女在一起缠缠绵绵，十分露骨、极具挑逗的装饰画。

我躺在席梦思上，想象着等下将要发生什么样的事情，心里还真有点忐忑不安。不一会儿，门被轻轻推开，一个二十来岁，长得有点偏胖的、染过发、化过妆的小姐走了进来。小姐冲我一笑，问我需要喝点什么。我此刻脑子里一片混乱，仿佛有种预感，心突突地跳着，完全不知该说什么了。

我要说那天晚上我什么也没干，一般人可能根本不会相信……

三十一

我越来越发现钱真是个好东西。有人说它是“宝中之宝”，又有人说它是万恶之源；有人说钱多钱少无所谓，又有人说钱多了害人，少了气人，不多不少正养人……罢、罢、罢，说那些没用的干嘛，人活这世上处处得要钱是硬道理。

是的，生活与经济的压力实在是太大、太大了啊！吃饭要钱，看病要钱，小孩上学要钱，马上养老要钱……钱压得我实在喘不过气来。

回想起来，我原来并不是一个把钱看得很重的人，现在却有点“钱迷心窍”了。

没办法，在这个商业化的社会里，一切都和金钱、地位挂钩，这两点几乎决定一切。在我们现在这家实力雄厚的公司里面，员工被分为A、B、C三类，少数老员工和一部分有背景有来路的新进人员是A、B两类，是正式工，享受着极好的待遇，公司自从前年上市之后，他们的收入一下翻了几倍。而大多数人是C类，其地位其待遇和前两类比简直是天壤之别。C类员工最愤懑不平又最羞于启齿的，就是这天差地别般的收入待遇。可我只能算个“另类”，因我就是一临时工，说得好听是个编辑，其实是一“编外多余的弱势个体”，比C类都不如！

我感觉压力越来越大了，精神也越来越紧张。特别是这几年房价飞涨，以我几年的退休金，不吃不喝恐怕连最差地段房子的一个厕所都买不起。还有就是孩子，我希望她将来能受到好的教育，有一个好的前途，可这都需要财力。但以我这样的收入能谈什么……

我现在在这里就是一个地地道道的穷人，这已是毫无疑问的了，可在我的周围，又几乎全都是这样一些有钱的人。因是省公司机关管理岗位，他们的收入和待遇，可说是高得惊人，那生活质量、生活水平，让你瞠目结舌，今天这个买别墅了，明天那个买豪宅了，至于换小车、出国旅游、健身美容、打高尔夫等这些高档消费方式都是小菜一碟，不足为奇，这些信息天天都进入你脑子，时时都在刺激着你……

收入就不说了，我就怕这张老脸常被搞得无处可搁，公司的那些等级制度、上下级区别的确是太明显太突出了，那些正式员工甚至保安、司机等个个都是训练有素，非常能看人说话、见人打发，你是一临时工谁真会好好待见你？谁都可不把你当回事。

看来钱是最基本的“底气”，我开始想着如何赚钱了。可就我这样子，怎么去“赚”？没见前段时间又是送报纸又是打短工却连个“踩麻木”的机会都没赶上？唉！别异想天开了，还是老老实实、一步一步地慢慢做吧。好，那就放勤奋点从“最基层最底层”做起吧。我们公司大院内的宣传橱窗和宣传展板布置更换工作，过去是另外一个部门负责，他们把它交由一广告公司打理，一个电话，人家就过来全部搞定。但有一次他们把事全做砸了，领导们发火了，命我去接办这事，我自然是做得十分上心，那效果完全大不一样就无须多说了。我突然心下一动，这个事情我是可以“公私兼顾”的，因这事本来就是外包，那前面的设计编排我可亲自操刀，印刷公司印制时我用心去把关，然后后面的安装布置包括搬运上墙等完全可由我自己提供“一条龙服务”，这样这笔劳务费就可顺便提取……当然这都是不能拿到台面上去的，尤其是你老先生亲自去当那“搬运工”，忙得乌鼻黑嘴满头大汗的，那像个啥话？记得千万要避开同事点，别让他们撞见，知道吗？

不行，光这样干到猴年马月啊，我还得另想办法，我便绞尽脑汁、挖空心思，甚至讨好卖乖地向那些握有实权的领导们游说鼓动，撺掇他们去搞某项活动成一政绩，当然这种活动能和我的那点专长挂上钩，这样我就能名正言顺地参与进去，从而“见机行事”。

我的专长当然还是搞文字，那就编书出书、编节目搞演出。编书出书，我可要稿费，编节目给公司艺术团，也能弄点劳务费。尤其是编书，我还可想方设法把印刷业务抓到手，然后把这笔业务搞到熟悉的印刷厂，厂方多少会给你一点回扣。还有，比如说，——说什么呢？你一临时人员，根本就没资格经手有关经济这方面的事，这是公司规定，更主要的是你能对谁有利用价值，人家非这么倾心尽力地去帮你？即使你想出一个“经济增长点”，他们马上就跟你按熄；你找到一个“短板突破口”，他们也会当时堵上。总之，决不能让你这点“小九九”得逞。可怜我就只好找那种“小微”机会，比方陪个客户吃餐饭、照个相，买个纪念品、做个纪念册什么的，我就赚那个跑腿的差价，发票多开一个劳务费，哪怕十块二十块、三十五十也不放过。可惜所有人都精，严防死守着呢，所以就这也很难得手。

有回领导们让我接待个不太重要的记者吃饭，结账时，我要前台以拿烟的名义多开了250元发票。出门时，那记者故意站住，对着我摸摸口袋大声道：“呀，今天忘了带烟。”这个“油条”，我怕他再继续“点拨”，甚至去举报，那会弄得我这张老脸更尴尬，于是赶紧“吐出”那250元，才算把他打发走了。哼——饶你奸死鬼，终是喝了老子洗脚水！

雨果说过，贫穷，使男人潦倒，使女人堕落，使儿童羸弱。现在潦倒、羸弱、堕落我都具备了。究竟是什么使我完全丧失了自尊，丧失了自我，丧失了人格啊？我不知道。

可过去我守住了这些，结果又怎样呢？

我无法回答。

三十二

钱的压力把人搞得心力交瘁、疲惫不堪，是真正的所谓“生命中不能承受之重”。有时也懒得去想它了，想也是白想。所以干脆换一种活法：活马虎点，轻松洒脱点，去体会一下那种醉生梦死、一晌贪欢的活法与滋味，或许是种解脱吧！

从那以后，我身上发生了许多变化，从言谈语吐，到举止做派等很多方面都在悄悄地改变着。譬如原来每次出差或陪领导到下面检查工作，下面单位往往竭尽所能，安排一些非常高档豪华的饭店和酒局，包括唱歌、跳舞、打牌、打高尔夫等活动招待我们，以示规格与档次，但我对那些繁文缛节，非常豪华的所谓的“规格与档次”感到十分厌烦，甚至觉得是穷极无聊，纯属浪费，往往从心里进行抵触，想方设法地去敷衍去躲避。后来我不这样了，因为那样解决不了任何问题，另类行为只会让人家感到生疏与讨厌，所以我开始试着接受，开始学着应付与适应，慢慢地也就习惯了。现在，无论是去赴酒宴饭局，还是唱歌、跳舞、打牌、洗脚、打高尔夫、打麻将、玩保龄球等，我往往是兴致勃勃，来者不拒，欣然愿往，且熟门熟路，十分内行。有时甚至是通宵达旦，夜以继日，流连忘返，乐不思蜀，颇有点那种“日日深杯酒满，朝朝小圃花开”的状态了。

这些“活动”中，尤其是“小范围内”的喝酒，几乎都有个“标准程序”和“规定动作”在里面，往往会产生一系列“好看的节目”，这在那几年已是心照不宣的事了。刚开始时，我极不习惯，见酒就发抖，听到一些带“色彩”的话就脸红；到后来，我的酒量越来越大，“水平”也越来越高，甚至是能“超水平发挥”。说话也是胆子越来越大，脸皮越来越厚，口无遮拦，毫无顾忌，“畅所欲言”。比如“讲段子”，我讲起“段子”来嘴巴越说越溜，“口才”越来越好，“口味”越来越重，有人喊我“段子高手”，我不以为是批评与讽刺，反倒认为是夸奖和表扬，而更加兴致勃勃地把一些自称是“非常劲爆的有轰动效应的”“经典段子”四处转发，让大家一起“欣赏”，一起“分享”，真的是无愧那个“高手”的“荣誉称号”了。喝酒的时候一般都有几个女性在场，同桌中有人喝高了便与女性打情骂俏，动作粗鲁，公开挑逗，我这时往往佯装不知，毫不避讳，有时甚至在旁边跟着起哄，拍手叫好，一点都不脸红，也不感到害臊，还和他们一起非常开心地、放肆地纵声大笑。笑得前仰后合，笑得“恨不得打滚”，笑得忘乎所以——与往日的那个腼腆羞涩的我，完全判若两人。

我对自己感到越来越陌生，越来越觉得不安和惭愧，我太对不起娟了，她显然不希望我是现在这样的一个人啊！她一直希望我积极上进，爱惜名誉，洁身自好。那么始终如一地对我好，处处关心我，爱护我，维护着我那为人师表的形象。尽管我早早地退出工作岗位，给家庭生活带来了巨大的压力和危机，但她丝毫也没责怪我，抱怨我，相反还给我以宽慰、谅解，甚至是某种支持。仍和我一道相扶相守，共同挑起这生活的担子。可我现在却这样自暴自弃，整日花天酒地，醉生梦死，萎靡消沉，一蹶不振。尤其是在道德和情感方面，表现得很不合格，和娟结婚后我仍时时怀念小静，这本身就是很不应该的，太对不起娟了。现在更过分，竟然这样恬不知耻，连这种场合、这样的事情也参与，简直是伤风败俗，斯文扫地，脸面丢尽！

想当初，我对男女间的情感之事，可以说是那么的严肃，那么的忠贞，那么的“高尚”，至少是非常非常单纯，非常非常干净的吧，想想小静那么清纯，那么美丽的一个妙龄女孩，且名正言顺是我的女朋友，她也认可我们可以那样，可我认为“不可以动”的时候就“坚决不动”。而现在……这是我当初最不屑、最瞧不起的事情啊！我已经堕落到了这种地步，我还能叫个正人君子，还能叫个“人”么？我怎么会有这样大的变化，这样吃惊的堕落？我无法回答。我在心里发下毒誓：今后再不参与这些个乱七八糟的“活动”了！

就在这个时候，上帝像是特意要惩罚我一样，一次重感冒之后去做体检，我被查出已患肝癌晚期，医生说顶多还有一年。

天啦！那一刻，我如遭到一个晴天霹雳样，脑子里嗡一声巨响，紧接下来里面一下全空了。我还能有什么呢？一切都完了啊！我瞬间感到了一种灭顶之灾马上就要降临下来。

就在这时，那位把我返聘到省公司去的老领导退位了，新接手的负责人正巧过去一直和这位领导不对路，不消说，那肯定没我的好日子过。不用他来赶我，自己也要识相点，我再次失业了。

而这一次是真的一切玩完，彻底地死定了，我只能闭上眼等待这个时候到来。但很快，我却产生了一种解脱的感觉。这也许是最好的结局，我的人生终点只能是这样了，一切早已注定，不必再做挣扎了。我终于做出一个决定：和娟分手。我不配继续再待在她身边了，我在外面的这些所作所为，她还一点不知道，尤其是现在绝症上身，我得自觉离开，对她而言，虽很委屈，很不公平，但也许会是一个相对比较好的结局，至少我不能让她跟着我受冤枉，背负累赘和污名，那对她来说就更残酷了。

我向她隐瞒了病情，只平白无故地向她找茬、发火。我的脾气变得越来越坏，习性越来越古怪，根本就不去碰她，说话、做事也越来越粗暴，动不动在家摔东西、发火。娟感到莫名其妙，次数多了，她也忍不住了，有时不免要对顶几句，我常常为一丁点儿小事对她大吼大叫，喊得声嘶力竭，很是失态。女儿在一旁听着心烦，书也看不下去了，高考显然也因此受到影响，只考了个二本，想上好点的大学是不可能了。

这一切都是我造成的，我是破坏这个家庭的罪魁祸首，就是把我立刻扫地出门也是应该的。终于，局面已无法控制，事实也已无可挽回。我们去民政局办理了离婚手续，一个曾经美好的、大家都羡慕的家，就这样散了。

三十三

我把我这两年在公司里除打工之外，另外“创收”积攒下的一点点私房钱都取了出来，放在女儿写字桌的抽屉中，然后悄悄地离开了那个生活了二十几年的家，独自一人来到位于市郊的一幢旧公寓楼里，租下了一间不到10平米的小单间住下，这是我人生的最后一个驿站，我将要在这里度过我生命的最后时光，直至默默地离开世界。

在这个偏僻的远郊小区里，我一直深居简出着，谁也不认识我，我也不想认识任何人，我把过去的一切都掐断了，连手机号也换了。我知道，娟后来还曾来找过我两次，我想她一定是为了让孩子能有一个完整的家才这样，但我知道她心里面肯定还有我，我非常清楚。因我俩的确曾是那么真诚地相爱过，这点她也非常清楚，所以离婚风波过后，她一定已从心里原谅我了。她是个重情重义、善良大度的女人啊！可我现在真的是无颜再去面对她了，我不知好歹，不懂珍惜，不可饶恕，尤其是现在身体这个样，哪能再去影响她本来就已残破的生活。我的这种结局纯粹是咎由自取，怨不得任何人！

我现在每天除了做两餐简单的饭菜之外，其他时间就是静静地待在房子里面，一天又一天地看着墙壁和天花板发呆，一遍又一遍地回想我这一生所走过的路来打发时光。当那些支离破碎的往事像放电影一样从我眼前掠过时，我仿佛又回到过去的岁月，又从少年、青年，一直到中年到老年，一路而下，渐次排开，像是要让那曾经的人生之旅重新再走上一遍。这基本上就是我现在每一天全部的生活内容，无聊、无助、绝望、孤独到了极点。

这时，我又想起了一个人——小静，并且想得最多的也是小静。

屈指数来，小静离开我已有 33 年了。33 年，天啦，整整三分之一个世纪。而对于我来讲，这 33 年占据了我大半的人生，并且是我一生当中最美好、最珍贵的时光，所有的酸甜苦辣、“爱恨情仇”都与她有着千丝万缕的直接或间接的联系。是的，后来我是有了娟，并且我是那样真心实意地爱着娟，愿和她一直走到底的。可小静毕竟是先于娟出现在我生活中，是我一生当中爱上的第一个人，我曾发过誓要一生守护她、陪伴她，现虽已时过境迁，但我也无法忘掉她，忘掉这份感情啊！我是一个多愁善感、优柔寡断的人，我尊重我的内心，我不能欺骗自己，一刀两断我做不到。我唯一能做的，就是千万不要伤害娟，所以过去我把对小静的这份怀念尽量地深藏在心底。那小静她现在情况如何呢？她过得怎样？生活得还好吗？她感到幸福吗？时隔这么久，她还记得30多年前和她交往过的那个年轻男子吗？

我显然都很想知道，但都一无所知，我只能凭空想象、胡乱猜测而已。我漫无边际地胡思着、遐想着、假设着、演绎着。假如当初她不是那么决绝，她没有离开我，我们又会怎样？我的命运会不会不像今天这样形影相吊，绝症缠身……我总是在心里默默地自言自语地念叨，这些疑问真是层出不穷，像是团乱麻缠绕着我、追逐着我。有时我突然反问，倘若当初小静她真的嫁给了我，和我生活在一起，难道一切就真的都会如我所想的那样称心如意吗？不，不，我想……我想也许并不是我所想的那样，甚至与我所想完全相反，所谓……罢罢罢，别再想了，越想越心烦，越想越不是个滋味！有时我会猛然一惊：我这几十年的光阴就在这漫长的等待中无谓地消耗掉了，生命在这种空洞的冥想中悄悄流逝了，我这一生到底干了些什么，又留下了什么？难道就是为了一个心中所爱而又得不到的女人，而毫无实际意义地遐想企盼，这就是我生命的全部价值和意义吗？这也未免太不值得了吧！连普希金都曾为自己有过的一段无谓的恋情而深深地反思过。

所以人在经历了一些特别的际遇之后，应该回过头去冷静地想一想，往往过去一些理所当然的做法，现在看也许会有新的发现、新的见解。其实我也无数次地反思过：我和小静的那段苦涩的恋情早已结束了，逝去了，成了历史，成了记忆，对于我来说，小静现在早就是我生命中的过客。这么多年来，我之所以还如此苦苦地追逐，始终地不渝，是因为这个名字、这个形象对我来说，是我这整个人生的精神寄托，是我一生的最大愿望和奋斗目标。

人们常说，人是要有一点追求的，否则枉度一生。我从不怀疑我一直就没有一点追求，永远是个浑浑噩噩的人，我甚至认为我这人有点偏执，一旦认定某个东西，就不会轻易放弃和改变，所以我是个比较坚持执念的人。问题是我的这种追求和现实的差距，实在是太大、太大了。我这30多年来的种种努力，种种付出，终究只能是徒劳无益，这是一场没有任何结局的游戏，是一段一厢情愿的“绝望之恋”……

但在这条不归路上，我却一意孤行，总也不回头！

穷极无聊时，我也常细细地回味，不停地反问：我现在这一切究竟是怎样造成的，我究竟该怎样才能避开这些错误，找到正确的道路和成功的秘诀？

读小学时，我读过奥斯特洛夫斯基《钢铁是怎样炼成的》，里面的那段话：“人最宝贵的是生命，生命每个人只有一次，一个人一生应该是这样度过：当他回首往事的时候，不因虚度年华而悔恨，也不因碌碌无为而羞愧；这样，在临死的时候他就能够说：我的整个生命和全部精力，都献给了世界上最壮丽的事业——为人类的解放而斗争。”这段伟大的人生格言影响了我整个少年和一部分的青年时代，我曾被这充满着壮丽的理想和对生活热情向往的语言激励着、鼓舞着，也曾为这种理想和信念，去努力奋斗过，希望自己这一生无论对社会还是对自己，都要过得特别有价值、特别有意义，争取做到“光辉灿烂的一生”，切莫……但结果偏偏就是“碌碌无为，虚度一生”，而现在恐怕只能用“羞耻与悔恨”来评价和总结了。

然而这种结局，固然主要归结于自己的主观努力不够，客观上，环境的影响和其他因素也是有一些的。

其实我对这个社会并无一点恶意，况且我们每个人本身就是社会的一分子，每个人对这个社会的好坏都有一份关系和责任，正像作家余华所说，一个社会好的东西你可分享，但坏的你也要承担；且这坏的里面应该也有你的一分因素，所以每个人对自己的一切思想行为，是要付出一定代价和担起该有的责任的。的确如此，我们每个人都是社会之果的因，有因才有果，因果是互相依附，互相影响，相辅相成的。总之，人和社会都应不断总结与反省，即使是社会本身有缺点有问题，也不能成为一个人消极、堕落的理由，自欺欺人到哪都行不通，这个道理我还是懂的。

但这都已经没有任何意义了，我身上的癌细胞已扩散转移，每日里的剧烈疼痛，时常折磨得我死去活来。我这苟延残喘的生命早都无任何的价值了，我还留恋个什么，不如干脆早点了结它岂不更好？

三十四

癌症，这种人类最害怕、最恐惧的恶魔，我不知道它是怎么降临到我头上的，也不知道其他患者在得知自己患上这样一种绝症之后，是一种怎样的心态。是惊恐万状，惶惶不可终日，还是心如死水，万念俱灰？总之，我想那一定是极其痛苦、极度悲伤、极致难过吧！尽管我现在已经活得很糟糕，很不堪了，但对于生命，我仍是那样地不舍，总企图侥幸逃脱癌魔的这只魔爪，或者是发生一种奇迹，让我能再多活几年，哪怕是几天！于是我选择了几乎每个癌症患者都要经过的那条相同的路径，进行放化疗。

那真是个生不如死的过程啊！……每日里那无数次的疼痛频频来袭，防不胜防，躲无可躲，一阵阵的恶心呕吐，翻江倒海，不可遏止。“生不如死，度日如年”这样的比喻，早已远远不能形容。

第一次化疗结束后，医生让我回家休息一段时间再做第二个疗程。见鬼，我都已经这样了，离死也就一步之遥，现在又提前往地狱里走了一遭，暂且转来，那滋味真的是生不如死，反正终归是一死，不如自己解放自己，趁此末日之劫前醉生梦死一回。对，随心所欲、自由自在地好好活几天，享受一番再痛痛快快地上路吧！

想想这辈子还没出过国，刚好看到有家旅游公司正在组织一个欧洲游，行程主题是寻访欧洲文明，体验西方文化，观赏欧陆风光，很合我胃口。看了下时间、费用等，也还能够勉强凑够，便去报了个名。

旅程的第一站是意大利首都罗马，难怪人们把这座城市称作“永恒之城”，它的确是名副其实。整个罗马看上去就像一座巨大的、无与伦比的露天历史博物馆，数千年前留下的那些神殿与庙宇、宫苑与古堡、凯旋门和斗兽场、歌剧院与方尖碑，以及喷泉、许愿池等历史遗迹和建筑物随处可见。历史在这里仿佛被凝固住了，千百年前的古代事物与今天的生活毫无缝隙地黏合在一起，看不出一点镶嵌拼接的痕迹。它让走进它的人们随时都会忘记时光，忘记自己，忘记周围的一切，恍如你就是当年那座宫苑和花园的主人，又或是你刚刚走进那座气势恢宏的斗兽场，去观看一场惊心动魄的决斗与表演，物事悄悄转换，时空已然模糊，一切真正成了“永恒”，所以来这座城市进行寻访与怀旧是最合适不过了。

当然，在这里追寻浪漫和邂逅爱情也是不错的选择，罗马除被称作“永恒之城”外，也被称作“浪漫之都”和“爱情的摇篮”，著名的影片《罗马假日》就是在这里实地拍摄的。影片中风流倜傥的格里高利·派克和美丽动人的赫本两位著名的好莱坞演员，曾经是多少风华妙龄的少男少女们追捧的偶像，在全球风靡了数十年，至今仍然是经久不衰，粉丝不断。

果然，经典的爱情故事，永远是人们艳羡与仿效的对象，每天从早到晚，赫本与格里高利当年缠绵依偎过的西班牙广场前的台阶上和特雷维喷泉的许愿池旁边，总是坐满了手捧鲜花的男男女女，他们或许期望自己也能够在此找到心中的那一半，或是来一场美丽而浪漫的邂逅，不管最后是否如愿，是否找到了真正的爱情，他们一个个脸上都洋溢着幸福和快乐的笑容，那种笑容在这座千年古都的阳光下显得格外的真实。看到他们那样子，我顿时心生羡慕与嫉妒，还有绵绵无尽的悔恨，因为我的爱情无情夭折，被我亲手毁掉了。

离开罗马，来到文艺复兴的发源地佛罗伦萨，这座诞生了但丁、伽利略、达·芬奇、米开朗基罗、拉斐尔、乔托、提香、薄伽丘等一系列文学与艺术巨匠的古老城市是我心中的一处圣地，作为一名文学与美术的爱好者，它早令我梦寐以往。当年和小静一起到东湖去游泳，当她换上泳装出现在我面前时，我一下子就想到了波提切利的那幅《维纳斯的诞生》——维纳斯和小静，她们俩都是我心中的“女神”——当时令我激动不已，甚至思绪出现恍惚，我太喜欢这幅画了，它就收藏在这座城市的乌菲齐美术馆里，今天我就可以看到它的真迹了！除此还有提香、乔托等人的作品，我也是崇拜不已，早就心向往之。

然而，当我们来到乌菲齐美术馆门前时，一纸通知把我们拦了下来：美术馆里面正在进行科考与拍摄工作，暂停开放。仿佛老天跟我开了一个玩笑，但你又能怎样呢？唯有哑然无语！于是后面的游览，无论是美术馆大门口那尊米开朗基罗的《大卫》复制品，还是对面骑楼长廊中的雕塑，还有美术馆前边不远广场上那座举世闻名的世界第三大教堂圣母百花大教堂，以及它对面圣约翰洗礼堂那两扇有着举世无双的精美浮雕，被称作是“天堂之门”的纯金大门等，它们带给我的震撼与冲击便远没有想象中那样巨大，甚至觉得有点索然寡味。我也不知是为什么，是我对这些大师作品领悟不够，冥顽不灵，还是我不够虔诚，“心有旁骛”，我一时懵然不知了。

离开美术馆，天上下起了小雨，游人一下少了许多，行走在阿诺河上一座好似“非常熟悉”的石砌廊桥上时，我心里突然猛地颤抖了一下：这座古老的廊桥，不就是诗人但丁当年和他心中暗恋已久的女神比阿特丽丝时隔多年又在此邂逅的那座里亚斯桥吗？《但丁与比阿特丽丝相遇》的油画所描绘的故事正是发生在这里。那幅画的临摹品我曾见过，当时的情景很是难忘。

那是“文革”后期，我结识了一位刚被平反的有些古怪的画家，并与他成为忘年之交。该画家的经历和身世都非常坎坷复杂，五十多岁仍是孤身一人。那天去他家拜访，推开门时他正在临摹此画。和他以往作画时大不一样，只见他双膝跪在那个巨大的画框前，仿佛正在进行一种宗教仪式，神情庄重肃穆，显得极为虔诚。他全神贯注着，两眼紧盯着画布，透出一种十分复杂难解的目光，眸子里似有一种晶莹闪亮的东西，显得扑朔迷离。那张饱经沧桑的脸上好像刚刚哭过，上面布满了泪痕；双唇也是紧闭着，好像要守住一个什么秘密。只见他时而挥起画笔往那画布上快速地涂抹，唰唰唰如砍伐灌木样，时而又突然停住愣神好半天，久久地凝视着画面，嘴巴微张着在那喃喃自语。那神态像是已恍惚迷离，进入无人之境，完全无视我的到来和存在。那种倾情投入、完全忘我的样子令我十分震惊。而那种古怪复杂的表情，更是令我大惑不解，难道这背后……我不禁看得阵阵发呆，感到不可思议。

我是那之后不久在市图书馆的一本美术画册里读到这幅画原画背后的故事的，它源自诗人但丁的一段亲身的情感经历：1264 年，情窦初开的少年但丁在随他父亲参加的一次聚会上见到比阿特丽丝，当时他不禁被比阿特丽丝那高贵的女神一般的气质和天使一般的美丽，所深深吸引了。诗人认定这个女孩就是他一生中的至爱，他们心神相接，互相凝望，心有灵犀。8 年之后，年轻的但丁回到佛罗伦萨与比阿特丽丝在这座桥上再次相遇，诗人此行正是想续前缘，但此时比阿特丽丝已嫁作人妇……那一刻，他只能眼睁睁地与女神擦肩而过。可埋在心中的相思依旧，诗人的心有些不能自持了。藏在诗人“生命中最深处的生命之精灵”激烈地颤动起来，再也无法平复了，我完全能想象出诗人当年在见到他久违的心中女神那一瞬间的震颤与激动，那种“陷于灭顶”的心碎与绝望！诗人那一刻显然是痛不欲生，沮丧无比，缪斯女神钟情了他，爱神丘比特却抛弃了他！诗人从此孑然一身，终生未娶……

《但丁与比阿特丽丝相遇》正是将这一种刻骨铭心的记忆和顿时崩溃的瞬间定格在了画布上。是啊，这样凄切哀婉的爱情故事，这样“写实”的艺术作品，难道还不能打动人心，让人终生难忘么？难怪我所说的这位画家那天……

今天，距当年的时光已差不多过去将近800年，伟大的诗人和他心中的女神早已逝去，这座沧桑的古桥，后来又曾见证过多少世间男女的悲欢离合，我们不得而知。想不到我今天就来到这座桥上，站在也许就是当年但丁所站的位置，手抚着那冰冷的石桥栏杆，望着眼前隐隐的人影与淙淙的流水，我的心不禁满怀惆怅。是诗人苦苦的暗恋让我的心被打动，还是那凄美的爱情结局引起我强烈的共鸣？一堆冰凉的泪珠竟不请自来，随之从眼眶里汩汩涌出。一旁的导游诧异地望了我一眼，我连忙装作眼被风吹进了沙子，赶紧用双手揉揉，然后掉过头匆匆走进队伍，跟在了大家的后面。

阿诺河、里亚斯桥，一定是我人生旅程中一处神秘诡异、难以说清的精神驿站，但丁、比阿特丽丝，也一定是我生命中两个莫名其妙化解不开的心结！

接下来的“水城”威尼斯、“万国之都”日内瓦、“音乐之都”维也纳、萨尔茨堡、“童话世界”布拉格，还有慕尼黑、琉森、尼斯、因特拉肯、因斯布鲁克等一连串欧洲著名的城市和景点，并未给我带来更多的震撼与惊喜。也许是思绪还沉湎在佛罗伦萨的阿诺河上，但丁初次暗恋的结局太过残酷，引起我无端的联想。还有就是这些城市除了绮丽迷人的风光之外，它们实际并没有多少与我心灵上的契合之处，更说不上产生共鸣。即使是在那位痴情的路德维希二世，为怀想梦中情人茜茜公主而修建的那座堪称童话世界的新天鹅城堡，你只消瞥一眼通往古堡前那座河谷中的桥上，那密密麻麻挤得水泄不通的人流车流，你便顿觉那“童话中的世界”已荡然殆尽。而在著名的“世界艺术之都”巴黎，我也仍觉情绪不振，难以激动。在我眼里，巴黎这座现代化的国际大都市现在是太过时髦，太过香艳，太过时尚。你只需在香榭丽舍大街上的老佛爷百货商店门口待上一分钟，那熙熙攘攘的人群，大呼小叫的游客，大包小包五颜六色的购物袋、行李箱、拉杆车等足以令你站立不稳，晕眩窒息。浓厚的现代商业和太过世俗与市井的味道与气息，早已掩盖了这座城市昔日那种充满艺术气息的浪漫与魅力，哪还容许你有半点闲情逸致去想象、去追思、去品味当年那些撩人情思、动人心魄的故事？

最后一段旅程是俄罗斯。我没想到在这个辽阔无比的世界上面积最大的国家，我的心绪却相反感到紧张压抑，丝毫没觉得轻松和欢快。何以如此？照说俄罗斯的风光绝不输给世界上任何其他地方，这里有雄伟的大小高加索山、美丽的贝加尔湖、伏尔加河；有一望无边的白桦树林、山楂树、天鹅群；

有那种有着金色尖顶造型独特的东正教教堂，还有金碧辉煌的冬宫、夏宫、克里姆林宫、叶卡捷琳娜宫……一切都堪称完美，令人心醉神迷。然而，目睹这一切，我的心绪仍感沉重，始终轻松不起来。渐渐地我有所醒悟了：与我到过的欧洲其他国家和城市相比，在俄罗斯这块广袤的土地上，似乎总是有着太多的忧伤和叹息；感觉她时时处处无不充满着寒冷、坚硬和一种难以言说的艰辛坎坷与深重苦难。也许是我们来得很不是时候，正值寒冷的隆冬时节，处在高纬度的俄罗斯，常常是天空布满乌云，阴霾压顶。地上铺满落叶，满眼萧索；一场大雪下来，只剩白与黑两种颜色，加上低沉喑哑的白嘴鸦叫声和光秃秃的树枝，白茫灰暗的画面，总是牢牢地占据着你的身心。再往深走一步，当你看到诸如滴血大教堂、圣瓦西里教堂等一处处虽色彩鲜艳、漂亮无比，但却充满血腥气息的名称和杀戮过程的建筑，再去凭吊卫国战争纪念碑、无名烈士墓、卓娅、舒拉和保尔等，这些写满流血抗争与不屈经历的雕像时，也许你就会有所感触，若有所思：这块广袤的大地，的的确确是太冷冽生硬、太残酷了一些。

在这凛冽的寒意中，你会突然想起一连串俄罗斯这个民族所创造出来的那些文化艺术作品的名称和形象，会生出更多的联想与遐思：《静静的顿河》《苦难的历程》《伏尔加河上的纤夫》《三套车》《罪与罚》《底层》《深渊》《被侮辱与被损害的》《无法慰藉的悲痛》《伊凡雷帝杀子》《近卫军临刑的早晨》《致西伯利亚的囚徒》……这绝非牵强附会，望文生义，俄罗斯这块土地的确太不一样了。俄罗斯民族的历史写满了战争与曲折，俄罗斯人民经历了非常特殊的艰辛与苦难，这在全世界少有，如一本对拉美大陆人民所遭受灾难痛苦的描述的书名所说，这是一种“丰饶的苦难”。

然而也正是这种特殊的丰饶的苦难，使得俄罗斯的文化艺术别具一格，更加具有打动人心的力量。的确，不管是在欧洲还是拉美等，我以为在世界任何一个地方，对于文化艺术而言，苦难应是人类文化艺术最先和终极需要关注表现的一个主题。一切优秀的杰出的文学家或艺术家，他首先应该是一个善良的、有着悲悯情怀和道德良知的人，那么他的眼光无疑首先应该放在那些苦难的众生身上。屈原、杜甫等人的诗歌之所以那样打动人心，那是因为他们叩击到了社会底层最广大人民的心扉。在俄罗斯，像托尔斯泰、车尔尼雪夫斯基、陀思妥耶夫斯基、索尔仁尼琴、高尔基、十二月党人等，这些俄国及苏联文化的精英们，也正是将一种悲天悯人的情怀，深深地楔入自己的灵魂之中，将那些底层的呼号、民间的疾苦、广大受难的妇女和儿童的呻吟，深深地融入他们的作品之中，所以在他们的作品里面所呈现、所表达的，往往是对一切践踏人性、人权和人格的权贵们的一种愤怒与抗争，是一种呼唤良知和同情善良的警示与提醒，是一种深刻的打动人心的力量！

在接下来的沿伏尔加河、涅瓦河等地的寻访之旅中，这种期待与结果的兑现，想象与现实的对接，灵魂与身心的碰撞机会更多，体会得更加淋漓尽致。无论是在高尔基的故乡、托尔斯泰的庄园、普希金读中学的皇村，还是列维坦、希施金、苏里科夫等这些大画家，他们写生作画和所住过的湖畔、森林、田野、村庄与集镇，都如经历了一次次朝圣与洗礼，感觉思想与灵魂都似得到了一次次升华。总之，这一趟寻访之旅我感觉收获不小，了却了平生一大夙愿，有此经历的确无憾无悔。然而我的人生之旅自此也将最后画上句号，止于我的出生之地了。

三十五

回国后又做了一次复查，不用多想，没有任何奇迹，早已回天无力，现在是大限将至，大幕即落，不知为什么此时心里反倒平静了。巴尔扎克说：“人生是一串由无数的烦恼与不幸串起的念珠，达观的人是笑着数完这串念珠的。”我虽不是大智大慧、达观通透的人，但也还算是明白，加上现在死日在即，我已抱定一死，现在唯一要做的事，就是每天再数数剩下的日子。

为了打发余下的时间，也想到还有件事要做，我去买了台二手电脑，天天都要上网查看一下各地的新闻和民政、医疗、社区等方面的信息，因这些部门将和我身故后的一些事有关，比如我想捐献遗体，这样不仅能对人类的科学研究发挥一点微不足道的作用，还可省下政府规定拨给的一笔安葬费留给孩子，怎么说那也是我这个做父亲的目前唯一能做到的事情。偶尔，我也会到市区去一趟，顺便办点事情，我要把“身后”的一些事情安排好，譬如遗体捐献等，这些手续当然只能由我自己亲自来办。有时我甚至还要到市图书馆去看一看最近出版的文学新书、杂志，尽管剩下的日子已不是很多，但我还是想过得尽量浪漫一点，让它稍稍有点亮色和暖意，就像欧·亨利的《最后一片叶子》那篇小说中，身患绝症的老画家贝尔门在自己生命最后的弥留之际，却为同样身患重病的年轻女大学生琼希，画出那片能给对方生命带来希望与温暖的树叶那样，我想在这生命的最后时刻，多一点文学艺术的氛围萦绕陪伴着我，我会由此而安详一些，轻松一点。因为唯有文学能陪伴我，走到生命的尽头，它虽不能给我以任何奇迹与改变，却能带给我些许的抚慰与温馨。

我记得清清楚楚，那一天是12月一个星期五的下午，我颤颤巍巍地来到市图书馆想借两本书回去翻翻。在图书馆大门前，正准备进去，突然一个非常熟悉的声音撞入我耳鼓，我转头看了一眼，远远一个身影映入我眼帘。天啦！我不由大吃一惊，恍如一场梦幻般，我简直不敢相信自己眼睛——小静。对，是小静，我生命中永远也挥之不去的女人！

我在心里轻轻地呼喊了一声，即使是心里的声音，我仍然感到了它的颤抖以及它巨大的回音！小静站在图书馆门前的公交车站正和人讲着话。车还没来，她们边讲话，边张望来车的方向。

公交车站前，人来车往，十分地嘈杂，我不敢稍稍近前。那阴沉沉、灰蒙蒙的天空中，飘浮着几小朵薄薄的云，四周仿佛有一种奇怪的声音，时不时断断续续地传入我耳中，那是……我感到浑身抖抖索索、脑子里晕晕乎乎的，仿佛当年在老租界马路上练习骑行，在东湖中游泳，甚至还有阿诺河和里亚斯桥、但丁和比阿特丽丝等那些镜头又都一一浮现在眼前，令人有点恍惚迷离了。

“快了，快了，车马上就到了，我马上就……”我期待着那个时刻！可我突然又害怕那个时刻的到来……

车终于来了。那个人上了车。她向那人挥手。告别。转身。

“小静。”我抑制住激动，走上前去，尽量平静地喊了她一声，但我仍明显地听到自己那声音，有些发干、发涩和颤抖。

“你是……哦，是你啊！”她很快认出我来了，停下脚步望着我。我点点头，刹那间我们彼此都明白了。

“你还好吧，这些年了，我还以为你认不出我了呢！”我像背书似的，结结巴巴地把临时想的这几句话说了出来。

“当然认得出。”她迅速地望了我几眼，话里面似还有些话似的回答道。

她的语气显得比较友好，微笑着，我这时才敢稍稍走近前，仔细地看着她。我的老天爷，这是在做梦，还是真的：一如33年前那样，她还是那般模样，几乎没什么变化。真的，我完全用不着言不由衷、胡说八道。她仍然是那样的年轻，那样的清纯，那样的娇羞，那样的美丽！是什么秘诀让她如此，33年不变样，估计100年也不会变老，是什么魔力让她锁住了时间？只有一个解释：她是我的“劫数”，是我致命的克星！她要让我永远永远陷于33年前那场刻骨铭心的、夭折了的苦缘的折磨之中，她要让我“万劫不复”！

我感到虚弱的身体里面被狠狠地击打了一下，我听到自己心里重重地叹息了一声，接着几乎就要倒下。她为什么不变得稀松平常甚至不忍卒看呢？那样我也许会……是的，我承认这样的心态是多么的狭隘，多么的扭曲，简直有点像道貌岸然的富娄洛神父那样自私与丑陋。

整个谈话过程虽说也有近一个小时，可我根本就不敢跟她谈深一点点，我的话题始终在那些日常生活的周围游移着，不敢“突围出去”。我很想说，小静我一直……可恨此刻我还是那样的胆小、那样的委琐，木木讷讷的，没一点勇气，一如33年前那样，没一丝一毫的长进！她也在尽力回避那些对她来说，已毫无意义的过去。我们只说了些各自小孩的情况、工作及家庭的琐事（我当然不能如实说出我现在的状况），再没什么吸引人的内容了。

“我要回家给孩子做饭了。”她对着我莞尔一笑，似有些歉疚，没等我反应过来，她轻轻地笑着说了声“再见”，然后转身就离去了。

望着一辆辆各种各样，红黄蓝绿的大车、小车，飞快地从面前掠过，目睹她那仍是少女般美丽娇小的身影，渐渐隐入马路对面的人丛中，我只觉得一阵天旋地转、站立不稳，赶紧扶住路边的一根电杆，好久好久，我才睁开眼睛。可眼前除了匆匆的车辆和低头行走的路人外，哪还有什么老租界、东湖、阿诺河与里亚斯桥、但丁与……什么都没有啊！徒有一长串令人“黯然神伤、心碎”的字眼涌上心头！我长长地、重重地叹了一声，一行滚烫咸涩的泪水涌出眼眶，滴落到那冰凉的脸颊上。这一刻，我才真正体会到人们常说的“绝望”这个词……

这一天、这一刻是2013年12月13日下午4点55分，我记下了这个日期、这个时间……

我仍要感谢上苍，在我即将离开这个世界之前，终于还是让我见到了她一面！

三十六

最后一次复检结果出来了，不用任何猜想和奢望，一切进入“倒计时”

的阶段——不，几乎到了“读秒”的时刻！

是的，快结束了，也该结束了。尽管我是如此地留恋、如此地不舍，但这个结局终究是要不可避免地到来的。我眼望着这个斑驳陆离的世界，此前总是觉得它有许许多多这样那样的毛病，是这么的不如人意，但其实情况也许并非是我想象的那样糟糕，有些东西很可能是我自己没看清，或是认识理解错了，所以才感觉是那样。尤其是在这生命弥留之际，更觉得它原来竟也还是那样的可爱，那么的美好，还有许许多多让人留恋的东西。而在这之前我总那样愤懑不平，那样感慨不已，那是因为我太挑剔、太极端，对这个世界抱了太多不切实际的幻想，把一切都想得那么简单，那么完美，希望无可指责、无可挑剔，但假设真要按照那个想法走下去，是根本不可能的，所以千万不能犯这种太主观、太幼稚的错误。余华说得好，人活在这个世界上，有的地方你必须坚持，有些时候你又得试着跟这个世界和解。

但此刻说什么也为时已晚，我早已一意孤行地踏上了这条错误的道路，且一根筋地走到底了，这就注定了只能是现在这样唯一的一种结局。

我不再怨天尤人了，我接受命运对我的惩罚。我把那一本本日记、书信、手稿、报刊剪贴、旅游门票等，从那个木箱中一件件地捡了出来，放在眼前的一个火盆中。是的，这些写满我欢乐与悲伤的人生记录，古怪与离奇的想法和思考的文字，还有那些纪念品和小物件等，曾伴随了我大半辈子，它只属于我一个人所有，可惜已没办法保留了，现在我即将离去，当然要把他们先处理掉。还有，我的这些文字，虽只是我个人一生情感际遇与职业生涯等的真情记写与自然流露，但我曾希望它能对世人有用，可是……

我遗憾而痛苦地闭上双目，沉默片刻，自语一番，然后睁开眼睛，两手抖索着，点燃一根火柴，红色的火舌立即从那只火盆中蹿了出来，火光顿时映红了整个房间……

望着眼前的火盆中那些旧日记、旧书信、旧文稿等，都已随着火苗慢慢变成了灰烬，有几张已烧过但仍有残余的纸烬，被空气轻轻托起在火盆的上方打着旋，仿如几只黑色的蝴蝶围绕在一座墓前飞舞！

我心情平静地坐在桌前，我知道，我还有一件事必须要做，在这生命的最后时刻，无论如何，我还应该对我生命中最最重要的两个人说几句话。

我拿起纸笔，分别给娟和女儿写了封信。

亲爱的娟：

请允许我还最后一次这样称呼你。我知道，我早就已经没有这个资格了，我还这样叫，的确是有些……荒唐，有点厚颜无耻。但请你相信，这是发自我内心的声音，是我的肺腑之言——因为在我心目中，你一直是那个最令我挂念、令我尊重、令我深爱的一个人！

是的，我是曾经深深地伤害过你，我不想对此再做什么解释与道歉，因为那远远都不能抵消对你的伤害，哪怕其千分万分之一。但我还是要说，我们的的确确也曾经那么真诚地相爱过，那么相濡以沫、甘苦与共过，我要说那是我一生当中最最甜蜜、最最快乐的时光。我至今都没忘记，在我对这世上到底还有没有真正的爱情表示深深的怀疑，甚至对整个人生感到完全绝望的时候，是你给予了我最珍贵、最诚挚的友情、亲情与爱情；凭借这些，我对人生又重新燃起了希望，我又继续走在了一条正常的妥帖的人生之路上。是你让我有了温馨的家，有了可爱的女儿，有了周围不知有多少人羡慕的一切，你让我真正体会到有了爱的人生是多么美好——记得我们俩第一次“约会”，即那次观看北京油画研究会画展时，那幅《爱之生命》让我们俩不由同时感叹：爱之于生命，是如此的重要，如此的珍贵！

可这千奇百怪的世上，人性最为复杂，人心最易改变。虚荣、贪念、太过自我等，这一切人性中的恶之罂粟，不知什么时候同时瞄上了我，让我心被尘蒙，完全失去了初心，迷失了自我。我不知好歹，不会珍惜，不听劝阻，自毁了这一切；尤其是后来工作与事业上的屡次挫折和失意，以及也许是更年期，我变得那样怪癖，那样不可理喻，对你那样粗俗，那样冷漠薄情，甚至连工作都丢了，给你和女儿留下了无尽的痛苦与伤害。我不恳求你能原谅我，即使我现在已是与死神近在咫尺了，仍不应被饶恕。但尽管如此，我还是恳请你在我们的女儿面前，不要提起我的那些种种劣行、怪癖，我对她伤害够多够深的了，唯有帮我掩饰、周全，才能稍稍减轻对她的伤害，拜托了！

最后，说几句你不爱听的话，我不久就将离开这个世界了，古语云，人之将死其言也善，鸟之将死其鸣也哀。我走后，真的不希望你就这样一直孤独地生活下去，如能碰上合适的人，希望你能和他一起走完人生余程，向前看，也许这对你、对孩子都有好处，这真的是我发自肺腑的真心话。还有，我当时决计要离开你，不仅是为我的鲁莽忏悔，还因为我已检查出癌症晚期，我这个样子是不应再拖累你，那对于你来说，就太残酷、太不公平了，所以我突然变得那样暴躁异常、不可理喻，我及早离开是想让你彻底死心。总之，我心里一直、永远都是有你的。我对你是千般万般的不舍啊，娟！请相信我说的话。我希望你能听得进去，好好地生活下去，愿老天保佑！此语若能成真，我如在地下有知，一定会为你感到欣慰，为你深深祝福……

你曾经同情过、喜欢过、欣赏过、爱过的一个老男孩

二〇××年××月××日

直到最后时刻，我还在欺骗她，我隐瞒了婚后那些出轨的事情。我把过去我们之间那些不快的回忆，不堪的争吵，我那些粗暴怪诞的行为统统都说成是我职业危机和更年期使然，而非是还由于我的背叛。但我只能这样做了。这样解释也许让她要好受一些，也算是善意的谎言吧。否则，告诉她真相那岂不更是又捅她一刀，我不能最后一刻还要继续伤害她了。

给女儿的信是这样写的：

××：

我心爱的女儿，请让我还是这样叫你。尽管，作为父亲我无颜面对这一称呼，我不配有这个资格，我是一个不称职的父亲，我的所作所为离这一称呼相差太远了。可出于一份血缘、一种渴望和一种本能，我也还要这样叫你一声。因为，在我内心深处，你也是我在这个世上最最疼爱、最最牵挂的人！

写这封信时，我已是弥留之际，即将离开这个世界，我对此真的并无太多的伤感，太多的遗憾。然而对你，我是千般的不舍，万般的依恋啊，孩子！这些年来，我没尽到一个做父亲的责任，我任性妄为，自以为是，遇到问题从没好好反躬自省，只会怨天尤人，结果深深地伤害了你和你妈妈——我在这个世界上最最亲近的人，最后硬生生地把我们的家给毁了，我是一个十足的罪人！我对不起你和你妈妈，我没资格给你留下什么“遗言、嘱咐”，只希望你好

好成长、成才，不要像我这样。你一定要多陪陪你妈妈，照顾好她，帮我抵赎我犯下的罪过吧，倘若真有所谓在天之灵，我一定非常非常感谢的。我愿竭尽全力在九泉之下，天天为你们祈祷！以弥补我在世时，对你们所欠下的一切。

最后祝愿你一生平安，健康幸福！

爸爸于××年圣诞节绝笔

我找出两个信封分别写上娟和女儿名字，把这两封信装了进去，然后把它们端端正正地放在写字桌上醒目的地方。

我对不起你们啊！我曾经的亲人，再次向你们深深地谢罪！

时针指向了零点，圣诞的钟声终于敲响。伴随着人们的欢呼庆祝，钟声越来越洪亮，就像数百口大大小小的钟同时敲起那样，此起彼伏，发出阵阵的巨响，仿佛正在上演着一部旷世未有的宏大奇绝的交响曲，霎时就令人震撼。感觉这情景有些神秘和诡谲，也似曾相识，哦，我想起来了，那天在意大利从海上乘船刚刚抵达威尼斯港口时，那种情景也是这样。记得当天恰逢礼拜日，全城所有的教堂同时都在做祈祷，一阵阵悠扬的钟声从各个教堂的上空同时升起向海上飘来，在人们头顶盘旋缭绕，经久不绝；无数只鸽子随着钟声从屋顶上噗噗蹿出，飞向天空，隐入画外，苍穹下的威尼斯城，这颗地中海上的璀璨明珠显得神光普照，一片灿烂与祥和。

我知道这里不是威尼斯，不是天堂，这是我脚下的这块土地，是我生于斯长于斯，伴随我此生所有欢乐与痛苦、荣辱与得失的地方。对于我来说，无论她是怎样的不甚完美，或是不尽如人意，我都深深地眷念着她，热爱着她。她赐予我生命，给予了我最初追逐的梦想，前进的动力，帮我迈出了人生路上的一步一步，也收获到了生命中的种种果实……

我这一生，虽经历了太多太多的坎坷、太多太多的失败，留下了许多的欠缺、遗憾等等，可我仍是无悔，因这些就是生活的内容之一，是人生经历的种种，很多人都曾遭遇过，这是生活本来的面目。除此，它也有欢乐与幸福，有鲜花与掌声，有亲情、友情与爱情，有甜蜜、芬芳与浪漫……总之，生活是多姿的、多彩的；生活就是一只万花筒，是一部教科书，是我们每个人的人生传记，也是所有人的共同历史。活着，比什么都好……

此刻我费劲地敲击着电脑键盘，虽早已两手发颤，目眩眼花，气喘吁吁，筋疲力尽，但我仍要坚持把这最后一章写完，结上尾。我庆幸我赶上了这样一个新的时代，现在有网络、电脑等，如果真有人们所说的那种灵魂与天堂的话，那么借助这些先进的手段，可以满足我人生的这最后一个愿望——我以前那些光怪陆离、支离破碎的写在纸上的文字，虽不能随我带走，但我可以把它们写进电脑中，然后把他们存放在“云端”里，这样让它们永远地陪伴着我，我的灵魂会因此得到安妥与舒宁；同时我的后代们读到它时，也会想起我，会有所回味有所思考和得到某些启示。因为这些文字是一份善良的寄望，是一幅美好的愿景，是一颗纯朴、透明的初心，是一个真实、可信的“人”。它记录下了我这为之梦寐以求、心心牵挂、无限向往的梦想，以及始终不渝、苦苦追寻的“执念一生”……

我敲着敲着，眼前一片迷蒙混沌，脑子里昏昏沉沉，终于……

三十七

我不知道昨晚当圣诞的钟声敲响之后，正在敲打电脑键盘的我是怎样沉入梦乡睡过去的。一觉醒来，竟已东方既白，这情况实在有点诡异。昨晚狂欢了一夜的人们陆续从外面回到了屋里，四周又是一片安静。

我伸了伸懒腰，坐直身子，连脸也没洗，我得赶快抓紧时间继续把那最后的几段文字敲完，要不然，我怕等会一下又有什么新的意外和插曲突然出现。

“嘭嘭嘭”，果然，门口响起轻轻而急促的敲门声，像是奔着一件什么重大的事情而来。这一大早还有谁会到我这里来呢，难道是圣诞老人昨晚要给每个人送上一份礼物，没见着我，所以今早他特意……？

我极不情愿地站起身，摸到门边，拉开那道好久都没开启过的房门。房门口站着一个女人——天啦，是娟！她怎么找到这里来了？她来干什么？

我把她让进屋内，刹那间心中百感交集：我曾经最最深爱又主动放弃的女人，现在又重新站在了我身边！当初完全是我主动离开她，也可说是背弃了她啊！

娟的脸上没什么特别的表情，她平静地在我对面的一张椅子上坐下，我忐忑不安地看着她，不知道她要干什么。她从包包里拿出一叠打印纸，好像是医院的检查单之类的东西。

“你就是因为这个离开我们的吗？”她把那叠纸张放在我面前，直接地问道。我紧张地拿起一看，上面打印着我的姓名，再看下面的检查结果，天啦，我简直不敢相信自己的眼睛：和之前那些单子上肿瘤晚期之类的描述和结论完全不同，像是推翻了一个重大的历史冤假错案，这到底是怎么回事？

“你现在患的是一种比较罕见的类似血吸虫病和疟疾之类的血液感染疾病，潜伏期极长，可能与你之前某些生活经历有关。最近他们医院一位刚从国外回来的肝胆病教授看了你的片子，得出这个结论。你之前的那些检查结果是一个很容易导致的误诊区。”

是……吗？那你……你是怎么知道这些的？我正准备询问，娟已看出来，她指着那张单子上的联系电话和地址，道：“这都是你留下的呀，人家到处在找你，你却跑到这里躲起来。”

天啦，原来是这样！我可爱的上帝，您老人家随随便便打了那么一个盹，人类就制造了这样的一起滑稽的“冤案”，让一个倒霉的家伙去到那地狱里面去走了一大圈！

“跟我回家吧，你这病能治好。不要一遇到事情就逃避，这是你最大的毛病，即使有天大的事情，我们一起面对。”娟望着我，语气十分温柔但又很是坚定地说道。

“回家？回……？”

“是的，我们回家。”娟十分肯定地回答道。看到桌子上的两个信封，她拿起来扫了眼轻轻笑道：“怎么，遗嘱都写好了？那好，我收起来，十年以后——不，二十年以后我再拆开看。”

知我者莫如知音，爱我者莫如爱妻！我张大着嘴半天不知所措，心里却喃喃自语：“死生契阔，与子成说；执子之手，与子偕老。”沧海桑田，方死方生啊！泪水顿时就如开闸泄洪一样，从眼里夺眶而出……

尾声

我又回到了那个熟悉的小区熟悉的楼栋熟悉的单元和房间，如一个游子在外转了一大圈终于回家了。也如做了场梦似的。一切都不用多说了，生活又恢复了往常，只是我的职业又有了改变。我辞去一切打短工做零工等那些劳什子，就在我们小区当了一名楼管员。这工作虽然辛苦，倒也踏实；尤其是通过社区安排的，在自己小区上岗，怎么说都有些照顾和方便，至少是比较稳定的。这工作很适合我，单纯、简单，很少有麻烦与纷争，还有点空余时间去做自己想做和该做的事情。除抓紧看病吃药外，那个还未写完、要发到“云端”上去的东西当然是我首先放心不下的。我打开电脑，又开始敲打起来。但此时我的计划有所改变，我没接着原先的那些内容往下写，脑子里时时出现一些新的想法、新的思路，我突然想到了“命运”这个话题。

是啊，“命运”真是个神秘莫测的东西，自人类诞生以来，它就跟人类共生共存，形影不离，互相影响，互相博弈，都想要“扼住对方的咽喉”，都希望能“改变自己”，由此演绎出各种各样的自然形态和生命状态，构成了这人世间的种种世相和风景，酸甜苦辣，爱恨情仇，悲欢离合……

说到生死，我没想到生命会有这么奇特，这么神秘深奥，这么光怪陆离，我的经历就是如此。本来是“大局已定，大限已到”，却又峰回路转，绝处逢生，像是“创造了一个奇迹”似的，我算是体会到了所谓“起死回生”和“涅槃”的感觉。

“涅槃”过后，我得好好想想，好好地认认真真地考虑考虑，以后该怎样活着，怎样去爱，该写出怎样的作品，等等。这是一个新的话题、新的挑战、新的机遇。“此生”——我把眼下看作“又一生”——虽刚刚开始，但也是“汩余若将不及兮，恐年岁之不吾与”，浮世如霜，韶华易逝啊，所以定要好好抓紧，“寸阴是惜，勿负此生”！

我谨记这些格言，再不敢随心所欲，随意懈怠，虚掷光阴了。我把大部分的时间和精力都投入那些方块符号组成的世界中去了，更加用心地、努力地去挖掘去开拓，聚精会神，心无旁骛地创作着，笔耕着；我也从这个世界里面感受到了充实、快慰与欢乐欣喜……

有一天，我正在小区内巡岗，门口的前台交给我一个快递信封，拆开，是一封某知名出版社的来信：“×××，好。您发表在××文学刊物和××人文网站上的文学作品及情感系列文章我们全部看过，很感兴趣。这些作品正好与我社今年的重大选题计划非常吻合，我们拟将其收集整理，编辑成一本书正式对外出版，不知您对此事同意与否……”

事情来得太突然，简直如喜从天降！我当然同意。我太同意了！我曾经，乃至现在也还一直都有这个打算——出版一本完全是我个人单独写作的书；尽管这是奢望，有些可望而不可即，但这是我此生最大的愿望之一，我愿为此付出我全部的努力。没想到这愿望在它即将熄灭之际，在这生命的“涅槃重生”之时，竟可以实现！此刻的我显得很是激动，甚至是难以自已的激动！

我立即给娟发了个微信，告诉她这一喜讯。并准备马上给该出版社回信，我想跟他们好好地聊聊，再说一说我心里的一些想法和打算。因为我还有很多很多的故事和话题，还有一些“初心与执念”，都还没有写完和写出，我想再好好地推敲打磨一下，去伪存真，去芜存菁，尽我所能，尽我初心，让它成为一本经得起时间检验，对得起广大读者的书。

（完）